Der **Onlineservice InfoClick** bietet unter www.vogel-fachbuch.de/infoclick nach Codeeingabe zusätzliche Informationen und Aktualisierungen zu diesem Buch.

InfoClick

In zwei Schritten zum Onlineservice

1. Einfach www.vogel-fachbuch.de/infoclick aufrufen.
2. Den unten stehenden Zugangscode eingeben.

Ihr persönlicher Zugang zum Onlineservice ⇨ 352508880001

Alois Hüning, Torsten Gast, Philipp Reusch

Die neue EU-Maschinenverordnung

Übersicht über die Änderungen, Lösungen und Antworten für die Praxis

VOGEL COMMUNICATIONS GROUP

Weitere Informationen:
www.vogel-fachbuch.de
http://twitter.com/vogelfachbuch
www.facebook.com/vogelfachbuch

Lektorat: Ulrike Klein, Berlin
Titelmotiv: adobe stock 234694286
und Vogel Corporate Solutions
GmbH

ISBN 978-3-8343-3525-8
1. Auflage. 2024

Printed in Germany

Geleitwort von Frank Stührenberg

Liebe Leserinnen und Leser,

der technologische Fortschritt beschleunigte sich in den letzten Jahren immer schneller – und neben vielen Chancen bedeutete das auch neue Risiken: Clouddaten ermöglichen den Zugriff auf Daten von überall her, Künstliche Intelligenz führt zu Maschinen, die aus Erfahrungen lernen. Der Maschinenbausektor muss die Chancen nutzen und den Risiken begegnen. Auch er stellt sich täglich den neuen Herausforderungen und entwickelt und konstruiert neue Maschinen, die immer effizienter, leistungsfähiger, moderner und natürlich auch sicherer werden. Immer mit dem Ziel, einen hohen Kundennutzen und damit einen hohen Wettbewerbsvorteil zu erreichen.

Und auch wenn es oft anders erscheint: Gesetze unterstützen die Hersteller dabei, diese Wettbewerbsvorteile auch ausspielen zu können. So sorgen Richtlinie und Verordnungen der Europäischen Kommission schon seit 1993 für einen einfachen Warenverkehr innerhalb des Europäischen Binnenmarktes und bauen so nationale Hemmnisse für das Inverkehrbringen von neuen und technologisch fortschrittlichen Maschinen ab.

Eine Überarbeitung der EG-Maschinenrichtlinie 2006/42/EG ist schon seit Langem erwartet worden. Im April 2021 präsentierte die EU-Kommission dann einen ersten Entwurf dieser Richtlinie mit der Zielvorgabe, den technologischen Fortschritt durch die EG-Maschinenrichtlinie nicht auszubremsen und gleichzeitig neue Risiken zu berücksichtigen.

Nun liegt die neue EU-Maschinenverordnung (EU) 2023/1230 von EU-Kommission, Rat und Parlament vor und muss ab dem 20. Januar 2027 rechtsverbindlich angewendet werden. Und jetzt? Wie geht es weiter?

Fest steht, dass auf die Hersteller zunächst einiges an Arbeit zukommen wird, um die neuen oder überarbeiteten Anforderungen umzusetzen. Da scheint zwar bis Anfang 2027 noch recht lange Zeit zu sein, aber viele Unternehmen werden nicht ganze Teams für die Umsetzung der Anforderungen abstellen können. Vielmehr wird es oft im Alltag nebenbei mit umgesetzt werden. Für viele Anforderungen müssen neue Lösungen gefunden werden. So ist zum Beispiel die zukünftig vorgesehene digitale Betriebsanleitung eine große Erleichterung für die Hersteller, entlastet die Umwelt und ermöglicht schnelle und einfache Übersetzungen. Kehrseite der Medaille ist dabei, dass die Hersteller einen Weg für die notwendige Versionsführung finden und festlegen müssen, damit der Anwender für seinen Maschinen- oder Serientyp die richtige und aktuelle Version im Internet findet.

Phoenix Contact betreibt einen eigenen Maschinenbau, und auch für uns werden die nächsten Monate einiges an zusätzlicher Arbeit mit sich bringen, die wir wie viele Industriebetriebe angehen werden. Unsere Maschinen haben zwar schon Cyber-Security Schutzmaßnahmen eingebaut, diese müssen jetzt aber noch mit den Anforderungen der EU-Verordnung abgeglichen werden und ggf. Anpassungen durchgeführt werden. Unsere ersten Schritte dafür werden Weiterbildungsmaßnahmen für die Konstruktionsbereiche sein. So stellen wir sicher, dass alle Bereiche über die anstehenden Veränderungen informiert sind und für ihren Aufgabenbereich die richtigen Lösungen entwickeln können. So werden wir bis Anfang 2027 alle Anforderungen umgesetzt haben, um ab dem Stichtag alle Maschinen mit der neuen EU-Konformitätserklärung in den Verkehr bringen zu können.

Wir sehen die neue EU-Maschinenverordnung 2023/1230 auch nicht als Belastung, sondern als Grundlage für die weitere Sicherstellung des Europäischen Binnenmarkt-Gedanken. Mit ihr stellen wir sicher, dass die im Wirtschaftsraum der EU gebauten Maschinen einen einheitlichen Sicherheitsstand haben und alle importierten Maschinen diesen ebenfalls einhalten müssen.

Eine weitere sehr gute Vorbereitung und ein erster Schritt für eine erfolgreiche Umsetzung der EU-Verordnung, liebe Leserinnen und Leser, ist natürlich auch das Ihnen vorliegende Buch. Es bietet eine schnelle Übersicht der veränderten gesetzlichen Artikel und der Anhänge.

Ich wünsche Ihnen eine erkenntnisreiche Lektüre und viel Erfolg bei der Anwendung der neuen Verordnung.

Frank Stührenberg
Chief Executive Officer PHOENIX CONTACT

Geleitwort von Susanne Kunschert

Liebe Leserinnen und Leser,

die Geburtsstunde der modernen Maschinensicherheit, wie wir sie heute kennen, liegt keine 40 Jahre zurück. Mit einer Änderung der Maschinenrichtlinie wurde 1989 die Maschinensicherheit in Europa verbindlich. Mit der europäischen Maschinenrichtlinie und den nordamerikanischen Standards von OSHA oder UL als Vorbild wurde in den letzten Jahren begonnen, ein globales Netz an Sicherheits-Standards zu knüpfen. Es ist noch längst nicht vollständig. Doch immer mehr Unternehmen und Staaten setzen sich für die Schaffung solcher Standards ein. Das Schutzziel sicherer Arbeitsplatz muss überall auf der Welt gelten!

Die letzte Version der EG-Maschinenrichtlinie (2006/42/EG) wird seit 2009 verbindlich angewandt. Vergleicht man die Automatisierung und den Maschinenbau heute mit den Anforderungen und Technologien von vor 15 Jahren, wird deutlich, wie sinnvoll die Überarbeitung war. Digitalisierung und Vernetzung sowie die damit verbundenen neuen Themen Industrial Security und Künstliche Intelligenz (KI) sind dabei, die Fabrikhallen und die darin befindlichen Maschinen und Anlagen stark zu verändern. Die neue Maschinenverordnung (EU) 2023/1230 hat nun den Anspruch, das hohe Sicherheitsniveau, das mit der Umsetzung der Vorgaben aus der Maschinenrichtlinie schon bisher erreicht wurde, zu erhalten und auszubauen.

Die Maschinenverordnung enthält eine Vielzahl an Neuerungen. Manche davon sind eher klein, manche lange erwartet (wie etwa die Möglichkeit, Betriebsanleitungen auch digital anzubieten), doch bei einigen lassen sich die Auswirkungen in der täglichen Umsetzung und Anwendung heute noch nicht abschließend bewerten.

Dazu zählt sicherlich zum einen der Begriff der sich selbst verändernden Maschinen (self-evolving behaviour) und zum anderen der Schutz gegen Korrumpierung (corruption) von Daten.

Der neue Begriff der sich selbst verändernden Maschinen zielt auf den Einsatz von Künstlicher Intelligenz. Kann die Maschinensicherheit gewährleistet sein, wenn Software in Maschinen in der Lage ist, selbstständig Entscheidungen zu treffen oder Probleme zu lösen? Insbesondere dann, wenn das für den Menschen nicht vollständig nachvollziehbar ist? Diese Fragen werden sicher noch ausgiebig diskutiert werden müssen.

In jedem Falle muss der Einsatz von KI in die Risikobeurteilung einbezogen werden, denn eine veränderte Software könnte neue und gegebenenfalls auch höhere Risiken nach sich ziehen. Im Extremfall muss betrachtet werden, ob durch selbstlernende Software sich so verändert, dass sie als neue Maschine betrachtet werden muss. Ein äußerst interessantes Thema nicht nur für Hersteller, sondern auch für die notifizierten Prüfstellen. Hier müssen zunächst Beurteilungsgrundlagen geschaffen werden.

Mit den Vorgaben zum Schutz von Daten gegen Korrumpierung hält die Security Einzug in das wichtigste europäische Gesetzeswerk für die Maschinensicherheit. Künftig müssen Maschinenbauer bzw. Inverkehrbringer nachweisen, dass ihre Maschinen nicht nur funktional sicher sind, sondern auch gegen Manipulationen geschützt sind. Bei der Risikobeurteilung und im gesamten Konformitätsbewertungsverfahren kommt zur Safety jetzt auch die Security hinzu. Ohne Security wird es künftig keine CE-Kennzeichnung mehr geben.

Ob und in welcher Tiefe sich ein Unternehmen mit Security auseinandersetzen will, ist nicht länger seine Ermessenssache. Was hart klingen mag, ist eine absolute Notwendigkeit und erleichtert letztlich den Einstieg in die Materie: Die neue Maschinenverordnung ist ein guter Anlass für Maschinenbauer und -betreiber, sich mit dem Thema Industrial Security auseinanderzusetzen. Denn nun wird erstmals eine konkrete Anforderung gestellt und ein Rahmen vorgegeben

Im Maschinenbau ist Security in Form von Industrial Security nicht allein Aufgabe der IT, sondern integraler Bestandteil der Entwicklung und Konstruktion. Dazu zählen auch Prozesse, um Kunden beim Auftreten von Sicherheitslücken zu informieren. Security im Nachhinein zu implementieren, ist immer aufwändig und bedeutet meist Einbußen bei Anwenderfreundlichkeit, Funktionalität und Produktivität.

Die EU hat mit als erstes diese Security-Gesetzgebung ausgearbeitet und in Europa werden die weltweit schärfsten Vorgaben gelten. Aber es laufen bereits Abstimmungen mit anderen Ländern, und auch dort werden solche Gesetze kommen. Es ist also eine weltweite Harmonisierung bei Industrial Security zu erwarten.

Was ist nun zu tun? Auch wenn die endgültige Umstellung auf die Maschinenverordnung erst im Jahr 2027 erfolgen wird, ist es jetzt schon wichtig, Prozesse und langfristige Projekte entsprechend zu planen, damit die Konstruktion von Maschinen zukünftige Anforderungen berücksichtigt. Beispielsweise zieht das neue Schutzziel Security für einige Hersteller eine Überarbeitung ihrer bisherigen Sicherheitskonzepte nach sich. Ich empfehle daher jedem, sich frühzeitig zu den Änderungen sowie den Auswirkungen auf die eigene Herstellung zu informieren, um Defizite bzw. notwendige Überarbeitungen rechtzeitig anzugehen. Dieses Buch bietet dabei eine wertvolle Hilfestellung.

Wer die Zeit gut nutzt, kann dem Stichtag 20. Januar 2027 zur verbindlichen Anwendung der Verordnung gelassen entgegensehen.

Ich wünsche Ihnen und Ihren Kolleginnen und Kollegen, dass Sie stets in einem sicheren Arbeitsumfeld, gesund und frei von Gefahren arbeiten können.

Susanne Kunschert
Geschäftsführende Gesellschafterin Pilz GmbH & Co. KG

Die Autoren

Alois Hüning

Dipl.-Ing. Alois Hüning ist seit 1989 Technische Aufsichtsperson der ehemaligen Maschinenbau- und Metall-Berufsgenossenschaft, heute Berufsgenossenschaft Holz und Metall (BGHM). Er war Leiter des Kompetenzzentrums Maschinensicherheit bei der BGHM, Mainz mit einem Schwerpunkt zu Fragen der praktischen Anwendung und Auslegung der EG-Maschinenrichtlinie. Für die Novellierung der EG-Maschinenrichtlinie war er mehrere Jahre befristet abgeordnet ins damalige Bundesministerium für Wirtschaft und Arbeit (BMWA) sowie für die nationale Umsetzung der EG-Maschinenrichtlinie ins Bundesministerium für Arbeit und Soziales (BMAS), Referat Produktsicherheit. Er ist Referent in verschiedenen Ausbildungs- und Weiterbildungsveranstaltungen und Co-Autor mehrerer Fachbücher und Fachartikel. Seit 06/2022 ist er im Ruhestand und als Sachverständiger für die Maschinensicherheit tätig.

Torsten Gast, Phoenix Contact GmbH & Co. KG

Torsten Gast ist Leiter des Competence Center Services bei der PHOENIX CONTACT Deutschland GmbH. Seit über 22 Jahren ist er im Bereich der Maschinensicherheit und Funktionalen Sicherheit tätig. Er ist Funktional Safety Expert und IT-Security Berater. Zusammen mit seinem Team ist er verantwortlich für die Durchführung von Consulting-Dienstleistungen im Bereich der Maschinensicherheit, Arbeitssicherheit, Funktionalen Sicherheit und Industrial Security & Network für Hersteller und Betreiber von Maschinen. Er ist weiterhin Referent und Co-Autor von mehreren Fachbüchern

Philipp Reusch, Reusch Rechtsanwaltsgesellschaft mbH

Philipp Reusch ist Rechtsanwalt, Gründungspartner und Head of Regulatory Affairs & Marktmaßnahmen der auf Produkthaftung spezialisierten Wirtschaftskanzlei reuschlaw. Als Experte in den Bereichen internationale Produkthaftung, Produktsicherheit, Compliance- sowie Rückrufmanagement berät er schwerpunktmäßig nationale und internationale Industrieunternehmen aus der Maschinenbau-, Automobilzulieferer- und Konsumgüterindustrie. Der Kern seiner Beratungstätigkeit liegt in einer Hybridisierung von Qualitätsmanagement und Recht.

Inhaltsverzeichnis

Einleitung

1

Am 29. Juni 2023 wurde die Europäische Maschinenverordnung (EU) 2023/1230 im Amtsblatt der EU veröffentlicht. Nach 20 Tagen tritt diese Verordnung in Kraft und ist ab den 20. Januar 2027 verbindlich anzuwenden.

Bereits am 14. Juni 2023 wurde die EU-Maschinenverordnung (EU) 2023/1230 durch das Europäischen Parlament und den Rat erlassen.

Neu ist, dass es eine EU-Maschinenverordnung gibt und keine der gängigen Sprachpraxis zugeordnete „neue" EG-Maschinenrichtlinie. Die Umsetzung in nationales Recht ist demnach nicht mehr notwendig, nichtsdestotrotz wird sich die 9. ProdSG-Verordnung deklaratorisch ändern. Das Maschinenrecht wird sich unabhängig von einer solchen Umsetzung mit dem Ende der Umsetzungsfrist ändern.

Mit Inkrafttreten der EU-Maschinenverordnung (EU) 2023/1230 und der damit beginnenden Umsetzungsfrist wurden neue und veränderte Rechtsgrundlagen für das Inverkehrbringen von Maschinen im Europäischen Wirtschaftraum (EWR) geschaffen.

Alle, die Maschinen bauen oder umbauen, importieren, verkaufen, kaufen oder betreiben, müssen die neue Rechtsgrundlage ab 20. Januar 2027 (nach Ende der Übergangsfrist) anwenden.

Vorhandene betriebliche Strukturen in Einkauf, Konstruktion, Dokumentation und Vertrieb müssen somit abgeglichen und in relevanten Bereichen angepasst werden.

Hersteller, Händler, Importeure von Maschinen, Aufsichtspersonen der Berufsgenossenschaften und Mitarbeiter der Marktüberwachung sowie Mitarbeiter technischer Überwachungsinstitutionen und Prüfstellen lernen die neuen Rechtsgrundlagen für Konstruktion und Bau von Maschinen und dazugehöriger Produkte sowie die grundlegenden inhaltlichen Änderungen gegenüber der „alten" EG-Maschinenrichtlinie 2006/42/EG kennen.

Das vorliegende Buch enthält insbesondere Hinweise und Erklärungen zu:

- den Gründen für die Überarbeitung und zum Verlauf des Verfahrens,
- der gesamten Verordnung (EU) 2023/1230, die kommentierend erläuert wird,
- neuen und erweiterten Anwendungsbereich,
- den umfassenderen Begriffsbestimmungen,
- der klareren Abgrenzungen zu anderen Einzelrichtlinien,
- den neuen Konformitätsbewertungsverfahren im Anhang I,

- den erweiterten Anforderungen an unvollständige Maschinen
- den neuen Strukturen in den Anhängen mit geänderten Zuordnungen,
- den neuen Anforderungen im Anhang III,
- weiteren Änderungen in den Anhängen,
- den Befugnissen und Anforderungen an die benannten Stellen,
- einen Ausblick mit Milestones.

Das Buch konzentriert sich vornehmlich auf die Änderungen, die die neue EU-Maschinenverordnung (EU) 2023/1230 mit sich bringt. Damit soll den Lesern eine schnelle und vollständige Information über die neuen oder geänderten Anforderungen und Strukturen gegeben werden.

1.1 Anmerkungen der Autoren zur besseren Lesbarkeit und Anwendung des Buchs

1.1.1 Verfügender Teil – Artikelpaket

Aufgrund der Komplexität und den massiven Änderungen durch das Zusammenführen von Anforderungen aus den Anhängen der MRL sowie durch die Integration des NFL hat sich das Autoren-Team dafür entschieden, diesen Abschnitt in einer Gegenüberstellung MRL /MV zu erläutern. Basis für die Gegenüberstellung ist die aktuelle MRL. Somit sollte ein besserer Einstieg in die neue Maschinenverordnung für den Anwender gegeben sein und der Vergleich zum aktuellen Maschinerecht deutlich werden.

1.1.2 Anhänge

Zum besseren Verständnis und zur schnelleren Umsetzung von vorhandenen betrieblichen Strukturen in der Konstruktion und Dokumentation wird jeder Abschnitt mit einem kurzen Schlagwort kategorisiert:

Neu
oder

Redaktionelle Änderungen
oder

Keine Änderungen.
Auf Originaltext wurde weitestgehend verzichtet. Bei Textpassagen, in denen zum besseren Verständnis Originaltext mit eingebunden wurde, ist der Originaltext kursiv dargestellt.

Erläuterung
Neu bedeutet: Diese Abschnitte, Sätze oder Begriffe sind neu hinzugekommen oder der Sachverhalt wurde verändert. **Neu** bedeutet nicht immer komplett neu, sondern hier ergeben sich Neuerungen, Anpassungen oder Erweiterungen in den Pflichten der Marktüberwachungsbehörden oder der Hersteller, die z. B. entsprechende Änderungen in den Dokumentationsstrukturen erforderlich machen.

Redaktionelle Änderungen bedeutet: Hier wurden die entsprechenden Abschnitte in erster Linie sprachlich korrigiert und verbessert. Des Weiteren wurden Abschnitte sinnhafter strukturiert und ggf. zusammengefasst.

Keine Änderungen bedeutet: Die EU-Maschinenverordnung wurde gegenüber der EG-Maschinenrichtlinie 2006/42/EG in dem entsprechenden Abschnitt nicht geändert. Insbesondere für Anhang III (alt: Anhang I) heißt das: Vorhandene Dokumentationsstrukturen müssen nicht angepasst werden.

Gründe für die Novellierung und Verlauf des ordentlichen Gesetzgebungsverfahrens

2

Am 29. Juni 2023 wurde die *EU-Maschinenverordnung (EU) 2023/1230 des Europäischen Parlaments und des Rates vom 14. Juni 2023 über Maschinen und zur Aufhebung der Richtlinie 2006/42/EG (EG-Maschinenrichtlinie)* nach einem mehr als zwei Jahre dauernden Gesetzgebungsverfahren im Amtsblatt der Europäischen Union veröffentlicht. Sie gilt verbindlich im europäischen Wirtschaftsraum (EWR) für Maschinen und dazugehörige Produkte, die dort hergestellt oder dorthin eingeführt werden.

Für den Export in außereuropäische Länder gelten nach wie vor die nationalen Einfuhrbestimmungen der entsprechenden Staaten.

Bild 2.1 zeigt die Gültigkeitsgebiete für die Inverkehrbringung innerhalb und außerhalb des EWR.

Ebenso wie die Vorgänger-Richtlinie (EG-Maschinenrichtlinie 2006/42/EG) dient die „neue" EU-Maschinenverordnung der Angleichung der Rechts- und Verwaltungsvorschriften der Mitgliedstaaten der Europäischen Union für Maschinen und ist insbesondere gestützt auf den Artikel 114 des Vertrages der Europäischen Gemeinschaft, in dem die Grundsätze für die Verwirklichung und das Funktionieren des Europäischen Binnenmarktes festgelegt sind.

Mit Gründung des Europäischen Binnenmarktes im Jahr 1993, der den freien Verkehr von Personen, Dienstleistungen, Kapital und Waren ermöglichen soll, war es nötig, zur Gewährleistung des freien Warenverkehrs die unterschiedlichen Rechtsvorschriften der einzelnen Mitgliedstaaten anzugleichen; man spricht von einer Harmonisierung der Rechtsvorschriften.

Sinn und Zweck der im Zuge der Harmonisierung erlassenen Binnenmarktrichtlinie(n) und neuerdings Binnenmarktverordnung(en) ist es demzufolge, Handelshemmnisse zu beseitigen. In den einzelnen Richtlinien oder Verordnungen, die das erstmalige Inverkehrbringen bis hin zur erstmaligen Inbetriebnahme regeln, werden grundlegende Anforderungen an die Gewährleistung von Sicherheit und Gesundheit vorgegeben.

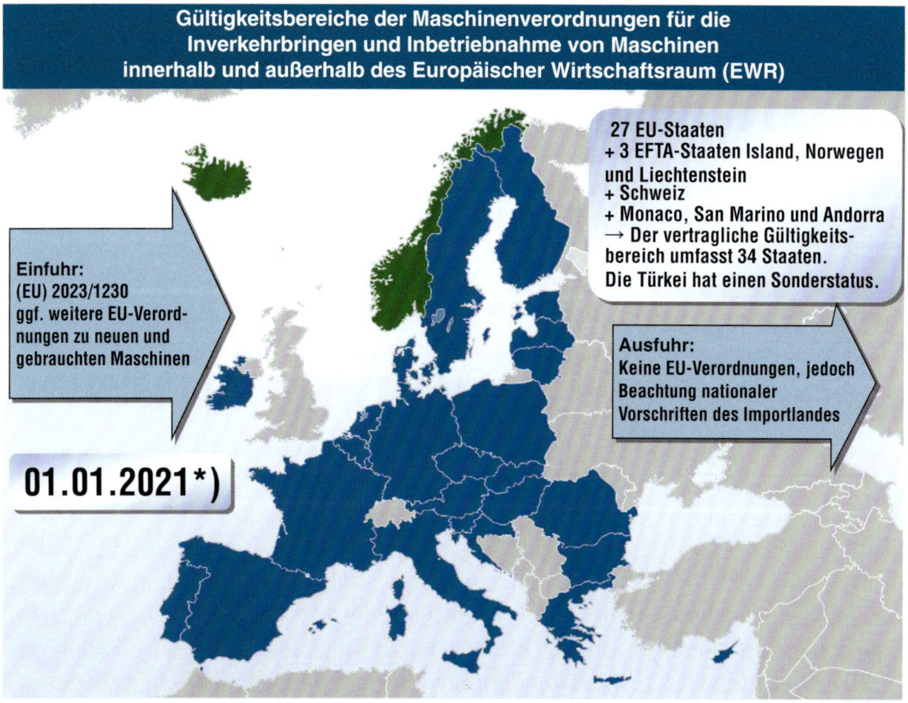

*) (Datum im Bezug auf den EWR nach Brexit)

Bild 2.1 *Gültigkeitsbereiche der Maschinenverordnungen für die Inverkehrbringung innerhalb und außerhalb des EWR.*

Eine Konkretisierung dieser grundlegenden Sicherheits- und Gesundheitsschutzanforderungen erfolgt über sog. harmonisierte Normen, die von den Europäischen Normungsinstituten CEN, CENELEC und ETSI erarbeitet wurden bzw. werden. Die Verordnung selbst gibt also ausschließlich Schutzziele vor. Eine Ausführung dieser Schutzziele obliegt den jeweiligen beauftragten Normungsinstituten. Die Anwendung der erarbeiteten und harmonisierten Normen ist in jedem Fall freiwillig.

Neu ist, dass die Kommission unter bestimmten Voraussetzungen technische Spezifikationen erlassen kann, um ein „mögliches Defizit" bei der Normerarbeitung auszugleichen. (auch *Delegated Act* genannt).

Die früheren und noch aktuellen EG-Maschinenrichtlinie(n) brachten in der Praxis eine große Vereinfachung durch die Vereinheitlichung der zuvor geltenden einzelstaatlichen Vorschriften mit sich. Eine Vielzahl von Handelshemmnissen wurde abgebaut. Darüber hinaus kam es zu einem signifikanten Rückgang der durch Arbeitsunfälle entstehenden Kosten.

Auch die erste Veröffentlichung einer EG-Maschinenrichtlinie liegt mittlerweile mehr als dreißig Jahre zurück. Die „Ur-Richtlinie" 89/392/EWG aus dem Jahr 1989 wurde durch drei Änderungsrichtlinien (91/368/EWG, 93/44/EWG und 93/68/EG) modifiziert. Die Richtlinie 89/392/EWG trat mit Beginn des Binnenmarktes am 1. Januar 1993 in Kraft. Mit allen Änderungsrichtlinien und nach Ablauf der Übergangsfristen war sie in Gänze anwendbar seit dem 1. Januar 1997. Die Richtlinie 98/37/EG stellte in diesem Zusammenhang lediglich eine kodifizierte Fassung zur besseren Lesbarkeit der vier (Änderungs-)Richtlinien dar und enthielt keinerlei inhaltliche Änderungen.

Grundlage dafür, diese kodifizierte Fassung neu zu strukturieren, zu vereinfachen und in seiner Anwendbarkeit zu verbessern, war der Auftrag an die Europäische Kommission, das Gemeinschaftsrecht in seiner Gesamtheit zu überprüfen. Die Europäische Kommission sollte diese Prüfung insbesondere im Hinblick auf die Funktionalität, die Praxistauglichkeit und die Effektivität durchführen.

Das Ergebnis dieser Prüfung war dann nach mehr als 5-jährigen Verhandlungen die Neufassung der EG-Maschinenrichtlinie 2006/42/EG.

Die EG-Maschinenrichtlinie wurde am 9. Juni 2006 im Amtsblatt der Europäischen Union veröffentlicht und die Mitgliedstaaten hatten 24 Monate Zeit, um diese Richtlinie in nationales Recht umzusetzen.

Die EG-Maschinenrichtlinie ist seit dem 29. Dezember 2009 zwingend anzuwenden und ist rechtsverbindlich bis 20. Januar 2027 in Kraft. Immerhin werden dann 17 Jahre seit der ersten Anwendung der EG- Maschinenrichtlinie vergangen sein.

Im Jahre 2017 wurde ein Evaluierungsprozess (REFIT-Programm der Europäischen Kommission) gestartet, um die Leistungsfähigkeit, Funktionsfähigkeit, Marktüberwachung und die Resilienz für die Zukunft der EG-Maschinenrichtlinie zu untersuchen.

Die Gründe für die Novellierung sind plausibel und erforderlich, da die „technische Denke" der aktuellen EG-Maschinenrichtlinie 2006/42/EG den Anfängen der 2000er Jahre entspricht und auch dem 2008 entwickelten Prinzip des New Legislative Framework angepasst werden musste.

Rasante Entwicklungen in der Technik, in der funktionalen Sicherheit und Digitalisierung, Anforderungen an Cybersicherheit sowie überfällige Angleichungen an Rechtsvorschriften aus dem NLF oder „Blue Guide" waren Schwerpunkte der Revision.

Am 21. April 2021 wurde unter portugiesischer Ratspräsidentschaft der Kommissionsvorschlag für eine neue Maschinenprodukteverordnung und ein horizontaler KI-Rechtsakt veröffentlicht.

In der Folge kam es zu Verhandlungen unter den Ratspräsidentschaften von Slowenien, Frankreich und Tschechien.

Insgesamt kam die zuständige Ratsarbeitsgruppe „Technische Harmonisierung (Maschinen)" mehrmals sowohl online als auch in Präsenz zusammen, um über den Kommissionsvorschlag zu diskutieren.

Der Entwurf wurde vom europäischen Parlament und vom europäischen Rat weiterverhandelt.

Im Oktober 2022 starteten die Trilog-Verhandlungen mit dem Ziel, einen gemeinsamen Vorschlag zur EU-Maschinenverordnung vorzulegen.

Am 22.12.2022 wurden die Trilog-Verhandlungen abgeschlossen und der *„Proposal for a Regulation on machinery products "* wurde veröffentlicht.

Unter schwedischer Ratspräsidentschaft wurden Feinabstimmungen durchgeführt und der Text in die Amtssprachen übersetzt.

Das Europäische Parlament verabschiedete am 18.04.2023 die Maschinenverordnung (EU) 2023/1230.

Neu ist, dass es eine EU-Maschinenverordnung gibt und keine der gängigen Sprachpraxis zugeordnete „neue" EG-Maschinenrichtlinie.

Dies ist der EU-Gesetzgebung geschuldet. Eine nationale Umsetzung – wie bei der MRL 2006/42/EG in die 9. Produktsicherheitsverordnung (9.ProdSV) – wird es nur noch deklaratorisch zur Anpassung des nationalen Rechts geben.

EU-Verordnungen werden von der EU verabschiedet und sind nach einer gewissen Übergangszeit direkt verpflichtend anwendbar.

Bemerkenswert ist, dass die neue EU-Maschinenverordnung nach dem Kommissionsvorschlag vom April 2021 bereits im Januar 2023 „ausverhandelt" war, im Gegensatz zur MRL 2006/42/EG, die mehr als 5 Jahre hierfür brauchte.

Bedauerlicherweise wurde die Struktur der Anhänge „durchgemischt". Dies kann nicht als Verhandlungserfolg gefeiert werden, da dadurch erhebliche Kosten auf die Unternehmen, Marktaufsichtsbehörden und Normgremien zukommen werden. Unter der geänderten Struktur leidet auch die routinierte Anwendbarkeit der Verordnung, die man von der Richtlinie gewohnt war.

Es müssen neue Dokumentationsstrukturen erarbeitet sowie Lasten- und Pflichtenhefte angepasst werden. Die Normgremien kalkulieren für die Überarbeitung der Verweise in den ZA-Anhängen zur neuen Maschinenverordnung mehrere Jahre ein.

Wie bereits in der EG-Maschinenrichtlinie 2006/42/EG wurden auch die Umweltschutzanforderungen und Konformitätsbewertungsverfahren für das Inverkehrbringen neuer Maschinen zur Ausbringung von Pestiziden in die EU-Maschinenverordnung übernommen. Dies sind z. B. selbstfahrende Ausbringungsgeräte, Spritz- und Sprühgeräte, die an Traktoren bzw. Helikoptern angebracht sind, aber auch solche Geräte, die vom Benutzer getragen werden können.

Die Richtlinie 2009/127/EG fügt u. a. für Maschinen zur Ausbringung von Pestiziden unter der Nummer 2.4 des Anhangs III zusätzliche grundlegende umweltbezogene Sicherheits- und Gesundheitsschutzanforderungen ein.

Wichtig ist an dieser Stelle, dass die Umweltschutzanforderungen eindeutig auf Maschinen zur Ausbringung von Pestiziden beschränkt sind und nicht für den gesamten Anwendungsbereich der Verordnung gelten.

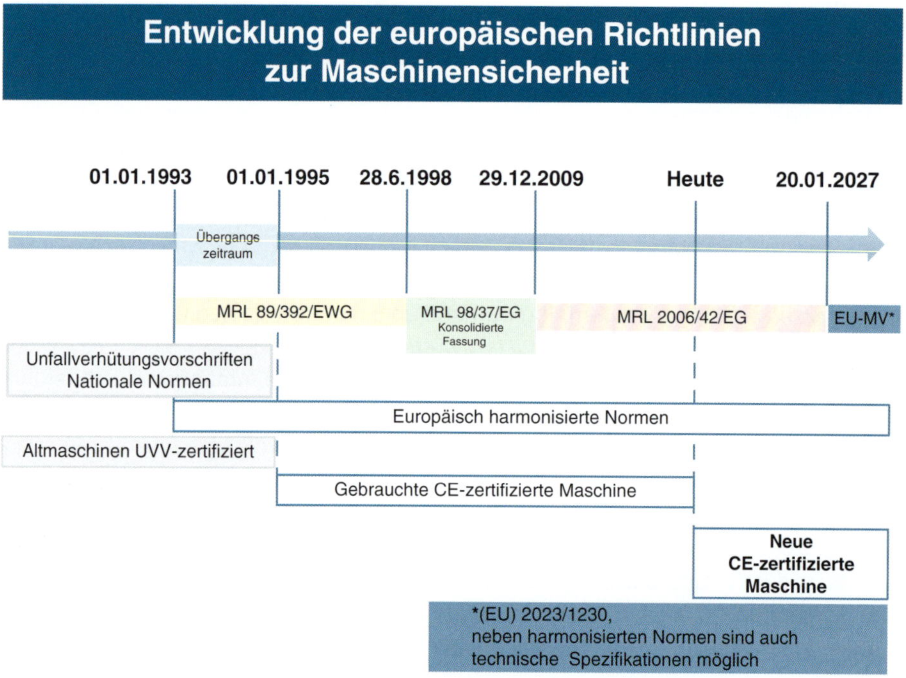

Bild 2.2 *Entwicklung der europäischen Richtlichinien zur Maschinensicherheit*

Am 29. Juni 2023 wurde die **Europäische Maschinenverordnung** im Amtsblatt der EU veröffentlicht. Die EU-Maschinenverordnung erhielt die Identifikationsnummer **EU 2023/1230** und ist im Journal L 165 veröffentlicht. Nach 20 Tagen tritt diese Verordnung in Kraft und ist ab den **20. Januar 2027 verbindlich anzuwenden**.

Bild 2.2 zeigt die zeitliche Entwicklung der europäischen Richtlinien zur Maschinensicherheit.

i

Um die Anwendung der Verordnung zu vereinfachen und ein gemeinsames Verständnis für die neue Verordnung zu fördern, sollte die Europäische Kommission in Zusammenarbeit mit den Mitgliedstaaten und den interessierten Kreisen einen neuen Leitfaden erarbeiten und veröffentlichen, der auch in den jeweiligen Amtssprachen zur Verfügung steht.

Insbesondere bei wesentlichen Veränderungen müssen Klarstellungen erfolgen, in Anlehnung an das in der Bundesrepublik sehr erfolgreiche und praxisbezogene BMAS-Interpretationspapier aus 04/2015.

3 Aufbau der Maschinenverordnung (EU) 2023/1230 im Vergleich

3.1 Gegenüberstellung der Maschinenverordnung (EU) 2023/1230 und der EG-Richtlinie 2006/42/EG

In dem nachfolgenden Bild 3.1 sind die unterschiedlichen Strukturen der neuen Maschinenverordnung (EU) 2023/1230 und der EG-Maschinenrichtlinie 2006/42/EG, die noch bis zum Stichtag 20.01.2027 anzuwenden ist, gegenübergestellt.

Gegenüberstellung MRL 2006/42/EG und (EU) 2023/1230

MRL 2006/42/EG	(EU) 2023/1230
Verfügender Teil	**Allgemeine Bestimmungen**
Artikel 1 – 29	Artikel 1 – 54 (Kapitel IX) **Neu**
Anhang I	**Anhang III** **z. T. Neu**
Grundlegende Sicherheits- und Gesundheitsschutzanforderungen für Konstruktion und Bau von Maschinen (*Abschnitte 1-6*)	Grundlegende Sicherheits- und Gesundheitsschutzanforderungen für Konstruktion und Bau von Maschinen und dazugehörige Produkte *(Abschnitt 1-6)*
Anhang II	**Anhang V**
a) EG-Konformitätserklärung für eine Maschine b) Erklärung für den Einbau einer unvollständigen Maschine	A) EU-Konformitätserklärung für Maschinen und dazugehörige Produkte B) EU-Erklärung für unvollständige Maschinen
Anhang III	**Artikel 20**
CE-Kennzeichnung	Art 30 EG VO Nr. 765/2008
Anhang IV	**Anhang I** **z. T. Neu**
Kategorien von Maschinen, für die eines der Verfahren nach Artikel 12 Absätze 3 und 4 anzuwenden ist.	„Hochrisiko-Kategorien" von Maschinen, für die eines der Verfahren nach Art. 25 anzuwenden ist (Teile A und B).

Gegenüberstellung MRL 2006/42/EG und (EU) 2023/1230

MRL 2006/42/EG	(EU) 2023/1230
Anhang V Nicht erschöpfende Liste der Sicherheitsbauteile im Sinne des Artikel 2c	**Anhang II** Nicht erschöpfende Liste der Sicherheitsbauteile
Anhang VI Montageanleitung für eine unvollständige Maschine	**Anhang XI** Montageanleitung für eine unvollständige Maschine
Anhang VII a) Technische Unterlagen für Maschinen b) Spezielle technische Unterlagen für unvollständige Maschinen	**Anhang IV** A) Technische Unterlagen für Maschinen B) Einschlägige technische Unterlagen für unvollständige Maschinen
Anhang VII +VIII (Art 12) Bewertung der Konformität einer Maschine durch interne Fertigungskontrollen	**Anhang VI** Interne Fertigungskontrollen (Modul A)
Anhang IX EG-Baumusterprüfung	**Anhang VII** EU-Baumusterprüfung (Modul B)
Anhang X Umfassende Qualitätssicherung	**Anhang IX** Umfassende Qualitätskontrolle (Modul H)
Anhang XI Von den Mitgliedstaaten zu berücksichtigende Mindestkriterien für die Meldung der Stellen	**Artikel 30** Anforderungen an die benannten Stellen
Anhang XII Entsprechungstabelle	**Anhang XII** Entsprechungstabelle
	Anhang VIII *Neu* Konformität mit Bauart – Interne Fertigungskontrollen (Modul C)
	Anhang X *Neu* Konformität auf der Grundlage einer Einzelprüfung (Modul G)
29 Artikel und 12 Anhänge	**54 Artikel und 12 Anhänge**

Bild 3.1 *Gegenüberstellung MRL 2006/42/EG und (EU) 2023/1230*

Auf die inhaltlichen und redaktionellen Änderungen wird in den Kapiteln 4 und 5 näher eingegangen.

Bedauerlicherweise wurde die Struktur der Anhänge der EU- Maschinenverordnung „durchgemischt".

Es müssen somit neue Dokumentationsstrukturen, Lasten- und Pflichtenhefte in den Unternehmen angepasst werden. Die Normgremien kalkulieren für die Überarbeitung der Verweise in den ZA-Anhängen zur neuen EU- Maschinenverordnung mehrere Jahre ein.

3.2 Struktur der Maschinenverordnung (EU) 2023/1230

Der grundsätzliche Aufbau der neuen Maschinenverordnung (EU) 2023/1230 ist vergleichbar zur EG-Maschinenrichtlinie 2006/42/EG, er ist in Bild 3.2 dargestellt.

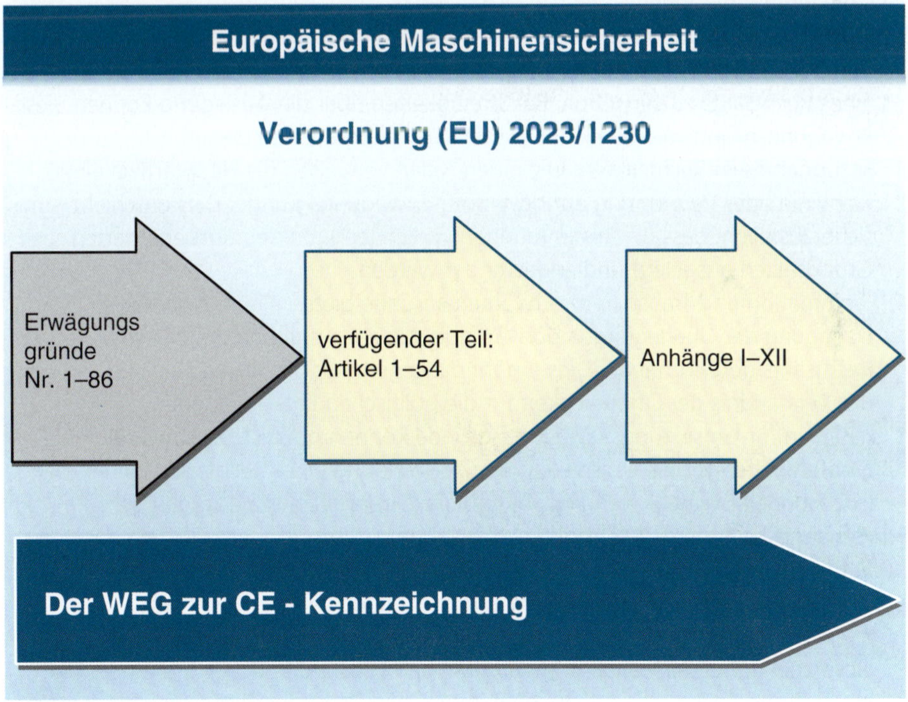

Bild 3.2 *Aufbau der Maschinenverordnung (EU) 2023/1230*

Erwägungsgründe

Die Anzahl der Erwägungsgründe hat sich fast verdreifacht (MRL: 30 Punkte zu MV: 86 Punkte). Dies sollte man nicht negativ sehen, da es auch dem Verständnis der neuen Verordnung dient und die Erwägungen des Gesetzgebers deutlich macht.

Die Erweiterung liegt nicht nur an den fast doppelt so vielen Artikeln im verfügenden Teil. Dort wurden viele Inhalte, die zuvor in den Anhängen der MRL geregelt waren, in den Verordnungstext überführt, der häufig aus Inhalten der Anhänge der MRL besteht. Damit kann man die Verdreifachung der Erwägungsgründe begründen. Obgleich sie rechtlich nicht verbindlich sind, sich also keine unmittelbaren rechtliche Wirkungen aus ihnen ergeben,[1] haben sie eine relevante und oftmals wichtige Funktion für die Anwendung der betroffenen Regelwerke. Erwägungsgründe in europäischen Richtlinien oder Verordnungen spielen folglich eine wichtige Rolle bei der gleichmäßigen (autonomen) Interpretation und Anwendung dieser Rechtsakte innerhalb der Europäischen Union (EU). Sie sind Teil des rechtlichen Textes und dienen dazu, die Ziele, Prinzipien und Hintergründe eines bestimmten Rechtsakts zu erläutern. Die Funktion der Erwägungsgründe umfasst mehrere Aspekte:

1. Interpretation und Auslegung: Erwägungsgründe bieten zusätzliche Informationen, die zum besseren Verständnis der Absichten des Gesetzgebers beitragen. Sie können helfen, Unklarheiten in den Hauptartikeln zu klären und zur richtigen Anwendung beitragen.
2. Rechtsprechung und Argumentation: Gerichte und andere Rechtsanwender können auf Erwägungsgründe zurückgreifen, um die Zielsetzung und den Kontext eines Rechtsakts zu verstehen. Bei Streitigkeiten über die Auslegung können diese Erwägungsgründe als Quelle für zusätzliche Informationen dienen.
3. Bezugnahme in Rechtsakten: In einigen Fällen verweisen die Hauptartikel einer Richtlinie oder Verordnung auf bestimmte Erwägungsgründe. Dies geschieht, um sicherzustellen, dass die Bestimmungen im Einklang mit den dort erläuterten Grundsätzen ausgelegt und angewendet werden.
4. Legitimation und Transparenz: Erwägungsgründe bieten eine transparente Darlegung der Überlegungen und Gründe, die zur Annahme des betreffenden Rechtsakts geführt haben. Dies erhöht die Legitimität des Rechtsakts und fördert das Verständnis der Öffentlichkeit für die politischen Entscheidungen.
5. Leitlinien für Umsetzung: Erwägungsgründe können praktische Hinweise und Empfehlungen für die Umsetzung und Anwendung eines Rechtsakts bieten. Dies ist besonders wichtig, wenn es um komplexe oder technische Fragen geht.
6. Verhältnis zu anderen Rechtsakten: Erwägungsgründe können auch auf das Verhältnis zu anderen Rechtsakten hinweisen, beispielsweise wenn eine neue Verordnung im Einklang mit einer bestehenden Richtlinie erlassen wird.
7. Insgesamt dienen Erwägungsgründe dazu, den Kontext und die Absichten der Gesetzgeber bei der Gestaltung europäischer Richtlinien und Verordnungen zu verdeutlichen. Sie unterstützen die reibungslose Umsetzung und Anwendung dieser Rechtsakte in den Mitgliedstaaten der EU.

---

1 EuGH, Urt. v. 19.06.2014 – C-245/13, Rn. 31: Unzulässig ist eine Auslegung contra legem sowie eine solche, um von den Bestimmungen des Rechtsakts abzuweichen.

(EU) 2023/1230

Verfügender Teil

Artikel 1–54 (IX. Kapitel)

Anhang I

Kategorien von Maschinen, für die eines der Verfahren nach Artikel 25 anzuwenden ist. Teil A (6) und Teil B (24)

Anhang II

Nicht erschöpfende Liste der Sicherheitsbauteile

Anhang III

Grundlegende Sicherheits- und Gesundheitsschutzanforderungen für Konstruktion und Bau von Maschinen oder dazugehörigen Produkten, Teil A + B (Abschnitte 1–6)

Anhang IV

Technische Dokumentation, Teil A und Teil B

Anhang V

EU-Konformitätserklärung und EU-Einbauerklärung (Teil A + B)

Anhang VI

Interne Fertigungskontrolle (Modul A)

Anhang VII

EU-Baumusterprüfung (Modul B)

Anhang VIII

Konformität mit Baumuster-interner Fertigungskontrolle (Modul C)

Anhang IX

Umfassende Qualitätssicherung (Modul H)

Anhang X

Konformität auf der Grundlage einer Einzelprüfung (Modul G)

Anhang XI

Montageanleitung für eine unvollständige Maschine

Anhang XII

Entsprechungstabelle (Bezug auf EG-2006/42/EG)

Bild 3.3 *Aufbau (EU) 2023/1230*

8. Die Gründe für die Novellierung des Maschinenrechts sind in den Erwägungsgründen ausgiebig dargestellt, sodass hier ein Ansatz für die Interpretation des Gesetzestextes liegt, den man in der Praxis in jedem Fall heranziehen sollte.

Verfügender Teil („Artikelpaket“)

Auch im verfügenden Teil hat sich die Zahl der Artikel fast verdoppelt (MRL. 29 Artikel zu MV: 54 Artikel). Alle Anforderungen der Produktsicherheitsrechtsvorschrift nach dem *„New Legislative Framework“* (NlF) aus dem Jahr 2008 sind eingeflossen. Bei der MRL 2006/42/EG hatte man auf den NLF wegen der zeitlich nahen Abfolge verzichtet. In Kapitel 4 dieses Buches werden die Änderungen und Erweiterungen dargelegt.

Anhänge

Bei den Anhängen sind keine neuen Anforderungen dazu gekommen. Leider ist aber die Struktur und die Nummerierung der einzelnen Anhänge geändert worden, was einen erheblichen zeitlichen Aufwand im betrieblichen Alltag bedeutet.

Im Kapitel 5 werden die Anhänge erläutert.

Die neue Struktur der Maschinenverordnung (EU) 2023/1230 und die Überschriften der Anhänge sind in Bild 3.3 zusammenfassend dargestellt.

Erläuterungen und Kommentierung zum Gesetzestext in der Gegenüberstellung (Verfügender Teil)

4

4.1 Erweiterter Anwendungsbereich der Maschinenverordnung

EG-Maschinenrichtlinie 2006/42/EG[1]	Maschinenverordnung (EU) 2023/1230
	Artikel 1 – Gegenstand In dieser Verordnung werden Sicherheits- und Gesundheitsschutzanforderungen für die Konstruktion und den Bau von Maschinen, dazugehörigen Produkten und unvollständigen Maschinen festgelegt, um deren Bereitstellung auf dem Markt oder ihre Inbetriebnahme zu ermöglichen und gleichzeitig ein hohes Maß an Schutz der Sicherheit und Gesundheit von Personen, insbesondere von Verbrauchern und professionellen Nutzern, und gegebenenfalls von Haustieren und Sachen sowie, soweit anwendbar, der Umwelt zu gewährleisten. Außerdem werden darin Regeln für den freien Verkehr von in den Anwendungsbereich dieser Verordnung fallenden Produkten in der Union festgelegt.

1 Die derzeit gültige Fassung ist die konsolidierte von 2019, zu finden unter https://eur-lex.europa.eu/legal-content/DE/TXT/?uri=CELEX%3A02006L0042-20190726

Artikel 1 in der neuen Maschinenverordnung hat bisher keine Entsprechung in der alten MRL. Der Regelungsgehalt ist grundsätzlich für die Praxis eines Unternehmens überschaubar, aber die Bezugnahme auf Haustiere, die gem. Erwägungsgrund 5 auch Nutztiere umfassen, und Sachen sowie Umwelt verdeutlicht bereits hier, wie sich der Schutzzweck des Maschinenrechts über die Jahre weiterentwickelt hat und nicht mehr allein den Schutz der Nutzer im Blick hat.

EG-Maschinenrichtlinie 2006/42/EG	Maschinenverordnung (EU) 2023/1230
Artikel 1 Anwendungsbereich (1) Diese Richtlinie gilt für die folgenden Erzeugnisse: a) Maschinen; b) auswechselbare Ausrüstungen; c) Sicherheitsbauteile; d) Lastaufnahmemittel; e) Ketten, Seile und Gurte; f) abnehmbare Gelenkwellen; g) unvollständige Maschinen.	**Artikel 2 – Anwendungsbereich** (1) Diese Verordnung gilt für Maschinen und folgende dazugehörige Produkte: a) auswechselbare Ausrüstungen; b) Sicherheitsbauteile; c) Lastaufnahmemittel; d) Ketten, Seile und Gurte; e) abnehmbare Gelenkwellen; Diese Verordnung gilt auch für unvollständige Maschinen. Für die Zwecke dieser Verordnung werden Maschinen, die in Unterabsatz 1 aufgeführten dazugehörigen Produkte und unvollständige Maschinen zusammen als „in den Anwendungsbereich dieser Verordnung fallende Produkte" bzw. „Produkte, die in den Anwendungsbereich dieser Verordnung fallen" bezeichnet.
(2) Vom Anwendungsbereich dieser Richtlinie sind ausgenommen:	(2) Diese Verordnung gilt nicht für
a) Sicherheitsbauteile, die als Ersatzteile zur Ersetzung identischer Bauteile bestimmt sind und die vom Hersteller der Ursprungsmaschine geliefert werden;	a) Sicherheitsbauteile, die als Ersatzteile zur Ersetzung identischer Bauteile bestimmt sind und die vom Hersteller der ursprünglichen Maschine, des dazugehörigen Produkts oder der unvollständigen Maschine geliefert werden;
b) spezielle Einrichtungen für die Verwendung auf Jahrmärkten und in Vergnügungsparks;	b) spezielle Einrichtungen für die Verwendung auf Jahrmärkten oder in Vergnügungsparks;
c) speziell für eine nukleare Verwendung konstruierte oder eingesetzte Maschinen, deren Ausfall zu einer Emission von Radioaktivität führen kann;	c) Maschinen und dazugehörige Produkte, die speziell für die Verwendung in einer kerntechnischen Anlage konstruiert sind oder dort verwendet werden und bei denen es zu einer Beeinträchtigung der kerntechnischen Sicherheit dieser Anlage käme, wenn sie den Bestimmungen dieser Verordnung entsprechen würden;
d) Waffen einschließlich Feuerwaffen;	d) Waffen einschließlich Feuerwaffen;

Fortsetzung

EG-Maschinenrichtlinie 2006/42/EG	Maschinenverordnung (EU) 2023/1230
e) die folgenden Beförderungsmittel: • Land- und forstwirtschaftliche Zugmaschinen, mit Ausnahme der auf diesen Fahrzeugen angebrachten Maschinen, • Kraftfahrzeuge und Kraftfahrzeuganhänger im Sinne der Richtlinie 70/156/EWG des Rates vom 6. Februar 1970 zur Angleichung der Rechtsvorschriften der Mitgliedstaaten über die Betriebserlaubnis für Kraftfahrzeuge und Kraftfahrzeuganhänger mit Ausnahme der auf diesen Fahrzeugen angebrachten Maschinen, • Fahrzeuge im Sinne der Richtlinie 2002/24/EG des Europäischen Parlaments und des Rates vom 18. März 2002 über die Typgenehmigung für zweirädrige oder dreirädrige Kraftfahrzeuge mit Ausnahme der auf diesen Fahrzeugen angebrachten Maschinen, • ausschließlich für sportliche Wettbewerbe bestimmte Kraftfahrzeuge und • Beförderungsmittel für die Beförderung in der Luft, auf dem Wasser und auf Schienennetzen mit Ausnahme der auf diesen Beförderungsmitteln angebrachten Maschinen; f) Seeschiffe und bewegliche Offshore-Anlagen sowie Maschinen, die auf solchen Schiffen und/oder in solchen Anlagen installiert sind;	e) Beförderungsmittel für die Beförderung in der Luft, auf dem Wasser und auf Schienennetzen mit Ausnahme der auf diesen Beförderungsmitteln angebrachten Maschinen; f) luftfahrttechnische Produkte, Teile und Ausrüstungen, die in den Anwendungsbereich der Verordnung (EU) 2018/1139 des Europäischen Parlaments und des Rates (21) und unter die Begriffsbestimmung von Maschinen gemäß dieser Verordnung fallen, sofern die Verordnung (EU) 2018/1139 die einschlägigen grundlegenden Sicherheits- und Gesundheitsschutzanforderungen dieser Verordnung abdeckt; g) Kraftfahrzeuge und Kraftfahrzeuganhänger sowie Systeme, Bauteile, selbstständige technische Einheiten, Teile und Ausrüstungen, die für solche Fahrzeuge konstruiert und gebaut wurden und in den Anwendungsbereich der Verordnung (EU) 2018/858 fallen, mit Ausnahme der auf diesen Fahrzeugen angebrachten Maschinen; h) zwei- oder dreirädrige und vierrädrige Fahrzeuge sowie Systeme, Bauteile, selbstständige technische Einheiten, Teile und Ausrüstungen, die für solche Fahrzeuge konstruiert und gebaut wurden und in den Anwendungsbereich der Verordnung (EU) Nr. 168/2013 fallen, mit Ausnahme der auf diesen Fahrzeugen angebrachten Maschinen; i) land- und forstwirtschaftliche Zugmaschinen sowie Systeme, Bauteile, selbstständige technische Einheiten, Teile und Ausrüstungen, die für solche Zugmaschinen konstruiert und gebaut wurden und in den Anwendungsbereich der Verordnung (EU) Nr. 167/2013 fallen, mit Ausnahme der auf diesen Zugmaschinen angebrachten Maschinen; j) ausschließlich für sportliche Wettbewerbe bestimmte Kraftfahrzeuge; k) Seeschiffe und bewegliche Offshore-Anlagen sowie Maschinen, die auf solchen Schiffen oder in solchen Anlagen installiert sind;
g) Maschinen, die speziell für militärische Zwecke oder zur Aufrechterhaltung der öffentlichen Ordnung konstruiert und gebaut wurden;	l) Maschinen oder zugehörige Produkte, die speziell für militärische Zwecke oder zur Aufrechterhaltung der öffentlichen Ordnung konstruiert und gebaut wurden;
h) Maschinen, die speziell für Forschungszwecke konstruiert und gebaut wurden und zur vorübergehenden Verwendung in Laboratorien bestimmt sind;	m) Maschinen oder zugehörige Produkte, die speziell für Forschungszwecke konstruiert und gebaut wurden und zur vorübergehenden Verwendung in Laboratorien bestimmt sind;
i) Schachtförderanlagen; j) Maschinen zur Beförderung von Darstellern während künstlerischer Vorführungen;	n) Schachtförderanlagen; o) Maschinen oder zugehörige Produkte zur Beförderung von Darstellern während künstlerischer Vorführungen;

Fortsetzung

EG-Maschinenrichtlinie 2006/42/EG	Maschinenverordnung (EU) 2023/1230
k) elektrische und elektronische Erzeugnisse folgender Arten, soweit sie unter die Richtlinie 73/23/EWG des Rates vom 19. Februar 1973 zur Angleichung der Rechtsvorschriften der Mitgliedstaaten betreffend elektrische Betriebsmittel zur Verwendung innerhalb bestimmter Spannungsgrenzen (3) fallen: • für den häuslichen Gebrauch bestimmte Haushaltsgeräte, • Audio- und Videogeräte, • informationstechnische Geräte, • gewöhnliche Büromaschinen, • Niederspannungsschaltgeräte und -steuergeräte, • Elektromotoren;	p) die folgenden elektrischen und elektronischen Produkte, soweit sie in den Anwendungsbereich der Richtlinie 2014/35/EU oder der Richtlinie 2014/53/EU fallen: i. für den häuslichen Gebrauch bestimmte Haushaltsgeräte, bei denen es sich nicht um elektrisch betriebene Möbel handelt; ii. Audio- und Videogeräte; iii. informationstechnische Geräte; iv. gewöhnliche Büromaschinen, ausgenommen Maschinen zur Herstellung dreidimensionaler Produkte mittels additiver Fertigung; v. Niederspannungsschaltgeräte und -steuergeräte; vi. Elektromotoren;
l) die folgenden Arten von elektrischen Hochspannungsausrüstungen: • Schalt- und Steuergeräte, • Transformatoren.	q) die folgenden elektrischen Hochspannungsausrüstungen: i. Schalt- und Steuergeräte; ii. Transformatoren.

Der neue Artikel 2 definiert den Anwendungsbereich der neuen Maschinenverordnung. Erhebliche Änderungen waren hier nicht zu erwarten, lediglich die Klarstellungen bei den Produkten der Nummer (1) lit. a)–c) durch den Begriff „dazugehörig" verdeutlicht die Zweckbestimmung durch den Hersteller dieser Produkte als zu der Anwendung mit einer – zumindest bestimmbaren – Maschine oder Maschinengattung gehörig.[2] Dementsprechend bedarf es einer solchen Zweckbestimmung und nicht lediglich einer vom Nutzer durchgeführten Verwendung. Ebenso relevant für die Praxis sind die Klarstellungen in den Ausnahmen (2) lit. p), i) und v) für Produkte, die unter die Niederspannungs- bzw. die Funkanlagenrichtlinie fallen. Die Klarstellung für elektrisch betriebene Möbel scheint dem europäischen Gesetzgeber ebenso wichtig gewesen zu sein wie für 3-D-Drucker. Diese Produkte fallen demnach weiterhin in den Anwendungsbereich der Maschinenverordnung.

4.2 Änderungen in den Begriffsbestimmungen, neue Begriffe und NLF

EG-Maschinenrichtlinie 2006/42/EG	Maschinenverordnung (EU) 2023/1230
Artikel 2 – Begriffsbestimmungen Im Sinne dieser Richtlinie bezeichnet der Ausdruck „Maschine" die in Artikel 1 Absatz 1 Buchstaben a bis f aufgelisteten Erzeugnisse.	**Artikel 3 – Begriffsbestimmungen** Für die Zwecke dieser Verordnung gelten folgende Begriffsbestimmungen:

2 Was dazugehörige Produkte sind, bestimmt Art. 2 Abs. 1: auswechselbare Ausrüstungen, Sicherheitsbauteile, Lastaufnahmemittel; Ketten, Seile und Gurte; abnehmbare Gelenkwellen.

Fortsetzung

EG-Maschinenrichtlinie 2006/42/EG	Maschinenverordnung (EU) 2023/1230
Ferner bezeichnet der Ausdruck a) „Maschine" • eine mit einem anderen Antriebssystem als der unmittelbar eingesetzten menschlichen oder tierischen Kraft ausgestattete oder dafür vorgesehene Gesamtheit miteinander verbundener Teile oder Vorrichtungen, von denen mindestens eines bzw. eine beweglich ist und die für eine bestimmte Anwendung zusammengefügt sind;	1. „Maschine" bezeichnet a) eine mit einem anderen Antriebssystem als der unmittelbar eingesetzten menschlichen oder tierischen Kraft ausgestattete oder dafür vorgesehene Gesamtheit miteinander verbundener Teile oder Vorrichtungen, von denen mindestens eines bzw. eine beweglich ist und die für eine bestimmte Anwendung zusammengefügt sind;
• eine Gesamtheit im Sinne des ersten Gedankenstrichs, der lediglich die Teile fehlen, die sie mit ihrem Einsatzort oder mit ihren Energie- und Antriebsquellen verbinden;	b) eine Gesamtheit im Sinne des Buchstabens a, der lediglich die Teile fehlen, die sie mit ihrem Einsatzort oder mit ihren Energie- und Antriebsquellen verbinden;
• eine einbaufertige Gesamtheit im Sinne des ersten und zweiten Gedankenstrichs, die erst nach Anbringung auf einem Beförderungsmittel oder Installation in einem Gebäude oder Bauwerk funktionsfähig ist;	c) eine einbaufertige Gesamtheit im Sinne der Buchstaben a und b, die erst nach Anbringung auf einem Beförderungsmittel oder Installation in einem Gebäude oder Bauwerk funktionsfähig ist;
• eine Gesamtheit von Maschinen im Sinne des ersten, zweiten und dritten Gedankenstrichs oder von unvollständigen Maschinen im Sinne des Buchstabens g, die, damit sie zusammenwirken, so angeordnet sind und betätigt werden, dass sie als Gesamtheit funktionieren;	d) eine Gesamtheit von Maschinen im Sinne der Buchstaben a, b und c oder von unvollständigen Maschinen, die, damit sie zusammenwirken, so angeordnet sind und betätigt werden, dass sie als Gesamtheit funktionieren;
• eine Gesamtheit miteinander verbundener Teile oder Vorrichtungen, von denen mindestens eines bzw. eine beweglich ist und die für Hebevorgänge zusammengefügt sind und deren einzige Antriebsquelle die unmittelbar eingesetzte menschliche Kraft ist;	e) eine Gesamtheit miteinander verbundener Teile oder Vorrichtungen, von denen mindestens eines bzw. eine beweglich ist und die für Hebevorgänge zusammengefügt sind und deren einzige Antriebsquelle die unmittelbar eingesetzte menschliche Kraft ist; f) eine Gesamtheit im Sinne der Buchstaben a bis e, bei der lediglich das Aufspielen einer für die vom Hersteller vorgesehene bestimmte Anwendung vorgesehenen Software fehlt;

Fortsetzung

EG-Maschinenrichtlinie 2006/42/EG	Maschinenverordnung (EU) 2023/1230
b) „auswechselbare Ausrüstung" eine Vorrichtung, die der Bediener einer Maschine oder Zugmaschine nach deren Inbetriebnahme selbst an ihr anbringt, um ihre Funktion zu ändern oder zu erweitern, sofern diese Ausrüstung kein Werkzeug ist;	2. „auswechselbare Ausrüstung" bezeichnet eine Vorrichtung, die der Bediener einer Maschine oder einer land- oder forstwirtschaftlichen Zugmaschine nach deren Inbetriebnahme an ihr anbringt, um ihre Funktion zu ändern oder zu erweitern, sofern diese Vorrichtung kein Werkzeug ist; 3. „Sicherheitsbauteil" bezeichnet ein physisches oder digitales Bauteil, einschließlich Software, eines in den Anwendungsbereich dieser Verordnung fallenden Produkts, die zur Gewährleistung einer Sicherheitsfunktion konstruiert oder bestimmt ist, gesondert in Verkehr gebracht wird und dessen Ausfall oder Fehlfunktion die Sicherheit von Personen gefährdet, die aber für das Funktionieren dieses Produkts nicht erforderlich ist oder durch normale Bauteile ersetzt werden kann, um den Betrieb dieser Produkte zu gewährleisten;
c) „Sicherheitsbauteil" ein Bauteil, • das zur Gewährleistung einer Sicherheitsfunktion dient, • gesondert in Verkehr gebracht wird, • dessen Ausfall und/oder Fehlfunktion die Sicherheit von Personen gefährdet und • das für das Funktionieren der Maschine nicht erforderlich ist oder durch für das Funktionieren der Maschine übliche Bauteile ersetzt werden kann. Eine nicht erschöpfende Liste der Sicherheitsbauteile ist in Anhang V enthalten.	4. „Sicherheitsfunktion" bezeichnet eine Funktion, die als Schutzmaßnahme zur Beseitigung oder, falls dies nicht möglich ist, zur Reduzierung eines Risikos fungiert, wobei ein Ausfall dieser Funktion zu einer Erhöhung dieses Risikos führen könnte;
d) „Lastaufnahmemittel" bezeichnetz ein nicht zum Hebezeug gehörendes Bauteil oder Ausrüstungsteil, das das Ergreifen der Last ermöglicht und das zwischen Maschine und Last oder an der Last selbst angebracht wird oder das dazu bestimmt ist, ein integraler Bestandteil der Last zu werden, und das gesondert in Verkehr gebracht wird; als Lastaufnahmemittel gelten auch Anschlagmittel und ihre Bestandteile;	5. „Lastaufnahmemittel" bezeichnet ein nicht zum Hebezeug gehörendes Bauteil oder Ausrüstungsteil, das das Ergreifen der Last ermöglicht und das zwischen Maschine und Last oder an der Last selbst angebracht wird oder das dazu bestimmt ist, ein integraler Bestandteil der Last zu werden, und das gesondert in Verkehr gebracht wird, einschließlich Anschlagmittel und ihrer Bestandteile;
e) „Ketten, Seile und Gurte" für Hebezwecke als Teil von Hebezeugen oder Lastaufnahmemitteln entwickelte und hergestellte Ketten, Seile und Gurte;	6. „Ketten" bezeichnet für Hebezwecke als Teil von Hebezeugen oder Lastaufnahmemitteln konstruierte und gebaute Ketten; 7. „Seile" bezeichnet für Hebezwecke als Teil von Hebezeugen oder Lastaufnahmemitteln konstruierte und gebaute Seile; 8. „Gurte" bezeichnet für Hebezwecke als Teil von Hebezeugen oder Lastaufnahmemitteln konstruierte und gebaute Gurte;

Fortsetzung

EG-Maschinenrichtlinie 2006/42/EG	Maschinenverordnung (EU) 2023/1230
f) „abnehmbare Gelenkwelle" bezeichnet ein abnehmbares Bauteil zur Kraftübertragung zwischen einer Antriebs- oder Zugmaschine und einer anderen Maschine, das die ersten Festlager beider Maschinen verbindet. Wird die Vorrichtung zusammen mit der Schutzeinrichtung in Verkehr gebracht, ist diese Kombination als ein einziges Erzeugnis anzusehen;	9. „abnehmbare Gelenkwelle" bezeichnet ein abnehmbares Bauteil zur Kraftübertragung zwischen einer Antriebs- oder Zugmaschine und anderen Maschine oder dazugehörigen Produkten, das die ersten Festlager beider Maschinen verbindet, wobei für den Fall, dass die Vorrichtung zusammen mit einer Schutzeinrichtung in Verkehr gebracht, die Vorrichtung und die Schutzeinrichtung als ein einziges Erzeugnis anzusehen sind;
g) „unvollständige Maschine" bezeichnet eine Gesamtheit, die fast eine Maschine bildet, für sich genommen aber keine bestimmte Funktion erfüllen kann. Ein Antriebssystem stellt eine unvollständige Maschine dar. Eine unvollständige Maschine ist nur dazu bestimmt, in andere Maschinen oder in andere unvollständige Maschinen oder Ausrüstungen eingebaut oder mit ihnen zusammengefügt zu werden, um zusammen mit ihnen eine Maschine im Sinne dieser Richtlinie zu bilden;	10. „unvollständige Maschine" bezeichnet eine Gesamtheit, die noch keine Maschine darstellt, da sie als solche keine bestimmte Anwendung erfüllen kann, und die nur dazu bestimmt ist, in eine Maschine oder in eine andere unvollständige Maschine oder Ausrüstung eingebaut oder mit ihnen zusammengefügt zu werden und so eine Maschine zu bilden; 11. „Bereitstellung auf dem Markt" jede entgeltliche oder unentgeltliche Abgabe eines Produkts, das in den Anwendungsbereich dieser Verordnung fällt, zum Vertrieb oder zur Verwendung auf dem Unionsmarkt im Rahmen einer Geschäftstätigkeit;
h) „Inverkehrbringen" bezeichnet die entgeltliche oder unentgeltliche erstmalige Bereitstellung einer Maschine oder einer unvollständigen Maschine in der Gemeinschaft im Hinblick auf ihren Vertrieb oder ihre Benutzung; i) „Hersteller" ist jede natürliche oder juristische Person, die eine von dieser Richtlinie erfasste Maschine oder eine unvollständige Maschine konstruiert und/oder baut und für die Übereinstimmung der Maschine oder unvollständigen Maschine mit dieser Richtlinie im Hinblick auf ihr Inverkehrbringen unter ihrem eigenen Namen oder Warenzeichen oder für den Eigengebrauch verantwortlich ist. Wenn kein Hersteller im Sinne der vorstehenden Begriffsbestimmung existiert, wird jede natürliche oder juristische Person, die eine von dieser Richtlinie erfasste Maschine oder unvollständige Maschine in Verkehr bringt oder in Betrieb nimmt, als Hersteller betrachtet;	12. „Inverkehrbringen" bezeichnet die erstmalige Bereitstellung eines Produkts, das in den Anwendungsbereich dieser Verordnung fällt, auf dem Unionsmarkt;

Fortsetzung

EG-Maschinenrichtlinie 2006/42/EG	Maschinenverordnung (EU) 2023/1230
j) „Bevollmächtigter" ist jede in der Gemeinschaft ansässige natürliche oder juristische Person, die vom Hersteller schriftlich dazu bevollmächtigt wurde, in seinem Namen alle oder einen Teil der Pflichten und Formalitäten zu erfüllen, die mit dieser Richtlinie verbunden sind;	
k) „Inbetriebnahme" ist die erstmalige bestimmungsgemäße Verwendung einer von dieser Richtlinie erfassten Maschine in der Gemeinschaft;	13. „Inbetriebnahme" bezeichnet die erstmalige bestimmungsgemäße Verwendung einer Maschine oder eines dazugehörigen Produkts in der Union; 14. „grundlegende Sicherheits- und Gesundheitsschutzanforderungen" bezeichnen die in Anhang III festgelegten verbindlichen Vorschriften für die Konstruktion und den Bau von in den Anwendungsbereich dieser Verordnung fallenden Produkten, um ein hohes Maß an Schutz der Sicherheit und Gesundheit von Personen und gegebenenfalls von Haustieren und Sachen sowie, soweit anwendbar, der Umwelt zu gewährleisten;
l) „harmonisierte Norm" bezeichnet eine nicht verbindliche technische Spezifikation, die von einer europäischen Normenorganisation, nämlich dem Europäischen Komitee für Normung (CEN), dem Europäischen Komitee für Elektrotechnische Normung (Cenelec) oder dem Europäischen Institut für Telekommunikationsnormen (ETSI), aufgrund eines Auftrags der Kommission nach den in der Richtlinie 98/34/EG des Europäischen Parlaments und des Rates vom 22. Juni 1998 über ein Informationsverfahren auf dem Gebiet der Normen und technischen Vorschriften und der Vorschriften für die Dienste der Informationsgesellschaft (4) festgelegten Verfahren angenommen wurde;	15. „Harmonisierungsrechtsvorschriften der Union" bezeichnet Rechtsvorschriften der Union zur Harmonisierung der Bedingungen für die Vermarktung von Produkten; 16. „wesentliche Veränderung" bezeichnet eine vom Hersteller nicht vorgesehene oder geplante physische oder digitale Veränderung einer Maschine oder eines dazugehörigen Produkts nach deren bzw. dessen Inverkehrbringen oder Inbetriebnahme, die die Sicherheit der jeweiligen Maschine oder des dazugehörigen Produkts beeinträchtigt, indem eine neue Gefährdung entsteht oder sich ein bestehendes Risiko erhöht, wodurch es erforderlich wird, a. die Maschine oder das dazugehörige Produkt um trennende oder nichttrennende Schutzeinrichtungen zu ergänzen, deren Einbindung eine Anpassung des bestehenden Sicherheitssteuerungssystems erforderlich macht, oder b. zusätzliche Schutzmaßnahmen zur Gewährleistung der Stabilität oder der Festigkeit der jeweiligen Maschine oder des dazugehörigen Produkts zu ergreifen;

Fortsetzung

EG-Maschinenrichtlinie 2006/42/EG	Maschinenverordnung (EU) 2023/1230
m) „grundlegende Sicherheits- und Gesundheitsschutzanforderungen" verbindliche Vorschriften für die Konstruktion und den Bau von unter diese Richtlinie fallenden Produkten, um ein hohes Maß an Sicherheit und Gesundheitsschutz von Personen und gegebenenfalls von Haustieren und Sachen und, soweit anwendbar, an Schutz der Umwelt zu gewährleisten. Die grundlegenden Sicherheits- und Gesundheitsschutzanforderungen sind in Anhang I angegeben. Die grundlegenden Sicherheits- und Gesundheitsschutzanforderungen hinsichtlich des Schutzes der Umwelt sind nur auf die in Abschnitt 2.4 dieses Anhangs genannten Maschinen anwendbar.	17. „Betriebsanleitung" bezeichnet die vom Hersteller beim Inverkehrbringen oder bei der Inbetriebnahme bereitgestellten Informationen zur Unterrichtung des Nutzers über die bestimmungsgemäße und ordnungsgemäße Verwendung der Maschine oder des dazugehörigen Produkts sowie Informationen über etwaige Vorsichtsmaßnahmen bei der Verwendung oder Installation der Maschine oder des dazugehörigen Produkts, einschließlich Informationen darüber, wie die Sicherheit der Maschine oder des dazugehörigen Produkts gewahrt wird und ihre bzw. seine Zwecktauglichkeit während ihrer bzw. seiner gesamten Lebensdauer sichergestellt wird; 18. „Hersteller" bezeichnet jede natürliche oder juristische Person, die a. Produkte, die in den Anwendungsbereich dieser Verordnung fallen, herstellt bzw. konstruieren oder herstellen lässt und diese Produkte unter ihrem Namen oder ihrer eigenen Handelsmarke vertreibt oder b. Produkte, die in den Anwendungsbereich dieser Verordnung fallen, herstellt und diese Produkte für den Eigengebrauch in Betrieb nimmt; 19. „Bevollmächtigter" bezeichnet jede in der Union ansässige natürliche oder juristische Person, die von einem Hersteller schriftlich beauftragt wurde, in seinem Namen bestimmte Aufgaben wahrzunehmen; 20. „Einführer" bezeichnet jede in der Union ansässige natürliche oder juristische Person, die ein in den Anwendungsbereich dieser Verordnung fallendes Produkt aus einem Drittstaat auf dem Markt der Union in Verkehr bringt; 21. „Händler" bezeichnet jede natürliche oder juristische Person in der Lieferkette, die ein in den Anwendungsbereich dieser Verordnung fallendes Produkt auf dem Markt bereitstellt, mit Ausnahme des Herstellers oder des Einführers; 22. „Wirtschaftsakteur" bezeichnet den Herstelle, Bevollmächtigten, Einführer oder Händler; 23. „technische Spezifikationen" bezeichnet ein Dokument, in dem die technischen Anforderungen vorgeschrieben sind, denen ein Produkt, das in den Anwendungsbereich dieser Verordnung fällt, genügen muss; 24. „harmonisierte Norm" bezeichnet eine harmonisierte Norm im Sinne des Artikels 2 Nummer 1 Buchstabe c der Verordnung (EU) Nr. 1025/2012; 25. „CE-Kennzeichnung" bezeichnet eine Kennzeichnung, durch die der Hersteller erklärt, dass eine Maschine oder ein dazugehöriges Produkt den anwendbaren Anforderungen genügt, die in den Harmonisierungsrechtsvorschriften der Union über ihre bzw. seine Anbringung festgelegt sind;

Fortsetzung

EG-Maschinenrichtlinie 2006/42/EG	Maschinenverordnung (EU) 2023/1230
	26. „Akkreditierung" bezeichnet die Akkreditierung im Sinne des Artikels 2 Nummer 10 der Verordnung (EG) Nr. 765/2008; 27. „nationale Akkreditierungsstelle" eine nationale Akkreditierungsstelle im Sinne von Artikel 2 Nummer 11 der Verordnung (EG) Nr. 765/2008; 28. „Konformitätsbewertung" bezeichnet ein Verfahren, mit dem bewertet wird, ob die anwendbaren grundlegenden Sicherheits- und Gesundheitsschutzanforderungen dieser Verordnung an Maschinen oder dazugehörige Produkte erfüllt worden sind; 29. „Konformitätsbewertungsstelle" bezeichnet eine Stelle, die Konformitätsbewertungstätigkeiten einschließlich Kalibrierungen, Prüfungen, Zertifizierungen und Inspektionen durchführt; 30. „benannte Stelle" bezeichnet eine Konformitätsbewertungsstelle, die gemäß dieser Verordnung notifiziert wurde; 31. „Marktüberwachungsbehörde" bezeichnet eine Marktüberwachungsbehörde gemäß der Begriffsbestimmung in Artikel 3 Nummer 4 der Verordnung (EU) 2019/1020; 32. „Rückruf" bezeichnet jede Maßnahme, die auf Erwirkung der Rückgabe eines dem Nutzer bereits bereitgestellten Produkts, das in den Anwendungsbereich dieser Verordnung fällt, abzielt; 33. „Rücknahme vom Markt" in Bezug auf ein Produkt bezeichnet jede Maßnahme, mit der verhindert werden soll, dass ein in der Lieferkette befindliches Produkt, das in den Anwendungsbereich dieser Verordnung fällt, auf dem Markt bereitgestellt wird; 34. „Lebensdauer" bezeichnet den Zeitraum von dem Zeitpunkt des Inverkehrbringens oder der Inbetriebnahme der Maschine bzw. des dazugehörigen Produkts bis zu dem Zeitpunkt ihrer bzw. seiner Entsorgung, einschließlich der tatsächlichen Zeit, in der die Maschine bzw. das dazugehörige Produkt verwendet werden kann, und der vom Hersteller vorgesehenen Phasen, in der sie bzw. es transportiert, montiert, demontiert, außer Betrieb gesetzt, ausgesondert oder anderweitig physisch oder digital verändert wird; 35. „Quellcode" bezeichnet die derzeit installierte Version der Software eines in den Anwendungsbereich dieser Verordnung fallenden Produkts, die in einer Programmiersprache so geschrieben ist, dass sie für den Menschen eindeutig und verständlich ist; 36. „professioneller Nutzer" bezeichnet eine natürliche Person, die eine Maschine bzw. ein dazugehöriges Produkt im Rahmen ihrer beruflichen Tätigkeit oder Arbeit verwendet oder bedient.

Artikel 2 erweitert das zeitlich schlicht überkommene Definitionsregime, hat aber vor allem klarstellende Wirkung, indem die Begrifflichkeiten des New Legislative Framework[3] in den Verordnungstext aufgenommen werden.

Mit Art. 2 Nr. 1 lit. f) wird klargestellt, dass die Gesamtheit i. S. d. Buchstaben a bis e auch dann als Maschine gilt, wenn die für den Betrieb erforderliche Software noch nicht aufgespielt ist. Mit Art. 2 Nr. 3 werden auch digitale Bauteile ,allen voran Software, als Sicherheitsbauteile und damit als „zugehörige Produkte" erfasst. Voraussetzung dafür ist, dass sie für die Erfüllung einer Sicherheitsfunktion konstruiert oder bestimmt worden sind und unabhängig der Maschine („gesondert") in Verkehr gebracht werden; weiterhin, dass ihr Ausfall die Sicherheit von Personen gefährden würde, nicht aber die Funktionsfähigkeit der Maschine beeinträchtigte. Eine Sicherheitsfunktion erfüllt ein solches Bauteil gem. Art. 2 Nr. 4, wenn es der Beseitigung oder Verminderung eines Risikos dient.

Abnehmbare Gelenkwellen sind nunmehr gem. Art. 2 Nr. 9 auch solche zwischen Antriebs- oder Zugmaschinen und dazugehörigen Produkten.

Die meisten der klarstellungshalber aufgenommenen Begriffe entsprechen dem Verständnis des NFL, wurden teilweise aber sprachlich auf den Maschinenbegriff angepasst, sodass etwa in der Bereitstellung auf den Markt nicht auch auf den Verbrauch des Produkts rekurriert wird.

Die grundlegenden Sicherheits- und Gesundheitsschutzanforderungen waren zuvor in Anhang I der MRL und sind fortan in Anhang III geregelt, werden zugleich aber in Art. 2 Nr. 14 legal definiert.

Gänzlich neu ist – endlich - die Definition einer wesentlichen Veränderung in Art. 2 Nr. 16. Dafür bot bislang nur das Interpretationspapier des Bundesministeriums für Arbeit und Soziales Anhaltspunkte. Erwägungsgrund 26 führt dazu aus, dass eine wesentliche Veränderung vorliegt, wenn Produkte nachträglich in einer vom Hersteller nicht vorgesehenen oder geplanten Weise physisch oder digital verändert werden und dadurch die Sicherheit des Produkts beeinträchtigt wird (insoweit gleichlautend mit dem Verordnungstext). Die Wesentlichkeit ergibt sich dann daraus, dass neue Schutzmaßnahmen erforderlich sind. Nicht hierzu zählen sollen Reparatur- und Wartungsarbeiten, soweit dadurch die Übereinstimmung mit den grundlegenden Sicherheits- und Gesundheitsschutzanforderungen nicht beeinträchtigt wird. Bei einer wesentlichen Veränderung erstreckt sich die Konformitätsbewertungspflicht nur auf den veränderten Teil einer Gesamtheit von Maschinen, was ebenfalls eine willkommene Klarstellung zum bisherigen Meinungsstreit darstellt.

Der Begriff der Betriebsanleitung wurde aus dem Anhang (Punkt 1.7.4.) in den Verordnungstext aufgenommen, Art. 2 Nr. 17. Als Hersteller gilt nicht mehr derjenige, der für den Eigengebrauch der Maschine verantwortlich ist, sondern derjenige, der sie für den Eigengebrauch in Betrieb nimmt, Art. 2 Nr. 18 lit. b).

Der Begriff des Bevollmächtigten wurde etwas aufgeweicht, indem nur noch eine schriftliche Beauftragung zur Wahrnehmung bestimmter Aufgaben erforderlich ist, Art. 2 Nr. 19. Zuvor war die Bevollmächtigung zur Erfüllung von Teilen oder allen Pflichten der Richtlinie erforderlich.

Bild 4.1 zeigt die Personen, die für die EU-Konformität veranwortlich sind.

---

3 New Legislative Framework, bestehend aus: VO (EG) Nr. 765/2008, Beschluss Nr. 768/2008/EG und VO (EU) 2019/1020.

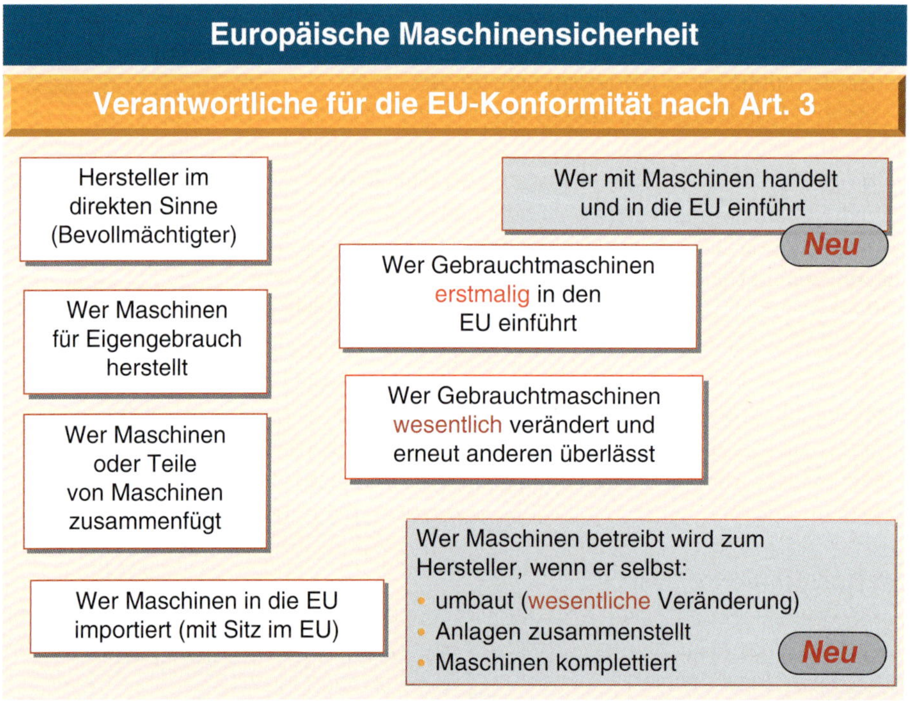

Bild 4.1 *Verantwortliche für die EU-Konformität*

Die Sicherheit war bereits nach der MRL für die voraussichtliche Lebensdauer zu gewährleisten (Anhang I Punkt 1.1.2.), wurde aber nicht definiert. Dies wird in Art. 2 Nr. 34 nachgeholt. Die Definition des Quellcodes in Art. 2 Nr. 35 ist für die technischen Unterlagen erforderlich, die diesen gem. Anhang IV Teil A lit. m) bzw. Teil B lit. k) gegebenenfalls umfassen und der auch den Marktüberwachungsbehörden im Einzelfall zur Verfügung zu stellen ist, beispielsweise. gem. Art. 10 Abs. 3 (Herstellerpflichten). Der Begriff des „professionellen Nutzers" (Art. 2 Nr. 36) ist einerseits für die Bestimmung des Schutzbereichs nach Art. 1 erforderlich, dient andererseits dem Verständnis, das aus den teilweise unterschiedlichen Anforderungen gegenüber professionellen und nichtprofessionellen Nutzern herrührt (beispielsweise für die Sicherheitsinformationen gem. Art. 10 Abs. 7).

4.3 Subsidiarität der Maschinenverordnung

EG-Maschinenrichtlinie 2006/42/EG	Maschinenverordnung (EU) 2023/1230
Artikel 3 – Spezielle Richtlinien Werden die in Anhang I genannten, von einer Maschine ausgehenden Gefährdungen ganz oder teilweise von anderen Gemeinschaftsrichtlinien genauer erfasst, so gilt diese Richtlinie für diese Maschine und diese Gefährdungen nicht bzw. ab dem Beginn der Anwendung dieser anderen Richtlinien nicht mehr.	**Artikel 9 – Spezifische Harmonisierungsvorschriften der Union** Werden bei einem bestimmten Produkt, das in den Anwendungsbereich dieser Verordnung fällt, die Risiken, die von den grundlegenden Sicherheits- und Gesundheitsschutzanforderungen in Anhang III erfasst werden, ganz oder teilweise durch Harmonisierungsrechtsvorschriften der Union abgedeckt, die spezifischer sind als diese Verordnung, so gilt diese Verordnung nicht für dieses Produkt, soweit diese spezifischen Rechtsvorschriften der Union diese Risiken abdecken.

Art. 9 regelt wie seine Vorgängerbestimmung (Art. 3 MRL) den Lex-specialis-Grundsatz, um ein Nebeneinander von Harmonisierungsvorschriften in Rahmen der Anwendung zu vermeiden.

4.4 Allgemeines Sicherheits- und Gesundheitsschutzgebot

EG-Maschinenrichtlinie 2006/42/EG	Maschinenverordnung (EU) 2023/1230
Artikel 4 – Marktaufsicht	**Artikel 8 – Grundlegende Sicherheits- und Gesundheitsschutzanforderungen an Produkte, die in den Anwendungsbereich dieser Verordnung fallen**
(1) Die Mitgliedstaaten treffen alle erforderlichen Maßnahmen, um sicherzustellen, dass Maschinen nur in Verkehr gebracht und/oder in Betrieb genommen werden dürfen, wenn sie den für sie geltenden Bestimmungen dieser Richtlinie entsprechen und wenn sie bei ordnungsgemäßer Installation und Wartung und bei bestimmungsgemäßer oder vernünftigerweise vorhersehbarer Verwendung die Sicherheit und Gesundheit von Personen und gegebenenfalls von Haustieren und Sachen und, soweit anwendbar, die Umwelt nicht gefährden. (2) Die Mitgliedstaaten treffen alle erforderlichen Maßnahmen um sicherzustellen, dass unvollständige Maschinen nur in Verkehr gebracht werden können, wenn sie den für sie geltenden Bestimmungen dieser Richtlinie entsprechen. (3) Für die Kontrolle der Übereinstimmung der Maschinen und unvollständigen Maschinen mit den Bestimmungen der Absätze 1 und 2 richten die Mitgliedstaaten zuständige Behörden ein oder benennen solche Behörden. (4) Die Mitgliedstaaten legen die Aufgaben, die Organisation und die Befugnisse der in Absatz 3 genannten zuständigen Behörden fest und teilen diese Angaben und etwaige spätere Änderungen der Kommission und den anderen Mitgliedstaaten mit.	Maschinen oder dazugehörige Produkte dürfen nur dann auf dem Markt bereitgestellt oder in Betrieb genommen werden, wenn sie bei ordnungsgemäßer Installation und Wartung und bei bestimmungsgemäßer oder vernünftigerweise vorhersehbarer Verwendung die grundlegenden Sicherheits- und Gesundheitsschutzanforderungen nach Anhang III erfüllen. Unvollständige Maschinen dürfen nur dann auf dem Markt bereitgestellt werden, wenn sie die einschlägigen grundlegenden Sicherheits- und Gesundheitsschutzanforderungen nach Anhang III erfüllen.

Der neue Art. 8 entspricht nur teilweise der Vorgängerregelung des Art. 4, die die Mitgliedstaaten adressierte. Die Norm stellt ein allgemeines Sicherheitsgebot für alle Wirtschaftsakteure auf, das in den jeweiligen Pflichtenkatalogen entsprechend aufgegriffen und wiederholt wird. Das frühere Erfordernis, entsprechende Marktaufsichtsbehörden einzurichten, entfällt aufgrund von Art. 10 der Marktüberwachungsverordnung, die gem. Art. 2 Abs. 1 iVm Anhang I Nr. 19 iVm Art. 51 Abs. 2 MVO auch für Maschinenprodukte gilt. Dementsprechend sind die bisher schon befassten Behörden auch weiterhin zuständig, die Anwendung der neuen Marktüberwachungsverordnung 2019/1020/EU ist ebenso deutlich auch auf B2B-Produkte geregelt.

4.5 Ausweitung der Herstellerpflichten in Bezug auf vollständige Maschinen und dazugehörige Produkte

EG-Maschinenrichtlinie 2006/42/EG	Maschinenverordnung (EU) 2023/1230
Artikel 5 – Inverkehrbringen und Inbetriebnahme (1) Der Hersteller oder sein Bevollmächtigter muss vor dem Inverkehrbringen und/oder der Inbetriebnahme einer Maschine a) sicherstellen, dass die Maschine die in Anhang I aufgeführten, für sie geltenden grundlegenden Sicherheits- und Gesundheitsschutzanforderungen erfüllt; b) sicherstellen, dass die in Anhang VII Teil A genannten technischen Unterlagen verfügbar sind; c) insbesondere die erforderlichen Informationen, wie die Betriebsanleitung, zur Verfügung stellen; [Abs. 7] d) die zutreffenden Konformitätsbewertungsverfahren gemäß Artikel 12 durchführen; [Abs. 2] e) die EG-Konformitätserklärung gemäß Anhang II Teil 1 Abschnitt A ausstellen und sicherstellen, dass sie der Maschine beiliegt; [Abs. 8] f) die CE-Kennzeichnung gemäß Artikel 16 anbringen. [Abs. 2] (2) Vor dem Inverkehrbringen einer unvollständigen Maschine stellen der Hersteller oder sein Bevollmächtigter sicher, dass das in Artikel 13 genannte Verfahren abgeschlossen worden ist. (3) Der Hersteller oder sein Bevollmächtigter muss im Hinblick auf das in Artikel 12 genannte Verfahren über die notwendigen Mittel verfügen oder Zugang zu ihnen haben, um sicherzustellen, dass die Maschine die in Anhang I aufgeführten grundlegenden Sicherheits- und Gesundheitsschutzanforderungen erfüllt. (4) Fällt eine Maschine unter weitere Richtlinien, die andere Aspekte regeln und ebenfalls das Anbringen einer CE-Kennzeichnung vorschreiben, so bedeutet die CE-Kennzeichnung, dass diese Maschine auch den Bestimmungen dieser anderen Richtlinien entspricht.	**Artikel 10 – Pflichten der Hersteller von Maschinen und dazugehörigen Produkten** (1) Die Hersteller gewährleisten, wenn sie eine Maschine oder ein dazugehöriges Produkt in Verkehr bringen oder in Betrieb nehmen, dass die Maschine oder das dazugehörige Produkt gemäß den grundlegenden Sicherheits- und Gesundheitsschutzanforderungen nach Anhang III konstruiert und gebaut wurde. (2) Vor dem Inverkehrbringen oder der Inbetriebnahme einer Maschine oder eines dazugehörigen Produkts erstellen die Hersteller die in Anhang IV Teil A aufgeführten technischen Unterlagen und führen das in Artikel 25 genannte einschlägige Konformitätsbewertungsverfahren durch oder lassen es durchführen. Wurde anhand dieses Konformitätsbewertungsverfahren nachgewiesen, dass die Maschine oder ein dazugehöriges Produkt den grundlegenden Sicherheits- und Gesundheitsschutzanforderungen nach Anhang III entspricht, stellen die Hersteller die EU-Konformitätserklärung gemäß Artikel 21 aus und bringen die CE-Kennzeichnung gemäß Artikel 24 an. (3) Die Hersteller bewahren die technischen Unterlagen und die EU-Konformitätserklärung nach dem Inverkehrbringen oder der Inbetriebnahme der Maschine oder des dazugehörigen Produkts mindestens zehn Jahre lang für die Marktüberwachungsbehörden auf. Gegebenenfalls wird der in den technischen Unterlagen enthaltene Quellcode oder die darin enthaltene Programmierlogik auf begründeten Antrag den zuständigen nationalen Behörden zur Verfügung gestellt, sofern der Quellcode oder die Programmierlogik erforderlich ist, damit sie die Einhaltung der in Anhang III aufgeführten grundlegenden Sicherheits- und Gesundheitsschutzanforderungen überprüfen können. [Vorher Anhang II 2. Für Konformitätserklärung 10 Jahre; technische Unterlagen der Baumusterprüfung 15 Jahre (Anhang IX Nr. 4) (4) Die Hersteller gewährleisten durch geeignete Verfahren, dass bei Maschinen oder dazugehörigen Produkten aus Serienherstellung stets Konformität mit dieser Verordnung sichergestellt ist. Änderungen am Herstellungsverfahren oder an der Konstruktion

Fortsetzung

EG-Maschinenrichtlinie 2006/42/EG	Maschinenverordnung (EU) 2023/1230
	oder den Merkmalen der Maschine oder des dazugehörigen Produkts sowie Änderungen der harmonisierten Normen, anderer technischer Spezifikationen oder der in Artikel 20 genannten gemeinsamen Spezifikationen, die bei der Erklärung der Konformität der Maschine oder des dazugehörigen Produkts zugrunde gelegt wurden, werden angemessen berücksichtigt. Die Hersteller nehmen, falls dies angesichts der von Maschinen oder dazugehörigen Produkten ausgehenden Risiken als angemessen betrachtet wird, zum Schutz der Sicherheit und Gesundheit der Nutzer Stichprobenprüfungen von auf dem Markt bereitgestellten Maschinen oder dazugehörigen Produkten vor und untersuchen deren Ergebnisse. Erforderlichenfalls führen die Hersteller ein Verzeichnis der Beschwerden, der nichtkonformen Maschinen oder dazugehörigen Produkte und der Rückrufe von Maschinen oder dazugehörigen Produkten und halten die Händler über diese Überwachungstätigkeiten auf dem Laufenden.
Hat jedoch der Hersteller oder sein Bevollmächtigter nach einer oder mehrerer dieser Richtlinien während einer Übergangszeit die Wahl der anzuwendenden Regelung, so wird durch die CE-Kennzeichnung lediglich die Konformität mit den Bestimmungen der von ihm angewandten Richtlinien angezeigt. Die Nummern der jeweils angewandten Richtlinien laut Veröffentlichung im Amtsblatt der Europäischen Union sind in der EG-Konformitätserklärung anzugeben.	(5) Die Hersteller stellen sicher, dass die von ihnen in Verkehr gebrachten oder in Betrieb genommenen Maschinen oder dazugehörigen Produkte zumindest die Bezeichnung des Modells der Maschine oder des dazugehörigen Produkts und der Baureihe oder des Typs, das Baujahr, d. h. das Jahr, in dem der Herstellungsprozess abgeschlossen wurde, sowie vorhandene Chargen- oder Seriennummer oder ein anderes vorhandenes Kennzeichen zu ihrer Identifikation tragen oder — falls das aufgrund der Größe oder Art der Maschine oder des dazugehörigen Produkts nicht möglich ist — die erforderlichen Informationen auf der Verpackung oder in den der Maschine oder dem dazugehörigen Produkt beigefügten Unterlagen angegeben werden. (6) Die Hersteller geben ihren Namen, ihren eingetragenen Handelsnamen oder ihre eingetragene Handelsmarke, ihre Postanschrift, ihre Website und ihre E-Mail-Adresse oder eine andere digitale Kontaktmöglichkeit, unter der sie zu erreichen sind, entweder auf der Maschine oder dem dazugehörigen Produkt selbst oder, wenn dies nicht möglich ist, auf der Verpackung oder in den der Maschine oder dem dazugehörigen Produkt beigefügten Unterlagen an. Als Anschrift ist eine einzige Anlaufstelle, an der der Hersteller kontaktiert werden kann, anzugeben. Die Kontaktangaben sind in einer Sprache zu machen, die von den Nutzern und den Marktüberwachungsbehörden leicht verstanden werden kann.

Fortsetzung

EG-Maschinenrichtlinie 2006/42/EG	Maschinenverordnung (EU) 2023/1230
	(7) Die Hersteller gewährleisten, dass der Maschine oder dem dazugehörigen Produkt die Betriebsanleitung und die Informationen nach Anhang III beigefügt sind. Die Betriebsanleitung kann in digitaler Form bereitgestellt werden. In der Betriebsanleitung und den Informationen ist das Produktmodell, dem sie entsprechen, klar zu beschreiben. Wenn die Betriebsanleitung in digitaler Form bereitgestellt wird, muss der Hersteller a. auf der Maschine oder dem dazugehörigen Produkt oder, falls dies nicht möglich ist, auf ihrer Verpackung oder in einem Begleitdokument angeben, wie auf die digitalen Betriebsanleitungen zugegriffen werden kann; b. diese in einem Format bereitstellen, das es dem Nutzer ermöglicht, die Betriebsanleitung auszudrucken, herunterzuladen und auf einem elektronischen Gerät zu speichern, sodass er jederzeit, insbesondere bei einem Ausfall der Maschine oder des dazugehörigen Produkts, darauf zugreifen kann; diese Anforderung gilt auch, wenn die Betriebsanleitung in die Software der Maschine oder des zugehörigen Produkts eingebettet ist; c. sie während der voraussichtlichen Lebensdauer der Maschine oder des dazugehörigen Produkts und mindestens zehn Jahre lang nach dem Inverkehrbringen der Maschine oder des dazugehörigen Produkts online zugänglich machen. Auf Verlangen des Nutzers zum Zeitpunkt des Kaufs stellt der Hersteller die Betriebsanleitung jedoch innerhalb eines Monats kostenlos in Papierform bereit. Bei Maschinen bzw. dazugehörigen Produkten, die für nichtprofessionelle Nutzer bestimmt sind oder unter vernünftigerweise vorhersehbaren Umständen von nichtprofessionellen Nutzern verwendet werden können, auch wenn sie nicht für sie bestimmt sind, muss der Hersteller die Sicherheitsinformationen, die für die sichere Inbetriebnahme der Maschine bzw. des zugehörigen Produkts und für deren bzw. dessen sichere Verwendung wesentlich sind, in Papierform bereitstellen. Die Betriebsanleitung, die Sicherheitsinformationen und die Informationen nach Anhang III werden in einer vom betreffenden Mitgliedstaat festgelegten, für die Nutzer leicht verständlichen Sprache abgefasst und müssen klar, verständlich und lesbar sein.

Fortsetzung

EG-Maschinenrichtlinie 2006/42/EG	Maschinenverordnung (EU) 2023/1230
	(8) Die Hersteller gewährleisten, dass der Maschine bzw. dem dazugehörigen Produkt die EU-Konformitätserklärung nach Anhang V Teil A beiliegt, oder die Hersteller geben alternativ in der Betriebsanleitung und den Hinweisen nach Anhang III Abschnitt 1.7 die Internetadresse oder den maschinenlesbaren Code an, unter der bzw. dem auf diese EU-Konformitätserklärung zugegriffen werden kann. Digitale EU-Konformitätserklärungen sind für die erwartete Lebensdauer der Maschine bzw. des dazugehörigen Produkts und in jedem Fall für einen Zeitraum von mindestens zehn Jahren nach dem Inverkehrbringen oder der Inbetriebnahme der Maschine bzw. des dazugehörigen Produkts online zur Verfügung zu stellen. (9) Hersteller, die der Auffassung sind oder Grund zu der Annahme haben, dass eine von ihnen in Verkehr gebrachte oder in Betrieb genommene Maschine bzw. ein dazugehöriges Produkt nicht dieser Verordnung entspricht, ergreifen unverzüglich die erforderlichen Korrekturmaßnahmen, um die Konformität dieser Maschine bzw. dieses Produkts herzustellen oder sie bzw. es gegebenenfalls vom Markt zu nehmen oder zurückzurufen. Außerdem unterrichten die Hersteller, wenn von der Maschine bzw. dem dazugehörigen Produkt Risiken für die Sicherheit oder Gesundheit von Personen und gegebenenfalls von Haustieren und Sachen sowie, soweit anwendbar, für die Umwelt ausgehen, unverzüglich die zuständigen nationalen Behörden der Mitgliedstaaten, in denen sie die Maschine bzw. das dazugehörige Produkt auf dem Markt bereitgestellt oder in Betrieb genommen haben, darüber und machen dabei ausführliche Angaben, insbesondere über die fehlende Konformität und die ergriffenen Korrekturmaßnahmen. (10) Die Hersteller stellen der zuständigen nationalen Behörde auf deren begründetes Verlangen alle Informationen und Unterlagen, die für den Nachweis der Konformität der Maschine bzw. der dazugehörigen Produkte mit dieser Verordnung erforderlich sind, in Papierform oder in digitaler Form in einer Sprache zur Verfügung, die von dieser Behörde leicht verstanden werden kann. Sie kooperieren mit dieser Behörde auf deren Verlangen bei allen Maßnahmen zur Abwendung der Risiken zusammen, die von den von ihnen in Verkehr gebrachten oder in Betrieb genommenen Maschinen bzw. dazugehörigen Produkten ausgehen.

Europäische Maschinensicherheit

Pflichten der Hersteller von Maschinen und dazugehörigen Produkten - Artikel 10

MV-Fahrplan

- ✓ Anforderungen des Anhangs III erfüllen
- ✓ Technische Unterlagen (Anhang IV A) verfügbar machen
- ✓ Betriebsanleitung zur Verfügung stellen (digitaloder auf Papier)
- ✓ Internetadresse, QR-Code etc. (Sprache!)
- ✓ Typ oder Baureihe, Baujahr anbringen
- ✓ Konformitätsbewertungsverfahren gemäß Artikel 25 durchführen
- ✓ EU-Konformitätserklärung gemäß Artikel 21 (Anhang V/A) ausstellen und der Maschine beilegen (digital oder auf Papier)
- ✓ CE-Kennzeichnung gemäß Artikel 24 anbringen

Bild 4.2 *Pflichten der Hersteller*

Die einzelnen Pflichten der Wirtschaftsakteure werden für vollständige und unvollständige Maschinen nun jeweils in eigenen Artikeln behandelt. Zuvor war nur der Hersteller bzw. sein Bevollmächtigter Gegenstand des Richtlinientextes (Art. 5). Art. 10 regelt das Inverkehrbringen von vollständigen Maschinen oder dazugehörigen Produkten, ausschließlich des Bevollmächtigten, der in Art. 12 eine eigenständige Regelung erfahren hat. Art. 10 Abs. 1 wiederholt das allgemeine Sicherheitsgebot des Art. 8.

Die in Art. 10 Abs. 3 bestimmte Aufbewahrungspflicht für technische Unterlagen und Konformitätserklärung war ehemals im Anhang geregelt (Anhang II Nr. 2; Anhang IV Nr. 4). Für Produkte aus Serienfertigung neu ist die Verpflichtung, die Konformität „stets" zu gewährleisten (Abs. 4). Erforderlichenfalls sind Stichprobenprüfungen von auf dem Markt bereitgestellten Maschinen und dazugehörigen Produkten vorzunehmen, d. h. nach Inverkehrgabe. Weitere Sicherheit soll entlang der Lieferkette durch ein – ebenso erforderlichenfalls – zu führendes Verzeichnis von Nichtkonformitäten, Beschwerden oder Rückrufen durch den Hersteller bewirkt werden, über dessen Ergebnisse die Händler auf dem Laufenden zu halten sind.

Betriebsanleitungen dürfen gem. Abs. 7 in digitaler Form bereitgestellt werden, müssen aber auf Verlangen des Nutzers und wenn die Maschine bzw. das dazugehörige Produkt für nichtprofessionelle Nutzer bestimmt ist, weiterhin in Papierform vorliegen. Für die EU-Konformitätserklärung genügt hingegen der Zugriff über einen in den Unterlagen (Betriebsanleitung *und* notwendige Informationen nach Anhang III Abschnitt 1.7) angegebenen Weblink oder maschinenlesbaren Code. Digitale Konformitätserklärungen sind wenigstens für zehn Jahre, insgesamt aber für die erwartete Lebensdauer der Maschine (oder des dazugehörigen Produkts) zur Verfügung zu stellen.

Neu ist die verpflichtende Angabe einer digitalen Kontaktmöglichkeit, die ausweislich Erwägungsgrund 30 sowohl Nutzern als auch Marktüberwachungsbehörden zugutekommen soll (Abs. 6).

Bild 4.2 fasst die Pflichten für die Hersteller zusammen.

4.6 Unveränderte Warenverkehrsfreiheit von konformen Maschinenprodukten

EG-Maschinenrichtlinie 2006/42/EG	Maschinenverordnung (EU) 2023/1230
Artikel 6 – Freier Warenverkehr (1) Die Mitgliedstaaten dürfen das Inverkehrbringen und/oder die Inbetriebnahme von Maschinen in ihrem Hoheitsgebiet nicht untersagen, beschränken oder behindern, wenn diese den Bestimmungen dieser Richtlinie entsprechen. (2) Die Mitgliedstaaten dürfen das Inverkehrbringen von unvollständigen Maschinen nicht untersagen, beschränken oder behindern, wenn sie laut einer nach Anhang II Teil 1 Abschnitt B ausgefertigten Einbauerklärung des Herstellers oder seines Bevollmächtigten dazu bestimmt sind, in eine Maschine eingebaut oder mit anderen unvollständigen Maschinen zu einer Maschine zusammengefügt zu werden.	**Artikel 4 – Freier Verkehr** (1) Die Mitgliedstaaten dürfen die Bereitstellung auf dem Markt von in den Anwendungsbereich dieser Verordnung fallenden Produkten oder die Inbetriebnahme von Maschinen oder dazugehörigen Produkten, die dieser Verordnung entsprechen, aus Gründen im Zusammenhang mit den von dieser Verordnung erfassten Aspekten nicht behindern.
(3) Die Mitgliedstaaten lassen es zu, dass bei Messen, Ausstellungen, Vorführungen und Ähnlichem Maschinen oder unvollständige Maschinen gezeigt werden, die den Bestimmungen dieser Richtlinie nicht entsprechen, sofern ein sichtbares Schild deutlich auf diesen Umstand und darauf hinweist, dass sie erst lieferbar sind, wenn die Konformität hergestellt wurde. Ferner ist bei der Vorführung derartiger nichtkonformer Maschinen oder unvollständiger Maschinen durch geeignete Sicherheitsmaßnahmen der Schutz von Personen zu gewährleisten.	(2) Die Mitgliedstaaten lassen zu, dass bei Messen, Ausstellungen und Vorführungen oder ähnlichen Veranstaltungen in den Anwendungsbereich dieser Verordnung fallende Produkte gezeigt werden, die der vorliegenden Verordnung nicht entsprechen, sofern ein sichtbares Schild deutlich darauf hinweist, dass sie der Verordnung nicht entsprechen und sie nicht auf dem Markt bereitgestellt werden, bevor ihre Konformität hergestellt wurde. Bei Vorführungen sind angemessene Sicherheitsmaßnahmen zu treffen, um den Schutz von Personen zu gewährleisten.

Art. 4 ist gegenüber Art. 6 MRL nur geringfügig modifiziert worden: Statt von Lieferbarkeit nach Herstellung der Konformität ist von Bereitstellung auf dem Markt die Rede. Für die Vorführung ist nicht mehr von geeigneten, sondern angemessenen Sicherheitsmaßnahmen für den Schutz von Personen die Rede. Inhaltlich dürften hier keine Änderungen zu erwarten sein.

4.7 Konformitätsvermutung nach NLF, neue Gemeinsame Spezifikationen und Normungsaufträge

EG-Maschinenrichtlinie 2006/42/EG	Maschinenverordnung (EU) 2023/1230
Artikel 7 – Konformitätsvermutung und harmonisierte Normen (1) Die Mitgliedstaaten betrachgrten eine Maschine, die mit der CE-Kennzeichnung versehen ist und der die EG-Konformitätserklärung mit den in Anhang II Teil 1 Abschnitt A aufgeführten Angaben beigefügt ist, als den Bestimmungen dieser Richtlinie entsprechend. (2) Ist eine Maschine nach einer harmonisierten Norm hergestellt worden, deren Fundstellen im Amtsblatt der Europäischen Union veröffentlicht worden sind, so wird davon ausgegangen, dass sie den von dieser harmonisierten Norm erfassten grundlegenden Sicherheits- und Gesundheitsschutzanforderungen entspricht. (3) Die Kommission veröffentlicht die Fundstellen der harmonisierten Normen im Amtsblatt der Europäischen Union. (4) Die Mitgliedstaaten treffen geeignete Maßnahmen, um den Sozialpartnern auf nationaler Ebene eine Einflussnahme auf die Erarbeitung und Weiterverfolgung harmonisierter Normen zu ermöglichen.	**Artikel 20 – Vermutung der Konformität von in den Anwendungsbereich dieser Verordnung fallenden Produkten** (1) Bei in den Anwendungsbereich dieser Verordnung fallenden Produkten, die mit harmonisierten Normen oder Teilen davon übereinstimmen, deren Fundstellen im Amtsblatt der Europäischen Union veröffentlicht worden sind, wird eine Konformität mit den grundlegenden Sicherheits- und Gesundheitsschutzanforderungen in Anhang III vermutet, die von den betreffenden Normen oder Teilen davon abgedeckt sind. (2) Die Kommission fordert gemäß Artikel 10 Absatz 1 der Verordnung (EU) Nr. 1025/2012 eine oder mehrere europäische Normungsorganisationen auf, harmonisierte Normen für die grundlegenden Sicherheits- und Gesundheitsschutzanforderungen gemäß Anhang III zu erarbeiten. (3) Die Kommission kann Durchführungsrechtsakte zur Festlegung gemeinsamer Spezifikationen, die die technischen Anforderungen abdecken, erlassen, die ein Mittel zur Erfüllung der grundlegenden Sicherheits- und Gesundheitsschutzanforderungen gemäß Anhang III für in den Anwendungsbereich dieser Verordnung fallende Produkte bieten. Diese Durchführungsrechtsakte werden nur erlassen, wenn die folgenden Bedingungen erfüllt sind: a. Die Kommission hat gemäß Artikel 10 Absatz 1 der Verordnung (EU) Nr. 1025/2012 eine oder mehrere europäische Normungsorganisationen aufgefordert, harmonisierte Normen für die grundlegenden Sicherheits- und Gesundheitsschutzanforderungen gemäß Anhang III zu erarbeiten, und i. der Antrag wurde nicht angenommen, oder ii. die Dokumente der harmonisierten Normen, die Gegenstand dieses Auftrags sind, werden nicht innerhalb der gemäß Artikel 10 Absatz 1 der Verordnung (EU) Nr. 1025/2012 festgelegten Frist erarbeitet oder iii. die Dokumente der harmonisierten Normen entsprechen nicht dem Auftrag; und

Fortsetzung

EG-Maschinenrichtlinie 2006/42/EG	Maschinenverordnung (EU) 2023/1230
	b. im Amtsblatt der Europäischen Union ist im Einklang mit der Verordnung (EU) Nr. 1025/2012 kein Verweis auf harmonisierte Normen veröffentlicht worden, die die einschlägigen grundlegenden Sicherheits- und Gesundheitsschutzanforderungen nach Anhang III abdecken, und es ist nicht zu erwarten, dass ein solcher Verweis innerhalb einer angemessenen Frist veröffentlicht wird. Diese Durchführungsrechtsakte werden gemäß dem in Artikel 48 Absatz 3 genannten Prüfverfahren erlassen. (4) Vor der Ausarbeitung eines Entwurfs des in Absatz 3 genannten Durchführungsrechtsakts teilt die Kommission dem in Artikel 22 der Verordnung (EU) Nr. 1025/2012 genannten Ausschuss mit, dass sie die Bedingungen nach Absatz 3 als erfüllt erachtet. (5) Bei der Ausarbeitung eines Entwurfs des in Absatz 3 genannten Durchführungsrechtsakts berücksichtigt die Kommission die Standpunkte der relevanten Gremien oder der Sachverständigengruppe und konsultiert alle relevanten Interessenträger ordnungsgemäß. (6) Bei in den Anwendungsbereich dieser Verordnung fallenden Produkten, die mit den durch die in Absatz 3 genannten Durchführungsrechtsakte festgelegten gemeinsamen Spezifikationen oder Teilen davon übereinstimmen, wird eine Konformität mit den grundlegenden Sicherheits- und Gesundheitsschutzanforderungen in Anhang III vermutet, die von diesen gemeinsamen Spezifikationen oder Teilen davon abgedeckt sind. (7) Wird eine harmonisierte Norm von einer europäischen Normungsorganisation angenommen und der Kommission vorgeschlagen, deren Referenz im Amtsblatt der Europäischen Union zu veröffentlichen, so bewertet die Kommission die harmonisierte Norm gemäß der Verordnung (EU) Nr. 1025/2012. Wenn die Referenz einer harmonisierten Norm im Amtsblatt der Europäischen Union veröffentlicht wird, hebt die Kommission die in Absatz 3 genannten Durchführungsrechtsakte oder die Teile davon auf, die dieselben grundlegenden Sicherheits- und Gesundheitsschutzanforderungen abdecken wie jene, die von dieser harmonisierten Norm erfasst werden. (8) Ist ein Mitgliedstaat der Auffassung, dass eine gemeinsame Spezifikation den grundlegenden Sicherheits- und Gesundheitsschutzanforderungen nach Anhang III nicht vollständig entspricht, so setzt er die Kommission mittels einer ausführlichen Erläuterung davon in Kenntnis. Die Kommission beurteilt diese ausführliche Erläuterung und kann gegebenenfalls den Durchführungsrechtsakt, durch den die betreffende gemeinsame Spezifikation festgelegt wurde, ändern.

Fortsetzung

EG-Maschinenrichtlinie 2006/42/EG	Maschinenverordnung (EU) 2023/1230
	(9) Bei Maschinen und dazugehörigen Produkten, die im Rahmen eines gemäß der Verordnung (EU) 2019/881 angenommenen Schemas für die Cybersicherheitszertifizierung, dessen Fundstellen im Amtsblatt der Europäischen Union veröffentlicht worden sind, zertifiziert wurden oder für die eine Konformitätserklärung erteilt wurde, wird davon ausgegangen, dass sie den in Anhang III Abschnitte 1.1.9 und 1.2.1 aufgeführten grundlegenden Sicherheits- und Gesundheitsschutzanforderungen in Bezug auf den Schutz vor Korrumpierung und die Sicherheit und Zuverlässigkeit von Steuerungssystemen entsprechen, soweit diese Anforderungen durch das Cybersicherheitszertifikat oder die Konformitätsbescheinigung oder -erklärung oder Teile davon abgedeckt sind.

Die Konformitätsvermutung bei Entsprechung des Produkts mit harmonisierten Normen gilt unverändert.

Neu jedoch ist das Verfahren in den Abs. 3 ff. Dafür ist die Kommission gehalten, eine oder mehrere Normungsorganisationen um die Erstellung harmonisierter Normen zu ersuchen (Abs. 2). Wird ein solcher Auftrag nicht angenommen, nicht fristgemäß erfüllt, werden die Anforderungen des Auftrags verfehlt, kann die Kommission gem. Abs. 3 mittels Durchführungsrechtsakt „gemeinsame Spezifikationen" erlassen. Dasselbe gilt, wenn der Verweis auf eine harmonisierte Norm im Einklang mit VO (EU) Nr. 1025/2012 nicht im Amtsblatt der EU veröffentlicht wurde, wozu die Kommission gem. deren Art. 10 Abs. 6 berechtigt ist, wenn die harmonisierte Norm den Anforderungen nicht genügt bzw. wenn formelle Einwände gem. Art. 11 durch einen Mitgliedstaat oder das Europäische Parlament erhoben worden sind.[4]

Die gemeinsamen Spezifikationen werden im Ausschussverfahren gem. Art. 5 VO (EU) Nr. 182/2011 unter Einbezug der relevanten Gremien, Sachverständigen und Interessenträger (Abs. 5) erlassen. Stimmt ein Produkt mit auf diesem Wege erlassenen gemeinsamen Spezifikationen überein, so gilt ebenfalls eine Konformitätsvermutung (Abs. 6). Die gemeinsamen Spezifikationen werden mit Veröffentlichung einer entsprechenden harmonisierten Norm im Amtsblatt wieder aufgehoben (Abs. 7). Wie gegen harmonisierte Normen kann ein Mitgliedstaat auch gegen gemeinsame Spezifikationen Einwände erheben, die die Kommission zu beurteilen hat (Abs. 8).

Weiterhin neu ist die Konformitätsvermutung für die die Cybersicherheitsanforderungen betreffenden Teile des Anhang III (Abschnitte 1.1.9 und 1.2.1), wenn und soweit sie einem Schema zur Cybersicherheitszertifizierung nach VO (EU) 2019/881 entsprechen.

---

4 Formellen Einwänden folgt ein Ausschussverfahren gem. Art. 11 Abs. 1 VO (EU) Nr. 1025/2012.

4.8 Neues Mitteilungsrecht der Mitgliedstaaten gegen die Aufnahme von Sicherheitsbauteilen

EG-Maschinenrichtlinie 2006/42/EG	Maschinenverordnung (EU) 2023/1230
Artikel 8 – Spezifische Maßnahmen (1) Der Kommission wird die Befugnis übertragen, gemäß Artikel 21a delegierte Rechtsakte zur Änderung von Anhang V zu erlassen, um die nicht erschöpfende Liste der Sicherheitsbauteile zu aktualisieren. (2) Die Kommission kann nach dem in Artikel 22 Absatz 2 genannten Beratungsverfahren auch jede für die praktische Anwendung dieser Richtlinie erforderliche Maßnahme treffen, einschließlich Maßnahmen, die zur Gewährleistung der in Artikel 19 Absatz 1 vorgesehenen Zusammenarbeit der Mitgliedstaaten untereinander und mit der Kommission erforderlich sind.	**Artikel 7 – Sicherheitsbauteile** (1) Eine nicht erschöpfende Liste der Sicherheitsbauteile ist in Anhang II enthalten. [Vorher Art. 2 lit. c] (2) Der Kommission wird die Befugnis übertragen, gemäß Artikel 47 delegierte Rechtsakte zu erlassen, um Anhang II unter Berücksichtigung des technischen Fortschritts und Kenntnisstands oder neuer wissenschaftlicher Erkenntnisse anzupassen, indem ein neues Sicherheitsbauteil in die nicht erschöpfende Liste der Sicherheitsbauteile aufgenommen oder ein vorhandenes Sicherheitsbauteil aus dieser Liste gestrichen wird. (3) Ein Mitgliedstaat, der Bedenken gegen die Aufnahme eines Sicherheitsbauteils in die Liste in Anhang II oder gegen die Streichung eines Sicherheitsbauteils aus dieser Liste hat, unterrichtet unverzüglich die Kommission über seine Bedenken und gibt hierfür eine Begründung an.

Die Befugnis zur Erweiterung der Liste der Sicherheitsbauteile bestand vorher nach Art. 8. Nunmehr knüpft die Befugnis gem. Art. 7 Abs. 2 an die Berücksichtigung des technischen Fortschritts und Kenntnisstandes oder neue wissenschaftliche Erkenntnisse an. Mitgliedstaaten haben das Recht und die Pflicht, ihre Bedenken gegen eine solche Aufnahme in den Anhang II der Kommission begründet mitzuteilen.

4.9 Neues Verfahren für Marktmaßnahmen gegenüber konformen Produkten

EG-Maschinenrichtlinie 2006/42/EG	Maschinenverordnung (EU) 2023/1230
	Keine direkte Entsprechung in MaschVO, aber Verfahren formeller Einwände gegen Normen gem. Art. 11 VO (EU) Nr. 1025/2012
Artikel 9 – Besondere Maßnahmen für Maschinen mit besonderem Gefahrenpotenzial (1) Ist die Kommission gemäß dem Verfahren nach Artikel 10 zu der Auffassung gelangt, dass eine harmonisierte Norm den von ihr erfassten grundlegenden	**Artikel 45 – Konforme, in den Anwendungsbereich dieser Verordnung fallende Produkte, die mit einem Risiko verbunden sind** (1) Stellt ein Mitgliedstaat nach einer Beurteilung gemäß Artikel 43 Absatz 1 fest, dass ein in den Anwendungsbereich dieser Verordnung fallendes Produkt zwar die grundlegenden Sicherheits- und Gesund-

Fortsetzung

EG-Maschinenrichtlinie 2006/42/EG	Maschinenverordnung (EU) 2023/1230
Sicherheits- und Gesundheitsschutzanforderungen des Anhangs I nicht vollständig entspricht, so kann die Kommission gemäß Absatz 3 des vorliegenden Artikels Maßnahmen ergreifen, mit denen die Mitgliedstaaten verpflichtet werden, das Inverkehrbringen von Maschinen zu verbieten oder einzuschränken, die technische Merkmale aufweisen, von denen wegen der Unzulänglichkeiten der Norm Risiken ausgehen, oder diese Maschinen besonderen Bedingungen unterwerfen. Ist die Kommission gemäß dem Verfahren nach Artikel 11 zu der Auffassung gelangt, dass eine von einem Mitgliedstaat getroffene Maßnahme gerechtfertigt ist, so kann die Kommission gemäß Absatz 3 des vorliegenden Artikels Maßnahmen ergreifen, mit denen die Mitgliedstaaten verpflichtet werden, das Inverkehrbringen von Maschinen zu verbieten oder einzuschränken, von denen aufgrund ihrer technischen Eigenschaften die gleichen Risiken ausgehen, oder diese Maschinen besonderen Bedingungen zu unterwerfen. (2) Jeder Mitgliedstaat kann von der Kommission verlangen, die Notwendigkeit einer weiteren Anpassung der in Absatz 1 genannten Maßnahmen zu prüfen.	heitsschutzanforderungen gemäß Anhang III erfüllt, aber ein Risiko für die Sicherheit und Gesundheit von Personen und gegebenenfalls von Haustieren oder Sachen sowie, soweit anwendbar, für die Umwelt darstellt, so fordert er den betreffenden Wirtschaftsakteur auf, alle geeigneten Maßnahmen zu ergreifen, um sicherzustellen, dass das betreffende Produkt dieses Risiko beim Inverkehrbringen nicht mehr aufweist, das Produkt vom Markt zu nehmen oder es innerhalb einer der Art des Risikos angemessenen Frist zurückzurufen. (2) Der Wirtschaftsakteur gewährleistet, dass für alle betreffenden in den Anwendungsbereich dieser Verordnung fallenden Produkte, die er auf dem Markt bereitgestellt hat, unionsweit alle geeigneten Korrekturmaßnahmen ergriffen werden. (3) Der Mitgliedstaat unterrichtet die Kommission und die übrigen Mitgliedstaaten unverzüglich über das Produkt, das ein Risiko gemäß Absatz 1 darstellt. Aus diesen Informationen gehen alle verfügbaren Angaben hervor, insbesondere die für die Identifizierung des betreffenden Produkts erforderlichen Daten, seine Herkunft, seine Lieferkette, die Art des Risikos sowie die Art und Dauer der ergriffenen nationalen Maßnahmen. (4) Die Kommission konsultiert unverzüglich die Mitgliedstaaten und den betreffenden Wirtschaftsakteur oder die betreffenden Wirtschaftsakteure und nimmt eine Beurteilung der ergriffenen nationalen Maßnahme vor. Anhand der Ergebnisse dieser Beurteilung erlässt die Kommission einen Durchführungsrechtsakt in Form eines Beschlusses, in dem sie festlegt, ob die nationale Maßnahme gerechtfertigt ist, und schreibt, falls erforderlich, geeignete Maßnahmen vor. Dieser Durchführungsrechtsakt wird nach dem Prüfverfahren gemäß Artikel 48 Absatz 3 erlassen. In hinreichend begründeten Fällen äußerster Dringlichkeit im Zusammenhang mit dem Schutz der Sicherheit und Gesundheit von Personen erlässt die Kommission gemäß dem in Artikel 48 Absatz 5 genannten Verfahren einen sofort geltenden Durchführungsrechtsakt.

Fortsetzung

EG-Maschinenrichtlinie 2006/42/EG	Maschinenverordnung (EU) 2023/1230
(3) In den in Absatz 1 genannten Fällen konsultiert die Kommission die Mitgliedstaaten und andere interessierte Parteien, wobei sie angibt, welche Maßnahmen sie zu ergreifen beabsichtigt, um auf Gemeinschaftsebene ein hohes Maß an Sicherheit und Gesundheitsschutz von Personen und gegebenenfalls von Haustieren und Sachen und, soweit anwendbar, an Schutz der Umwelt zu gewährleisten. Unter Berücksichtigung der Ergebnisse dieser Konsultationen erlässt die Kommission im Wege von Durchführungsrechtsakten die erforderlichen Maßnahmen. Diese Durchführungsrechtsakte werden gemäß dem in Artikel 22 Absatz 3 genannten Verfahren erlassen.	(5) Die Kommission richtet ihren Beschluss an alle Mitgliedstaaten und teilt ihn diesen und dem betreffenden Wirtschaftsakteur oder den betreffenden Wirtschaftsakteuren unverzüglich mit.

Die Art. 43 bis 46 MVO entsprechen teilweise den Art. 9 bis 11 MRL. Art. 45 regelt wie zuvor Art. 9 MRL den Umgang mit konformen Produkten, von denen ein Sicherheitsrisiko ausgeht.

Dabei stellt Art. 45 MVO auf die Entsprechung mit den grundlegenden Sicherheits- und Gesundheitsschutzanforderungen und nicht auf die Entsprechung mit einer harmonisierten Norm ab, was rechtlich zu Recht erfolgt. Stellt ein Mitgliedstaat im Rahmen einer Produktbeurteilung nach Art. 43 Abs. 1 fest, dass die Anforderungen des Anhang III zwar erfüllt werden, aber ein Risiko verbleibt, fordert er den betreffenden Wirtschaftsakteur zur Vornahme geeigneter Maßnahmen auf.

Diese Korrekturmaßnahmen muss der Wirtschaftsakteur gem. Abs. 2 unionsweit vornehmen. Über die Maßnahmen setzt der Mitgliedstaat die Kommission in Kenntnis, die ihrerseits eine Beurteilung vornimmt (Abs.4) und die Rechtfertigung feststellen und ggf. geeignete Maßnahmen in Form eines Durchführungsrechtsakts erlassen kann, der an alle Mitgliedstaaten zu richten ist (Abs. 5). Die Überprüfung einer Norm ist hingegen nicht mehr geregelt, weil dies nach VO (EU) Nr. 1025/2012 erfolgt.

Das allgemeine Marktüberwachungsprogramm regelt inzwischen die Marktüberwachungsverordnung, sodass Art. 4 MRL entfällt. Stattdessen regelt Art. 43 MVO den Umgang der Marktüberwachungsbehörden mit Produkten, die mit einem Risiko verbunden sind und daher nicht den Anforderungen der Verordnung entsprechen. Erstreckt sich die Nichtkonformität über das Hoheitsgebiet eines Mitgliedstaates hinaus, so sind die übrigen Mitgliedstaaten und die Kommission gem. Art 43 Abs. 2 in Kenntnis zu setzen, wobei anders als nach Art. 45 eine Maßnahme als gerechtfertigt fingiert wird, wenn weder ein Mitgliedstaat noch die Kommission binnen drei Monaten Einwände erhebt (Abs. 7).

4.10 Streichung des Anfechtungsverfahrens für harmonisierte Normen

EG-Maschinenrichtlinie 2006/42/EG	Maschinenverordnung (EU) 2023/1230
Artikel 10 – Anfechtung einer harmonisierten Norm Ist ein Mitgliedstaat oder die Kommission der Auffassung, dass eine harmonisierte Norm den von ihr erfassten grundlegenden Sicherheits- und Gesundheitsschutzanforderungen des Anhangs I nicht vollständig entspricht, so befasst die Kommission oder der Mitgliedstaat den mit der Richtlinie 98/34/EG eingesetzten Ausschuss unter Darlegung der Gründe. Der Ausschuss nimmt hierzu umgehend Stellung. Aufgrund der Stellungnahme des Ausschusses entscheidet die Kommission, die Fundstelle der betreffenden harmonisierten Norm im Amtsblatt der Europäischen Union zu veröffentlichen, nicht zu veröffentlichen, mit Einschränkungen zu veröffentlichen, zu belassen, mit Einschränkungen zu belassen oder zu streichen.	Hinweis: Die Kommission fordert zur Normung gem. Art. 20 II auf, deshalb schadet es nicht, wenn die Anfechtung nach Art. 11 VO (EU) Nr. 1025/2012 nur den MS und dem EP obliegt

4.11 Neues Schutzklauselverfahren für Maschinenprodukte

EG-Maschinenrichtlinie 2006/42/EG	Maschinenverordnung (EU) 2023/1230
Art. 11 – Schutzklausel (1) Stellt ein Mitgliedstaat fest, dass eine von dieser Richtlinie erfasste und mit der CE-Kennzeichnung versehene Maschine, der die EG-Konformitätserklärung beigefügt ist, bei bestimmungsgemäßer oder vernünftigerweise vorhersehbarer Verwendung die Sicherheit oder Gesundheit von Personen oder gegebenenfalls von Haustieren oder Sachen oder, soweit anwendbar, die Umwelt zu gefährden droht, so trifft er alle zweckdienlichen Maßnahmen, um diese Maschine aus dem Verkehr zu ziehen, ihr Inverkehrbringen und/oder die Inbetriebnahme dieser Maschine zu untersagen oder den freien Verkehr hierfür einzuschränken. (2) Der Mitgliedstaat unterrichtet die Kommission und die übrigen Mitgliedstaaten unverzüglich über eine solche Maßnahme, begründet seine Entscheidung und gibt insbesondere an, ob die Nichtübereinstimmung zurückzuführen ist auf [nunmehr in Art. 43 Abs. 4, 5, 6, 7 als vorausgehendes Verfahren]	**Art. 44 – Schutzklauselverfahren der Union** (1) Wurden nach Abschluss des Verfahrens des Artikels 43 Absätze 4, 6 und 7 Einwände gegen eine Maßnahme eines Mitgliedstaats erhoben oder ist die Kommission der Auffassung, dass eine nationale Maßnahme nicht mit den Rechtsakten der Union vereinbar ist, so konsultiert die Kommission unverzüglich die Mitgliedstaaten und den betreffenden Wirtschaftsakteur oder die betreffenden Wirtschaftsakteure und nimmt eine Beurteilung der nationalen Maßnahme vor. Anhand der Ergebnisse dieser Beurteilung erlässt die Kommission einen Durchführungsrechtsakt in Form eines Beschlusses, in dem sie festlegt, ob die nationale Maßnahme gerechtfertigt ist. Die Kommission richtet ihren Beschluss an alle Mitgliedstaaten und teilt ihn diesen und den betreffenden Wirtschaftsakteuren unverzüglich mit.

Fortsetzung

EG-Maschinenrichtlinie 2006/42/EG	Maschinenverordnung (EU) 2023/1230
a. Nichterfüllung der in Artikel 5 Absatz 1 Buchstabe a genannten grundlegenden Anforderungen; b. unsachgemäße Anwendung der in Artikel 7 Absatz 2 genannten harmonisierten Normen; c. Mängel der in Artikel 7 Absatz 2 genannten harmonisierten Normen selbst. (3) Die Kommission konsultiert unverzüglich die Betroffenen. Die Kommission prüft im Anschluss an diese Konsultation, ob die von dem Mitgliedstaat getroffenen Maßnahmen gerechtfertigt sind oder nicht, und teilt ihre Entscheidung dem Mitgliedstaat, der die Initiative ergriffen hat, den übrigen Mitgliedstaaten und dem Hersteller oder seinem Bevollmächtigten mit. (4) Werden die in Absatz 1 genannten Maßnahmen mit Mängeln der harmonisierten Normen begründet und hält der Mitgliedstaat, der die Maßnahmen getroffen hat, an seiner Auffassung fest, so leitet die Kommission oder der Mitgliedstaat das in Artikel 10 vorgesehene Verfahren ein. (5) Ist eine Maschine, die den Anforderungen nicht entspricht, mit der CE-Kennzeichnung versehen, so ergreift der zuständige Mitgliedstaat gegenüber demjenigen, der die Kennzeichnung angebracht hat, die geeigneten Maßnahmen und unterrichtet hiervon die Kommission. Die Kommission unterrichtet die übrigen Mitgliedstaaten. (6) Die Kommission stellt sicher, dass die Mitgliedstaaten über den Verlauf und die Ergebnisse des Verfahrens laufend unterrichtet werden.	(2) Wird die nationale Maßnahme für gerechtfertigt erachtet, stellen alle Mitgliedstaaten sicher, dass hinsichtlich des in den Anwendungsbereich dieser Verordnung fallenden nichtkonformen Produkts geeignete beschränkende Maßnahmen, wie eine Rücknahme vom Markt, ergriffen werden, und unterrichten die Kommission darüber. Wird die nationale Maßnahme als nicht gerechtfertigt erachtet, so muss der betreffende Mitgliedstaat sie aufheben. (3) Wird die nationale Maßnahme für gerechtfertigt erachtet und wird die Nichtkonformität des in den Anwendungsbereich dieser Verordnung fallenden Produkts Mängeln der harmonisierten Normen gemäß Artikel 43 Absatz 5 Buchstabe b der vorliegenden Verordnung oder der gemeinsamen Spezifikationen gemäß Artikel 43 Absatz 5 Buchstabe c der vorliegenden Verordnung zugerechnet, so wendet die Kommission das Verfahren nach Artikel 11 der Verordnung (EU) Nr. 1025/2012 bzw. nach Artikel 20 Absatz 8 der vorliegenden Verordnung an.

Das Schutzklauselverfahren wurde durch die Inbezugnahme von Art. 43 in das Marktüberwachungsprogramm integriert. Wurden nach Abschluss des Verfahrens nach Art. 43 Abs. 4, 6 und 7 Einwände durch einen Mitgliedstaat oder die Kommission erhoben oder ist die Kommission der Auffassung, dass eine nationale Maßnahme nicht mit Unionsrecht vereinbar ist, so nimmt die Kommission eine Beurteilung der nationalen Maßnahme vor. Dieses Verfahren war zuvor in Art. 11 Abs. 3 MRL geregelt, betraf aber nur CE-gekennzeichnete und mit EG-Konformitätserklärung versehene Produkte. Die Beurteilung führt entweder zu der Feststellung, dass die Maßnahme gerechtfertigt ist, wonach alle Mitgliedstaaten ihrerseits geeignete beschränkende Maßnahmen gegenüber dem Produkt zu ergreifen haben (Abs. 2), oder sie wird als nicht gerechtfertigt betrachtet und der Mitgliedstaat muss seine nationale Maßnahme aufheben.

Rührt die Nichtkonformität mit Anhang III aus Mängeln einer harmonisierten Norm oder gemeinsamer Spezifikationen, so greift das Verfahren nach Art. 11 VO (EU) Nr. 1025/2012 bzw. Art. 20 Abs. 8 MVO.

Systematisch gibt es also zwei Verfahren: Jenes nach Art. 43 für nichtkonforme Produkte mit der Möglichkeit eines Schutzklauselverfahrens nach Art. 44 – und jenes nach Art. 45 für zwar konforme, aber mit einem Risiko verbundene Produkte.

Art. 46 regelt Fälle sog. formaler Nichtkonformität, die auch früher bereits dadurch gegeben war, dass die Nichtentsprechung mit den dort genannten Vorgaben nicht die Anforderungen an das Inverkehrbringen und die Inbetriebnahme nach Art. 5 MRL erfüllten.

4.12 Neues Konformitätsbewertungsverfahren für Maschinenprodukte

EG-Maschinenrichtlinie 2006/42/EG	Maschinenverordnung (EU) 2023/1230
Artikel 12 – Konformitätsbewertungsverfahren (1) Zum Nachweis der Übereinstimmung der Maschine mit den Bestimmungen dieser Richtlinie führt der Hersteller oder sein Bevollmächtigter eines der in den Absätzen 2, 3 und 4 beschriebenen Konformitätsbewertungsverfahren durch.	**Artikel 25 – Konformitätsbewertungsverfahren für Maschinen und dazugehörige Produkte** (1) Der Hersteller oder die in Artikel 18 genannte natürliche oder juristische Person wendet eines der in den Absätzen 2, 3 und 4 beschriebenen Konformitätsbewertungsverfahren an.
(2) Ist die Maschine nicht in Anhang IV aufgeführt, so führt der Hersteller oder sein Bevollmächtigter das in Anhang VIII vorgesehene Verfahren der Konformitätsbewertung mit interner Fertigungskontrolle bei der Herstellung von Maschinen durch. (3) Ist die Maschine in Anhang IV aufgeführt und nach den in Artikel 7 Absatz 2 genannten harmonisierten Normen hergestellt und berücksichtigen diese Normen alle relevanten grundlegenden Sicherheits- und Gesundheitsschutzanforderungen, so führt der Hersteller oder sein Bevollmächtigter eines der folgenden Verfahren durch: a. das in Anhang VIII vorgesehene Verfahren der Konformitätsbewertung mit interner Fertigungskontrolle bei der Herstellung von Maschinen; b. das in Anhang IX beschriebene EG-Baumusterprüfverfahren sowie die in Anhang VIII Nummer 3 beschriebene interne Fertigungskontrolle bei der Herstellung von Maschinen;	(2) Ist die Kategorie von Maschinen oder dazugehörigen Produkten in Anhang I Teil A aufgeführt, so wendet der Hersteller oder die in Artikel 18 genannte natürliche oder juristische Person eines der folgenden Verfahren an: a. EU-Baumusterprüfung (Modul B) gemäß Anhang VII, gefolgt von der Konformität mit dem Baumuster auf der Grundlage einer internen Fertigungskontrolle (Modul C) gemäß Anhang VIII; b. Konformität auf der Grundlage einer umfassenden Qualitätssicherung (Modul H) gemäß Anhang IX; c. Konformität auf der Grundlage einer Einzelprüfung (Modul G) gemäß Anhang X. (3) Ist die Maschine oder das dazugehörige Produkt in Anhang I Teil B aufgeführt, so wendet der Hersteller oder die in Artikel 18 genannte natürliche oder juristische Person eines der folgenden Verfahren an: a. interne Fertigungskontrolle (Modul A) gemäß Anhang VI; b. EU-Baumusterprüfung (Modul B) gemäß Anhang VII, gefolgt von der Konformität mit dem Baumuster auf der Grundlage einer internen Fertigungskontrolle (Modul C) gemäß Anhang VIII;

Fortsetzung

EG-Maschinenrichtlinie 2006/42/EG	Maschinenverordnung (EU) 2023/1230
c. das in Anhang X beschriebene Verfahren der umfassenden Qualitätssicherung. (4) Ist die Maschine in Anhang IV aufgeführt und wurden die in Artikel 7 Absatz 2 genannten harmonisierten Normen bei der Herstellung der Maschine nicht oder nur teilweise berücksichtigt oder berücksichtigen diese Normen nicht alle relevanten grundlegenden Sicherheits- und Gesundheitsschutzanforderungen oder gibt es für die betreffende Maschine keine harmonisierten Normen, so führt der Hersteller oder sein Bevollmächtigter eines der folgenden Verfahren durch: a. das in Anhang IX beschriebene EG-Baumusterprüfverfahren sowie die in Anhang VIII Nummer 3 beschriebene interne Fertigungskontrolle bei der Herstellung von Maschinen; b. das in Anhang X beschriebene Verfahren der umfassenden Qualitätssicherung.	c. Konformität auf der Grundlage einer umfassenden Qualitätssicherung (Modul H) gemäß Anhang IX; d. Konformität auf der Grundlage einer Einzelprüfung (Modul G) gemäß Anhang X. Wendet ein Hersteller das Verfahren der internen Fertigungskontrolle nach Buchstabe a an, so muss er die Maschine oder das dazugehörige Produkt in Übereinstimmung mit den für diese Kategorie von Maschinen oder dazugehörigen Produkten geltenden harmonisierten Normen oder gemeinsamen Spezifikationen, die alle einschlägigen grundlegenden Sicherheits- und Gesundheitsschutzanforderungen abdecken, konstruieren und bauen. Ist die Kategorie von Maschinen oder das dazugehörige Produkt in Anhang I Teil B aufgeführt und die Maschine oder das dazugehörige Produkt wurde sie nicht in Übereinstimmung mit den harmonisierten Normen oder gemeinsamen Spezifikationen, die alle einschlägigen grundlegenden Sicherheits- und Gesundheitsschutzanforderungen für diese Kategorie von Maschinen oder dazugehörigen Produkten abdecken, konstruiert und gebaut, so wendet der Hersteller — einschließlich einer natürlichen oder juristischen Person nach Artikel 18 — eines der in Buchstaben b, c oder d genannten Verfahren an. (4) Ist die Kategorie von Maschinen oder dazugehörigen Produkten nicht in Anhang I aufgeführt, so wendet der Hersteller — einschließlich einer in Artikel 18 genannten natürlichen oder juristischen Person — das in Anhang VI beschriebene Verfahren der internen Fertigungskontrolle (Modul A) an. (5) Die notifizierten (benannten) Stellen berücksichtigen bei der Festsetzung der Gebühren für die Konformitätsbewertung die spezifischen Interessen und Bedürfnisse kleiner und mittlerer Unternehmen.

Was bislang Maschinen des Anhang IV (sog. Hochrisikomaschinen) sind, sind in der MVO solche des Anhang I Teil A oder B, wobei es nicht mehr darauf ankommt, dass sie nach einer harmonisierten Norm hergestellt wurden. Die für diese Produkte zur Verfügung stehenden Konformitätsbewertungsverfahren sind hingegen gleich geblieben; die interne Fertigungskontrolle eines Baumusters wurde aber deutlich ausgeweitet (siehe Anhang VIII Modul C). Für alle nicht im Anhang I genannten Maschinen genügt gem. Art. 25 Abs. 4 eine interne Fertigungskontrolle nach Modul A.

Nur für Produkte des Anhang I Teil B darf der Hersteller gem. Abs. 3 auch auf eine interne Fertigungskontrolle zurückgreifen, soweit alle grundlegenden Sicherheits- und Gesundheitsschutzanforderungen durch harmonisierte Normen oder gemeinsame Spezifikationen abdeckbar sind. Das bedeutet: Die Konformitätsbewertung von Produkten nach Anhang I Teil A sowie B – mit Ausnahme der Möglichkeit einer ausschließlichen internen Fertigungskontrolle – erfolgt immer durch eine benannte Stelle.

4.13 Neuregelung von Inverkehrbringen, Hersteller-, Einführer- und Händlerpflichten in Bezug auf unvollständige Maschinen

EG-Maschinenrichtlinie 2006/42/EG	Maschinenverordnung (EU) 2023/1230
	Art. 8 S. 2: „Unvollständige Maschinen dürfen nur dann auf dem Markt bereitgestellt werden, wenn sie die einschlägigen grundlegenden Sicherheits- und Gesundheitsschutzanforderungen nach Anhang III erfüllen."
Artikel 13 – Verfahren für unvollständige Maschinen (1) Der Hersteller einer unvollständigen Maschine oder sein Bevollmächtigter stellt vor dem Inverkehrbringen sicher, dass a. die speziellen technischen Unterlagen gemäß Anhang VII Teil B erstellt werden; b. die Montageanleitung gemäß Anhang VI erstellt wird; c. eine Einbauerklärung gemäß Anhang II Teil 1 Abschnitt B ausgestellt wurde. (2) Die Montageanleitung und die Einbauerklärung sind der unvollständigen Maschine bis zu ihrem Einbau in die vollständige Maschine beigefügt und sind anschließend Teil der technischen Unterlagen der vollständigen Maschine.	**Art. 11 – Pflichten der Hersteller von unvollständigen Maschinen** (1) Die Hersteller gewährleisten, wenn sie eine unvollständige Maschine in Verkehr bringen, dass diese gemäß den einschlägigen grundlegenden Sicherheits- und Gesundheitsschutzanforderungen nach Anhang III konstruiert und gebaut wurde. (2) Vor dem Inverkehrbringen unvollständiger Maschinen erstellen die Hersteller die in Anhang IV Teil B aufgeführten technischen Unterlagen. Wurde in den technischen Unterlagen gemäß Anhang IV Teil B nachgewiesen, dass eine unvollständige Maschine die einschlägigen grundlegenden Sicherheits- und Gesundheitsschutzanforderungen nach Anhang III erfüllt, so stellen die Hersteller die EU-Einbauerklärung gemäß Artikel 22 aus. (3) Die Hersteller bewahren die technischen Unterlagen und die EU-Einbauerklärung nach dem Inverkehrbringen der unvollständigen Maschine mindestens zehn Jahre lang für die Marktüberwachungsbehörden auf. Gegebenenfalls wird der in den technischen Unterlagen enthaltene Quellcode oder die darin enthaltene Programmierlogik auf begründeten Antrag den zuständigen nationalen Behörden zur Verfügung gestellt, sofern der Quellcode oder die Programmierlogik erforderlich ist, damit sie die Einhaltung der in Anhang III aufgeführten einschlägigen grundlegenden Sicherheits- und Gesundheitsschutzanforderungen überprüfen können. (4) Die Hersteller gewährleisten durch geeignete Verfahren, dass bei einer unvollständigen Maschine aus Serienherstellung stets die Konformität mit dieser Verordnung sichergestellt ist. Änderungen am Herstellungsverfahren oder an der Konstruktion oder den Merkmalen der unvollständigen Maschine sowie Änderungen der harmonisierten Normen oder anderer technischer Spezifikationen oder der in Artikel 20 genannten gemeinsamen Spezifikationen, die bei der Erklärung der Konformität der unvollständigen Maschine zugrunde gelegt oder bei der Überprüfung ihrer Konformität angewandt wurden, sind angemessen zu berücksichtigen.

Fortsetzung

EG-Maschinenrichtlinie 2006/42/EG	Maschinenverordnung (EU) 2023/1230
	(5) Die Hersteller gewährleisten, dass die unvollständige Maschine, die sie in Verkehr bringen, mindestens die Bezeichnung der unvollständigen Maschine, das Baujahr, d. h. das Jahr, in dem der Herstellungsprozess abgeschlossen wurde, das Modell und die Serie oder den Typ sowie vorhandene Chargen- oder Seriennummer oder ein anderes vorhandenes Kennzeichen zu ihrer Identifizierung trägt, oder, falls die Größe oder Art der unvollständigen Maschine dies nicht zulässt, dass die erforderlichen Informationen auf der Verpackung oder in den der unvollständigen Maschine beigefügten Unterlagen angegeben werden. (6) Die Hersteller geben ihren Namen, ihren eingetragenen Handelsnamen oder ihre eingetragene Handelsmarke, ihre Postanschrift und Website sowie ihre E-Mail-Adresse oder eine andere digitale Kontaktmöglichkeit, unter der sie zu erreichen sind, entweder auf der unvollständigen Maschine selbst oder, wenn dies nicht möglich ist, auf der Verpackung oder in den der unvollständigen Maschine beigefügten Unterlagen an. Als Anschrift ist eine einzige Anlaufstelle, an der der Hersteller kontaktiert werden kann, anzugeben. Die Kontaktangaben sind in einer Sprache zu machen, die von der Person, die die unvollständige Maschine in eine Maschine einbaut, und den Marktüberwachungsbehörden leicht verstanden werden kann. (7) Die Hersteller gewährleisten, dass der unvollständigen Maschine die Montageanleitung nach Anhang XI beigefügt ist. Die Montageanleitung kann vom Hersteller in digitaler Form zur Verfügung gestellt werden. Wenn die Montageanleitung in digitaler Form bereitgestellt wird, muss der Hersteller a. auf der unvollständigen Maschine oder, falls dies nicht möglich ist, auf ihrer Verpackung oder in einem Begleitdokument angeben, wie auf die digitale Montageanleitung zugegriffen werden kann; b. diese in einem Format bereitstellen, das es der Person, die die unvollständige Maschine einbaut, ermöglicht, die Montageanleitung auszudrucken, herunterzuladen und auf einem elektronischen Gerät zu speichern, sodass sie jederzeit, insbesondere bei einem Ausfall der unvollständigen Maschine, darauf zugreifen kann; diese Anforderung gilt auch dann, wenn die Montageanleitung in die Software der unvollständigen Maschine eingebettet ist; c. sie für einen Zeitraum von mindestens zehn Jahren nach dem Inverkehrbringen der unvollständigen Maschine online zur Verfügung stellen.

Fortsetzung

EG-Maschinenrichtlinie 2006/42/EG	Maschinenverordnung (EU) 2023/1230
	Auf Verlangen der Person, die die unvollständige Maschine einbaut, stellt der Hersteller die Montageanleitung jedoch ab dem Zeitpunkt des Kaufes innerhalb eines Monats kostenlos in Papierform zur Verfügung. Die Montageanleitung ist in einer vom betreffenden Mitgliedstaat festgelegten, für die Person, die die unvollständige Maschine einbaut, leicht verständlichen Sprache abzufassen und muss klar, verständlich und lesbar sein. (8) Die Hersteller gewährleisten, dass der unvollständigen Maschine die in Anhang V Teil B aufgeführte EU-Einbauerklärung beiliegt, oder alternativ dazu geben die Hersteller in der Montageanleitung nach Anhang XI die Internetadresse oder den maschinenlesbaren Code an, unter der bzw. unter dem auf diese EU-Einbauerklärung zugegriffen werden kann. Digitale EU-Einbauerklärungen sind für einen Zeitraum von mindestens zehn Jahren nach dem Inverkehrbringen der unvollständigen Maschine online zur Verfügung zu stellen. (9) Hersteller, die der Auffassung sind oder Grund zu der Annahme haben, dass eine von ihnen in Verkehr gebrachte unvollständige Maschine nicht dieser Verordnung entspricht, ergreifen unverzüglich die erforderlichen Korrekturmaßnahmen, um die Konformität dieser unvollständigen Maschine herzustellen oder sie gegebenenfalls vom Markt zu nehmen oder zurückzurufen. Außerdem unterrichten die Hersteller, wenn von der unvollständigen Maschine Risiken im Hinblick auf die einschlägigen grundlegenden Sicherheits- und Gesundheitsschutzanforderungen ausgehen, unverzüglich die zuständigen nationalen Behörden der Mitgliedstaaten, in denen sie die unvollständige Maschine auf dem Markt bereitgestellt haben, darüber und machen dabei ausführliche Angaben, insbesondere über die fehlende Konformität und die ergriffenen Korrekturmaßnahmen. (10) Die Hersteller stellen der zuständigen nationalen Behörde auf deren begründetes Verlangen alle Informationen und Unterlagen, die für den Nachweis der Konformität der unvollständigen Maschine mit dieser Verordnung erforderlich sind, in Papierform oder in digitaler Form in einer Sprache zur Verfügung, die von dieser Behörde leicht verstanden werden kann. Sie kooperieren mit dieser Behörde auf deren Verlangen bei allen Maßnahmen zur Abwendung der Risiken in Bezug auf die einschlägigen grundlegenden Sicherheits- und Gesundheitsschutzanforderungen, die von der unvollständigen Maschine ausgehen, die sie in Verkehr gebracht haben.

Fortsetzung

EG-Maschinenrichtlinie 2006/42/EG	Maschinenverordnung (EU) 2023/1230
	Artikel 14 – Pflichten der Einführer von unvollständigen Maschinen (1) Die Einführer bringen nur konforme unvollständige Maschinen in Verkehr. (2) Bevor die Einführer unvollständige Maschinen in Verkehr bringen, gewährleisten sie, dass der Hersteller die technischen Unterlagen gemäß Anhang IV Teil B erstellt hat, dass der unvollständigen Maschine die erforderlichen Unterlagen beiliegen und dass der Hersteller die Anforderungen des Artikels 11 Absätze 5, 6 und 8 erfüllt hat. Ist ein Einführer der Auffassung oder hat er Grund zu der Annahme, dass eine unvollständige Maschine nicht dieser Verordnung entspricht, so darf der Einführer sie nicht in Verkehr bringen, bevor ihre Konformität hergestellt ist. Stellt die unvollständige Maschine ein Risiko im Hinblick auf die einschlägigen grundlegenden Sicherheits- und Gesundheitsschutzanforderungen dar, so unterrichtet der Einführer den Hersteller und die Marktüberwachungsbehörden davon. (3) Die Einführer geben ihren Namen, ihren eingetragenen Handelsnamen oder ihre eingetragene Handelsmarke, ihre Postanschrift, ihre Website und ihre E-Mail-Adresse oder eine anderweitige digitale Kontaktmöglichkeit, unter der sie zu erreichen sind, entweder auf der unvollständigen Maschine selbst oder, wenn dies nicht möglich ist, auf der Verpackung oder in den der unvollständigen Maschine beigefügten Unterlagen an. Die Kontaktangaben sind in einer Sprache zu machen, die von der Person, die die unvollständige Maschine einbaut, und von den Marktüberwachungsbehörden leicht verstanden werden kann. (4) Die Einführer gewährleisten, dass der unvollständigen Maschine die Montageanleitung gemäß Artikel 11 Absatz 7 beiliegt. (5) Solange sich die unvollständige Maschine in ihrer Verantwortung befindet, gewährleisten die Einführer, dass die Lagerungs- oder Transportbedingungen die Übereinstimmung mit den einschlägigen grundlegenden Sicherheits- und Gesundheitsschutzanforderungen nach Anhang III nicht beeinträchtigen. (6) Einführer, die der Auffassung sind oder Grund zu der Annahme haben, dass eine von ihnen in Verkehr gebrachte unvollständige Maschine nicht dieser Verordnung entspricht, ergreifen umgehend die erforderlichen Korrekturmaßnahmen, um die Konformität dieser unvollständigen Maschine herzustellen oder sie gegebenenfalls vom Markt zu nehmen oder zurückzurufen. Außerdem unterrichten die Einführer, wenn mit der unvollständigen Maschine Risiken im Hinblick auf die einschlägigen grundlegenden Sicherheits- und Gesundheitsschutzanforderungen verbunden sind, unverzüglich die zuständigen

Fortsetzung

EG-Maschinenrichtlinie 2006/42/EG	Maschinenverordnung (EU) 2023/1230
	nationalen Behörden der Mitgliedstaaten, in denen sie die unvollständige Maschine auf dem Markt bereitgestellt haben, darüber und machen dabei ausführliche Angaben, insbesondere über die fehlende Konformität und die ergriffenen Korrekturmaßnahmen. (7) Die Einführer halten ab dem Inverkehrbringen der unvollständigen Maschine mindestens zehn Jahre lang ein Exemplar der EU-Einbauerklärung für die Marktüberwachungsbehörden bereit und sorgen dafür, dass sie diesen Behörden die technischen Unterlagen gemäß Anhang IV Teil B auf Verlangen vorlegen können. (8) Die Einführer stellen der zuständigen nationalen Behörde auf deren begründetes Verlangen alle Informationen und Unterlagen, die für den Nachweis der Konformität der unvollständigen Maschine mit dieser Verordnung erforderlich sind, in Papierform oder in digitaler Form in einer Sprache zur Verfügung, die von dieser Behörde leicht verstanden werden kann. Die Einführer arbeiten mit dieser Behörde auf deren Verlangen bei allen Maßnahmen zur Abwendung von Gefahren im Hinblick auf die einschlägigen grundlegenden Sicherheits- und Gesundheitsschutzanforderungen, die mit einer unvollständigen Maschine verbunden sind, die sie in Verkehr gebracht haben, zusammen. **Artikel 16 – Pflichten der Händler für unvollständige Maschinen** (1) Die Händler berücksichtigen die Vorschriften dieser Verordnung mit der gebührenden Sorgfalt, wenn sie eine unvollständige Maschine auf dem Markt bereitstellen. (2) Bevor sie eine unvollständige Maschine auf dem Markt bereitstellen, überprüfen die Händler, ob a. der unvollständigen Maschine die EU-Einbauerklärung gemäß Artikel 11 Absatz 8 beiliegt; b. der unvollständigen Maschine die Montageanleitung gemäß Artikel 11 Absatz 7 beiliegt, und zwar in einer für die Person, die die unvollständige Maschine einbaut, leicht verständlichen Sprache, die von dem Mitgliedstaat, in dem die unvollständige Maschine auf dem Markt bereitgestellt werden soll, festgelegt wird; c. der Hersteller und der Einführer die Anforderungen nach Artikel 11 Absätze 5 und 6 bzw. Artikel 14 Absatz 3 erfüllt haben.

Fortsetzung

EG-Maschinenrichtlinie 2006/42/EG	Maschinenverordnung (EU) 2023/1230
	(3) Ist ein Händler der Auffassung oder hat er Grund zu der Annahme, dass eine unvollständige Maschine nicht dieser Verordnung entspricht, so darf der Händler die unvollständige Maschine nicht auf dem Markt bereitstellen, bevor ihre Konformität hergestellt ist. Stellt die unvollständige Maschine ein Risiko im Hinblick auf die einschlägigen grundlegenden Sicherheits- und Gesundheitsschutzanforderungen dar, so unterrichtet der Händler den Hersteller oder den Einführer sowie die Marktüberwachungsbehörden davon. (4) Solange sich eine unvollständige Maschine in ihrer Verantwortung befindet, gewährleisten die Händler, dass die Lagerungs- oder Transportbedingungen die Übereinstimmung mit den einschlägigen grundlegenden Sicherheits- und Gesundheitsschutzanforderungen nach Anhang III nicht beeinträchtigen. (5) Händler, die der Auffassung sind oder Grund zu der Annahme haben, dass eine von ihnen auf dem Markt bereitgestellte unvollständige Maschine nicht dieser Verordnung entspricht, stellen sicher, dass die erforderlichen Korrekturmaßnahmen ergriffen werden, um die Konformität dieser unvollständigen Maschine herzustellen oder sie gegebenenfalls vom Markt zu nehmen oder zurückzurufen. Außerdem unterrichten die Händler, wenn mit der unvollständigen Maschine Risiken im Hinblick auf die einschlägigen grundlegenden Sicherheits- und Gesundheitsschutzanforderungen verbunden sind, unverzüglich die zuständigen nationalen Behörden der Mitgliedstaaten, in denen sie die unvollständige Maschine auf dem Markt bereitgestellt haben, darüber und machen dabei ausführliche Angaben, insbesondere über die fehlende Konformität und die ergriffenen Korrekturmaßnahmen. (6) Die Händler stellen der zuständigen nationalen Behörde auf deren begründetes Verlangen alle Informationen und Unterlagen, die für den Nachweis der Konformität der unvollständigen Maschine mit dieser Verordnung erforderlich sind, in Papierform oder in digitaler Form zur Verfügung. Sie arbeiten mit dieser Behörde auf deren Verlangen bei allen Maßnahmen zur Abwendung der Gefahren im Hinblick auf die einschlägigen grundlegenden Sicherheits- und Gesundheitsschutzanforderungen zusammen, die von der von ihnen auf dem Markt bereitgestellten unvollständigen Maschine ausgehen.

Europäische Maschinensicherheit

Pflichten der Hersteller einer unvollständigen Maschine - Artikel 11

MV-Fahrplan für die unvollständige Maschine

- ✓ Anforderungen des Anhangs III erfüllen – soweit wie möglich
- ✓ Serienfertigung (Produktüberwachung)
- ✓ Technische Unterlagen (Anhang IV B) verfügbar machen
- ✓ EU-Einbauerklärung gemäß Artikel 22 (Anhang V Teil B) ausstellen und der Maschine beilegen
- ✓ Modell / Baureihe / Baujahr / Adresse
- ✓ Montageanleitung zur Verfügung stellen gemäß Artikel XI
- ✓ Kooperation mit den zuständigen Behörden

Bild 4.3 *Wesentliche Pflichten für Hersteller von unvollständigen Maschinen*

Das Verfahren für unvollständige Maschinen ist bislang in Art. 13 MRL für den Hersteller geregelt. Die MVO stellt in Art. 8 S. 2 den Grundsatz auf, dass auch solche nur auf dem Markt bereitgestellt werden dürfen, wenn sie den Anforderungen des Anhang III entsprechen. Die Pflichten der einzelnen Wirtschaftsakteure wurden hingegen in eigenständigen Artikeln kodifiziert: für den Hersteller in Art. 11, für den Einführer in Art. 14 und für den Händler in Art. 16. Wie auch zuvor ist für den Hersteller kein bestimmtes Konformitätsbewertungsverfahren vorgeschrieben. Das Produkt muss (zuvor: Art. 4 Abs. 2 MRL) den Anforderungen des Anhang III entsprechen (Art. 11 Abs. 1), was für Produkte aus Serienfertigung „stets" zu gewährleisten ist (Abs. 4).

Den Einführer und Händler treffen im Wesentlichen nur Überprüfungs- und Deklarationspflichten. Beide müssen außerdem ihre Bedenken über mögliche Nichtkonformitäten den zuständigen Behörden melden. Dabei handelt es sich insgesamt um die Anpassung des verfügenden Teils an die Musterbestimmungen des Beschlusses Nr. 768/2008/EG. Bild 4.3 zeigt die wesentlichen Pflichten für Hersteller von unvollständigen Maschinen im Überblick.

Art. 17 erlegt demjenigen Einführer oder Händler die Herstellerpflichten auf, der ein Produkt unter seinem eigenen Namen oder seiner eigenen Marke oder es derart verändert in Verkehr bringt, dass sich dies auf die Konformität des Produkts auswirken kann. Die Vorschrift ist wortgleich mit Art. R 6 des Beschlusses Nr. 768/2008/EG.

Art. 18 behandelt Fälle der nunmehr definierten wesentlichen Veränderung, die im Grundsatz Herstellerpflichten begründet, was nicht für den nichtprofessionellen Nutzer gilt. Dies entspricht Erwägungsgrund 26 des Beschlusses Nr. 768/2008/EG.

Art. 19 entspricht Artikel R 7 des Beschlusses Nr. 768/2008/EG und dient der einfacheren Marktüberwachung entlang der Lieferkette (siehe Erwägungsgrund 43).

4.14 Anpassung des Notifizierungsverfahrens und der Anforderungen an notifizierte Stellen an den NLF

EG-Maschinenrichtlinie 2006/42/EG	Maschinenverordnung (EU) 2023/1230
Artikel 14 – Benannte Stellen (1) Die Mitgliedstaaten teilen der Kommission und den anderen Mitgliedstaaten mit, welche Stellen sie für die Durchführung der in Artikel 12 Absätze 3 und 4 genannten, für das Inverkehrbringen erforderlichen Konformitätsbewertung benannt haben, für welche speziellen Konformitätsbewertungsverfahren und Maschinengattungen diese Benennungen erfolgt sind und welche Kennnummern diesen Stellen zuvor von der Kommission zugeteilt wurden. Die Mitgliedstaaten teilen der Kommission und den anderen Mitgliedstaaten spätere Änderungen mit. [siehe auch Art. 29]	**Artikel 26 – Notifizierung** Die Mitgliedstaaten notifizieren der Kommission und den übrigen Mitgliedstaaten die Stellen, die befugt sind, als unabhängige Dritte Konformitätsbewertungsaufgaben gemäß dieser Verordnung wahrzunehmen. **Artikel 27 – Notifizierende Behörden** 1) Die Mitgliedstaaten benennen eine notifizierende Behörde, die für die Einrichtung und Durchführung der erforderlichen Verfahren für die Bewertung und Notifizierung von Konformitätsbewertungsstellen und für die Überwachung der notifizierten (benannten) Stellen, einschließlich der Einhaltung des Artikels 32, zuständig ist. (2) Die Mitgliedstaaten können entscheiden, dass die Bewertung und Überwachung nach Absatz 1 von einer nationalen Akkreditierungsstelle im Sinne von und im Einklang mit der Verordnung (EG) Nr. 765/2008 erfolgt. (3) Falls die notifizierende Behörde die in Absatz 1 genannte Bewertung, Notifizierung oder Überwachung an eine nicht hoheitliche Stelle delegiert oder ihr auf andere Weise überträgt, so muss diese Stelle eine juristische Person sein und den Anforderungen des Artikels 28 entsprechend genügen. Außerdem muss diese Stelle Vorkehrungen zur Deckung von aus ihrer Tätigkeit entstehenden Haftungsansprüchen getroffen haben. (4) Die notifizierende Behörde trägt die volle Verantwortung für die Tätigkeiten, die von der in Absatz 3 genannten Stelle durchgeführt werden. **Artikel 28 – Anforderungen an notifizierende Behörden**
(2) Die Mitgliedstaaten stellen sicher, dass die benannten Stellen regelmäßig daraufhin überprüft werden, ob sie jederzeit die in Anhang XI genannten Kriterien einhalten. Die benannte Stelle liefert alle gewünschten sachdienlichen Informationen, einschließlich Haushaltsunterlagen, die der Mitgliedstaat für die Prüfung der Einhaltung der Anforderungen von Anhang XI anfordert. [siehe Art. 30] (3) Die Mitgliedstaaten ziehen zur Beurteilung der zu benennenden und der bereits benannten Stellen die in Anhang XI genannten Kriterien heran.	(1) Die notifizierenden Behörden werden so eingerichtet, dass es zu keinerlei Interessenkonflikt mit den Konformitätsbewertungsstellen kommt. (2) Die notifizierenden Behörden gewährleisten durch ihre Organisation und Arbeitsweise, dass bei der Ausübung ihrer Tätigkeit Objektivität und Unparteilichkeit gewahrt sind. (3) Die notifizierenden Behörden werden so strukturiert, dass jede Entscheidung über die Notifizierung einer Konformitätsbewertungsstelle von kompetenten Personen getroffen wird, die nicht mit den Personen identisch sind, welche die Bewertung durchgeführt haben.

Fortsetzung

EG-Maschinenrichtlinie 2006/42/EG	Maschinenverordnung (EU) 2023/1230
	(4) Die notifizierenden Behörden dürfen weder Tätigkeiten, die Konformitätsbewertungsstellen durchführen, noch Beratungsleistungen auf einer gewerblichen oder wettbewerblichen Basis anbieten oder erbringen. (5) Die notifizierenden Behörden stellen die Vertraulichkeit der von ihnen erlangten Informationen sicher. (6) Einer notifizierenden Behörde stehen kompetente Mitarbeiter in ausreichender Zahl zur Verfügung, sodass sie ihre Aufgaben ordnungsgemäß wahrnehmen kann.
	Artikel 35 – Kennnummern und Verzeichnisse notifizierter Stellen (1) Die Kommission weist einer notifizierten Stelle eine Kennnummer zu. Selbst wenn eine Stelle gemäß mehrerer Rechtsakte der Union notifiziert ist, erhält sie nur eine einzige solche Nummer.
(4) Die Kommission veröffentlicht im Amtsblatt der Europäischen Union informationshalber eine Liste der benannten Stellen unter Angabe ihrer Kennnummern und der ihnen übertragenen Aufgaben. Sie hält diese Liste auf dem neuesten Stand.	(2) Die Kommission veröffentlicht das Verzeichnis der gemäß dieser Verordnung notifizierten Stellen samt den ihnen zugewiesenen Kennnummern und den Konformitätsbewertungstätigkeiten, für die sie notifiziert wurden. Die Kommission trägt dafür Sorge, dass das Verzeichnis stets auf dem neuesten Stand gehalten wird.
	Artikel 31 – Vermutung der Konformität der notifizierten Stellen
(5) Erfüllt eine Stelle die Beurteilungskriterien der einschlägigen harmonisierten Normen, deren Fundstellen im Amtsblatt der Europäischen Union veröffentlicht sind, so wird davon ausgegangen, dass sie die einschlägigen Kriterien erfüllt.	Weist eine Konformitätsbewertungsstelle nach, dass sie die Kriterien der einschlägigen harmonisierten Normen, deren Fundstellen im Amtsblatt der Europäischen Union veröffentlicht worden sind, oder von Teilen davon erfüllt, so wird vermutet, dass sie die Anforderungen des Artikels 30 erfüllt, soweit die anwendbaren harmonisierten Normen diese Anforderungen abdecken.
	Artikel 38 – Pflichten der notifizierten Stellen in Bezug auf ihre Arbeit (1) Eine notifizierte Stelle führt Konformitätsbewertungen im Einklang mit den Konformitätsbewertungsverfahren gemäß den Anhängen VII, IX und X durch. (2) Eine notifizierte Stelle übt ihre Tätigkeiten unter Wahrung der Verhältnismäßigkeit aus, wobei unnötige Belastungen der Wirtschaftsakteure vermieden werden, unter gebührender Berücksichtigung der Größe eines Unternehmens, der Branche, in der es tätig ist, seiner Struktur sowie des Komplexitätsgrads der betreffenden Technologie und des Massenfertigungs- oder Seriencharakters des Fertigungsprozesses. Hierbei geht die notifizierte Stelle jedoch so streng vor und hält ein solches Schutzniveau ein, wie es für die Konformität der Maschine oder des dazugehörigen Produkts mit den Anforderungen dieser Verordnung erforderlich ist.

Fortsetzung

EG-Maschinenrichtlinie 2006/42/EG	Maschinenverordnung (EU) 2023/1230
(6) Stellt eine benannte Stelle fest, dass einschlägige Anforderungen dieser Richtlinie vom Hersteller nicht erfüllt wurden, nicht mehr erfüllt werden oder eine EG-Baumusterprüfbescheinigung oder die Zulassung des Qualitätssicherungssystems nicht hätte ausgestellt bzw. erteilt werden dürfen, so setzt sie unter Berücksichtigung des Grundsatzes der Verhältnismäßigkeit und unter Angabe ausführlicher Gründe die ausgestellte Bescheinigung oder die erteilte Zulassung aus, widerruft sie oder versieht sie mit Einschränkungen, es sei denn, dass der Hersteller durch geeignete Abhilfemaßnahmen die Übereinstimmung mit diesen Anforderungen gewährleistet. Die benannte Stelle unterrichtet die zuständige Behörde nach Artikel 4, wenn die Bescheinigung oder Zulassung ausgesetzt, widerrufen oder mit Einschränkungen versehen wird oder sich ein Eingreifen der zuständigen Behörde als erforderlich erweisen könnte. Der Mitgliedstaat unterrichtet unverzüglich die übrigen Mitgliedstaaten und die Kommission. Ein Einspruchsverfahren ist vorzusehen.	(3) Stellt eine notifizierte Stelle fest, dass ein Hersteller die grundlegenden Sicherheits- und Gesundheitsschutzanforderungen nach Anhang III oder die in Artikel 20 genannten entsprechenden harmonisierten Normen oder gemeinsamen Spezifikationen nicht erfüllt hat, so fordert sie den Hersteller auf, angemessene Korrekturmaßnahmen zu ergreifen, und stellt keine EU-Baumusterprüfbescheinigung aus, erteilt keine Zulassung des Qualitätssicherungssystems und stellt keine Bescheinigung der Einzelprüfung aus. (4) Stellt eine notifizierte Stelle im Rahmen der Überwachung der Konformität, nachdem eine Zulassung im Einklang mit Anhang IX erteilt wurde, fest, dass eine Maschine oder ein dazugehöriges Produkt die Anforderungen nicht länger erfüllt, so fordert sie den Hersteller auf, angemessene Korrekturmaßnahmen zu ergreifen, und setzt die Zulassung gegebenenfalls aus oder hebt sie auf. Werden keine Korrekturmaßnahmen ergriffen oder zeigen sie nicht die nötige Wirkung, so beschränkt die notifizierte Stelle gegebenenfalls alle Zulassungen, setzt sie aus oder hebt sie auf.
(7) Mit Blick auf die Koordinierung der einheitlichen Anwendung dieser Richtlinie organisiert die Kommission den Erfahrungsaustausch zwischen den für die Benennung, Meldung und Beaufsichtigung der benannten Stellen zuständigen Behörden der Mitgliedstaaten und den benannten Stellen.	**Artikel 41 – Erfahrungsaustausch** Die Kommission sorgt für die Organisation des Erfahrungsaustauschs zwischen den nationalen Behörden der Mitgliedstaaten, die für die Notifizierungspolitik zuständig sind.
(8) Ein Mitgliedstaat, der eine Stelle benannt hat, widerruft deren Benennung unverzüglich, wenn er feststellt, [siehe Art. 38 IV] a. dass die Stelle die in Anhang XI genannten Kriterien nicht mehr erfüllt oder b. dass die Stelle in gravierender Weise ihren Aufgaben nicht nachkommt. Er unterrichtet hiervon unverzüglich die Kommission und die übrigen Mitgliedstaaten.	**Artikel 29 – Informationspflichten der notifizierenden Behörden** Jeder Mitgliedstaat unterrichtet die Kommission über seine Verfahren zur Bewertung und Notifizierung von Konformitätsbewertungsstellen und zur Überwachung notifizierter Stellen sowie über diesbezügliche Änderungen. Die Kommission macht diese Information der Öffentlichkeit zugänglich. **Artikel 30 – Anforderungen an notifizierte Stellen** (1) Die Konformitätsbewertungsstellen erfüllen für die Zwecke der Notifizierung die Anforderungen der Absätze 2 bis 11.

Fortsetzung

EG-Maschinenrichtlinie 2006/42/EG	Maschinenverordnung (EU) 2023/1230
Anhang XI 1. Die Stelle, ihr Leiter und das mit der Durchführung der Prüfungen betraute Personal dürfen weder mit dem Urheber des Entwurfs, dem Hersteller, dem Lieferanten oder dem Installateur der zu prüfenden Maschinen identisch noch Beauftragte einer dieser Personen sein. Sie dürfen weder unmittelbar noch als Beauftragte an der Planung, am Bau, am Vertrieb oder an der Instandhaltung dieser Maschinen beteiligt sein. Die Möglichkeit eines Austauschs technischer Informationen zwischen dem Hersteller und der benannten Stelle wird dadurch nicht ausgeschlossen. 2. Die Stelle und das mit der Prüfung beauftragte Personal müssen die Prüfungen mit höchster beruflicher Integrität und größter fachlicher Kompetenz durchführen und müssen unabhängig von jeder Einflussnahme — vor allem finanzieller Art — auf ihre Beurteilung oder die Ergebnisse ihrer Prüfung sein, insbesondere von der Einflussnahme seitens Personen oder Personengruppen, die an den Ergebnissen der Prüfungen interessiert sind. 3. Die Stelle muss für jede Art von Maschinen, für die sie benannt ist, über Personal mit einer für die Konformitätsbewertung ausreichenden Fachkunde und Erfahrung verfügen. Sie muss über die Mittel verfügen, die zur angemessenen Erfüllung der mit der Durchführung der Prüfungen verbundenen technischen und administrativen Aufgaben erforderlich sind; sie muss außerdem Zugang zu den für außergewöhnliche Prüfungen erforderlichen Geräten haben.	(2) Die Konformitätsbewertungsstellen werden nach dem nationalen Recht eines Mitgliedstaats gegründet und müssen mit Rechtspersönlichkeit ausgestattet sein. (3) Bei einer Konformitätsbewertungsstelle muss es sich um einen unabhängigen Dritten handeln, der mit der Einrichtung oder der Maschine oder dem dazugehörigen Produkt, die bzw. das er bewertet, in keinerlei Verbindung steht. Eine Stelle, die einem Wirtschaftsverband oder einem Fachverband angehört und die Maschinen oder dazugehörige Produkte von Unternehmen bewertet, die an deren Konstruktion, Herstellung, Bereitstellung, Montage, Verwendung oder Wartung beteiligt sind und die von diesem Verband vertreten werden, kann als solche Konformitätsbewertungsstelle gelten, unter der Bedingung, dass ihre Unabhängigkeit sowie das Nichtbestehen jedweder Interessenkonflikte nachgewiesen sind. (4) Die Konformitätsbewertungsstellen, ihre oberste Leitungsebene und die für die Wahrnehmung der Konformitätsbewertungsaufgaben zuständigen Mitarbeiter dürfen nicht Konstrukteur, Hersteller, Lieferant, Einführer, Händler, Installateur, Käufer, Eigentümer, Nutzer oder Instandhalter einer zu bewertenden Maschine oder zu bewertender dazugehöriger Produkte sein, eine dieser Funktionen im Zusammenhang mit einer unvollständigen Maschine, die in das bewertete Produkt eingebaut wurde, ausüben oder Vertreter einer dieser Parteien sein. Dies schließt nicht die Verwendung von bewerteten Maschinen oder dazugehörigen Produkten, die für die Tätigkeit der Konformitätsbewertungsstelle nötig sind, oder die Verwendung von Maschinen oder dazugehörigen Produkten zum persönlichen Gebrauch aus. Die Konformitätsbewertungsstellen, ihre oberste Leitungsebene und die für die Wahrnehmung der Konformitätsbewertungsaufgaben zuständigen Mitarbeiter dürfen weder direkt an Konstruktion, Einfuhr, Vertrieb, Herstellung, Vermarktung, Installation, Verwendung oder Wartung der Maschinen oder dazugehörigen Produkte beteiligt sein noch die an diesen Tätigkeiten beteiligten Parteien vertreten. Sie dürfen keine Tätigkeiten ausüben, die ihre Unabhängigkeit bei der Beurteilung oder ihre Integrität im Zusammenhang mit den Konformitätsbewertungstätigkeiten, für die sie notifiziert sind, beeinträchtigen können. Dies gilt besonders für Beratungsdienstleistungen.

Fortsetzung

EG-Maschinenrichtlinie 2006/42/EG	Maschinenverordnung (EU) 2023/1230
	Die Konformitätsbewertungsstellen gewährleisten, dass die Tätigkeiten ihrer Zweigstellen oder Unterauftragnehmer die Vertraulichkeit, Objektivität und Unparteilichkeit ihrer Konformitätsbewertungstätigkeiten nicht beeinträchtigen. (5) Die Konformitätsbewertungsstellen und ihre Mitarbeiter führen die Konformitätsbewertungstätigkeiten mit der größtmöglichen Professionalität und der erforderlichen fachlichen Kompetenz in dem betreffenden Bereich durch; sie dürfen keinerlei Einflussnahme, insbesondere finanzieller Art, ausgesetzt sein, die sich auf ihre Beurteilung oder die Ergebnisse ihrer Konformitätsbewertungstätigkeit auswirken könnte und speziell von Personen oder Personengruppen ausgeht, die ein Interesse am Ergebnis dieser Tätigkeiten haben. (6) Die Konformitätsbewertungsstellen sind in der Lage, alle ihnen in den Anhängen VII, IX und X übertragenen Konformitätsbewertungsaufgaben, für die sie notifiziert wurden, auszuführen, gleichgültig, ob diese Aufgaben von der Stelle selbst oder in ihrem Auftrag und unter ihrer Verantwortung ausgeführt werden. Die Konformitätsbewertungsstellen verfügen jederzeit, für jedes Konformitätsbewertungsverfahren und für jede Art von Maschine oder dazugehörigen Produkten, für die sie notifiziert wurden, über die erforderlichen a. Mitarbeiter mit Fachkenntnis und ausreichender einschlägiger Erfahrung, um die Konformitätsbewertungsaufgaben auszuführen; b. Beschreibungen von Verfahren, nach denen die Konformitätsbewertung durchgeführt wird, um die Transparenz und die Wiederholbarkeit dieser Verfahren sicherzustellen; c. angemessenen Instrumente und geeigneten Verfahren, um zwischen den Aufgaben, die sie als notifizierte Stellen wahrnehmen, und anderen Tätigkeiten zu unterscheiden; d. Verfahren zur Durchführung von Konformitätsbewertungstätigkeiten unter gebührender Berücksichtigung der Größe eines Unternehmens, der Branche, in der es tätig ist, seiner Struktur, des Grades an Komplexität der jeweiligen Technologie der Maschine oder des dazugehörigen Produkts und des Massenfertigungs- oder Seriencharakters des Produktionsverfahrens. Die Konformitätsbewertungsstellen müssen über die erforderlichen Mittel zur angemessenen Erledigung der technischen und administrativen Aufgaben verfügen, die mit der Konformitätsbewertung verbunden sind, und Zugang zu allen benötigten Ausrüstungen oder Einrichtungen haben.

Fortsetzung

EG-Maschinenrichtlinie 2006/42/EG	Maschinenverordnung (EU) 2023/1230
4. Das mit den Prüfungen beauftragte Personal muss Folgendes besitzen: • eine gute technische und berufliche Ausbildung, • ausreichende Kenntnisse der Vorschriften für die von ihm durchgeführten Prüfungen und ausreichende praktische Erfahrung mit solchen Prüfungen, • die erforderliche Eignung für die Abfassung der Bescheinigungen, Protokolle und Berichte, in denen die durchgeführten Prüfungen bestätigt werden.	(7) Die Mitarbeiter, die für die Wahrnehmung der Konformitätsbewertungsaufgaben zuständig sind, besitzen: a. eine solide Fach- und Berufsausbildung, die alle Tätigkeiten für die Konformitätsbewertung umfasst, für die die Konformitätsbewertungsstelle notifiziert wurde; b. eine ausreichende Kenntnis der Anforderungen, die mit den durchzuführenden Bewertungen verbunden sind, und die entsprechende Befugnis, solche Bewertungen durchzuführen; c. angemessene Kenntnisse und ein angemessenes Verständnis der grundlegenden Sicherheits- und Gesundheitsschutzanforderungen nach Anhang III, der anwendbaren harmonisierten Normen und gemeinsamen Spezifikationen gemäß Artikel 20 sowie der betreffenden Bestimmungen der Harmonisierungsrechtsvorschriften der Union und der nationalen Rechtsvorschriften; d. die Fähigkeit zur Erstellung von Bescheinigungen, Protokollen und Berichten als Nachweis für durchgeführte Konformitätsbewertungen.
5. Die Unabhängigkeit des mit der Prüfung beauftragten Personals ist zu gewährleisten. Die Höhe der Vergütung eines Prüfers darf sich weder nach der Zahl der von ihm durchgeführten Prüfungen noch nach den Ergebnissen dieser Prüfungen richten.	(8) Die Unparteilichkeit einer Konformitätsbewertungsstelle, ihrer obersten Leitungsebene und des für die Wahrnehmung der Konformitätsbewertungsaufgaben zuständigen Personals wird garantiert. Die Entlohnung der obersten Leitungsebene und des für die Wahrnehmung der Konformitätsbewertungsaufgaben zuständigen Personals darf sich nicht nach der Anzahl der durchgeführten Konformitätsbewertungen oder deren Ergebnissen richten.
6. Die Stelle muss eine Haftpflichtversicherung abschließen, es sei denn, diese Haftpflicht wird aufgrund der innerstaatlichen Rechtsvorschriften vom Staat gedeckt oder die Prüfungen werden unmittelbar von dem Mitgliedstaat durchgeführt.	(9) Die Konformitätsbewertungsstelle schließt eine Haftpflichtversicherung ab, sofern die Haftpflicht nicht aufgrund der nationalen Rechtsvorschriften vom Mitgliedstaat übernommen wird oder der Mitgliedstaat selbst unmittelbar für die Konformitätsbewertung verantwortlich ist.
7. Das Personal der Stelle ist (außer gegenüber den zuständigen Behörden des Staates, in dem es tätig ist) zur Verschwiegenheit in Bezug auf alles verpflichtet, wovon es bei der Durchführung seiner Aufgaben im Rahmen dieser Richtlinie oder jeder anderen innerstaatlichen Rechtsvorschrift zur Umsetzung dieser Richtlinie Kenntnis erhält.	(10) Informationen, welche die Mitarbeiter einer Konformitätsbewertungsstelle bei der Durchführung ihrer Konformitätsbewertungsaufgaben gemäß den Anhängen VII, IX und X erhalten, fallen unter die berufliche Schweigepflicht außer gegenüber den zuständigen Behörden des Mitgliedstaats, in dem die Stelle ihre Aufgaben ausübt. Eigentumsrechte, Rechte des geistigen Eigentums und Geschäftsgeheimnisse sind zu schützen.

Fortsetzung

EG-Maschinenrichtlinie 2006/42/EG	Maschinenverordnung (EU) 2023/1230
8. Die benannten Stellen wirken bei Koordinierungstätigkeiten mit. Sie wirken außerdem unmittelbar oder mittelbar an der europäischen Normung mit oder stellen sicher, dass sie über den Stand der einschlägigen Normen unterrichtet sind. [siehe Art. 42]	(11) Die Konformitätsbewertungsstellen wirken an den einschlägigen Normungsaktivitäten und den Aktivitäten der gemäß Artikel 42 eingesetzten Koordinierungsgruppe notifizierter Stellen mit bzw. sorgen dafür, dass ihre für die Wahrnehmung der Konformitätsbewertungsaufgaben zuständigen Mitarbeiter darüber informiert werden, und wenden die von dieser Gruppe erarbeiteten Verwaltungsentscheidungen und Dokumente als allgemeine Leitlinien an. **Artikel 32 – Einsatz von Unterauftragnehmern und Zweigunternehmen durch die notifizierten Stellen** (1) Vergibt die notifizierte Stelle bestimmte mit der Konformitätsbewertung verbundene Aufgaben an Unterauftragnehmer oder überträgt sie diese einem Zweigunternehmen, so stellt sie sicher, dass der Unterauftragnehmer oder das Zweigunternehmen die Anforderungen von Artikel 30 erfüllt, und unterrichtet die notifizierende Behörde entsprechend. (2) Die notifizierte Stelle trägt die volle Verantwortung für die Arbeiten, die von Unterauftragnehmern oder einem Zweigunternehmen ausgeführt werden, unabhängig davon, wo diese ansässig sind. (3) Arbeiten dürfen nur dann an einen Unterauftragnehmer vergeben oder einem Zweigunternehmen übertragen werden, wenn der Kunde dem zustimmt. (4) Die notifizierte Stelle hält die einschlägigen Unterlagen über die Begutachtung der Qualifikation des Unterauftragnehmers oder des Zweigunternehmens und die von ihnen gemäß den Anhängen VII, IX und X ausgeführten Arbeiten für die notifizierende Behörde bereit. **Artikel 33 – Antrag auf Notifizierung** (1) Die Konformitätsbewertungsstellen beantragen ihre Notifizierung bei der notifizierenden Behörde des Mitgliedstaats, in dem sie ansässig sind. (2) Dem Antrag auf Notifizierung legen sie eine Beschreibung der Konformitätsbewertungstätigkeiten, der in den Anhängen VII, IX und X genannten Konformitätsbewertungsverfahren und der Arten oder Kategorien der Maschinen oder dazugehörigen Produkte, für die die Konformitätsbewertungsstelle Kompetenz beansprucht, sowie gegebenenfalls eine Akkreditierungsurkunde bei, die von einer nationalen Akkreditierungsstelle ausgestellt wurde und in der diese bescheinigt, dass die Konformitätsbewertungsstelle die in Artikel 30 festgelegten Anforderungen erfüllt.

Fortsetzung

EG-Maschinenrichtlinie 2006/42/EG	Maschinenverordnung (EU) 2023/1230
	(3) Kann die betreffende Konformitätsbewertungsstelle keine Akkreditierungsurkunde gemäß Absatz 2 vorweisen, so legt sie der notifizierenden Behörde als Nachweis alle Unterlagen vor, die erforderlich sind, um zu überprüfen, festzustellen und regelmäßig zu überwachen, ob sie die Anforderungen des Artikels 30 erfüllt. **Artikel 36 – Änderungen der Notifizierung** (1) Falls eine notifizierende Behörde feststellt oder darüber unterrichtet wird, dass eine notifizierte Stelle die Anforderungen des Artikels 30 nicht mehr erfüllt oder dass sie ihren Verpflichtungen gemäß Artikel 38 nicht nachkommt, schränkt sie die Notifizierung ein, setzt sie aus oder hebt sie auf sie — je nach Bedarf —, wobei sie das Ausmaß berücksichtigt, in dem diesen Anforderungen nicht genügt oder diesen Verpflichtungen nicht nachgekommen wurde. Sie unterrichtet unverzüglich die Kommission und die übrigen Mitgliedstaaten darüber.
9. Die Mitgliedstaaten können alle Maßnahmen ergreifen, die sie für notwendig erachten, damit im Falle der Einstellung des Geschäftsbetriebs einer benannten Stelle die Kundenunterlagen einer anderen Stelle übergeben werden oder dem Mitgliedstaat, der die Stelle benannt hatte, zugänglich sind.	(2) Bei Einschränkung, Aussetzung oder Aufhebung der Notifizierung oder wenn die notifizierte Stelle ihre Tätigkeit einstellt, ergreift die notifizierende Behörde geeignete Maßnahmen, um zu gewährleisten, dass die Akten dieser Stelle entweder von einer anderen notifizierten Stelle weiter bearbeitet oder für die zuständigen notifizierenden Behörden und Marktüberwachungsbehörden auf deren Verlangen bereitgehalten werden. **Artikel 37 – Anfechtung der Kompetenz von notifizierten Stellen** (1) Die Kommission untersucht alle Fälle, in denen sie die Kompetenz einer notifizierten Stelle oder die dauerhafte Erfüllung der für die Stelle geltenden Anforderungen und Pflichten durch eine notifizierte Stelle anzweifelt oder ihr Zweifel daran zur Kenntnis gebracht werden. (2) Der notifizierende Mitgliedstaat erteilt der Kommission auf Verlangen sämtliche Auskünfte über die Grundlage für die Notifizierung oder die Erhaltung der Kompetenz der notifizierten Stelle. (3) Die Kommission stellt sicher, dass alle im Verlauf ihrer Untersuchungen erlangten sensiblen Informationen vertraulich behandelt werden. (4) Stellt die Kommission fest, dass eine notifizierte Stelle die Voraussetzungen für ihre Notifizierung nicht oder nicht mehr erfüllt, erlässt sie einen Durchführungsrechtsakt, in dem sie den notifizierenden Mitgliedstaat auffordert, die erforderlichen Korrekturmaßnahmen zu treffen, einschließlich einer Aufhebung der Notifizierung, sofern dies nötig ist.

Fortsetzung

EG-Maschinenrichtlinie 2006/42/EG	Maschinenverordnung (EU) 2023/1230
	Dieser Durchführungsrechtsakt wird gemäß dem in Artikel 48 Absatz 2 genannten Beratungsverfahren erlassen. **Artikel 39 – Einspruch gegen Entscheidungen notifizierter Stellen** Die notifizierten Stellen stellen sicher, dass ein transparentes und zugängliches Verfahren für Einsprüche gegen ihre Entscheidungen vorgesehen ist. **Artikel 40 – Meldepflichten notifizierter Stellen** (1) Eine notifizierte Stelle meldet der notifizierenden Behörde a. jede Versagung, Einschränkung, Aussetzung oder Aufhebung einer EU-Baumusterprüfbescheinigung, einer Zulassung des Qualitätssicherungssystems oder einer Bescheinigung der Einzelprüfung, b. alle Umstände, die Folgen für den Geltungsbereich und die Bedingungen ihrer Notifizierung haben, c. jedes Auskunftsersuchen über ihre Konformitätsbewertungstätigkeiten, das sie von Marktüberwachungsbehörden erhalten hat, d. auf Verlangen alle Konformitätsbewertungstätigkeiten, denen sie im Geltungsbereich ihrer Notifizierung nachgegangen ist, und welche anderen Tätigkeiten, einschließlich grenzübergreifender Tätigkeiten und Vergabe von Unteraufträgen, sie ausgeführt hat. (2) Eine notifizierte Stelle übermittelt den übrigen notifizierten Stellen, die im Rahmen dieser Verordnung notifiziert werden, ähnlichen Konformitätsbewertungstätigkeiten für die gleichen Arten von Maschinen oder dazugehörigen Produkten nachgehen, ihre einschlägigen Informationen über negative und auf Verlangen auch über positive Ergebnisse von Konformitätsbewertungen. **Artikel 42 – Koordinierung der notifizierten Stellen** Die Kommission sorgt für die Schaffung und gute Funktionsweise einer zweckmäßigen Koordinierung und Kooperation zwischen im Rahmen dieser Verordnung notifizierten Stellen in Form einer sektoralen Gruppe notifizierter Stellen. Die notifizierten Stellen beteiligen sich direkt oder über benannte Vertreter an der Arbeit dieser Gruppe.

Die notifizierte Stelle ist bislang in Art. 14 MRL geregelt, deren Bestimmungen in Anhang XI konkretisiert werden. Auch hier erfolgt in der neuen Maschinenverordnung eine Anpassung an Beschluss Nr. 768/2008/EG,[5] sodass die Notifizierung nunmehr ausgiebig in den Art. 26–41 MVO geregelt wird. Wegen dieses Gleichlaufs soll nur auf die wenigen Besonderheiten hingewiesen werden. So können die Mitgliedstaaten die Bewertung und Überwachung von Konformitätsbewertungsstellen durch Akkreditierungsstellen erfolgen lassen (Art. 27 Abs. 2). Für eine gleichbleibende Anwendung der Vorschriften und um „unnötigen Aufwand für die Wirtschaftsakteure" zu vermeiden, werden die notifizierten Stellen gem. Art. 42 durch die Kommission koordiniert.

4.15 Unverändertes Schutzgebot für Verwender von Maschinen

EG-Maschinenrichtlinie 2006/42/EG	Maschinenverordnung (EU) 2023/1230
Artikel 15 – Installation und Verwendung von Maschinen Diese Richtlinie berührt nicht das Recht der Mitgliedstaaten, im Einklang mit dem Gemeinschaftsrecht Anforderungen festzulegen, die sie zum Schutz von Personen, insbesondere von Arbeitnehmern, bei der Verwendung der Maschinen für notwendig erachten, sofern dies keine Veränderungen dieser Maschinen gegenüber den Bestimmungen dieser Richtlinie zur Folge hat.	**Artikel 5 – Schutz von Personen während der Installation oder Verwendung von Maschinen und dazugehörigen Produkten** Die Mitgliedstaaten können Anforderungen festlegen, um den Schutz von Personen, einschließlich Arbeitnehmern, bei der Installation oder Verwendung von Maschinen oder dazugehörigen Produkten zu gewährleisten, sofern diese Vorschriften keine Veränderungen an einer Maschine oder einem dazugehörigen Produkt in einer Weise zulassen, die mit dieser Verordnung nicht vereinbar ist.

Der Schutz von Personen bei der Verwendung von Maschinen, der bislang in Art. 15 MRL geregelt ist, gilt nun auch für dazugehörige Produkte. Außerdem wurde der Begriff der Installation auch in den Normtext aufgenommen (zuvor nur Bestandteil der Überschrift).

4.16 Anpassung des CE-Kennzeichnungsverfahrens an VO (EG) Nr. 765/2008

EG-Maschinenrichtlinie 2006/42/EG	Maschinenverordnung (EU) 2023/1230
	Siehe hierzu auch Art. 10 II, 13 II, 15 II,
Artikel 16 – CE-Kennzeichnung (1) Die CE-Konformitätskennzeichnung besteht aus den Buchstaben „CE" mit dem in Anhang III wiedergegebenen Schriftbild.	**Artikel 23 – Allgemeine Grundsätze der CE-Kennzeichnung** Für die CE-Kennzeichnung gelten die allgemeinen Grundsätze gemäß Artikel 30 der Verordnung (EG) Nr. 765/2008.

5 Siehe auch ErwG 9 MVO.

Fortsetzung

EG-Maschinenrichtlinie 2006/42/EG	Maschinenverordnung (EU) 2023/1230
(2) Die CE-Kennzeichnung ist gemäß Anhang III sichtbar, leserlich und dauerhaft auf dem Erzeugnis anzubringen.	**Artikel 24 – Vorschriften für die Anbringung der CE-Kennzeichnung an Maschinen und dazugehörigen Produkten** (1) Die CE-Kennzeichnung ist gut sichtbar, leserlich und dauerhaft auf der Maschine bzw. dem dazugehörigen Produkt anzubringen. Falls die Art der Maschine bzw. des dazugehörigen Produkts dies nicht zulässt oder nicht rechtfertigt, wird die CE-Kennzeichnung auf der Verpackung und den der Maschine bzw. dem dazugehörigen Produkt beigefügten Unterlagen angebracht. (2) Die CE-Kennzeichnung wird angebracht, bevor die Maschine bzw. das dazugehörige Produkt in Verkehr gebracht oder in Betrieb genommen wird. (3) Wird die Konformität einer Maschine oder eines dazugehörigen Produkts im Einklang mit der Konformitätsbewertungsverfahren gemäß Artikel 25 Absatz 2 Buchstaben a, b und c und Artikel 25 Absatz 3 Buchstaben b, c und d bewertet, steht hinter der CE-Kennzeichnung die Kennnummer der notifizierten Stelle, die an diesem Verfahren beteiligt war. Die Kennnummer dieser notifizierten Stelle ist entweder von der Stelle selbst oder nach ihren Anweisungen durch den Hersteller oder den Bevollmächtigten des Herstellers anzubringen. (4) Hinter der CE-Kennzeichnung und gegebenenfalls der Kennnummer der notifizierten Stelle kann ein Piktogramm oder ein beliebiges sonstiges Zeichen stehen, das auf ein besonderes Risiko oder eine besondere Verwendung hinweist. (5) Die Mitgliedstaaten bauen auf bestehenden Mechanismen auf, um eine ordnungsgemäße Durchführung des Systems der CE-Kennzeichnung sicherzustellen, und leiten im Fall einer missbräuchlichen Verwendung dieser Kennzeichnung angemessene Schritte ein. **Artikel 30 VO Nr. 716/2008** (1) Die CE-Kennzeichnung darf nur durch den Hersteller oder seinen Bevollmächtigten angebracht werden. (2) Die CE-Kennzeichnung gemäß Anhang II wird nur auf Produkten angebracht, für die spezifische Harmonisierungsrechtsvorschriften der Gemeinschaft deren Anbringung vorschreiben, und wird auf keinem anderen Produkt angebracht. (3) Indem er die CE-Kennzeichnung anbringt oder anbringen lässt, gibt der Hersteller an, dass er die Verantwortung für die Konformität des Produkts mit allen in den einschlägigen Harmonisierungsrechtsvorschriften der Gemeinschaft enthaltenen, für deren Anbringung geltenden Anforderungen übernimmt.

Fortsetzung

EG-Maschinenrichtlinie 2006/42/EG	Maschinenverordnung (EU) 2023/1230
	(4) Die CE-Kennzeichnung ist die einzige Kennzeichnung, die die Konformität des Produkts mit den geltenden Anforderungen der einschlägigen Harmonisierungsrechtsvorschriften der Gemeinschaft, die ihre Anbringung vorschreiben, bescheinigt.
(3) Auf Maschinen dürfen keine Kennzeichnungen, Zeichen oder Aufschriften angebracht werden, die möglicherweise von Dritten hinsichtlich ihrer Bedeutung oder Gestalt oder in beiderlei Hinsicht mit der CE-Kennzeichnung verwechselt werden können. Jede andere Kennzeichnung darf auf Maschinen angebracht werden, wenn sie die Sichtbarkeit, Lesbarkeit und Bedeutung der CE-Kennzeichnung nicht beeinträchtigt. [siehe Art. 30 V VO Nr. 765/2008]	(5) Das Anbringen von Kennzeichnungen, Zeichen oder Aufschriften, deren Bedeutung oder Gestalt von Dritten mit der Bedeutung oder Gestalt der CE-Kennzeichnung verwechselt werden kann, ist untersagt. Jede andere Kennzeichnung darf auf Produkten angebracht werden, sofern sie Sichtbarkeit, Lesbarkeit und Bedeutung der CE-Kennzeichnung nicht beeinträchtigt. (6) Unbeschadet des Artikels 41 stellen die Mitgliedstaaten die ordnungsgemäße Durchführung des Systems der CE-Kennzeichnung sicher und leiten bei einer missbräuchlichen Verwendung die angemessenen Schritte ein. Die Mitgliedstaaten sehen auch Sanktionen für Verstöße vor, die bei schweren Verstößen strafrechtlicher Natur sein können. Diese Sanktionen müssen in angemessenem Verhältnis zum Schweregrad des Verstoßes stehen und eine wirksame Abschreckung gegen missbräuchliche Verwendung darstellen.

Ausdrücklich wird für die CE-Kennzeichnung VO (EG) Nr. 765/2008 in Bezug genommen. Neu ist die verpflichtende Angabe der Konformitätsbewertungsstelle (Art. 24 Abs. 3), soweit eine solche beteiligt war. Auch die Beifügung eines Piktogramms als Hinweis auf ein besonderes Risiko ist neu (Art. 24 Abs. 4); allerdings waren Warnhinweise und Informationen auch zuvor in Form von Piktogrammen gem. Anhang I Nr. 1.7.1 MRL zulässig.

4.17 Neue Tatbestände sogenannter formaler Nichtkonformität

EG-Maschinenrichtlinie 2006/42/EG	Maschinenverordnung (EU) 2023/1230
Artikel 17 – Nicht vorschriftsmäßige Kennzeichnung (1) Die Mitgliedstaaten sehen folgende Sachverhalte als nicht vorschriftsmäßige Kennzeichnung an: a. Anbringung der in dieser Richtlinie vorgesehenen CE-Kennzeichnung auf von dieser Richtlinie nicht erfassten Erzeugnissen; b. Fehlen der CE-Kennzeichnung und/oder der EG-Konformitätserklärung zu einer Maschine;	**Artikel 46 – Formale Nichtkonformität** (1) Unbeschadet des Artikels 43 fordert ein Mitgliedstaat den betreffenden Wirtschaftsakteur auf, die betreffende Nichtkonformität zu beseitigen, falls der Mitgliedstaat einen der folgenden Fälle in Bezug auf eine Maschine oder ein dazugehöriges Produkt feststellt: a. Die CE-Kennzeichnung wurde unter Verstoß gegen Artikel 30 der Verordnung (EG) Nr. 765/2008 oder gegen Artikel 24 der vorliegenden Verordnung angebracht; b. die CE-Kennzeichnung wurde nicht angebracht;

Fortsetzung

EG-Maschinenrichtlinie 2006/42/EG	Maschinenverordnung (EU) 2023/1230
c. Kennzeichnung einer Maschine mit einer anderen als der CE-Kennzeichnung, die nach Artikel 16 Absatz 3 unzulässig ist. (2) Stellt ein Mitgliedstaat eine Kennzeichnung fest, die nicht in Übereinstimmung mit den relevanten Bestimmungen dieser Richtlinie ist, so ist der Hersteller oder sein Bevollmächtigter verpflichtet, das Erzeugnis mit diesen Vorschriften in Einklang zu bringen und den rechtswidrigen Zustand nach den Vorgaben des betreffenden Mitgliedstaats zu beenden.	c. die Kennnummer der notifizierten Stelle, die in der Phase der Fertigungskontrolle tätig war, wurde unter Verstoß gegen Artikel 24 Absatz 3 angebracht oder wurde nicht angebracht; d. die EU-Konformitätserklärung wurde nicht oder nicht ordnungsgemäß ausgestellt; e. die technischen Unterlagen sind entweder nicht verfügbar oder nicht vollständig; f. die in Artikel 10 Absatz 6 bzw. Artikel 13 Absatz 3 genannten Angaben fehlen, sind falsch oder unvollständig; g. eine andere Verwaltungsanforderung nach Artikel 10 oder Artikel 13 ist nicht erfüllt. (2) Unbeschadet des Artikels 43 fordert ein Mitgliedstaat den betreffenden Wirtschaftsakteur auf, die betreffende Nichtkonformität zu beseitigen, falls der Mitgliedstaat einen der folgenden Fälle in Bezug auf eine unvollständige Maschine feststellt: a. die EU-Einbauerklärung wurde nicht oder nicht ordnungsgemäß erstellt; b. die technischen Unterlagen sind entweder nicht verfügbar oder nicht vollständig; c. die in Artikel 11 Absatz 5 bzw. Artikel 14 Absatz 3 genannten Angaben fehlen, sind falsch oder unvollständig; d. eine andere Verwaltungsanforderung nach Artikel 11 oder Artikel 14 ist nicht erfüllt.
(3) Falls die Nichtübereinstimmung weiter besteht, trifft der Mitgliedstaat nach dem Verfahren des Artikels 11 alle geeigneten Maßnahmen, um das Inverkehrbringen des betreffenden Erzeugnisses einzuschränken oder zu untersagen oder um zu gewährleisten, dass es aus dem Verkehr gezogen wird.	(3) Besteht die Nichtkonformität gemäß Absatz 1 und Absatz 2 weiter, trifft der betroffene Mitgliedstaat alle geeigneten Maßnahmen, um die Bereitstellung des betreffenden in den Anwendungsbereich dieser Verordnung fallenden Produkts auf dem Markt zu beschränken oder zu untersagen oder um dafür zu sorgen, dass es zurückgerufen oder vom Markt genommen wird.

Der bereits besprochene Art. 46 geht über Art. 17 MRL hinaus: Letzterer regelte nur die nicht vorschriftsmäßige Kennzeichnung, womit nur die Kennzeichnung gem. Art. 5 Abs. 1 lit. f) über die CE-Kennzeichnung gemeint ist. Eine solche führt gem. Art. 46 Abs. 1 lit. a)–c) MVO zu formaler Nichtkonformität. Darüber hinaus wird auch das Fehlen weiterer Angaben oder Beigaben als formale Nichtkonformität verstanden.

4.18 Verstärkte Vertraulichkeit über Verfahren nach der Maschinenverordnung

EG-Maschinenrichtlinie 2006/42/EG	Maschinenverordnung (EU) 2023/1230
	Siehe auch Erwägungsgrund 81, Art. 28 V, Art. 30 IV, Art. 37 III,
Artikel 18 – Geheimhaltung (1) Unbeschadet der einzelstaatlichen Vorschriften und Gepflogenheiten im Bereich der Geheimhaltung sorgen die Mitgliedstaaten dafür, dass alle mit der Anwendung dieser Richtlinie befassten Stellen und Personen Informationen, die sie in Erfüllung ihrer Aufgaben erlangen, vertraulich behandeln müssen. Insbesondere Geschäfts-, Berufs- und Handelsgeheimnisse müssen vertraulich behandelt werden, es sei denn, ihre Weitergabe ist im Interesse der Sicherheit und Gesundheit von Personen geboten. (2) Absatz 1 lässt die Pflicht der Mitgliedstaaten und der benannten Stellen zum Austausch von Informationen und zu Warnmeldungen unberührt. (3) Alle von den Mitgliedstaaten und der Kommission nach den Artikeln 9 und 11 getroffenen Entscheidungen werden veröffentlicht. [Aber Veröffentlichung des Durchführungsrechtsakts, Art. 44 I]	**Artikel 49 – Vertraulichkeit** (1) Alle Beteiligten wahren die Vertraulichkeit der folgenden Informationen und Daten, die sie bei der Wahrnehmung ihrer Tätigkeiten im Einklang mit dieser Verordnung erhalten: a. personenbezogene Daten; b. Betriebs- und Geschäftsgeheimnisse einer natürlichen oder juristischen Person, inschließlich der Rechte des geistigen Eigentums, sofern die Offenlegung nicht im öffentlichen Interesse liegt. (2) Unbeschadet des Absatzes 1 werden die Informationen, die die zuständigen nationalen Behörden auf vertraulicher Basis untereinander oder mit der Kommission ausgetauscht haben, nicht ohne die vorherige Zustimmung der zuständigen nationalen Behörde, von der die Informationen ursprünglich zur Verfügung gestellt wurden, weitergegeben. (3) Die Absätze 1 und 2 berühren weder die Rechte und Pflichten der Kommission, der Mitgliedstaaten und der notifizierten Stellen im Zusammenhang mit dem Austausch von Informationen und der Verbreitung von Warnungen noch die im Strafrecht verankerten Informationspflichten der betreffenden Personen. (4) Die Kommission und die Mitgliedstaaten können vertrauliche Informationen mit Regulierungsbehörden von Drittländern austauschen, mit denen bilaterale oder multilaterale Vertraulichkeitsübereinkommen und -vereinbarungen bestehen, sofern durch diese Übereinkommen und Vereinbarungen sichergestellt wird, dass der Informationsaustausch im Einklang mit dem geltenden Unionsrecht steht.

Was bislang „Geheimhaltung" (Art. 18 MRL) heißt, lautet nunmehr „Vertraulichkeit" (Art. 49 MVO). Rein deklaratorisch dürfte die Aufnahme personenbezogener Daten wirken. Allerdings entfällt die Veröffentlichungspflicht für nach den Art. 9 und 11 MRL durch die Kommission getroffener Entscheidungen (Maßnahmen für Maschinen mit besonderem Gefahrenpotenzial und Schutzklauselverfahren). Keine Entsprechung hat der Austausch mit Regulierungsbehörden von Drittländern (Abs. 4).

4.19 Streichung der Vorschriften über die Zusammenarbeit der Mitgliedstaaten

EG-Maschinenrichtlinie 2006/42/EG	Maschinenverordnung (EU) 2023/1230
Artikel 19 – Zusammenarbeit der Mitgliedstaaten (1) Die Mitgliedstaaten sorgen durch geeignete Maßnahmen dafür, dass die in Artikel 4 Absatz 3 genannten zuständigen Behörden untereinander und mit der Kommission zusammenarbeiten und einander die für die einheitliche Anwendung dieser Richtlinie notwendigen Informationen übermitteln. (2) Zur Koordinierung der einheitlichen Anwendung dieser Richtlinie organisiert die Kommission den Erfahrungsaustausch zwischen den für die Marktaufsicht zuständigen Behörden.	Siehe Art. 41, 42

Die Zusammenarbeit der Marktüberwachungsbehörden ist bislang in Art. 19 MRL geregelt. Dies entfällt zukünftig aufgrund der Art. 29 ff. Marktüberwachungsverordnung. Die Zusammenarbeit notifizierender und notifizierter Stellen ist in den Art. 41 und 42 MVO geregelt.

4.20 Einspruchsverfahren gegen Entscheidungen notifizierter Stellen

EG-Maschinenrichtlinie 2006/42/EG	Maschinenverordnung (EU) 2023/1230
Artikel 20 – Rechtsbehelfe Jede aufgrund dieser Richtlinie getroffene Maßnahme, die das Inverkehrbringen und/oder die Inbetriebnahme einer von dieser Richtlinie erfassten Maschine einschränkt, ist ausführlich zu begründen. Sie wird dem Betroffenen unverzüglich mitgeteilt; gleichzeitig wird ihm mitgeteilt, welche Rechtsbehelfe ihm nach den jeweiligen einzelstaatlichen Rechtsvorschriften zur Verfügung stehen und welche Fristen hierfür gelten.	**Artikel 39 – Einspruch gegen Entscheidungen notifizierter Stellen** Die notifizierten Stellen stellen sicher, dass ein transparentes und zugängliches Verfahren für Einsprüche gegen ihre Entscheidungen vorgesehen ist.

Art. 39 verlangt ein Einspruchsverfahren, mit dem sich Betroffene gegen Entscheidungen von notifizierten Stellen wehren können, also vornehmlich Konformitätsbewertungen, was wiederum in Umsetzung von Art. 4 Abs. 7 Beschluss Nr. 768/2008/EG erfolgt. Das bislang in Art. 20 MRL vorgesehene Rechtsbehelfsverfahren gegen Entscheidungen der Marktüberwachungsbehörden fällt zukünftig weg, weil Art. 18 Marktüberwachungsverordnung auf das Recht des jeweiligen Mitgliedstaates verweist und selbst nur einen Anspruch auf rechtliches Gehör (Art. 18 Abs. 3) gewährt.

EG-Maschinenrichtlinie 2006/42/EG	Maschinenverordnung (EU) 2023/1230
Artikel 21 – Verbreitung von Informationen Die Kommission sorgt dafür, dass angemessene Informationen über die Durchführung dieser Richtlinie zugänglich gemacht werden.	Höchstens Art. 29 S. 2

4.21 Gleichbleibende Befugnisse der Kommission in Bezug auf delegierte Rechtsakte

EG-Maschinenrichtlinie 2006/42/EG	Maschinenverordnung (EU) 2023/1230
Artikel 21a – Ausübung der Befugnisübertragung (1) Die Befugnis zum Erlass delegierter Rechtsakte wird der Kommission unter den in diesem Artikel festgelegten Bedingungen übertragen. (2) Die Befugnis zum Erlass delegierter Rechtsakte gemäß Artikel 8 Absatz 1 wird der Kommission für einen Zeitraum von fünf Jahren ab dem 26. Juli 2019 übertragen. Die Kommission erstellt spätestens neun Monate vor Ablauf des Zeitraums von fünf Jahren einen Bericht über die Befugnisübertragung. Die Befugnisübertragung verlängert sich stillschweigend um Zeiträume gleicher Länge, es sei denn, das Europäische Parlament oder der Rat widersprechen einer solchen Verlängerung spätestens drei Monate vor Ablauf des jeweiligen Zeitraums.	**Artikel 47 – Ausübung der Befugnisübertragung** (1) Die Befugnis zum Erlass delegierter Rechtsakte wird der Kommission unter den in diesem Artikel festgelegten Bedingungen übertragen. (2) Die Befugnis zum Erlass delegierter Rechtsakte gemäß Artikel 6 Absatz 2, Artikel 6 Absatz 11 und Artikel 7 Absatz 2 wird der Kommission für einen Zeitraum von fünf Jahren ab dem 13. Juli 2023 übertragen. Die Kommission erstellt spätestens neun Monate vor Ablauf des Zeitraums von fünf Jahren einen Bericht über die Befugnisübertragung. Die Befugnisübertragung verlängert sich stillschweigend um Zeiträume gleicher Länge, es sei denn, das Europäische Parlament oder der Rat widersprechen einer solchen Verlängerung spätestens drei Monate vor Ablauf des jeweiligen Zeitraums.
(3) Die Befugnisübertragung gemäß Artikel 8 Absatz 1 kann vom Europäischen Parlament oder vom Rat jederzeit widerrufen werden. Der Beschluss über den Widerruf beendet die Übertragung der in diesem Beschluss angegebenen Befugnis. Er wird am Tag nach seiner Veröffentlichung im Amtsblatt der Europäischen Union oder zu einem im Beschluss über den Widerruf angegebenen späteren Zeitpunkt wirksam. Die Gültigkeit von delegierten Rechtsakten, die bereits in Kraft sind, wird von dem Beschluss über den Widerruf nicht berührt.	(3) Die Befugnisübertragung gemäß Artikel 6 Absatz 2, Artikel 6 Absatz 11 und Artikel 7 Absatz 2 kann vom Europäischen Parlament oder vom Rat jederzeit widerrufen werden. Der Beschluss über den Widerruf beendet die Übertragung der in diesem Beschluss angegebenen Befugnis. Er wird am Tag nach seiner Veröffentlichung im Amtsblatt der Europäischen Union oder zu einem im Beschluss über den Widerruf angegebenen späteren Zeitpunkt wirksam. Die Gültigkeit von delegierten Rechtsakten, die bereits in Kraft sind, wird von dem Beschluss über den Widerruf nicht berührt.
(4) Vor dem Erlass eines delegierten Rechtsakts konsultiert die Kommission die von den einzelnen Mitgliedstaaten benannten Sachverständigen im Einklang mit den in der Interinstitutionellen Vereinbarung vom 13. April 2016 über bessere Rechtsetzung (5) enthaltenen Grundsätzen	(4) Vor dem Erlass eines delegierten Rechtsakts konsultiert die Kommission die von den einzelnen Mitgliedstaaten benannten Sachverständigen im Einklang mit den in der Interinstitutionellen Vereinbarung vom 13. April 2016 über bessere Rechtsetzung enthaltenen Grundsätzen.

Fortsetzung

EG-Maschinenrichtlinie 2006/42/EG	Maschinenverordnung (EU) 2023/1230
(5) Sobald die Kommission einen delegierten Rechtsakt erlässt, übermittelt sie ihn gleichzeitig dem Europäischen Parlament und dem Rat.	(5) Sobald die Kommission einen delegierten Rechtsakt erlässt, übermittelt sie ihn gleichzeitig dem Europäischen Parlament und dem Rat.
(6) Ein delegierter Rechtsakt, der gemäß Artikel 8 Absatz 1 erlassen wurde, tritt nur in Kraft, wenn weder das Europäische Parlament noch der Rat innerhalb einer Frist von drei Monaten nach Übermittlung dieses Rechtsakts an das Europäische Parlament und den Rat Einwände erhoben haben oder wenn vor Ablauf dieser Frist das Europäische Parlament und der Rat beide der Kommission mitgeteilt haben, dass sie keine Einwände erheben werden. Auf Initiative des Europäischen Parlaments oder des Rates wird diese Frist um zwei Monate verlängert.	(6) Ein delegierter Rechtsakt, der gemäß Artikel 6 Absatz 2, Artikel 6 Absatz 11 oder Artikel 7 Absatz 2 erlassen wurde, tritt nur in Kraft, wenn weder das Europäische Parlament noch der Rat innerhalb einer Frist von zwei Monaten nach Übermittlung dieses Rechtsakts an das Europäische Parlament und den Rat Einwände erhoben haben oder wenn vor Ablauf dieser Frist das Europäische Parlament und der Rat beide der Kommission mitgeteilt haben, dass sie keine Einwände erheben werden. Auf Initiative des Europäischen Parlaments oder des Rates wird diese Frist um zwei Monate verlängert.

4.22 Neuregelung des Ausschussverfahrens

EG-Maschinenrichtlinie 2006/42/EG	Maschinenverordnung (EU) 2023/1230
Artikel 22 – Ausschuss (1) Die Kommission wird von einem Ausschuss (nachstehend „Ausschuss" genannt) unterstützt.	**Artikel 48 – Ausschussverfahren** (1) Die Kommission wird von einem Ausschuss unterstützt. Dieser Ausschuss ist ein Ausschuss im Sinne der Verordnung (EU) Nr. 182/2011.
(2) Wird auf diesen Absatz Bezug genommen, so gelten die Artikel 3 und 7 des Beschlusses 1999/468/EG unter Beachtung von dessen Artikel 8.	(2) Wird auf diesen Absatz Bezug genommen, so gilt Artikel 4 der Verordnung (EU) Nr. 182/2011.
(3) Wird auf diesen Absatz Bezug genommen, so gilt Artikel 5 der Verordnung (EU) Nr. 182/2011 des Europäischen Parlaments und des Rates.	(3) Wird auf diesen Absatz Bezug genommen, so gilt Artikel 5 der Verordnung (EU) Nr. 182/2011. Gibt der Ausschuss keine Stellungnahme in Bezug auf den Entwurf eines in Artikel 20 Absatz 3 genannten Durchführungsrechtsakts ab, so findet Artikel 5 Absatz 4 Unterabsatz 3 der Verordnung (EU) Nr. 182/2011 Anwendung. (4) Wird auf diesen Absatz Bezug genommen, so gilt Artikel 8 der Verordnung (EU) Nr. 182/2011 in Verbindung mit deren Artikel 5. (5) Der Ausschuss wird von der Kommission zu allen Angelegenheiten konsultiert, für die die Konsultation von Experten des jeweiligen Sektors gemäß der Verordnung (EU) Nr. 1025/2012 oder einem anderen Rechtsakt der Union vorgeschrieben ist. Der Ausschuss kann darüber hinaus im Einklang mit seiner Geschäftsordnung jede andere Angelegenheit im Zusammenhang mit der Anwendung dieser Verordnung untersuchen, die entweder von seinem Vorsitz oder von einem Vertreter eines Mitgliedstaats vorgelegt wird.

4.23 Strafvorschriften für Verstöße gegen die Maschinenverordnung

EG-Maschinenrichtlinie 2006/42/EG	Maschinenverordnung (EU) 2023/1230
Artikel 24 – Sanktionen Die Mitgliedstaaten legen für Verstöße gegen die aufgrund dieser Richtlinie erlassenen innerstaatlichen Vorschriften Sanktionen fest und treffen die zu ihrer Anwendung erforderlichen Maßnahmen. Die Sanktionen müssen wirksam, verhältnismäßig und abschreckend sein. Die Mitgliedstaaten teilen der Kommission diese Bestimmungen bis zum 29. Juni 2008 mit; ebenso teilen sie ihr unverzüglich alle Änderungen dieser Bestimmungen mit.	**Artikel 50 – Sanktionen** (1) Die Mitgliedstaaten erlassen Vorschriften über Sanktionen, die bei Verstößen der Wirtschaftsakteure gegen diese Verordnung zu verhängen sind, und treffen alle für die Anwendung der Vorschriften erforderlichen Maßnahmen. Die vorgesehenen Sanktionen müssen wirksam, verhältnismäßig und abschreckend sein und können bei schweren Verstößen strafrechtliche Sanktionen vorsehen. (2) Die Mitgliedstaaten teilen der Kommission diese Vorschriften und Maßnahmen bis zum 14. Oktober 2026 mit und melden ihr unverzüglich alle späteren diesbezüglichen Änderungen.

Art. 50 erlaubt zukünftig ausdrücklich strafrechtliche Sanktionen. Ob dies deklaratorisch oder konstitutiv ist, ist rechtlich nicht eindeutig, insbesondere, da jedes Mitgliedsland der EU eigene straf- und ordnungswidrigkeitenrechtliche Systeme hat, die nicht einheitlich benannt oder gar ausgestaltet sind. Jedenfalls sieht die aktuell gültige 9. ProdSV in Umsetzung der bisherigen MRL in ihrem § 8 Ordnungswidrigkeitentatbestände vor. Fraglich erscheint zudem schon, welches Unrecht in Missachtung der hiesigen Vorgaben verwirklicht werden könnte, das nicht bereits durch den Rechtsgüterschutz des StGB abgedeckt ist.

EG-Maschinenrichtlinie 2006/42/EG	Maschinenverordnung (EU) 2023/1230
	Artikel 52 – Übergangsbestimmungen (1) Die Mitgliedstaaten dürfen die Bereitstellung von Produkten auf dem Markt nicht behindern, die entsprechend der Richtlinie 2006/42/EG vor dem 14. Januar 2027 in Verkehr gebracht wurden. Kapitel VI dieser Verordnung gilt jedoch ab dem 13. Juli 2023 entsprechend für solche Produkte anstelle von Artikel 11 der genannten Richtlinie, auch für Produkte, für die bereits ein Verfahren nach Artikel 11 der Richtlinie 2006/42/EG eingeleitet wurde. (2) EG-Baumusterprüfbescheinigungen und Zulassungen, die gemäß Artikel 12 der Richtlinie 2006/42/EG ausgestellt bzw. erteilt wurden, bleiben bis zu ihrem Ablauf gültig.

Fortsetzung

EG-Maschinenrichtlinie 2006/42/EG	Maschinenverordnung (EU) 2023/1230
	Artikel 54 – Inkrafttreten und Anwendung Diese Verordnung tritt am zwanzigsten Tag nach ihrer Veröffentlichung im Amtsblatt der Europäischen Union in Kraft. Sie gilt ab dem 14. Januar 2027. Die folgenden Artikel gelten jedoch ab folgenden Zeitpunkten: a. Artikel 26 bis 42 ab dem 14. Januar 2024; b. Artikel 50 Absatz 1 ab dem 14. Oktober 2023; c. Artikel 6 Absatz 7, Artikel 48 und Artikel 52 ab dem 13. Juli 2023; d. Artikel 6 Absätze 2 bis 6 und 11 sowie Artikel 47 und Artikel 53 Absatz 3 ab dem 14. Juli 2024.

Die neue Europäische Maschinenverordnung - Verordnung (EU) 2023/1230 über Maschinen ist ab dem 20.01.2027 für das Inverkehrbringen von Maschinen anzuwenden. Dieser Termin und weitere Termine sind der Berichtigung der Verordnung (EU) 2023/1230 vom 04.07.2023 zu entnehmen, die wegen des Gesetzgebungsverfahrens notwendig geworden war.

Erläuterungen zu den Anhängen

5

5.1 Anhang I (alt: Anhang IV)

Kategorien von Maschinen oder dazugehörigen Produkten, auf die eines der in Artikel 25 Absätze 2 und 3 genannten Verfahren anzuwenden ist.
Der frühere Anhang IV, der im allgemeinen Sprachgebrauch auch als der Anhang zu „gefährlichen Maschinen" bezeichnet wird, hatte im deutschen Maschinenbau von jeher keine große Akzeptanz.

i

Über die „Aufwertung" zum neuen Anhang I kann man sehr unterschiedlicher Auffassung sein. Wichtig und besonders erwähnenswert ist, dass der Kommissions-Entwurf von 04/2021 durch Verhandlung wesentlich entschärft wurde.

Redaktionelle Änderungen

Als unmittelbare Konsequenz aus den Verhandlungen wurden Teil A und Teil B neu eingefügt.

Im **Teil A** sind **6 Kategorien von Maschinen** aufgelistet, die nach **Artikel 25(2)** bewertet werden müssen:

- abnehmbare Gelenkwellen einschließlich ihrer trennenden Schutzeinrichtungen,
- trennende Schutzeinrichtungen für abnehmbare Gelenkwellen,
- Hebebühnen für Fahrzeuge,
- tragbare Befestigungsgeräte mit Treibladung und andere Schlussgeräte,
- Sicherheitsbauteile mit vollständig oder teilweise selbstentwickelndem Verhalten, unter Verwendung von Ansätzen des maschinellen Lernens, die Sicherheitsfunktionen gewährleisten,
- Maschinen, die über eingebettete Systeme mit vollständig oder teilweise selbstentwickelndem Verhalten unter Verwendung von Ansätzen des maschinellen Lernens verfügen, die Sicherheitsfunktionen gewährleisten, die nicht gesondert in Verkehr gebracht wurden, nur in Bezug auf diese Systeme.

Die **Modul B** oder **Modul H** oder **G** kommen immer ausschließlich zum Tragen.

Hier ist immer eine unabhängige dritte Konformitätsbewertungsstelle (Baumusterprüfstelle) einzuschalten.

Eine Selbstzertifizierung wie nach Modul A ist ausgeschlossen.

Bild 5.1 zeigt die EU-Konformitätsbewertung für Teil A im Überblick.

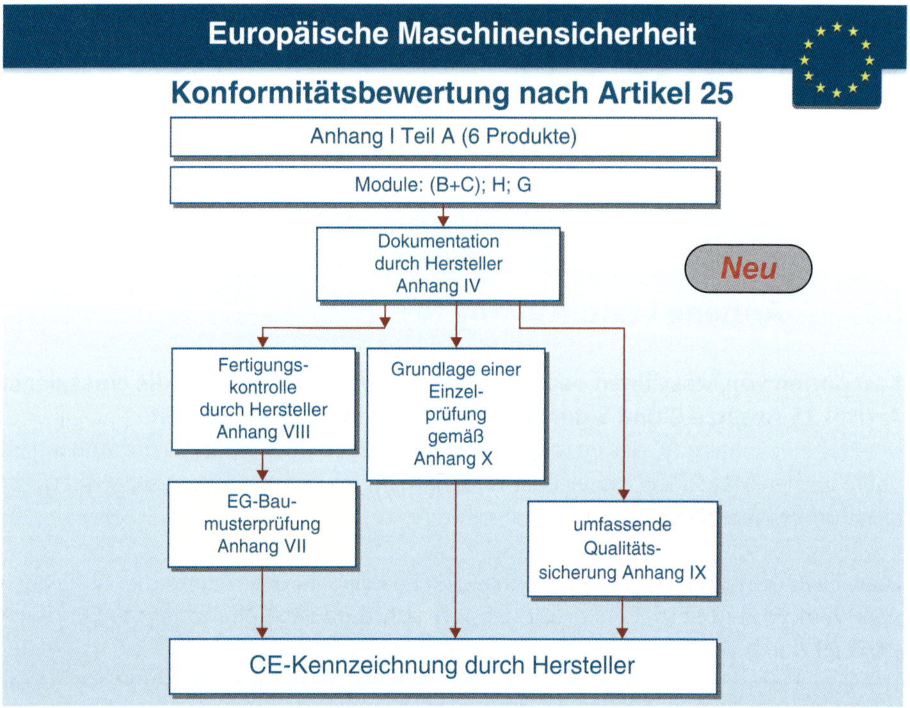

Bild 5.1 *EU-Konformitätsbewertung für Teil A*

Im **Teil B** sind **24 Kategorien von Maschinen** aufgelistet, die nach **Artikel 25(3)** bewertet werden müssen.

1. Kreissägen (Einblatt- oder Mehrblattkreissägen) zum Bearbeiten von Holz und Werkstoffen mit ähnlichen physikalischen Eigenschaften oder zum Bearbeiten von Fleisch und Material mit ähnlichen physikalischen Eigenschaften, der folgenden Typen:
   1.1. Sägemaschinen mit feststehendem(n) Sägeblatt(en) während des Schneidens, mit festem Bett oder fester Auflage mit manuellem Vorschub des Werkstücks oder mit abnehmbarem Kraftvorschub,
   1.2. Sägemaschinen mit feststehendem(n) Sägeblatt(ern) während des Schneidens, mit einem handbetätigten hin- und hergehenden Sägetisch oder Schlitten,
   1.3. Sägemaschinen mit feststehendem(n) Sägeblatt(ern) während des Schneidens, mit eingebautem mechanischem Vorschub mit eingebauter mechanischer Vorschubeinrichtung für die Werkstücke, mit manueller Be- und/oder Entladung,

   1.4. Sägemaschinen mit beweglichem(n) Sägeblatt(en) während des Schneidens, mit mechanischer Bewegung des Sägeblattes und manueller Be- und/oder Entladung,
2. Abrichthobelmaschinen mit Handvorschub für die Holzbearbeitung,
3. Dickenhobelmaschinen für einseitiges Abrichten mit eingebauter mechanischer Vorschubeinrichtung, mit Handbeschickung und/oder Handentnahme für die Holzbearbeitung,
4. Bandsägen mit Handbeschickung und/oder Handentnahme für die Bearbeitung von Holz und Material mit ähnlichen physikalischen Eigenschaften oder zum Bearbeiten von Fleisch und Material mit ähnlichen physikalischen Eigenschaften, der folgenden Typen:
   4.1. Sägemaschinen mit feststehendem(n) Sägeblatt(ern) während des Schneidens, mit festem oder hin- und hergehendem Bewegungsbett oder Auflage für das Werkstück,
   4.2. Sägemaschinen mit einem oder mehreren Sägeblättern, die auf einem Schlitten mit hin- und hergehender Bewegung montiert sind,
5. Kombinierte Maschinen der in den Nummern 1 bis 4 und in Nummer 7 genannten Typen zur Bearbeitung von Holz und Werkstoffen mit ähnlichen physikalischen Eigenschaften,
6. Zapfenschneid- und Schlitzmaschinen mit Handvorschub und mehreren Werkzeughaltern für die Holzbearbeitung,
7 Handbeschickte vertikale Spindelkehlmaschinen für die Bearbeitung von Holz und Werkstoffen mit ähnlichen physikalischen Eigenschaften,
8. Handkettensägen für die Holzbearbeitung,
9. Pressen einschließlich Abkantpressen für die Kaltbearbeitung von Metallen, mit manueller Beschickung und/oder Entladen, deren bewegliche Arbeitsteile einen Hub von mehr als 6 mm und eine Geschwindigkeit von mehr als 30 mm/s haben,
10. Maschinen zum Spritzgießen oder Formpressen von Kunststoffen mit Handbeschickung oder Handentnahme,
11. Gummispritzgieß- und Formpressmaschinen mit Handbeschickung oder Handentnahme,
12. Maschinenarten für den Einsatz unter Tage:
    12.1. Lokomotiven und Bremswagen,
    12.2. hydraulischer Schreitausbau,
13. Hausmüllsammelwagen für manuelle Beschickung mit Pressvorrichtung,
14. Maschinen zum Heben von Personen oder von Personen und Gütern, bei denen die Gefährdung durch einen Absturz aus einer vertikalen Höhe von mehr als 3 m besteht,
15. Schutzeinrichtungen zur Personendetektion,
16. kraftbetriebene, bewegliche trennende Schutzeinrichtungen mit Verriegelung für die in diesem Teil unter den Nummern 9, 10 und 11 genannten Maschinen,
17. Logikeinheiten für Sicherheitsfunktionen,
18. Überrollschutzaufbau (ROPS),
19. Schutzaufbau gegen herabfallende Gegenstände (FOPS).

Wie bereits bisher nach EG 2006/42/EG dürfen auch zukünftig Maschinen nach Anhang I, die unter Anwendung einer harmonisierten Produktnorm (Typ-C-Norm) konstruiert und gebaut werden, ohne Baumuster- oder Dokumentationsprüfung in den Verkehr gebracht werden.

Dies gilt jedoch nur, wenn die Norm alle von der Maschine ausgehenden Gefährdungen behandelt.

Auch die Hinterlegung der Dokumentation bei der benannten Stelle entfällt als Konformitätsbewertungsverfahren.

Grundsätzlich kann somit Modul A auch bei Maschinen nach Anhang I Teil B angewendet werden. Die erforderlichen harmonisierten Produktnormen liegen in ausreichender Anzahl vor.

Bisher (Stand Juni 2021) sind von den erforderlichen Normen 38 C-Normen harmonisiert.

Hersteller von Maschinen nach Anhang I Teil B, die nicht unter Anwendung von harmonisierten Normen entworfen und gebaut werden, können zwischen der EG-Baumusterprüfung, dem Verfahren der umfassenden Qualitätssicherung oder der Einzelfallprüfung im Rahmen des Konformitätsbewertungsverfahrens wählen. Bild 5.2 zeigt die EU-Konformitätsbewertung für Teil B im Überblick.

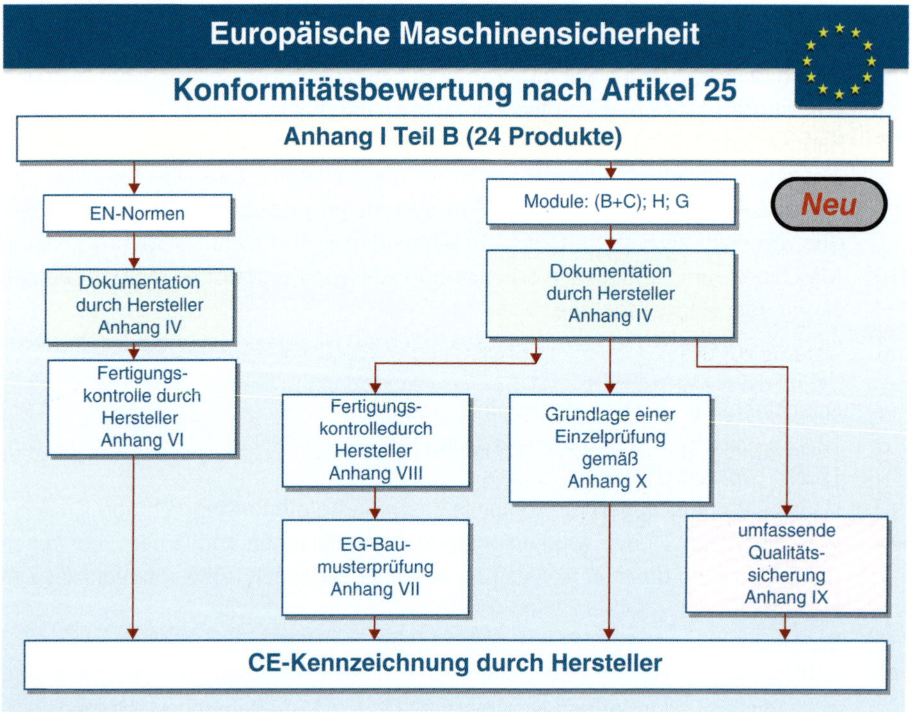

Bild 5.2 *EU-Konformitätsbewertung für Teil B*

5.2 Anhang II (alt: Anhang V)

Nicht erschöpfende Liste der Sicherheitsbauteile

Der neue Anhang II wurde redaktionell bewusst um 3 Sicherheitsbauteile erweitert (siehe die Produkte Nr. 18 bis 20, Liste unten), sodass auch digitale Produkte einschließlich der Software eine größere Bedeutung bekommen.

Diese unterliegen z. T. wiederum dem Anhang I, wo ein besonderes Konformitätsverfahren gefordert wird.

i

Über die Sinnhaftigkeit dieses Anhanges kann man streiten, weil man im Art. 3(3) bereits eine Definition über Sicherbauteile hat. Nach Art. 7 ist diese Liste durch technische Entwicklungen veränderbar, indem Produkte gestrichen bzw. neu aufgenommen werden können.

Die Liste der Sicherheitsbauteile umfasst im Einzelnen:

1. Schutzeinrichtungen für abnehmbare Gelenkwellen
2. Schutzeinrichtungen zur Personendetektion

Keine Änderungen

3. Kraftbetriebene bewegliche trennende Schutzeinrichtungen mit Verriegelung für die in Anhang I Teil B Nummern 9, 10 und 11 genannten Maschinen

Redaktionelle Änderungen

Durch die Änderung der Reihenfolge der Anhänge, wird jetzt auf den Anhang I verwiesen. Die Nummern sind gleichgeblieben.

4. Logikeinheiten zur Gewährleistung von Sicherheitsfunktionen
5. Ventile mit zusätzlicher Ausfallerkennung für die Steuerung gefährlicher Maschinenbewegungen
6. Systeme zur Beseitigung von Emissionen der Maschinen
7. Trennende und nichttrennende Schutzeinrichtungen zum Schutz von Personen vor beweglichen Teilen, die direkt am Arbeitsprozess der Maschine beteiligt sind
8. Einrichtungen zur Überlastsicherung und Bewegungsbegrenzung bei Hebezeugen
9. Personen-Rückhalteeinrichtungen für Sitze
10. NOT-HALT-Befehlsgeräte
11. Ableitungssysteme, die eine potenziell gefährliche elektrostatische Aufladung verhindern.

Keine Änderungen

12. Energiebegrenzer und Entlastungseinrichtungen gemäß Anhang III Abschnitte 1.5.7, 3.4.7 und 4.1.2.6

Redaktionelle Änderungen

Durch die Änderung der Reihenfolge der Anhänge wird jetzt auf den Anhang III verwiesen. Die Abschnitte sind gleichgeblieben.

13. Systeme und Einrichtungen zur Verminderung von Lärm- und Vibrationsemissionen
14. Überrollschutzaufbau (ROPS)
15. Schutzaufbau gegen herabfallende Gegenstände (FOPS)
16. Zweihandschaltungen.

Keine Änderungen

17. Die folgenden Bauteile von Maschinen für die Auf- und/oder Abwärtsbeförderung von Personen zwischen unterschiedlichen Ebenen:

Redaktionelle Änderungen

Das Wort „Auflistung" wurden gestrichen.

17.a) Verriegelungseinrichtung mit Zuhaltung für Fahrschachttüren

Redaktionelle Änderungen

Das Wort Zuhaltung wurde ergänzt.

17.b) Fangvorrichtungen, die einen Absturz oder unkontrollierte Aufwärtsbewegungen des Lastträgers verhindern

17.c) Geschwindigkeitsbegrenzer

Keine Änderungen

17.d) energiespeichernde Puffer mit nicht linearer Kennlinie oder mit Rücklaufdämpfung

Redaktionelle Änderungen

Es gibt keine Auflistung der energiespeichernden Puffer, sondern eine Aufzählung.

17.e) energieverzehrende Puffer

17.f) Sicherheitseinrichtungen an Zylindern der Hydraulikhauptkreise, wenn sie als Fangvorrichtungen verwendet werden

17.g) Sicherheitsschaltungen mit elektronischen Bauteilen;

Keine Änderungen

18. Software, die Sicherheitsfunktionen wahrnimmt

Neu

19. Sicherheitsbauteile mit vollständig oder teilweise selbstentwickelndem Verhalten unter Verwendung von Ansätzen des maschinellen Lernens, die Sicherheitsfunktionen gewährleisten.

Neu

20. Filterungssysteme, die dazu bestimmt sind, zum Schutz der Bediener oder anderer Personen vor gefährlichen Stoffen und Substanzen einschließlich Pflanzenschutzmitteln in Maschinenkabinen eingebaut zu werden, und Filter für solche Filterungssysteme

Neu

5.3 Anhang III (alt: Anhang I)

Grundlegende Sicherheits- und Gesundheitsschutzanforderungen für Konstruktion und Bau von Maschinen oder dazugehörigen Produkten (Teil A und B)

Wunsch der Hersteller, Marktüberwachungsbehörden, Aufsichtsinstitutionen und Verbände war es, die Struktur und die Nummerierung des Anhanges III möglichst unverändert beizubehalten.

Dieses Ziel wurde hier weitestgehend erreicht, was bekannterweise in der Gesamtstruktur aller Anhängen leider nicht der Fall ist.

Neu

Der Anhang III wird unterteilt in **Teil A** und **Teil B.**

Im **Teil A** werden die Begriffe von a) *Gefährdung* bis i) *vernünftigerweise vorsehbarer Fehlanwendung* definiert.

Im **Teil B** werden die allgemeinen Grundsätze für die grundlegenden Sicherheits- und Gesundheitsschutzanforderungen für Konstruktion und Bau von Maschinen und den dazugehörigen Produkten definiert. Diese allgemeinen Grundsätze verpflichten den Hersteller einer Maschine, eine *Risikobeurteilung* durchzuführen, um zu ermitteln, welche Gefährdungen an der Maschine auftreten können und um zu bewerten, ob mit den getroffenen Maßnahmen die Ziele der Maschinenverordnung erfüllt werden.

Redaktionelle Änderung

In den allgemeinen Grundsätzen wird der iterative Prozess der Risikobeurteilung und Risikominderung in ihren Grundzügen beschrieben. Sowohl zur Beschreibung dieses iterativen Prozesses als auch zur Beschreibung von Gefährdungen und Schutzmaßnahmen für Maschinen oder dazugehörige Produkte gibt es – überwiegend – harmonisierte Normen. Die Anwendung dieser harmonisierter Produktnormen zur Risikobeurteilung ist freiwillig. Sie sind jedoch zu empfehlen, weil der Hersteller so leichter die Übereinstimmung mit den grundlegenden Anforderungen der Verordnung nachweisen und somit auch die Übereinstimmung überprüfen kann. Ein weiterer Vorteil ist die Abkürzung des Prozesses, weil bei anderen bewährten technischen Lösungen – abweichend von der Norm – der iterative Prozess der Risikobeurteilung grundsätzlich in seiner Gesamtheit durchzuführen und zu dokumentieren ist.

Sachlich unverändert blieb, dass nicht alle Anforderungen des Anhang III für jede Maschine zutreffen. Es sind nur jene Verpflichtungen zu erfüllen, deren entsprechende Gefährdungen bei der Maschine tatsächlich auftreten. Hierbei sind nicht nur die vom Hersteller vorgesehenen Bedingungen, sondern auch vorhersehbare ungewöhnliche Bedingungen (z. B. Betriebsstörungen) zu betrachten. Dazu zählen auch die vernünftigerweise vorhersehbaren Fehlanwendungen.

Neu

Die Risikobeurteilung und Risikominderung umfassen auch Gefährdungen, die sich aus vollständig oder teilweise selbstentwickelnder Logik infolge der Auslegung der Maschinen für einen autonomen Betrieb ergeben. Ferner umfassen sie auch Risiken, die sich aus Wechselwirkungen zwischen Maschinen ergeben, die so zusammen angeordnet sind und betätigt werden, dass sie als Gesamtheit funktionieren .

Neu

Die grundlegenden Sicherheits- und Gesundheitsschutzanforderungen hinsichtlich des Schutzes der Umwelt sind nur auf die in Abschnitt 2.4 genannten Maschinen bzw. dazugehörigen Produkte anwendbar.

Neu

Diese allgemeinen Grundsätze gelten für die vom Hersteller einer unvollständigen Maschine durchgeführte Risikobeurteilung.

Keine Änderung

Die Grundsätze für die Integration der Sicherheit (Nummer 1.1.2) sowie die Verpflichtungen zur Kennzeichnung der Maschine und zur Betriebsanleitung (Nummern 1.7.3 und 1.7.4) gelten für **alle** Maschinen, auch dann, wenn von der Maschine **keine** oder nur **sehr geringe Gefährdungen** ausgehen.

Die grundlegenden Sicherheits- und Gesundheitsschutzanforderungen der Maschinenverordnung bleiben unverändert bindend. Können die damit gesetzten Ziele der Richtlinie aufgrund des Standes der Technik nicht erreicht werden, so ist in diesem Fall die Maschine so weit wie möglich auf dieses Ziel hin zu konstruieren und zu bauen.

Auch künftig ist diese Öffnungsklausel erforderlich, da nicht immer ein vollständiger Schutz möglich ist, z. B. bezüglich der Cybersicherheit.

Der Anhang III ist in 6 Kapitel gegliedert. Das erste Kapitel formuliert die allgemeinen grundlegenden Anforderungen für **alle** Maschinen und dazugehörige Produkte. Die weiteren Kapitel beziehen sich auf bestimmte maschinenspezifische Gefährdungen. Grundsätzlich gilt, dass der Anhang III stets in seiner **Gesamtheit** zu betrachten ist. Nur so besteht die Gewissheit, dass alle jeweils relevanten grundlegenden Anforderungen erfüllt werden.

Aus rechtssystematischen Gründen dürfen in den EU-Verordnungen **keine** Beispiele aufgeführt werden. Dies darf aber nicht zu dem Schluss führen, dass an diesen Stellen eine inhaltliche Veränderung beabsichtigt war.

Die bisherigen Beispiele werden in den Leitfaden (Guide) zur EG-Maschinenverordnung aufgenommen.

Neu

Im Anhang III wurde durchgehend die Anforderungen an **Maschinen oder dazugehörige Produkte** formuliert.

5.3.1 Grundlegende Sicherheits- und Gesundheitsschutzanforderungen

1.1 Allgemeines

1.1.1 Anwendungsbereich

Neu

Die grundlegenden Sicherheits- und Gesundheitsschutzanforderungen gelten auch für unvollständige Maschinen, soweit diese Anforderungen relevant sind.

Die einschlägigen Anforderungen an unvollständige Maschinen gelten ab dem Zeitpunkt des Einbaus der unvollständigen Maschine.

Die in Abschnitt 1.1.2 festgelegten Grundsätze für die Integration der Sicherheit gelten jedoch in jedem Fall.

1.1.2 Grundsätze für die Integration der Sicherheit

Redaktionelle Änderungen

Die in Nummer 1.1.2. behandelten Grundsätze für die Konstruktion und den Bau von Maschinen und dazugehörigen Produkten gelten für den funktionsgerechten Betrieb – einschließlich aller vernünftigerweise vorhersehbaren Fehlanwendung – für alle Betriebszustände. Während der voraussichtlichen Lebensdauer der Maschine oder der dazugehörigen Produkte dürfen keine Gefährdungen für die Personen entstehen.

Bei der Wahl der Maßnahmen muss der Hersteller folgende Vorgehensweise beachten:

- Integration der Sicherheit in die Konstruktion und den Bau der Maschine und der dazugehörigen Produkte,
- wenn dies nicht vollständig die Risiken beseitigt, notwendige Schutzmaßnahmen ergreifen,
- Unterrichtung der Nutzer über Restrisiken, eventuell erforderliche Ausbildung oder Einarbeitung und Benutzung von persönlicher Schutzausrüstung.

Bei der Ausarbeitung der Betriebsanleitung muss der Hersteller die bestimmungsgemäße Verwendung der Maschine und auch jede vernünftigerweise vorhersehbare Fehlanwendung berücksichtigen. Das schwierige Gebiet der Fehlanwendungen kann der Hersteller nur ergründen, indem er z. B. die Rückmeldungen seiner Außendienstmonteure und Kunden systematisch beobachtet und auswertet.

1.1.3 Materialien und Produkte

Redaktionelle Änderungen

Erweiterung des Begriffs *Maschinen oder dazugehörige Produkte*

1.1.4 Beleuchtung

Redaktionelle Änderungen

Erweiterung des Begriffs *Maschinen oder dazugehörige Produkte*

1.1.5 Konstruktion der Maschine im Hinblick auf die Handhabung

Redaktionelle Änderungen

Erweiterung des Begriffs *Maschinen oder dazugehörige Produkte*

Ungewollte Veränderungen der Lage und Gefährdungen durch mangelnde Standsicherheit müssen ausgeschlossen sein, wenn die Handhabung entsprechend der Betriebsanleitung erfolgt.

Dies verpflichtet den Hersteller, genaue Transportanweisungen in der Betriebsanleitung zu geben. Dabei sind auch bewegliche Teile innerhalb der Maschine oder in der Maschine befindliche Flüssigkeiten zu beachten, die beim Transport zu unerwarteten Schwerpunktveränderungen führen können.

1.1.6 Ergonomie

Redaktionelle Änderungen

Die Grundanforderungen, dass Belästigung, Ermüdung sowie körperliche und psychische Fehlbeanspruchungen der Bediener zu verhindern sind oder auf das mögliche Mindestmaß zu reduzieren sind, wurden hinzugefügt.

Präzisiert wurden die ergonomischen Prinzipien, die in die Konstruktion einfließen müssen:

- Anpassung an unterschiedliche Körpermaße, Körperkräfte und die Ausdauer des Bedieners,

  Neu: Eine Begrenzung der manuellen Kraftanstrengung
- ausreichender Bewegungsfreiraum des Bedieners
- Vermeidung eines vorgegebenen Arbeitsrhythmus durch die Maschine
- Vermeidung von Überwachungstätigkeiten, die andauernde Aufmerksamkeit erfordern
- Anpassung der Schnittstelle Mensch/Maschine an die voraussehbaren Eigenschaften des Bedieners

1.1.7 Bedienungsplätze

Redaktionelle Änderungen

Erweiterung des Begriffs *Maschinen oder dazugehörige Produkte*

1.1.8 Sitze

Redaktionelle Änderungen
Erweiterung des Begriffs *Maschinen oder dazugehörige Produkte*

1.1.9 Schutz gegen Korrumpierung

Neu
Die Integrität oder Authentizität von elektronischen Daten dürfen nicht geschwächt werden.

Diese neue Anforderung stellt Konstrukteure und Softwareentwickler in den nächsten Jahren vor eine große Herausforderung. Anderseits muss der technischen Weiterentwicklung bezüglich der Resilienz von Steuerungssystemen Rechnung getragen werden. Hier müssen schnell umsetzbare Instrumente abgestimmt werden wie beispielsweise ein „AI Act". Die Maschinen und die zugehörigen Produkte müssen so konstruiert und gebaut sein, dass der Anschluss eines anderen Geräts an die Maschinen, sei es über eine Funktion des angeschlossenen Geräts selbst oder über ein entferntes Gerät, das mit den Maschinen kommuniziert, nicht zu einer gefährlichen Situation führt. Software und Daten, die für die Übereinstimmung der Maschinen mit den einschlägigen Sicherheits- und Gesundheitsschutzanforderungen entscheidend sind, müssen als solche gekennzeichnet und angemessen gegen versehentliche oder absichtliche Verfälschung geschützt sein.

1.2 Steuerungen und Befehlseinrichtungen

1.2.1 Sicherheit und Zuverlässigkeit von Steuerungen

Neu
Die Sicherheit und die Zuverlässigkeit von Steuerungen wurden auf Maschinen oder zugehörige Produkte erweitert. Ferner werden expliziert unvollständige Maschinen und die Gesamtheit von Maschinen erwähnt.

Erstmals werden Aufzeichnung von Daten über den sicherheitsrelevanten Entscheidungsprozess für softwaregestützte Sicherheitssysteme zur Gewährleistung der Sicherheitsfunktion gefordert.

Dies gilt auch für Sicherheitsbauteile, die nach dem Inverkehrbringen oder der Inbetriebnahme der Maschine oder des dazugehörigen Produkts aktiviert ist.

Diese Daten sind für ein Jahr nach ihrer Aufzeichnung ausschließlich für den Nachweis der Konformität der Maschine oder des dazugehörigen Produkts zu speichern. Dies gilt nach dem begründeten Verlangen einer zuständigen nationalen Behörde.

Die zukünftige Anwendung der Verordnung muss zeigen, wie diese neue Forderung anzuwenden sein wird, so könnte dies als „Black Box" verstanden werden. Auslöser könnte ein Unfallgeschehen oder sicherheitstechnische Mängel an Maschinen oder dazugehörigen Produkten sein.

1.2.2 Stellteile

1.2.3 Ingangsetzen

1.2.4 Stillsetzen

1.2.4.1 Normales Stillsetzen

1.2.4.2 Betriebsbedingtes Stillsetzen

1.2.4.3 Stillsetzen im Notfall

1.2.4.4 Gesamtheit von Maschinen

1.2.5 Wahl der Steuerungs- oder Betriebsarten

Redaktionelle Änderungen

Erweiterung des Begriffs *Maschinen oder dazugehörige Produkte*

Ansonsten keine technischen Änderungen oder neue Anforderungen.

1.2.6 Störung der Energieversorgung oder der Kommunikationsverbindung

Neu

Neu hinzugefügt wurde, dass auch bei Störungen der Kommunikationsverbindung die gleichen Anforderungen gelten wie bereits bei Störungen der Energieversorgung.

Erweiterung des Begriffs *Maschinen oder dazugehörige Produkte*

1.3 Schutzmaßnahmen gegen mechanische Gefährdungen

1.3.1 Risiko des Verlusts der Standsicherheit

1.3.2 Bruchrisiko beim Betrieb

1.3.3 Risiken durch herabfallende oder herausgeschleuderte Gegenstände

1.3.4 Risiken durch Oberflächen, Kanten, und Ecken

1.3.5 Risiken durch mehrfach kombinierte Maschinen

1.3.6 Risiken durch Änderung der Verwendungsbedingungen

Redaktionelle Änderungen

Erweiterung des Begriffs *Maschinen oder dazugehörige Produkte*

Ansonsten keine technischen Änderungen oder neue Anforderungen.

1.3.7 Risiken durch bewegliche Teile

Neu

Bei der Vermeidung von Kontaktrisiken, die zu Gefährdungssituationen führen, und der möglichen psychologischen Belastung, die durch die Interaktion mit der Maschine verursacht werden kann, ist folgenden Aspekten Rechnung zu tragen:

- Koexistenz zwischen Mensch und Maschine in einem gemeinsamen Raum ohne direkte Zusammenarbeit
- Mensch-Maschine-Interaktion

1.3.8 Wahl der Schutzeinrichtungen gegen Risiken durch bewegliche Teile

1.3.8.1 Bewegliche Teile der Kraftübertragung

1.3.8.2 Bewegliche Teile, die am Arbeitsprozess beteiligt sind

1.3.9 Risiko unkontrollierter Bewegungen

Redaktionelle Änderungen

Erweiterung des Begriffs Maschinen oder dazugehörige Produkte

Ansonsten keine technischen Änderungen oder neue Anforderungen.

1.4 Anforderungen an Schutzeinrichtungen

1.4.1 Allgemeine Anforderungen

1.4.2 Besondere Anforderungen an trennende Schutzeinrichtungen

1.4.2.1 Feststehende trennende Schutzeinrichtungen

1.4.2.2 Bewegliche trennende Schutzeinrichtungen mit Verriegelung

1.4.2.3 Zugangsbeschränkende verstellbare Schutzeinrichtungen

1.4.3 Besondere Anforderungen an nichttrennende Schutzeinrichtungen

Redaktionelle Änderungen

Erweiterung des Begriffs Maschinen oder dazugehörige Produkte

Ansonsten keine technischen Änderungen oder neue Anforderungen.

Die Bilder 5.3 und 5.4 geben einen Überblick über die trennenden und nicht trennenden Schutzeirichtung mit der entsprechenden Wirkung.

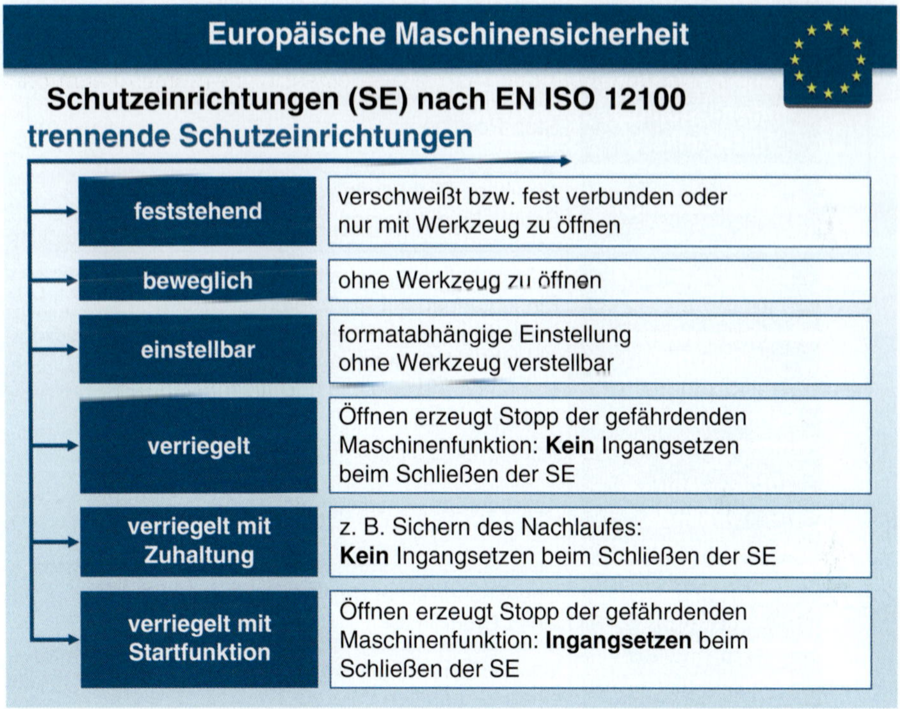

Bild 5.3 *Trennende Schutzeinrichtungen nach EN ISO 12100*

Bild 5.4 *Nichttrennende Schutzeinrichtungen nach EN ISO 12100*

1.5 Risiken durch sonstige Gefährdungen

1.5.1 Elektrische Energieversorgung

Redaktionelle Änderungen

Dieser Absatz stellt klar, dass für elektrische Maschinen, die unter diese EU- Verordnung fallen, zwar die Schutzziele der EG-Niederspannungsrichtlinie 2014/35/EU anzuwenden sind, nicht jedoch die EG-Richtlinie selbst.

Mit dem Verweis auf die Schutzziele müssen die darauf abgestellten Regelungen und Normen auch für elektrische Maschinen angewendet werden. Die Konformitätsbewertung und Konformitätserklärung erfolgt aber **ausschließlich** nach der EU Maschinenverordnung.

Erweiterung des Begriffs *Maschinen oder dazugehörige Produkte*

1.5.2 Statische Elektrizität

1.5.3 Nichtelektrische Energieversorgung

1.5.4 Montagefehler

1.5.5 Extreme Temperaturen

1.5.6 Brand

1.5.7 Explosion

1.5.8 Lärm

1.5.9 Vibrationen

1.5.10 Strahlung

1.5.11 Strahlung von außen

1.5.12 Laserstrahlung

1.5.13 Emission gefährlicher Werkstoffe und Substanzen

1.5.14 Risiko, in einer Maschine eingeschlossen zu werden

1.5.15 Ausrutsch-, Stolper- und Stutzrisiko

1.5.16 Blitzschlag

Redaktionelle Änderungen

Erweiterung des Begriffs Maschinen oder dazugehörige Produkte

Ansonsten keine technischen Änderungen oder neue Anforderungen.

1.6 Instandhaltung

1.6.1 Wartung der Maschine

Redaktionelle Änderungen

Erweiterung des Begriffs Maschinen oder dazugehörige Produkte

1.6.2 Zugang zu den Bedienungsständen und den Eingriffspunkten für die Instandhaltung

Neu

Bei Maschinen oder dazugehörigen Produkten, in die Personen zum Betrieb, zum Einrichten, zur Wartung oder zur Reinigung einsteigen müssen, sind die Zugänge für den Einsatz von Rettungsausrüstung so zu dimensionieren und anzupassen, dass eine Notfallrettung der Personen möglich ist. Diese sicherheitstechnische Verbesserung ist dem Unfallgeschehen geschuldet, weil in Silos oder engen Behältern das „Mannloch“ für die zu rettende Person und Rettungshilfen unzureichend ist.

1.6.3 Trennung von den Energiequellen

1.6.4 Eingriffe des Bedienungspersonals

1.6.5 Reinigung innenliegender Maschinenteile

Redaktionelle Änderungen

Erweiterung des Begriffs *Maschinen oder dazugehörigen Produkte*

Ansonsten keine technischen Änderungen oder neue Anforderungen.

1.7 Informationen

1.7.1 Informationen und Warnhinweise an der Maschine und dem dazugehörigen Produkt

Redaktionelle Änderungen

Neu ist die Regelung der Sprachform, die Amtssprache bzw. Anwendersprache entfällt.

Informationen sind in der Sprache abzufassen, die der Nutzer leicht versteht und die vom jeweiligen Mitgliedstaat festgelegt wird. Daraus ergibt sich also keine Änderung in der betrieblichen Praxis und industriellen Anwendung.

Die Sprachen in den einzelnen Mitgliedstaaten werden in 1.7.4.1. näher erläutert. Erweiterung des Begriffs *Maschinen oder dazugehörige Produkte*

1.7.1.1 Informationen und Informationseinrichtungen

1.7.1.2 Warneinrichtungen

1.7.2 Warnung vor Restrisiken

Redaktionelle Änderungen

Erweiterung des Begriffs *Maschinen oder dazugehörige Produkte*

1.7.3 Kennzeichnung von Maschinen und dazugehörigen Produkten

Redaktionelle Änderungen

Gestrichen wurde, dass es **ausdrücklich untersagt ist**, bei Anbringung der CE-Kennzeichnung das Baujahr vor- oder nachzudatieren.

Im Umkehrschluss kann man dies auch so verstehen, dass die CE-Kennzeichnung im Herstellungsjahr abgeschlossen seinen muss.

Die Anforderungen der spezifischen Maschinendaten wie Firmennamen, Typ, Baujahr oder Seriennummer sind zukünftig im Artikel 10 für den Hersteller verpflichtend aufgelistet.

Die CE-Kennzeichnung ist nach Artikel 24 durchzuführen.

Ohne Änderung sind die folgenden Abschnitte:

- je nach Beschaffenheit müssen auf der Maschine und dem dazugehörigen Produkt ebenfalls alle für die Sicherheit bei ihrer Verwendung wesentlichen Hinweise angebracht sein und
- muss ein Teil der Maschine oder des dazugehörigen Produkts während der Benutzung mit Hebezeugen gehandhabt werden, so ist sein Gewicht leserlich, dauerhaft und eindeutig anzugeben.

1.7.4 Betriebsanleitung

Redaktionelle Änderungen

Gestrichen wurde, dass jeder Maschine eine *Originalbetriebsanleitung* beizufügen ist. Ist die Sprache des Landes, in dem die Maschine in Verkehr gebracht wird, eine andere, so muss zusätzlich eine *Übersetzung der Originalbetriebsanleitung* in der Verwender-Sprache beigefügt werden.

Positiv zu bewerten ist, dass Wartungsanleitungen, die zur Verwendung durch den Hersteller oder durch von seinem Bevollmächtigten beauftragtes Fachpersonal bestimmt sind, nur in der Amtssprache der Union abgefasst werden müssen, die von diesem Fachpersonal verstanden wird.

Das bedeutet, dass z. B. Steuerungsunterlagen für die Instandhaltung, die meist in Englisch geliefert werden, so auch weitergegeben können.

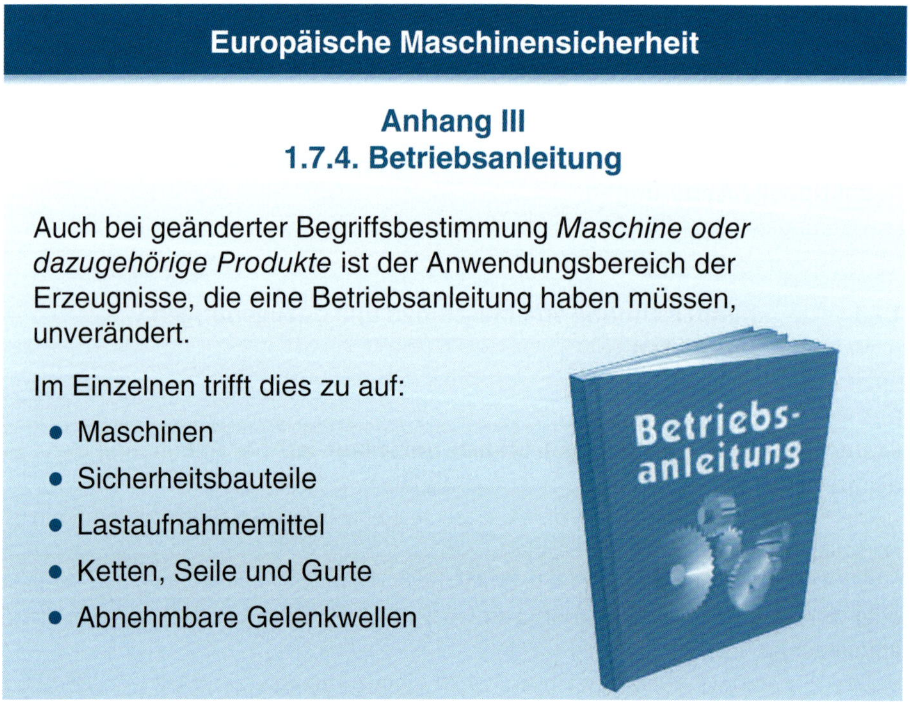

Bild 5.5 *Überblick Anhang III, Betriebsanleitung*

1.7.4.1 Allgemeine Grundsätze für die Abfassung der Betriebsanleitung

Redaktionelle Änderungen

Derzeit gibt es 24 offizielle Amtssprachen im Europäischen Wirtschaftsraum (EWR). Nachfolgend sind die Amtssprachen in den einzelnen Mitgliedsstaaten aufgelistet, ferner auch die Sprachen der Länder, die durch Abkommen zum EWR gehören.

Österreich	Deutsch
Belgien	Niederländisch, Französisch und Deutsch
Bulgarien	Bulgarisch
Zypern	Englisch und Griechisch
Tschechische Republik	Tschechisch
Dänemark	Dänisch
Estland	Estnisch
Finnland	Finnisch und Schwedisch
Frankreich	Französisch
Deutschland	Deutsch
Griechenland	Griechisch
Ungarn	Ungarisch

Irland	Englisch und Irisch
Italien	Italienisch
Lettland	Lettisch
Litauen	Litauisch
Luxemburg	Französisch und Deutsch
Malta	Englisch und Maltesisch
Niederlande	Niederländisch
Polen	Polnisch
Portugal	Portugiesisch
Rumänien	Rumänisch
Slowakei	Slowakisch
Slowenien	Slowenisch
Spanien	Spanisch
Schweden	Schwedisch
Kroatien	Kroatisch

Einige Mitgliedstaaten mit zwei oder mehr Amtssprachen (Belgien, Finnland) erkennen die Verwendung einer bestimmten Sprache nur in den Gegenden an, in denen diese Sprache gesprochen wird. Es wird den Herstellern empfohlen, dies mit den zuständigen Behörden abzuklären. Andere Mitgliedstaaten mit zwei Amtssprachen (Zypern, Malta und Irland) akzeptieren die ausschließliche Verwendung des Englischen.

In den anderen Ländern, in denen die EU-Maschinenverordnung durch ein EWR-Abkommen zum Tragen kommt, gelten folgende Amtssprachen:

Island	Isländisch
Schweiz	Französisch, Deutsch und Italienisch
Liechtenstein	Deutsch
Norwegen	Norwegisch

In der Maschinenrichtlinie 2006/42/EG wurde die Schriftform der Betriebsanleitung nicht eindeutig festgelegt. Der allgemeine Konsens lautet, dass sämtliche Anleitungen, die für Sicherheit und Gesundheitsschutz relevant sind, in Papierform vorgelegt werden müssen, da nicht davon ausgegangen werden kann, dass der Bediener Zugang zu elektronischen Medien hat.

Nach Artikel 10 Absatz 7 werden die Herstellerpflichten für die Betriebsanleitung festgelegt:

Wenn die Betriebsanleitung in digitaler Form bereitgestellt wird, muss der Hersteller a) auf der Maschine oder dem dazugehörigen Produkt oder, falls dies nicht möglich ist, auf ihrer Verpackung oder in einem Begleitdokument angeben, wie auf die digitalen Betriebsanleitungen zugegriffen werden kann; b) diese in einem Format bereitstellen, das es dem Nutzer ermöglicht, die Betriebsanleitung auszudrucken, herunterzuladen und auf einem elektronischen Gerät zu speichern, sodass er jederzeit, insbesondere bei einem Ausfall der Maschine oder des dazugehörigen Produkts, darauf zugreifen kann; diese Anforderung gilt auch, wenn die Betriebsanleitung in die Software der Maschine oder des zugehörigen Produkts eingebettet ist; c) sie während der voraussichtlichen Lebensdauer der Maschine oder des dazugehörigen Produkts und mindestens zehn Jahre lang nach dem Inverkehrbringen der Maschine oder des dazugehörigen Produkts online zugänglich machen. Auf Verlangen des Nutzers zum Zeitpunkt des Kaufs stellt der Hersteller die Betriebsanleitung jedoch innerhalb eines Monats kostenlos in Papierform bereit. Bei Maschinen bzw. dazugehörigen Produkten, die für nichtprofessionelle Nutzer bestimmt sind oder unter vernünftigerweise vorhersehbaren Umständen von nichtprofessionellen Nutzern verwendet werden können, auch wenn sie nicht für sie bestimmt sind, muss der Hersteller die Sicherheitsinformationen, die für die sichere Inbetriebnahme der Maschine bzw. des zugehörigen Produkts und für deren bzw. dessen sichere Verwendung wesentlich sind, in Papierform bereitstellen. Die Betriebsanleitung, die Sicherheitsinformationen und die Informationen nach Anhang III werden in einer vom betreffenden Mitgliedstaat festgelegten, für die Nutzer leicht verständlichen Sprache abgefasst und müssen klar, verständlich und lesbar sein.

1.7.4.2 Inhalt der Betriebsanleitung

Redaktionelle Änderungen

Der Inhalt wurde komplett aus der MRL 2006/42/EG übernommen, bis auf die neuen Buchstaben v) und x):

v) wurde mit w) getauscht und weist auf die erforderlichen Vorkehrungen, Geräte und Mittel für die sofortige und schonende Rettung von Personen hin.

x) Sind aufgrund der Bauart der Maschine oder des dazugehörigen Produkts Emissionen gefährlicher Stoffe möglich, sind die Eigenschaften der Auffang-, Filterungs- oder Ableitungseinrichtung zu beachten, damit ihre Wirksamkeit im Zeitverlauf erhalten bleibt.

1.7.5 Verkaufsprospekte

Redaktionelle Änderungen

Sicherheits- und Gesundheitsschutzanforderungen dürfen in Werbe- und Verkaufsprospekten nicht den Angaben in der Betriebsanleitung widersprechen.

Erweiterung des Begriffs *Maschinen oder dazugehörige Produkte*

Ferner wurde die Zuordnungsnormierung geändert (1.7.5 statt 1.7.4.3.)

5.3.2 Zusätzliche grundlegende Sicherheits- und Gesundheitsschutzanforderungen an bestimmte Kategorien von Maschinen oder dazugehörige Produkte

2.1 Nahrungsmittelmaschinen und dazugehörige Produkte und Maschinen für kosmetische oder pharmazeutische Erzeugnisse und dazugehörige Produkte

Redaktionelle Änderungen

Erweiterung des Begriffs *Maschinen oder dazugehörige Produkte*
Weiterhin wurde der Begriff *Lebensmittel* erweitert mit *„oder für den menschlichen Gebrauch bestimmtes Wasser"*.

2.2 Handgehaltene oder handgeführte tragbare Maschinen und dazugehörige Produkte

Redaktionelle Änderungen

Erweiterung des Begriffs *Maschinen oder dazugehörige Produkte*

Neu

Eine neue Anforderung betrifft die Verringerung von Emissionen gefährlicher Stoffe durch Vorrichtungen oder Absauganlagen. Dafür ist der Grenzwert von 2,5 m/s nicht mehr relevant. Es muss jetzt grundsätzlich der Schwingungsgesamtwert angegeben werden.

2.3 Maschinen und dazugehörige Produkte zur Bearbeitung von Holz und von Werkstoffen mit ähnlichen physikalischen Eigenschaften

Redaktionelle Änderungen

Erweiterung des Begriffs *Maschinen oder dazugehörige Produkte*

2.4 Maschinen und dazugehörige Produkte zur Ausbringung von Pflanzenschutzmitteln

Redaktionelle Änderungen

Erweiterung des Begriffs Maschinen oder dazugehörige Produkte

3. Zusätzliche grundlegende Sicherheits- und Gesundheitsschutzanforderungen zur Ausschaltung der Risiken, die von der Beweglichkeit von Maschinen oder dazugehörigen Produkten ausgehen

Redaktionelle Änderungen

Erweiterung des Begriffs *Maschinen oder dazugehörige Produkte* im gesamten Absatz

Neu

Im Bereich der Begriffsbestimmungen wurden die Begriffsbestimmungen *autonome mobile Maschine, Aufsichtsperson* und *Überwachungsfunktion* mit aufgenommen.

Eine aus dem Unfallgeschehen abgeleitete Anforderung ergibt sich im Abschnitt 3.2.2 *Sitze.* Sollte ein Risiko bestehen, dass Nutzer eingequetscht werden können, so muss der Hersteller dafür sorgen, dass sich die Maschine dann nicht mehr bewegen kann. Weiterhin muss ein optisches und akustisches Signal den Fahrer warnen, wenn das Rückhaltesystem nicht verwendet wird.

Im Abschnitt 3.2.4 finden sich neue Anforderungen zur Überwachungsfunktionen bei *autonomen mobilen Maschinen* zum Stillsetzen und in Gang setzen wieder.

Neue Anforderungen zu autonomen mobilen Maschinen finden sich auch in dem Abschnitt *Steuerungen* sowie in allen nachfolgenden Abschnitten wieder.

Komplett neu ist der Abschnitt 3.5.4 *Risiko des Kontakts mit stromführenden Freileitungen* für den Einsatz von mobilen Maschinen.

4. Zusätzliche grundlegende Sicherheits- und Gesundheitsschutzanforderungen zur Ausschaltung der durch Hebevorgänge bedingten Risiken

Redaktionelle Änderungen

Maschinen oder dazugehörige Produkte wurden als erweiterte Begrifflichkeit mit aufgenommen.

5. Zusätzliche grundlegende Sicherheits- und Gesundheitsschutzanforderungen an Maschinen oder dazugehöriger Produkte, die zum Einsatz unter Tage bestimmt sind

Keine Änderungen

6. Zusätzliche grundlegende Sicherheits- und Gesundheitsschutzanforderungen an Maschinen oder dazugehörigen Produkten, von denen durch das Heben von Personen besondere Risiken ausgehen

Redaktionelle Änderungen

Erweiterung des Begriffs *Maschinen oder dazugehörige Produkte*

Neu

Je nach dem Ergebnis der Risikobeurteilung, kann der Hersteller anstelle von Stellteilen, die eine kontinuierliche Betätigung erfordern, solche verwenden, die einen automatischen Halt an vorgewählten Positionen ermöglichen.

5.4 Anhang IV – Technische Dokumentation

4.1 Teil A Technische Unterlagen für Maschinen und dazugehörige Produkte (alt: Anhang VII A)

Redaktionelle Änderungen

In der neuen Verordnung wird der Anhang als „Technische Dokumentation" benannt, aber im Weiteren wird dann ebenso wie in der MRL-Richtlinie von „technischen Unterlagen" gesprochen.

In der Einleitung fordert die EG-Maschinenrichtlinie 2006/42/EG, dass die Unterlagen in einer oder mehreren Gemeinschaftssprachen abgefasst sein müssen, diese Anforderung findet sich im Anhang IV so nicht wieder. Die Unterlagen sind in einer leicht verständlichen Form (Anwendersprache) für die Behörden zu hinterlegen.

In **den technischen Unterlagen** sind die Mittel anzugeben, mit denen ein Hersteller die Anforderungen des Anhanges III für Maschinen oder dazugehörige Produkte sicherstellt.

Aufzählung von a) bis l)

Auch wenn die Texte nicht zu 100 % identisch formuliert sind, so sind die inhaltlichen Anforderungen unverändert. Die redaktionellen Anpassungen erfolgten aufgrund der Neustrukturierung der Anhänge.

Aufzählung m) bis o)

Redaktionelle Änderungen

Hier sind erweiterte Dokumentationsleistung zu erbringen.

m) Der Quellcode oder die Programmierlogik der Schaltung der sicherheitsrelevanten Software zum Nachweis der Konformität der Maschine oder des dazugehörigen Produkts mit dieser Verordnung sind auf begründeten Antrag einer zuständigen nationalen Behörde vorzulegen, falls dies für die Überprüfung der Einhaltung der grundlegenden Sicherheits- und Gesundheitsschutzanforderungen nach Anhang III durch diese Behörden erforderlich ist.

n) Bei sensorgestützten, ferngesteuerten oder autonomen Maschinen oder dazugehörigen Produkten, wenn der sicherheitsrelevante Betrieb durch Sensordaten gesteuert wird, ist gegebenenfalls eine Beschreibung der allgemeinen Merkmale, Fähigkeiten und Einschränkungen des verwendeten Systems, der Daten, der Entwicklungs-, Test- und Validierungsverfahren vorzulegen.

o) Die Ergebnisse der an den Bau- und Zubehörteilen der Maschine oder des dazugehörigen Produkts vom Hersteller durchgeführten Prüfungen und Versuche, die notwendig sind, um festzustellen, ob die Maschine aufgrund ihrer Konzeption oder Bauart sicher zusammengebaut und in Betrieb genommen werden kann, sind anzugeben.

Die neuen Anforderungen beziehen sich in

m) auf die Bereitstellung des Quellcodes oder der Programmierlogik von sicherheitsrelevanter Software, bei

n) auf sensorgestützte, ferngesteuerte oder autonome Maschinen, wenn der sicherheitsrelevante Betrieb durch Sensordatengesteuert wird.

Neu

Die Anforderungen zur Bereitstellungsdauer der technischen Unterlagen von 10 Jahren ab dem Inverkehrbringen oder der Inbetriebnahme ergeben sich aus dem Artikel 10 und Anhang VI (Interne Fertigungskontrolle). Die Unterlagen können in digitaler oder in Papierform vorliegen.

Redaktionelle Änderungen

Gestrichen wurde die Anforderung, dass sich die technischen Unterlagen nicht zwingend auf dem Gebiet der Gemeinschaft befinden müssen. Im Umkehrschluss bedeutet dies, dass die technischen Unterlagen jetzt in der Gemeinschaft bereitgestellt werden müssen.

Weiterhin entfallen ist der Hinweis, dass das nicht-Vorlegen der technischen Unterlagen nach einem begründeten behördlichen Verlangen ein hinreichender Grund ist, die Übereinstimmung der betreffenden Maschine mit den grundlegenden Sicherheits- und Gesundheitsschutzanforderungen anzuzweifeln.

4.2 Teil B Einschlägige technische Unterlagen für unvollständige Maschinen (alt: Anhang VII B)

In der Einleitung fordert die EG-Maschinenrichtlinie 2006/42/EG, dass die technischen Unterlagen in einer oder mehreren Gemeinschaftssprachen abgefasst sein müssen.

Diese Anforderung findet sich in dem neuen Anhang IV so nicht wieder. Der Artikel 11 fordert, dass die Unterlagen in einer leicht verständlichen Form (Anwendersprache) für die Behörden zu hinterlegen sind.

Aufzählung von a) bis j)

Redaktionelle Änderungen

Auch wenn die Texte nicht zu 100 % identisch formuliert sind, so sind die inhaltlichen Anforderungen unverändert. Die redaktionellen Anpassungen erfolgten aufgrund der Neustrukturierung der Anhänge.

Aufzählung von k) bis m)

Redaktionelle Änderungen

k) Der Quellcode oder die Programmierlogik der Schaltung der sicherheitsrelevanten Software ist auf begründeten Antrag einer zuständigen nationalen Behörde vorzulegen, falls dies für die Überprüfung der Einhaltung der grundlegenden Sicherheits- und Gesundheitsschutzanforderungen nach Anhang III durch diese Behörden erforderlich ist,

l) Bei sensorgestützten, ferngesteuerten oder autonomen unvollständigen Maschinen, wenn der sicherheitsrelevante Betrieb durch Sensordaten gesteuert wird, ist gegebenenfalls eine Beschreibung der allgemeinen Merkmale, Fähigkeiten und Einschränkungen des verwendeten Systems, der Daten, der Entwicklungs-, Test- und Validierungsverfahren vorzulegen.

m) Die Ergebnisse der an den Bau- und Zubehörteilen der Maschine oder an der unvollständigen Maschine vom Hersteller durchgeführten Prüfungen und Versuche, die notwendig sind, um festzustellen, ob die Maschine aufgrund ihrer Konzeption oder Bauart sicher zusammengebaut und eingebaut werden kann, sind anzugeben.

Neue Anforderungen beziehen sich bei

k) auf die Bereitstellung des Quellcode oder der Programmierlogik von sicherheitsrelevanter Software,

l) auf sensorgestützte, ferngesteuerte oder autonome Maschinen, wenn der sicherheitsrelevante Betrieb durch Sensordatengesteuert wird.

Neu

Die Anforderungen zur Bereitstellungsdauer der technischen Unterlagen von 10 Jahren ab dem Inverkehrbringen oder der Inbetriebnahme ergeben sich aus dem Artikel 11 für die unvollständige Maschine. Die Unterlagen können in digitaler oder in Papierform vorliegen.

Redaktionelle Änderungen

Gestrichen wurde die Anforderung, dass sich die technischen Unterlagen nicht zwingend auf dem Gebiet der Gemeinschaft befinden müssen. Im Umkehrschluss bedeutet dies, dass die technischen Unterlagen jetzt in der Gemeinschaft bereitgestellt werden müssen.

Weiterhin entfallen ist der Hinweis, dass das nicht-Vorlegen der technischen Unterlagen nach einem begründeten behördlichen Verlangen ein hinreichender Grund ist, die Übereinstimmung der betreffenden Maschine mit den grundlegenden Sicherheits- und Gesundheitsschutzanforderungen anzuzweifeln.

Die wichtigsten Anforderungen für den Teil A und B von Anhang IV sind in im Bild 5.6 zusammengestellt.

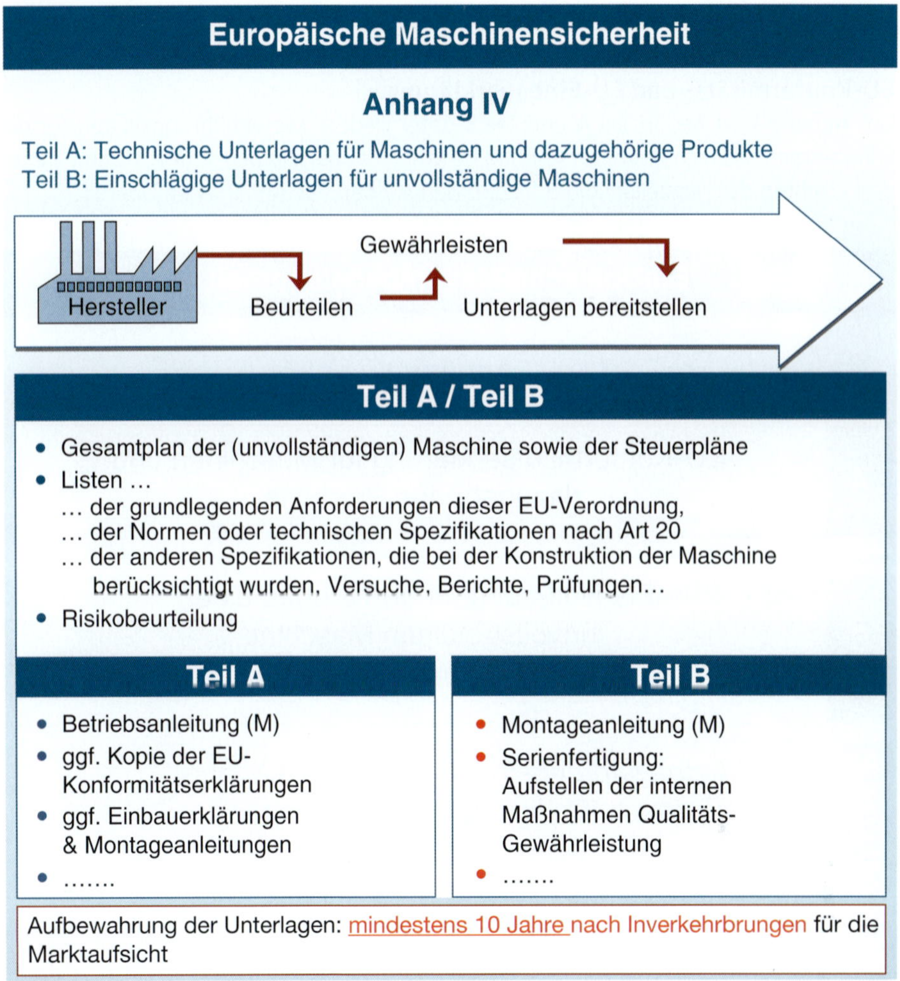

Bild 5.6 *Anforderungen aus Anhang IV im Überblick*

5.5 Anhang V (alt: Anhang II)

EU-Konformitäts- und EU-Einbauerklärung

Der Anhang V ist neu in Teil A und Teil B untergliedert. Die Verjährungsfristen für die Erklärungen sind nicht mehr im Anhang benannt, sondern in den Artikel 10 und 11 bei den Pflichten der Hersteller. Bild 5.7 zeigt den Aufbau des Anhangs im Überblick.

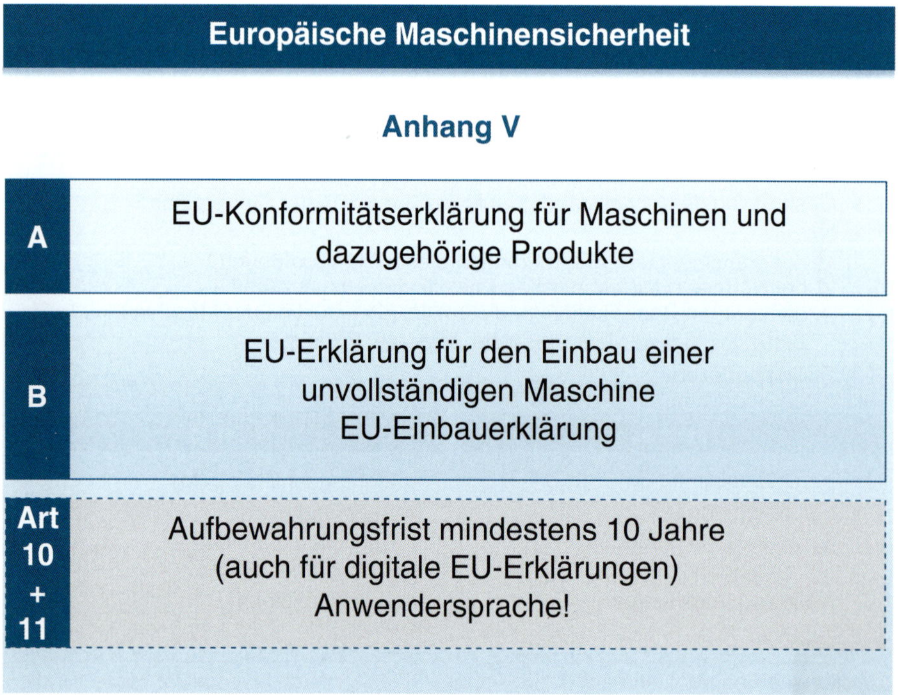

Bild 5.7 *Aufbau des Anhangs V*

5.5.1 Teil A – EG-Konformitätserklärung für Maschinen und dazugehörige Produkte

Redaktionelle Änderungen

Eine Änderung betrifft die Person, die die Technischen Unterlagen zusammenstellt. Diese Person, die bei der MRL 2006/42/EG für zahlreiche Diskussionen gesorgt hatte, ist nicht mehr erforderlich. Ferner gab es die Erweiterung des Begriffs *Maschinen oder dazugehörige Produkte*.

Es gilt nach wie vor die Sprachfassung des Landes, in dem die Maschine oder dazugehöriger Produkte in Verkehr gebracht wird.

Neu

Für Maschinen zum Heben von Lasten, die fest in ein Gebäude oder ein Bauwerk eingebaut werden sollen und die nicht in den Räumlichkeiten des Herstellers, sondern nur am Verwendungsort zusammengebaut werden können, ist die Anschrift dieses Ortes maßgeblich.

Dies gilt z. B. für Brücken- oder Portalkrane, die ausschließlich am Betreiber-Ort endmontiert werden.

Die EU-Konformitätserklärung gilt auch für wesentlich geänderte Maschinen oder dazugehörige Produkte.

Ferner können Fotos oder Farbabbildungen zur besseren Identifikation eingesetzt werden. Dies hat für Hersteller den großen Vorteil, den Status der Inbetriebnahme eindeutiger beweisen zu können, insbesondere beim Einsatz von erforderlichen Schutzeinrichtungen.

Wie auch die Betriebsanleitung kann die EU-Konformitätserklärung in **digitaler Form** zur Verfügung gestellt werden.

Der Zeitraum der Verfügbarkeit ist wie bei der Papierform 10 Jahren nach der Inverkehrbringung.

Referenzen der harmonisierten Normen oder der gemeinsamen Spezifikation werden bis einschließlich des Datums der Veröffentlichung gemacht. Bei teilweise angewandten harmonisierten Normen oder gemeinsamen Spezifikationen werden die angewandten Teile in der EU-Konformitätserklärung angegeben.

Bild 5.8 zeigt Muster-EU-Konformitätserklärung, sie gibt beispielhaft die Anforderungen des Anhangs V wieder. Die Änderungen sind in rot gekennzeichnet.

Europäische Maschinensicherheit

Anhang V

Beispiel

Firmenbezeichnung und vollständige Anschrift

EU-Konformitätserklärung

nach (EU) 2023/1230, Anhang V A

Hiermit erklären wir, dass die Maschine oder das dazugehörige Produkt (Foto möglich)

Typ: XYZ Serien-Nr.: 1234 Baujahr: 2027 (freiwillig)

folgenden einschlägigen Bestimmungen entspricht:
EU-Maschinenverordnung (EU) 2023/1230
EMV – Richtlinie (2014/30/EU)

Bei Montagen (Kran etc.) dauerhafte Standortangaben des Betreibers (Nur wenn Herstellerstandort = Betreiberstandort wird)

Angewandte harmonisierte Normen oder gemeinsame Spezifikation (beide mit Datum!), deren Fundstellen im Amtsblatt der EU veröffentlicht worden sind:

EN ISO 12100, EN ISO 13849-1, EN 60 204-1, EN ISO 14119....

Bei Teilanwendung von Normen genaue Angaben zu den verwendeten Abschnitten!

Angewandte nationale technische Spezifikationen:

VDI-Richtlinie 2854 (Datum!)

ggf. Angaben über Konformitätsbewertungsverfahren: Modul A

ggf. Angaben über EU-Baumusterprüfung nach Modul B; G; oder H

EG-Konformitätserklärung wurde ausgestellt:

Musterstadt, 30.02.2027 H. Mustermann (Geschäftsführer)
(Ort, Datum und Unterschrift) (Angaben zum Unterzeichner)

Bild 5.8 *Muster-EU-Konformitätserklärung, (EU) 2023/1230 Anhang V, Teil A, Neuerung sind rot gekennzeichnet*

5.5.2 Teil B – EU-Erklärung über den Einbau einer unvollständigen Maschine

Redaktionelle Änderungen

Grundsätzlich ist festzustellen, dass in der EU-Verordnung die unvollständige Maschine mit ihren Anforderungen erheblich aufgewertet worden ist. Grund hierfür sind missbräuchlichen Anwendungen in der Vergangenheit und das daraus resultierende Unfallgeschehen

Das Verwendungsverbot bzw. Inbetriebnahme-Verbot einer unvollständigen Maschine bis zur Integration in die „Gesamtmaschine" ist bestätigt worden.

Eine unvollständige Maschine darf also nie betrieben werden!

Welche grundlegenden Sicherheits- und Gesundheitsschutzanforderungen der EG-Maschinenverordnung zur Anwendung gekommen und eingehalten worden sind, muss zukünftiger verpflichtend angegeben und mitgeteilt werden.

Die EG-Maschinenverordnung macht hinsichtlich der Erfüllung dieser Anforderung keine genaueren Angaben, in welcher Form diese „Aufzählung" erfolgen soll/kann. Ob dies unmittelbar in der Erklärung für den Einbau einer unvollständigen Maschine oder in einer gesonderten Liste erfolgt, wird nicht weiter ausgewiesen. Da eine Liste der Anforderungen mitunter sehr umfangreich sein kann, könnte die gesonderte Anlage praxisgerechter sein.

Eine von den Autoren entwickelte Checkliste, die in Rücksprache mit der industriellen Praxis angepasst worden ist, zeigt einen praktikablen Lösungsweg. Die Checkliste „Übersicht für die notwendige Risikobeurteilung unvollständige Maschine" (soweit vom Lieferumfang möglich) wird in **Anhang XI Montageanleitung** genauer erläutert.

Ferner muss ein Hinweis darauf enthalten sein, dass auf Verlangen der zuständigen Behörden der Marktüberwachung die speziellen technischen Unterlagen nach Anhang IV Teil B, einschließlich der Montageanleitung (Anhang XI) bereitgestellt werden. Es ist auch anzugeben, wie diese Unterlagen an die Behörden übermittelt werden.

Neu

Auch in der EU-Einbauerklärung können Fotos oder Farbabbildungen zur besseren Identifikation eingesetzt werden. Dies hat für Hersteller den großen Vorteil, den Status des Lieferzustandes eindeutiger beweisen zu können, insbesondere beim Fehlen von erforderlichen Schutzeinrichtungen.

Wie auch die EU-Konformitätserklärung kann die EU-Einbauerklärung **digitaler Form** zur Verfügung gestellt werden.

Der Zeitraum der Verfügbarkeit ist wie bei der Papierform 10 Jahren nach der Inverkehrbringung.

Referenzen der harmonisierten Normen werden bis einschließlich des Datums der Norm oder der gemeinsamen Spezifikation gemacht. Im Fall von teilweise angewandten harmonisierten Normen oder gemeinsamen Spezifikationen werden die angewandten Teile in der Einbauerklärung angegeben.

Bild 5.9 zeigt eine Muster-EU-Einbauerklärung, sie gibt beispielhaft die Anforderungen des Anhangs V wieder. Die Änderungen sind in Rot gekennzeichnet.

Europäische Maschinensicherheit

Anhang V

Beispiel

Firmenbezeichnung
und vollständige Anschrift

EU-Einbauerklärung

nach (EU)2023/1230, Anhang V B

Hiermit erklären wir, dass die *unvollständigen Maschinen*
(Foto möglich)

Typ: XYZ Serien-Nr.: 1234 Baujahr: 2027 (freiwillig)

den grundlegenden Anforderungen* ***(soweit es vom Lieferumfang her möglich ist)*** **der**
EU-Maschinenverordnung (EU) 2023/1230
EMV-Richtlinie (2014/30/EU) **entsprechen.**

(*welche Anforderung erfüllt wurden, siehe Anlage)

Verpflichtung, dass technische Unterlagen gemäß Anhang IV Teil B über die unvollständige Maschine erstellt worden sind und auf Verlangen den Marktüberwachungsbehörden zu übermitteln sind.

Angewandte harmonisierte Normen oder gemeinsame Spezifikation (beide mit Datum!), deren Fundstellen im Amtsblatt der EU veröffentlicht worden sind:**...........**

Bei Teilanwendung von Normen genaue Angaben zu den verwendeten Abschnitten!

Die Inbetriebnahme der unvollständigen Maschine wird so lange untersagt, bis die unvollständige Maschine in eine Maschine eingebaut wurde. Vor der Inbetriebnahme ist gegebenenfalls zu prüfen, ob die Maschine konform mit den Bestimmungen der EU-Maschinenverordnung ist.

Einbauerklärung wurde ausgestellt:

Musterstadt, 30.02.2027 H. Mustermann (Geschäftsführer)
(Ort, Datum und Unterschrift) (Angaben zum Unterzeichner)

Bild 5.9 *Muster-EU-Einbauerklärung, Anhang V, Teil B, Neuerung sind rot gekennzeichnet*

5.6 Anhang VI (alt : Anhang VIII)

Interne Fertigungskontrolle (Modul A)

Um eine erfolgreiche Konformitätsbewertung nach dem Gemeinschaftsrecht durchführen zu können, stehen unterschiedliche Module (A bis H) zur Verfügung.

Welche Module für die entsprechenden Kategorien von Maschinen zu wählen sind, wird im Artikel 25 festgelegt und in den Anhängen VI bis X näher erläutert.

Grundsätzlich finden alle Module in der (EU) 2023/1230 Anwendung, mit Ausnahme der Module D,E,F. Sie haben in dieser Verordnung keine Bedeutung bzw. Anwendung.

Bild 5.10 zeigt die verschiedenen Module und deren Kombination.

In den nachfolgenden Abschnitten werden die Anhänge und deren modularen Anwendungen mit entsprechenden Veränderungen vorgestellt.

Bild 5.10 *Übersicht über alle Konformitätsbewertungsmodule*

Im Anhang VI wird das Modul A beschrieben, die interne Fertigungskontrolle, im industriellen Sprachgebrauch häufig auch *Eigen- oder Selbstzertifizierungsmodul* genannt.

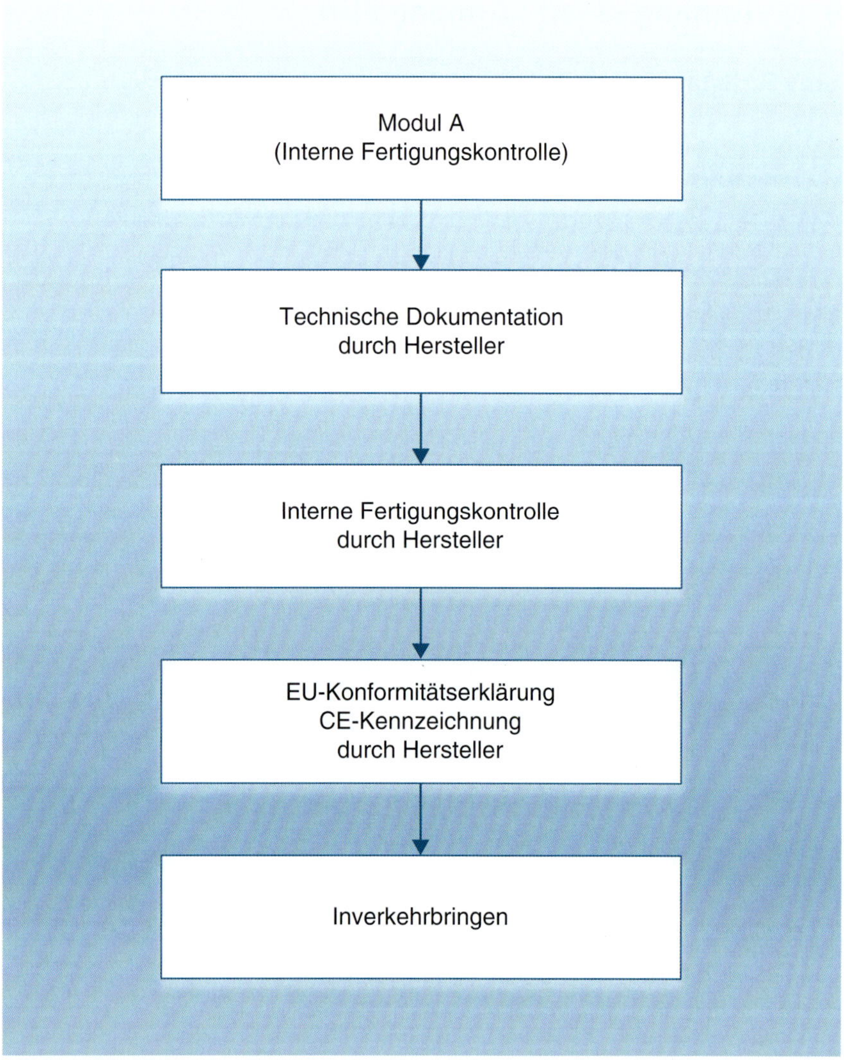

Bild 5.11 *Konformitätsverfahren für Maschinen mit der internen Fertigungskontrolle nach Modul A*

1. Interne Fertigungskontrolle

Bei der internen Fertigungskontrolle handelt es sich um das Konformitätsbewertungsverfahren, mit dem der Hersteller die unter den Nummern 2, 3 und 4 genannten Pflichten erfüllt sowie gewährleistet und auf seine alleinige Verantwortung erklärt, dass die betreffende Maschine oder das dazugehörige Produkt den geltenden Anforderungen dieser Verordnung genügt.

Redaktionelle Änderungen

Neben der Erweiterung um eine Nummer (4.), wird jetzt auch unter 5. der Bevollmächtigte beschrieben, der die Aufgaben unter bestimmten Voraussetzungen übernehmen kann. Weiterhin wird klargestellt, dass die Fertigungskontrolle in der alleinigen Verantwortung des Herstellers liegt und nicht übertragen werden kann.

2. Technische Dokumentation

Der Hersteller erstellt die technischen Unterlagen gemäß Anhang IV, Teil A.

3. Herstellung

4. CE-Kennzeichnung und EU-Konformitätserklärung

5. Bevollmächtigter

Die unter Nummer 4 genannten Verpflichtungen des Herstellers können von seinem Bevollmächtigten in seinem Auftrag und unter seiner Verantwortung erfüllt werden, falls sie im Auftrag festgelegt sind.

Redaktionelle Änderungen

Dem Bevollmächtigten konnte bisher auch die komplette Verantwortung für den Konformitätsprozess vom Hersteller übertragen werden. Dies ist mit der neuen Formulierung so nicht mehr möglich. Lediglich im Auftrag oder unter der Verantwortung des Herstellers kann der Bevollmächtigte jetzt noch das CE-Konformitätsverfahren durchführen.

Diese Änderungen werden konkrete Auswirkungen am Markt haben, denn es gibt noch Hersteller, gerade im Bereich der Betreiber, bei denen die Verantwortung zur Herstellung der Gesamtheit von Maschinen auf Bevollmächtigte übertragen wurde.

5.7 Anhang VII (alt Anhang IX)

EU-Baumusterprüfung (Modul B)

Redaktionelle Änderungen

Die EU-Baumusterprüfung wurde sachlich mit geringfügigen Änderungen aus der Maschinenrichtlinie 2006/42/EG in die EU-Verordnung (EU) 2023/1230 übernommen.

Im Antrag des Herstellers braucht nicht mehr der Herstellungsort der Maschine angegeben zu werden. Zusätzlich ist schriftlich zu erklären, dass derselbe Antrag bei keiner anderen benannten Stelle eingereicht wurde.

Geblieben ist, dass der Hersteller alle 5 Jahre eine Überprüfung der Gültigkeit der EU-Baumusterprüfbescheinigung beantragen muss.

Die Aufbewahrungsfrist des Herstellers beträgt 10 Jahre für folgende Unterlagen:

- die EG-Baumusterprüfbescheinigung,
- die technischen Unterlagen,
- alle dazugehörenden wichtigen Unterlagen.

Die notifizierten Stellen müssen diese Unterlagen 15 Jahre ab der Ausstellung der EU-Baumusterprüfbescheinigung aufbewahren.

Die EU-Baumusterprüfung kann bei allen Maschinen, die im Anhang I Teil A und B aufgelistet sind, angewendet werden.

Bild 5.12 zeigt, dass sich das Modul B nur auf die Entwurfsphase einer Maschine oder des dazugehörigen Produkts bezieht.

Für die Herstellerüberwachung muss das Modul C zwingend mit hinzugezogen werden.

Bevollmächtigter: Die genannten Verpflichtungen des Herstellers können von seinem Bevollmächtigten in seinem Auftrag und unter seiner Verantwortung erfüllt werden, falls sie im Auftrag festgelegt sind.

Dem Bevollmächtigten konnte bisher auch die komplette Verantwortung für den Konformitätsprozess vom Hersteller übertragen werden. Dies ist mit der neuen Formulierung so nicht mehr möglich. Lediglich im Auftrag oder unter der Verantwortung des Herstellers kann der Bevollmächtigte jetzt noch das CE-Konformitätsverfahren durchführen.

Diese Änderungen werden konkrete Auswirkungen am Markt haben, denn es gibt noch Hersteller, gerade im Bereich der Betreiber, bei denen die Verantwortung zur Herstellung der Gesamtheit von Maschinen auf Bevollmächtigte übertragen wurde.

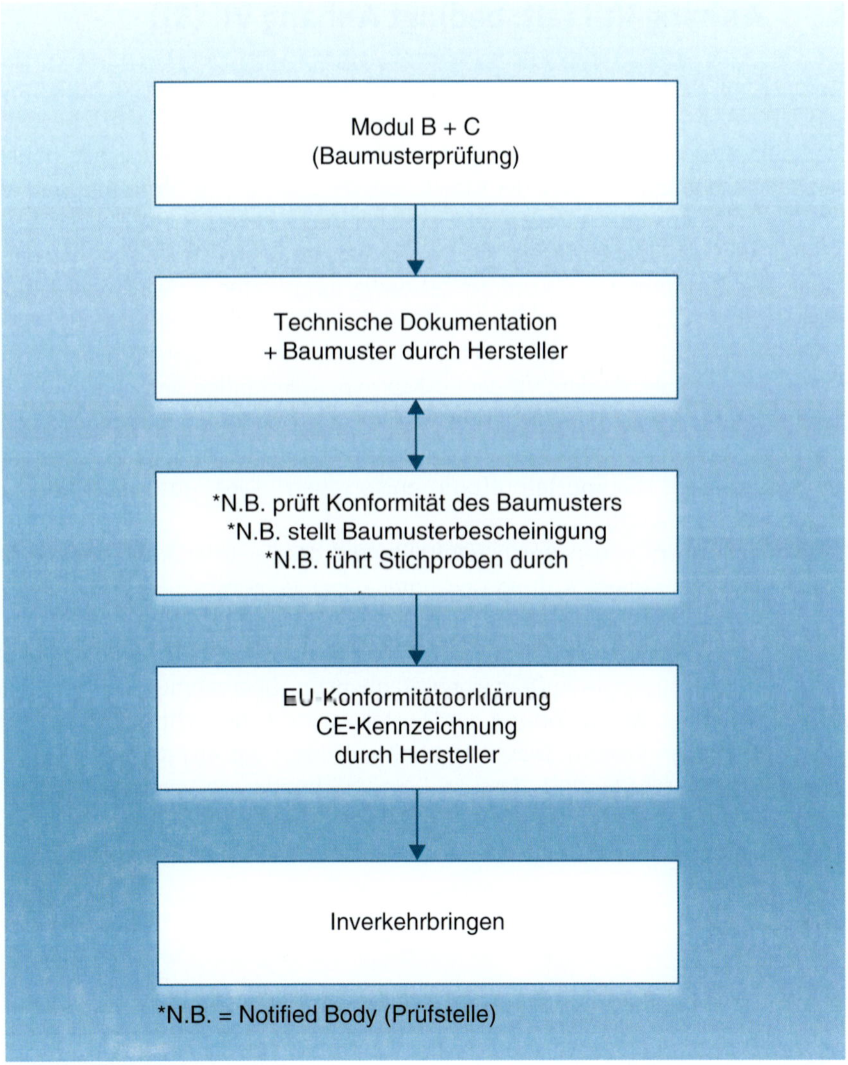

Bild 5.12 *Konformitätsverfahren für Maschinen mit der internen Fertigungskontrolle nach Modul B und C*

5.8 Anhang VIII (alt: bedingt Anhang VII (3))

Konformität mit dem Baumuster auf der Grundlage einer internen Fertigungskontrolle (Modul C)

Die Baumusterprüfung hat in der EU-Maschinenverordnung wieder einen höheren Stellenwert erhalten. Die Anzahl der Maschinen, die baumusterprüfpflichtig sind, war in der EG-Maschinenrichtlinie 2006/42/EG geringer. Aus verschiedenen Gründen sah die EU-Kommission die Notwendigkeit, die Bedeutung der Baumusterprüfung wieder zu erhöhen. Die Zuordnung des Konformitätsbewertungsverfahren wird über Module geregelt.

Zu dem alten Anhang VIII besteht im neuen Anhang kein nennenswerter Zusammenhang. Die Anforderungen des Anhang VIII der EU-Maschinenverordnung sind neu.

Der Hersteller kann nach dem Ablauf des Moduls C durch die interne Fertigungskontrolle bescheinigen, dass die hergestellten Maschinen oder Produkte der durch eine benannte Stelle ausgestellten Baumusterprüfung entsprechen. Dies geschieht über die CE-Konformitätserklärung.

Bevollmächtigter: Die genannten Verpflichtungen des Herstellers können von seinem Bevollmächtigten in seinem Auftrag und unter seiner Verantwortung erfüllt werden, falls sie im Auftrag festgelegt sind.

Lediglich das Anbringen der CE-Kennzeichnung und das Ausstellen der Konformität kann ein Bevollmächtigter im Auftrag eigenverantwortlich übernehmen. Die Herstellung liegt weiterhin in der Verantwortung des Herstellers und kann nicht – auch nicht vertraglich – übertragen werden. Dieser Abschnitt korrigiert das aus der alten Richtlinie hervorgehende Missverständnis, dass ein Bevollmächtigter alle Verantwortlichkeiten übernehmen kann.

Bild 5.13 zeigt das Modul C unter der Voraussetzung einer Baumusterbescheinigung.

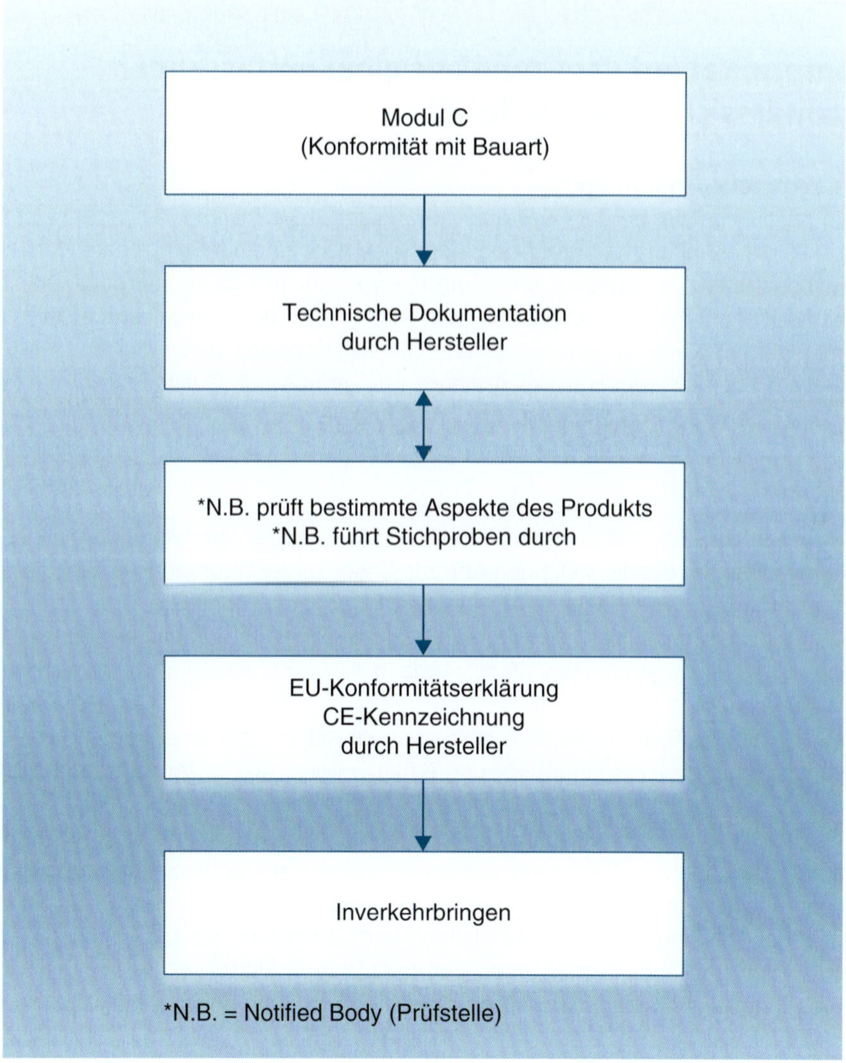

Bild 5.13 *Konformitätsverfahren für Maschinen mit der internen Fertigungskontrolle nach Modul C unter der Voraussetzung einer Baumusterbescheinigung*

5.9. Anhang IX (alt Anhang X)

Konformität auf der Grundlage einer umfassenden Qualitätssicherung (Modul H)

Redaktionelle Änderungen

Grundsätzlich geht es bei der Qualitätssicherung um ein Verfahren, welches sicherstellen soll, dass die in Anhang I aufgeführten Maschinen nach einem freigegebenen Verfahren einer benannten Stelle gebaut und geprüft wird. Die Anforderungen gegenüber der EG-Maschinenrichtlinie 2006/42/EG sind mehr und detaillierter aufgeführt. Die Nummerierung wurde gegenüber der alten EG-Richtlinie geändert.

Bild 5.14 zeigt Modul H dieses Anhangs. Die umfassende Qualitätssicherung kann bei Maschinen nach Anhang I Teil A, aber auch Teil B durchgeführt werden.

Neu

CE-Kennzeichnung und EU-Konformitätserklärung: Der Hersteller bringt an jedem einzelnen Produkt, das die geltenden Anforderungen dieser Verordnung erfüllt, die nach der Verordnung vorgeschriebene CE-Kennzeichnung und unter der Verantwortung der benannten Stelle deren Kennnummer an. Das Anbringen der CE-Kennzeichnung wurde in dieses Kapitel aufgenommen, da der Anhang III „CE-Kennzeichnung" so nicht mehr vorhanden ist.

Die Verpflichtungen des Herstellers können von seinem Bevollmächtigten in seinem Auftrag und unter seiner Verantwortung erfüllt werden, falls sie im Auftrag festgelegt sind.

Der Bevollmächtigte kann nur noch Teilaufgaben in eigener Verantwortung übernehmen. Dazu gehören in Bezug auf die Qualitätssicherung die Beantragung bei einer benannten Stelle, Information über geplante Änderungen im Verfahren, das Anbringen der CE-Kennzeichnung und die Ausstellung der EU-Konformitätserklärung, sowie die Aufbewahrung der aufgeführten Unterlagen im Auftrag des Herstellers. Die Verantwortung für das zugelassene Qualitätssicherungssystem obliegt allein dem Hersteller.

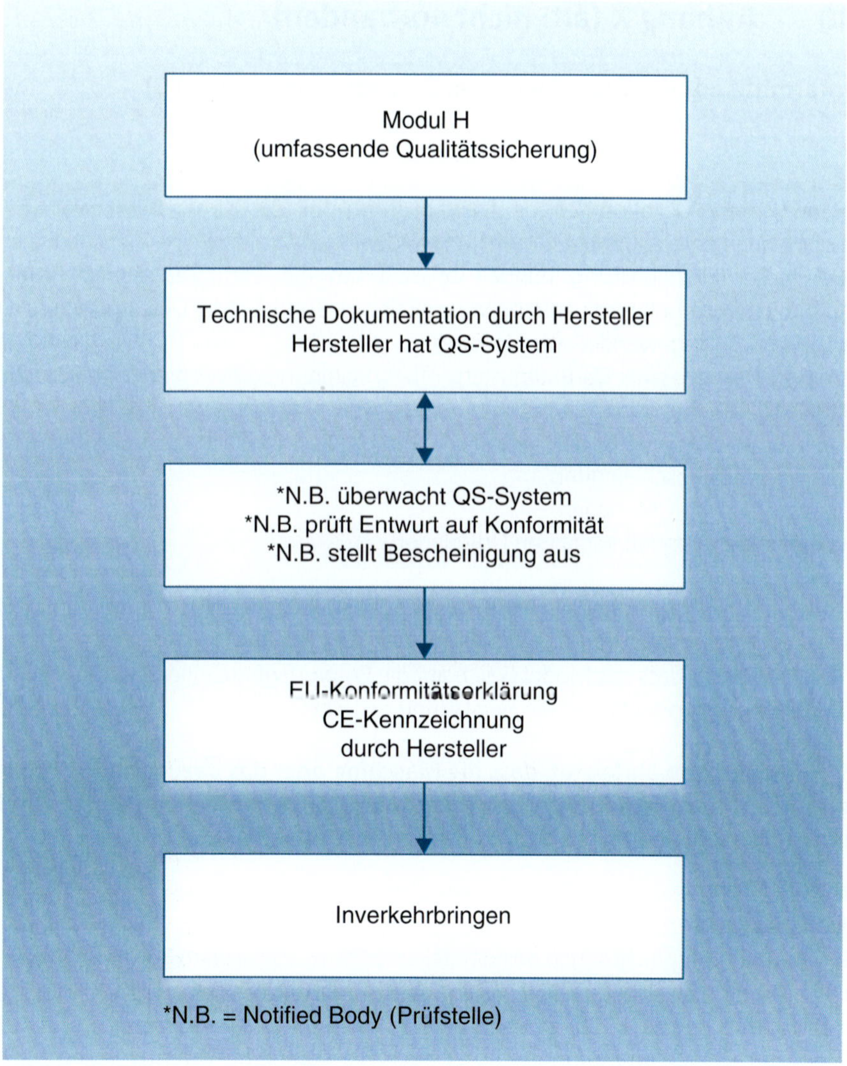

Bild 5.14 *Konformitätsverfahren für Maschinen mit der internen Fertigungskontrolle nach Modul H*

5.10 Anhang X (alt: nicht vorhanden)

Konformität auf der Grundlage einer Einzelprüfung (Modul G)

Neu

Die im Anhang X beschriebene Einzelprüfung für die Konformität war in der Maschinenrichtlinie 2006/42/EG nicht vorhanden.

Bei dieser Einzelprüfung handelt es sich um ein Verfahren ähnlich wie die EU-Baumusterprüfung nach Anhang VII, welches für Sonder- oder Unikatmaschinen mit der Losgröße 1 angewendet werden kann.

Im Gegensatz zu einer EU-Baumusterprüfbescheinigung gibt es hier keine fünfjährige Gültigkeit.

Die Aufbewahrungsfrist des Herstellers beträgt 10 Jahre für folgende Unterlagen:

- die Einzelprüfbescheinigung,
- die technischen Unterlagen,
- alle dazugehörenden wichtigen Unterlagen.

Die Einzelprüfung kann bei allen Maschinen, die im Anhang I Teil A und B aufgelistet sind, angewendet werden.

Bild 5.15 zeigt, dass das Modul G sich auf die Entwurfsphase eine Maschine oder des dazu gehörigen Produkts und die Herstellung erstreckt.

Der Hersteller gewährleistet, dass die Maschine oder das dazugehörige Produkt weiterhin die anwendbaren grundlegenden Sicherheits- und Gesundheitsschutzanforderungen nach dem Stand der Technik erfüllt.

Bevollmächtigter:

Die genannten Verpflichtungen des Herstellers können von seinem Bevollmächtigten in seinem Auftrag und unter seiner Verantwortung erfüllt werden, falls sie im Auftrag festgelegt sind.

Dem Bevollmächtigten konnte bisher auch die komplette Verantwortung für den Konformitätsprozess vom Hersteller übertragen werden. Dies ist mit der neuen Formulierung so nicht mehr möglich. Lediglich im Auftrag oder unter der Verantwortung des Herstellers kann der Bevollmächtigte jetzt noch das CE-Konformitätsverfahren durchführen.

Diese Änderungen werden konkrete Auswirkungen am Markt haben, denn es gibt noch Hersteller, gerade im Bereich der Betreiber, bei denen die Verantwortung zur Herstellung der Gesamtheit von Maschinen auf Bevollmächtigte übertragen wurde.

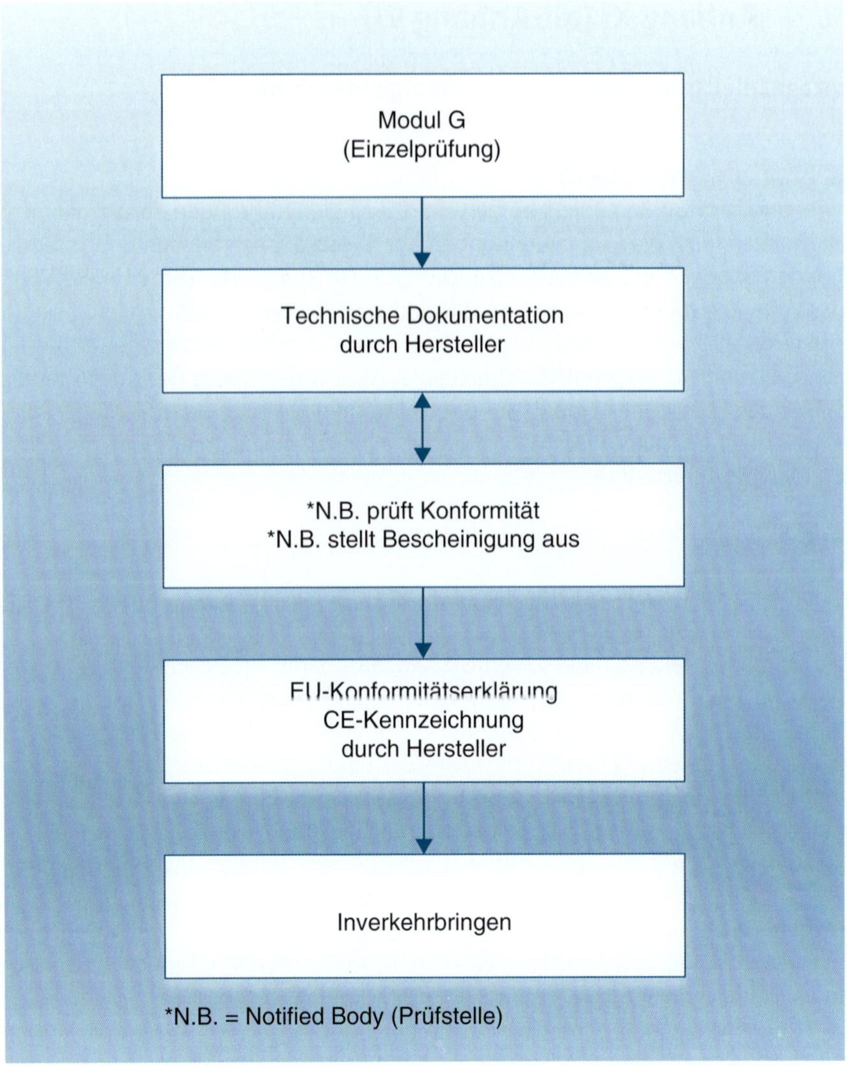

Bild 5.15 *Konformitätsverfahren für Maschinen mit der internen Fertigungskontrolle nach Modul G*

5.11 Anhang XI (alt Anhang VI)

Montageanleitung für eine unvollständige Maschine

Redaktionelle Änderungen

Der Anhang XI wurde erheblich aufgewertet, weil die Erfahrungen der Vergangenheit gezeigt haben, dass die Fehlanwendungen und Missbräuchen bei den unvollständigen Maschinen dringend in dieser Maschinenverordnung korrigierte werden mussten.

Das Verfahren für Hersteller von unvollständigen Maschinen nach Artikel 11 sieht vor, dass der Hersteller einer unvollständigen Maschine vor dem Inverkehrbringen sicherstellen muss, dass eine Montageanleitung erstellt wird und dass diese der unvollständigen Maschine bis zu ihrem Einbau in die vollständige Maschine beigefügt ist. Die Montageanleitung ist im Anschluss daran der technischen Dokumentation der vollständigen Maschine beizufügen.

Neu

Neu und bemerkenswert ist , dass dies nun auch für Einführer nach Artikel 14 und für Händler nach Artikel 16 Gültigkeit hat.

Die Montageanleitung muss so verfasst sein, dass damit ein Zusammenbau mit anderen Teilen (z. B. weiteren unvollständigen Maschinen oder bereits vollständigen Maschinen) ohne Beeinträchtigung der Sicherheit und Gesundheit von Personen erfolgen kann.

Die Montageanleitung kann vom Hersteller in digitaler Form zur Verfügung gestellt werden. Wenn die Montageanleitung in digitaler Form bereitgestellt wird, muss der Hersteller angeben, wie auf die digitale Montageanleitung zugegriffen werden kann. Sie ist für einen Zeitraum von mindestens zehn Jahren nach dem Inverkehrbringen der unvollständigen Maschine online zur Verfügung zu stellen. Die Montageanleitung kann jedoch innerhalb eines Monats kostenlos auch in Papierform zur Verfügung gestellt werden. Die Montageanleitung ist in einer vom betreffenden Mitgliedstaat festgelegten leicht verständlichen Sprache abzufassen und muss klar, verständlich und lesbar sein.

Dies kann nur bedeuten, dass die Anwenderspracheregelung zum Tragen kommt.

Hersteller sollten zukünftig besonderes darauf achten, dass eine deutschsprachige Montageanleitung vorliegt.

Ist die unvollständige Maschine für die Verwendung in Maschinen bestimmt, die unter Anhang III Kapitel 2 bis 6 fallen, so muss die Montageanleitung auch weitere Angaben enthalten, die für den Einbau in diese Maschinen erforderlich sind.

Dies alles ist eine positive Verbesserung gegenüber der EG-Maschinenrichtlinie.

Die Montageanleitung enthält die EU-Einbauerklärung oder die Internetadresse oder den maschinenlesbaren Code der unvollständigen Maschine.

Bild 5.16 zeigt die wesentlichen Anforderungen an eine Montageanleitung.

Europäische Maschinensicherheit

-Erheblich aufgewertet-

Anhang XI

Montageanleitung

Mindestangaben

- ☑ Beschreibung der unvollständigen Maschine
- ☑ Zeichnungen, Erläuterungen Anweisungen für die Montage, Prüfung der Funktionsfähigkeit, Störungsbeseitigung
- ☑ Internetadresse oder QR-Code
- ☑ Warnhinweise auf Verwendungsbeschränkung
- ☑ Information über Lärm oder Vibrationen
- ☑ Durchgeführte Anforderung nach Anhang III (ggf. Anlage)
- ☑ **Erforderliche Angaben**

◎ **Montage / Probebetrieb:**
Gewicht, Anschlagmittel, Schwerpunkt, Anschlagpunkte, Standsicherheit mechanische/elektrische/fluide/ pneumatische Schnittstellen, sicherheitstechnische Schnittstellen (z. B. Not-Halt, Ingangsetzen), Einsatz von PSA, Entfernen Transportsicherungen, Schnittstelle Brand-und Ex-Schutz beachten
Bei **Anwendung Anhang III Teil 2-6 Maschinen**: Hinweise für die Aufnahme in Betriebsanleitung!

Bild 5.16 *Wichtigste Anforderungen an eine Montageanleitung*

5.11.1 Empfehlung Checkliste

Übersicht über die notwendige Risikobeurteilung einer unvollständigen Maschine (soweit vom Lieferumfang möglich)

Tabelle 5.1 zeigt ein Beispiel für eine Checkliste, die gesondert beigelegt werden kann. Sie ist nicht verpflichtend, sondern stellt nur eine praktikable Lösung der Anforderung nach Anhang V dar.

Tabelle 5.1 Checkliste Risikobeurteilung einer unvollständigen Maschine nach (EU) 2023/1230, Anhang III

Legende:

J = Ja; N = Nein; E = Entfällt;

Typ: Baujahr: Nr.: Datum:	Anhang III Nr.:	J N E	Risiko		Maßnahmen bei hohem Risiko	
			akzeptabel	hoch	Technische Maßnahmen	Hinweise in der Montageanleitung
Wurden Grundsätze für die Integration der Sicherheit eingehalten?	1.1.2					
Liegt Risiko durch eingesetzte Materialien vor?	1.1.3					

Fortsetzung

Typ: Baujahr: Nr.: Datum:	Anhang III Nr.:	J N E	Risiko		Maßnahmen bei hohem Risiko	
			akzeptabel	hoch	Technische Maßnahmen	Hinweise in der Montageanleitung
Ist Beleuchtung erforderlich?	1.1.4					
Besteht Risiko durch Handhabung oder Transport?	1.1.5					
Besteht Risiko durch Fehlbeanspruchung (Ergonomie)?	1.1.6					
Besteht Risiko an den Bedienungsplätze (z. B. Abgase)?	1.1.7					
Ist Sitz erforderlich? Wurden Schwingungen berücksichtigt?	1.1.8					
Sind Anforderungen gegen Korrumpierungen erforderlich?	1.1.9					
Sind Anforderungen an die Steuerungen notwendig?	1.2.1					
Sind Anforderungen an die Stellteile notwendig?	1.2.2					
Besteht Risiko durch unbeabsichtigtes Ingangsetzen?	1.2.3					
Ist ein normales Stillsetzen erforderlich?	1.2.4.1					
Ist ein betriebsbedingtes Stillsetzen erforderlich?	1.2.4.2					
Ist ein Stillsetzen im Notfall erforderlich?	1.2.4.3					
Sind für die Gesamtheit der vollständigen Maschine alle Vorbereitungen getroffen worden, z. B Schnittstellen ausgeführt und vorhanden?	1.2.4.4					
Sind weitere Betriebsarten erforderlich (Schnittstellen vorhanden)?	1.2.5					
Wurde Störung der Energieversorgung berücksichtigt?	1.2.6					
Besteht Risiko des Verlusts der Standsicherheit?	1.3.1					
Besteht Bruchrisiko beim Betrieb?	1.3.2					
Bestehen Risiken durch herabfallende oder herausgeschleuderte Gegenstände?	1.3.3					
Bestehen Risiken durch Oberflächen, Kanten und Ecken?	1.3.4					

Fortsetzung

Typ: **Baujahr:** **Nr.:** **Datum:**	**Anhang III Nr.:**	**J N E**	**Risiko**		**Maßnahmen bei hohem Risiko**	
			akzeptabel	**hoch**	**Technische Maßnahmen**	**Hinweise in der Montageanleitung**
Bestehen Risiken durch Änderung der Verwendungsbedingungen (Umgebungsbedingungen)?	1.3.6					
Bestehen Risiken durch bewegliche Teile?	1.3.7					
Besteht Risiko durch bewegliche Teile der Kraftübertragung?	1.3.8.1					
Besteht Risiko durch bewegliche Teile, die am Arbeitsprozess beteiligt sind?	1.3.8.2					
Besteht Risiko durch unkontrollierte Bewegungen?	1.3.9					
Wurden die allgemeinen Anforderungen für SE berücksichtigt?	1.4.1					
Wurden die besonderen Anforderungen an trennende SE berücksichtigt?	1.4.2					
Sind feststehende trennende SE erforderlich?	1.4.2.1					
Sind bewegliche trennende SE mit Verriegelung erforderlich?	1.4.2.2					
Sind zugangsbeschränkende verstellbare SE erforderlich?	1.4.2.3					
Wurden besondere Anforderungen an nichttrennende SE berücksichtigt?	1.4.3					
Besteht Risiko durch elektrische Energieversorgung?	1.5.1					
Besteht Risiko durch statische Elektrizität?	1.5.2					
Besteht Risiko durch andere (nichtelektrische) Energieversorgung?	1.5.3					
Ist eine sichere Montage gewährleistet (Verbindungselemente, Anschlüsse etc.)?	1.5.4					
Besteht Risiko extremer Temperaturen (heiße oder sehr kalte Oberflächen)?	1.5.5					
Wurde Brand- oder Überhitzungsrisiko vermieden?	1.5.6					
Wurde Explosionsrisiko vermieden?	1.5.7					
Besteht Risiko durch Lärm (Luftschallemissionen)?	1.5.8					
Besteht Risiko durch Vibrationen?	1.5.9					

Fortsetzung

Typ: Baujahr: Nr.: Datum:	Anhang III Nr.:	J N E	Risiko		Maßnahmen bei hohem Risiko	
			akzeptabel	hoch	Technische Maßnahmen	Hinweise in der Montageanleitung
Besteht Risiko durch Strahlungsemissionen?	1.5.10					
Besteht Risiko durch Strahlung von außen (z. B. EMV-Störfestigkeit)?	1.5.11					
Besteht Risiko durch Verwendung von Laserstrahlung?	1.5.12					
Besteht Risiko durch Emission gefährlicher Werkstoffe und Substanzen?	1.5.13					
Besteht Risiko des Einschließens von Personen?	1.5.14					
Liegt ein Ausrutsch-, Stolper- oder Sturzrisiko vor?	1.5.15					
Wurde Risiko durch Blitzschlag berücksichtigt?	1.5.16					
Sind Wartungshinweise für unvollständige Maschine erforderlich?	1.6.1					
Sind Zugänge zu den Bedienungsständen und Eingriffspunkte für die Instandhaltung erforderlich und ggf. ausreichend?	1.6.2					
Ist die Trennung von den Energiequellen bei der Instandhaltung möglich?	1.6.3					
Ist ein sicheres und leichtes Eingreifen des Bedienungspersonals – soweit erforderlich – gewährleistet?	1.6.4					
Wurden die Anforderungen an die Reinigung innenliegender Maschinenteile berücksichtigt?	1.6.5					

Ausblick: Übergangsregelungen

6

Die in diesem Buch behandelte Europäische Maschinenverordnung (EU) 2023/1230 wurde – wie bereits mehrfach erwähnt – am 29. Juni 2023 im Amtsblatt der EU veröffentlicht. Nach 20 Tagen trat diese **Verordnung in Kraft und ist ab dem 20. Januar 2027 verbindlich anzuwenden**.

In der EU-Maschinenverordnung war erst ein anderer Termin genannt, der 14. Januar 2027. Mit der Berichtigung vom 04.07.2023 wurde die Verordnung (EU) 2023/1230 des Europäischen Parlaments und des Rates vom 14. Juni 2023 über Maschinen und zur Aufhebung der Richtlinie 2006/42/EG des Europäischen Parlaments und des Rates korrigiert.

Bis zu diesem verbindlichen Termin des Inkrafttretens gibt es weitere „Übergangstermine", die nicht so bedeutsam für die praktischen und betrieblichen Anwendungen sind. Bild 6.1 zeigt sie im Überblick.

Der Termin 20.01.2024 gilt für die im Kapitel V (Art. 26- 42) im verfügenden Teil aufgeführten Bestimmungen zur „Notifizierung von Konformitätsbewertungsstellen" (N.B).

Hier werden die Anforderungen, Aufgaben und Verfahren der notifizierten Stellen im Einzelnen beschrieben.

Bei den Terminen 20.07.24 und 20.07.2025 geht es allgemein um die Auflistung der Produkte im Anhang I und deren Aktualität. Aufgrund von Erfahrungen mit Unfällen oder neuen technischen Entwicklungen kann der Anhang I nach einem bestimmten Verfahren modifiziert werden. In diesem Zusammenhang steht auch der letzte Termin vor dem offiziellen Inkrafttreten.

Eine wichtige Änderung bei den Übergangsfristen betrifft die **Lagermaschinen**. Eine angedachte Regelung sollte nach 12 Monate das Bereitstellen auf dem Markt von Maschinen nach alter EG-Richtlinie untersagen. Dies hätte bedeutet, dass mit dem Stichtag nach der einjährigen Übergangszeit Lagermaschinen bei Händlern nicht mehr hätten weitervermarktet werden dürfen.

Diese Regelung wurde in der EU-Verordnung gemäß Artikel 53 ersatzlos gestrichen. Das bedeutet, dass die Mitgliedstaaten die Bereitstellung von Produkten auf dem Markt nicht behindern, die entsprechend der EG-Richtlinie 2006/42/EG vor dem 20. Januar 2027 in Verkehr gebracht wurden.

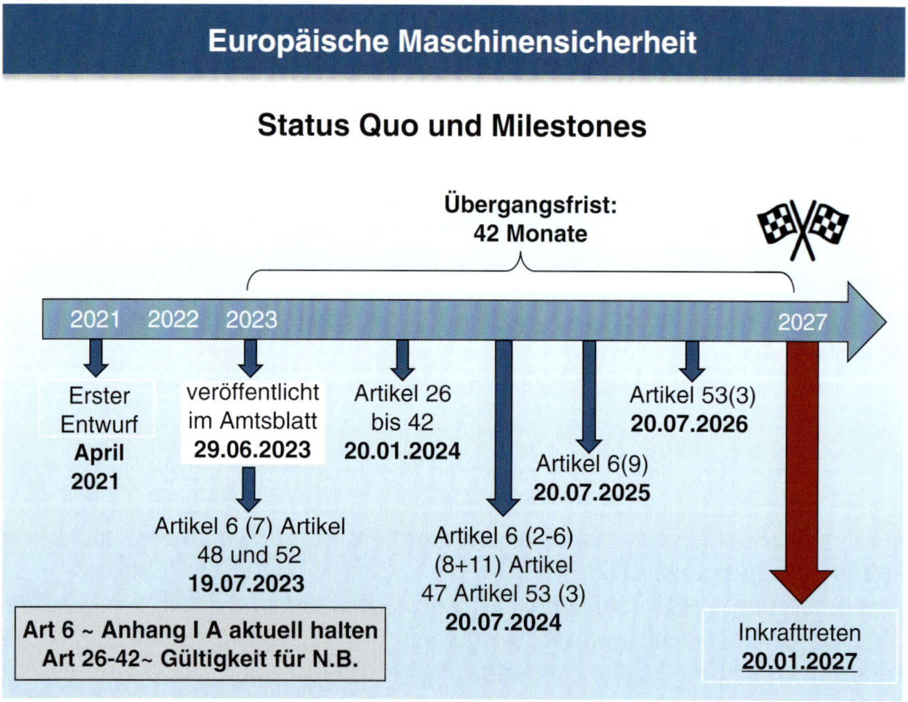

Bild 6.1 *Termine für das Inkrafttreten der (EU) 2023/1230*

EG-Baumusterprüfbescheinigungen und Zulassungen, die gemäß Artikel 12 der EG-Richtlinie 2006/42/EG ausgestellt bzw. erteilt wurden, bleiben bis zu ihrem Ablauf (max. 5 Jahre) gültig.

Die Umsetzung in nationales Recht ist demnach nicht mehr notwendig, nichtsdestotrotz wird sich die **9. ProdSV** (9. Verordnung zum Produktsicherheitsgesetz) deklaratorisch ändern. Der nationale Gesetzgeber wird die bestehende 9. ProdSV zur Vermeidung von Rechtsunsicherheit anpassen wollen. Hierzu wird ein Gleichlauf mit dem Text der Verordnung hergestellt werden. Da in der Zwischenzeit mit der KI-Verordnung ein weiterer Rechtsakt mit Bedeutung für den Maschinen- und Anlagenbau in Kraft sein wird, kann eine Anpassung der 9. ProdSV auch in diesem Bereich möglich werden. Entscheidend für alle betroffenen Wirtschaftsakteure ist in jedem Fall immer die jeweilige europäische Verordnung, allerdings mit Ausnahme der im **ProdSG** und seinen Verordnungen geregelten Ordnungswidrigkeiten und Straftatbeständen.

Der **Guide** (oder **Leitfaden**) zur EG-Maschinenrichtlinie wird von der Europäischen Kommission erstellt und veröffentlich, um die Konzepte und Anforderungen der Richtlinie zu erläutern. Der Leitfaden ist nicht rechtsverbindlich, hilft aber in vielen Situationen, mehr Klarheit über den eigentlichen Rechtstext der Richtlinie zu erhalten.

Der aktuelle Leitfaden zur EU-Maschinenrichtlinie 2006/42/EG ist die Version 2.2, er ist u.a. auf der Seite des Bundesministeriums für Arbeit und Soziales (BMAS) verfügbar.

Auch für die neue EU-Maschinenverordnung (EU) 2023/1230 wird es einen Leitfaden geben. Verschiedene Gremien arbeiten schon an ersten Entwürfen, um eine gewisse Vorarbeit für die EU-Kommission zu leisten. Was davon in das Dokument übernommen wird, entscheidet dann aber ausschließlich die EU-Kommission.

Wann dieser Leitfaden erscheinen wird, ist allerdings noch offen. Es bleibt aber zu hoffen, dass dies möglichst noch vor dem 20. Januar 2027 der Fall sein wird, um für einige Anforderungen aus den Artikeln und Anhängen ein besseres Verständnis für die Umsetzung zu erhalten.

Nach der Veröffentlichung des neuen Leitfadens wird das Dokument wieder auf den einschlägigen Internetseiten, beispielsweise des BMAS, zum kostenlosen Download bereitstehen.

EU-Maschinenverordnung (EU) 2023/1230

7

7.1 VERORDNUNG (EU) 2023/1230 DES EUROPÄISCHEN PARLAMENTS UND DES RATES vom 14. Juni 2023 über Maschinen und zur Aufhebung der Richtlinie 2006/42/EG des Europäischen Parlaments und des Rates und der Richtlinie 73/361/EWG des Rates

DAS EUROPÄISCHE PARLAMENT UND DER RAT DER EUROPÄISCHEN UNION —

gestützt auf den Vertrag über die Arbeitsweise der Europäischen Union, insbesondere auf Artikel 114,

auf Vorschlag der Europäischen Kommission,

nach Zuleitung des Entwurfs des Gesetzgebungsakts an die nationalen Parlamente,

nach Stellungnahme des Europäischen Wirtschafts- und Sozialausschusses[1],

gemäß dem ordentlichen Gesetzgebungsverfahren[2],

in Erwägung nachstehender Gründe:

(1) Die Richtlinie 2006/42/EG des Europäischen Parlaments und des Rates[3] wurde im Rahmen der Schaffung des Binnenmarkts zur Harmonisierung der Sicherheits- und Gesundheitsschutzanforderungen für Maschinen in allen Mitgliedstaaten und zur Beseitigung von Hindernissen für den Handel mit Maschinen zwischen den Mitgliedstaaten erlassen.

(2) Der Maschinensektor ist ein wichtiger Teil der Maschinenbauindustrie und einer der industriellen Kernbereiche der Wirtschaft der Europäischen Union. Die sozia-

---

1 ABl. C 517 vom 22.12.2021, S. 67.

2 Standpunkt des Europäischen Parlaments vom 18. April 2023 (noch nicht im Amtsblatt veröffentlicht) und Beschluss des Rates vom 22. Mai 2023.

3 Richtlinie 2006/42/EG des Europäischen Parlaments und des Rates vom 17. Mai 2006 über Maschinen und zur Änderung der Richtlinie 95/16/EG (ABl. L 157 vom 9.6.2006, S. 24).

len Kosten der zahlreichen durch den Umgang mit Maschinen unmittelbar hervorgerufenen Unfälle lassen sich verringern, wenn Maschinen inhärent sicher konstruiert und gebaut sowie sachgerecht installiert und gewartet werden.

(3) Bei der Anwendung der Richtlinie 2006/42/EG zeigten sich Mängel und Unstimmigkeiten bei den Produkten, die in den Anwendungsbereich fallen, und bei den Konformitätsbewertungsverfahren. Daher ist es erforderlich, die Bestimmungen der genannten Richtlinie zu verbessern, zu vereinfachen und an die Bedürfnisse des Markts anzupassen sowie klare Regeln für den Rahmen festzulegen, in dem Produkte, die in den Anwendungsbereich dieser Verordnung fallen, auf dem Markt bereitgestellt werden können.

(4) Da die Vorschriften, in denen die Anforderungen an Produkte, die in den Anwendungsbereich dieser Verordnung fallen, festgelegt sind, insbesondere die grundlegenden Sicherheits- und Gesundheitsschutzanforderungen und die Konformitätsbewertungsverfahren, für alle Akteure in der Union einheitlich gelten müssen und keinen Raum für eine abweichende Umsetzung durch die Mitgliedstaaten bieten dürfen, sollte die Richtlinie 2006/42/EG durch eine Verordnung ersetzt werden.

(5) Die Mitgliedstaaten sind dafür verantwortlich, in ihrem Hoheitsgebiet die Sicherheit und Gesundheit von Personen, insbesondere von Arbeitnehmern und Verbrauchern, und gegebenenfalls von Haustieren und Sachen sowie, soweit anwendbar, die Umwelt zu schützen, insbesondere in Bezug auf die Risiken bei der bestimmungsgemäßen Verwendung oder einer vernünftigerweise vorhersehbaren Fehlanwendung von Maschinen oder dazugehörigen Produkten. Zur Vermeidung von Unklarheiten sollte davon ausgegangen werden, dass Haustiere auch Nutztiere umfassen.

(6) Mit der Verordnung (EG) Nr. 765/2008 des Europäischen Parlaments und des Rates[4] werden Bestimmungen für die Akkreditierung von Konformitätsbewertungsstellen und die allgemeinen Prinzipien für die CE-Kennzeichnung festgelegt. Die genannte Verordnung sollte für Produkte gelten, die in den Anwendungsbereich der vorliegenden Verordnung fallen, um sicherzustellen, dass diese Produkte, für die in der Union freier Warenverkehr gilt, Anforderungen erfüllen, die ein hohes Maß an Schutz öffentlicher Interessen wie etwa dem Schutz der Sicherheit und Gesundheit von Personen und gegebenenfalls von Haustieren und Sachen sowie, soweit anwendbar, der Umwelt gewährleisten.

(7) Die Verordnung (EU) 2019/1020 des Europäischen Parlaments und des Rates[5] enthält Vorschriften für die Marktüberwachung und die Konformität von Produkten, die auf den Unionsmarkt gelangen. Da die Richtlinie 2006/42/EG in Anhang I der Verordnung (EU) 2019/1020 aufgeführt ist, gilt die genannte Verordnung

4 Verordnung (EG) Nr. 765/2008 des Europäischen Parlaments und des Rates vom 9. Juli 2008 über die Vorschriften für die Akkreditierung und Marktüberwachung im Zusammenhang mit der Vermarktung von Produkten und zur Aufhebung der Verordnung (EWG) Nr. 339/93 des Rates (ABl. L 218 vom 13.8.2008, S. 30).

5 Verordnung (EU) 2019/1020 des Europäischen Parlaments und des Rates vom 20. Juni 2019 über Marktüberwachung und die Konformität von Produkten sowie zur Änderung der Richtlinie 2004/42/EG und der Verordnungen (EG) Nr. 765/2008 und (EU) Nr. 305/2011 (ABl. L 169 vom 25.6.2019, S. 1).

bereits für Produkte, die in den Anwendungsbereich der vorliegenden Verordnung fallen. Allerdings gilt die Verordnung (EU) 2019/1020 insoweit für Produkte, die in den Anwendungsbereich der vorliegenden Verordnung fallen, als es keine speziellen Bestimmungen mit demselben Ziel gibt, mit denen bestimmte Aspekte der Marktüberwachung und der Durchsetzung konkreter geregelt werden.

(8) In der Verordnung (EU) 2019/1020 werden die Aufgaben der Wirtschaftsakteure im Hinblick auf Produkte festgelegt, die bestimmten Harmonisierungsrechtsvorschriften der Union unterliegen. Ferner ist darin festgelegt, dass solche Produkte nur in Verkehr gebracht werden dürfen, wenn es einen in der Union niedergelassenen Wirtschaftsakteur gibt, der für diese Aufgaben verantwortlich ist. Diese Harmonisierungsrechtsvorschriften der Union umfassen auch die Richtlinie 2006/42/EG. Infolgedessen dürfen Produkte, die in den Anwendungsbereich der vorliegenden Verordnung fallen, nur in Verkehr gebracht werden, wenn ein in der Union niedergelassener Wirtschaftsakteur im Hinblick auf diese Produkte für die in der Verordnung (EU) 2019/1020 genannten Aufgaben verantwortlich ist.

(9) In dem Beschluss Nr. 768/2008/EG des Europäischen Parlaments und des Rates[6] werden allgemeine Grundsätze und Musterbestimmungen festgelegt, die in allen sektorspezifischen Rechtsvorschriften angewandt werden sollen. Um die Übereinstimmung mit anderen sektorspezifischen Produktrechtsvorschriften zu gewährleisten, sollten bestimmte Vorschriften dieser Verordnung an den Beschluss angepasst werden, sofern die Besonderheiten des Sektors keine andere Lösung erfordern. Daher sollten bestimmte Begriffsbestimmungen, die allgemeinen Pflichten der Wirtschaftsakteure, die Vorschriften über die Konformitätsvermutung, die Vorschriften über die EU-Konformitätserklärung, die Vorschriften zur CE-Kennzeichnung, die Anforderungen an die Konformitätsbewertungsstellen, die Vorschriften über die Notifizierungsverfahren und die Konformitätsbewertungsverfahren sowie die Vorschriften über die Verfahren für den Umgang mit Maschinen oder dazugehörigen Produkten sowie gegebenenfalls mit unvollständigen Maschinen, von denen ein Risiko ausgeht, an die in diesem Beschluss festgelegten Referenzbestimmungen angepasst werden.

(10) Diese Verordnung sollte für Produkte gelten, die beim Inverkehrbringen neu auf den Unionsmarkt gelangen, sowie für neue Produkte, die von einem in der Union niedergelassenen Hersteller hergestellt werden, oder für neue oder gebrauchte Produkte, die aus einem Drittland eingeführt werden.

(11) Wenn die Möglichkeit besteht, dass Maschinen oder dazugehörige Produkte von einem Verbraucher, d. h. einem nichtprofessionellen Nutzer, verwendet werden, sollte der Hersteller bei der Konstruktion und dem Bau der Produkte berücksichtigen, dass der Verbraucher nicht über dieselben Kenntnisse und Erfahrungen im Umgang mit Maschinen oder dazugehörigen Produkten verfügt. Das Gleiche gilt, wenn die Maschine oder das dazugehörige Produkt normalerweise dazu verwendet wird, Dienstleistungen für Verbraucher zu erbringen.

---

6 Beschluss Nr. 768/2008/EG des Europäischen Parlaments und des Rates vom 9. Juli 2008 über einen gemeinsamen Rechtsrahmen für die Vermarktung von Produkten und zur Aufhebung des Beschlusses 93/465/EWG des Rates (ABl. L 218 vom 13.8.2008, S. 82).

(12) In jüngster Zeit wurden fortschrittlichere Maschinen auf den Markt gebracht, die weniger abhängig von menschlichen Bedienern sind. Derartige Maschinen arbeiten an definierten Aufgaben und in strukturierten Umgebungen, können jedoch lernen, in diesem Kontext neue Tätigkeiten auszuführen und autonomer zu werden. Weitere, bereits vorhandene oder zu erwartende Verbesserungen von Maschinen umfassen die Informationsverarbeitung in Echtzeit, die Problemlösung, die Beweglichkeit, Sensorsysteme, das Lernen, die Anpassungsfähigkeit und die Fähigkeit, in unstrukturierten Umgebungen (zum Beispiel auf Baustellen) zu arbeiten. In dem Bericht der Kommission vom 19. Februar 2020 über die Auswirkungen von künstlicher Intelligenz, des Internets der Dinge und der Robotik auf die Sicherheit und Haftung wird festgestellt, dass die Entstehung neuer digitale Technologien, wie künstliche Intelligenz, das Internet der Dinge und die Robotik, neue Herausforderungen in Bezug auf die Produktsicherheit mit sich bringt. In dem Bericht wird die Schlussfolgerung gezogen, dass die aktuelle Gesetzgebung zur Produktsicherheit, einschließlich der Richtlinie 2006/42/EG, in dieser Hinsicht eine Reihe von Lücken enthält, die geschlossen werden müssen. Daher sollte diese Verordnung die Sicherheitsrisiken abdecken, die sich aus neuen digitalen Technologien ergeben.

(13) Um den Schutz der Sicherheit und Gesundheit von Personen und gegebenenfalls von Haustieren und Sachen sowie, soweit anwendbar, der Umwelt zu gewährleisten, sollte diese Verordnung für alle Formen der Lieferung von Produkten gelten, die in den Anwendungsbereich dieser Verordnung fallen, einschließlich des Fernabsatzes gemäß der Verordnung (EU) 2019/1020.

(14) Um Rechtssicherheit zu garantieren, sollten der Anwendungsbereich dieser Verordnung klar umrissen und die Begriffe im Zusammenhang mit ihrer Anwendung so genau wie möglich definiert werden.

(15) Um dafür zu sorgen, dass der Anwendungsbereich dieser Verordnung ausreichend klar ist, sollte zwischen Maschinen, dazugehörigen Produkten und unvollständigen Maschinen unterschieden werden. Darüber hinaus sind unter dazugehörigen Produkten auswechselbare Ausrüstungen, Sicherheitsbauteile, Lastaufnahmemittel, Ketten, Seile und Gurte sowie abnehmbare Gelenkwellen zu verstehen, bei denen es sich durchwegs um Produkte handelt, die in den Anwendungsbereich dieser Verordnung fallen.

(16) Um zu vermeiden, dass für dasselbe Produkt Rechtsvorschriften doppelt erlassen werden, sollten Waffen, einschließlich Feuerwaffen, die der Richtlinie (EU) 2021/555 des Europäischen Parlaments und des Rates[7] unterliegen, vom Anwendungsbereich dieser Verordnung ausgenommen werden.

(17) Der Zweck dieser Verordnung ist die Adressierung derjenigen Risiken, die sich aus der Maschinenfunktion und nicht aus der Beförderung von Gütern, Personen oder Tieren ergeben. Folglich sollte diese Verordnung nicht für Beförderungsmittel für die Beförderung in der Luft, auf dem Wasser und auf Schienennetzen gelten, obwohl sie dennoch für die auf diesen Beförderungsmitteln angebrachten

7 Richtlinie (EU) 2021/555 des Europäischen Parlaments und des Rates vom 24. März 2021 über die Kontrolle des Erwerbs und des Besitzes von Waffen (ABl. L 115 vom 6.4.2021, S. 1).

Maschinen gelten sollte. Beförderungsmittel für die Beförderung auf der Straße, die noch nicht von einem spezifischen Rechtsakt der Union erfasst werden, sollten durch diese Verordnung geregelt werden, außer in Bezug auf Risiken, die sich aus dem Verkehr auf öffentlichen Straßen ergeben können. Das bedeutet, dass Fahrzeuge einschließlich Elektrofahrräder, Elektroroller und sonstige persönliche Mobilitätshilfen, für die keine EU-Typgenehmigung gemäß der Verordnung (EU) Nr. 167/2013 des Europäischen Parlaments und des Rates[8] oder der Verordnung (EU) Nr. 168/2013 des Europäischen Parlaments und des Rates[9] oder keine Genehmigung gemäß der Verordnung (EU) 2018/858 des Europäischen Parlaments und des Rates[10] erforderlich ist, von dieser Verordnung erfasst werden.

(18) Für den häuslichen Gebrauch bestimmte Haushaltsgeräte bei denen es sich nicht um elektrisch betriebene Möbel, Audio- und Videogeräte, Geräte der Informationstechnologie, Büromaschinen, Niederspannungsschalt- und -steuergeräte und Elektromotoren handelt, fallen in den Anwendungsbereich der Richtlinie 2014/35/EU des Europäischen Parlaments und des Rates[11] und sollten daher vom Anwendungsbereich dieser Verordnung ausgenommen werden. Einige dieser Produkte, zum Beispiel Waschmaschinen, enthalten immer häufiger eine WLAN-Funktion und fallen daher als Funkanlagen unter die Richtlinie 2014/53/EU des Europäischen Parlaments und des Rates[12]. Diese Produkte sollten ebenfalls vom Anwendungsbereich dieser Verordnung ausgenommen werden.

(19) Die Entwicklung im Maschinensektor hat dazu geführt, dass zunehmend digitale Mittel eingesetzt werden und Software eine immer wichtigere Rolle bei der Konstruktion von Maschinen spielt. Folglich sollte die Definition von Maschinen angepasst werden. In dieser Hinsicht sollten Maschinen, bei denen lediglich das Aufspielen einer Software fehlt, die für die bestimmte Anwendung der Maschine, wie sie vom Hersteller vorgesehen ist und die Gegenstand des Konformitätsbewertungsverfahren der Maschine ist, bestimmt ist, unter die Begriffsbestimmung für Maschinen und nicht unter die Begriffsbestimmungen für dazugehörige Pro-

8 Verordnung (EU) Nr. 167/2013 des Europäischen Parlaments und des Rates vom 5. Februar 2013 über die Genehmigung und Marktüberwachung von land- und forstwirtschaftlichen Fahrzeugen (ABl. L 60 vom 2.3.2013, S. 1).

9 Verordnung (EU) Nr. 168/2013 des Europäischen Parlaments und des Rates vom 15. Januar 2013 über die Genehmigung und Marktüberwachung von zwei- oder dreirädrigen und vierrädrigen Fahrzeugen (ABl. L 60 vom 2.3.2013, S. 52).

10 Verordnung (EU) 2018/858 des Europäischen Parlaments und des Rates vom 30. Mai 2018 über die Genehmigung und die Marktüberwachung von Kraftfahrzeugen und Kraftfahrzeuganhängern sowie von Systemen, Bauteilen und selbstständigen technischen Einheiten für diese Fahrzeuge, zur Änderung der Verordnungen (EG) Nr. 715/2007 und (EG) Nr. 595/2009 und zur Aufhebung der Richtlinie 2007/46/EG (ABl. L 151 vom 14.6.2018, S. 1).

11 Richtlinie 2014/35/EU des Europäischen Parlaments und des Rates vom 26. Februar 2014 zur Harmonisierung der Rechtsvorschriften der Mitgliedstaaten betreffend die Bereitstellung elektrischer Betriebsmittel zur Verwendung innerhalb bestimmter Spannungsgrenzen auf dem Markt (ABl. L 96 vom 29.3.2014, S. 357).

12 Richtlinie 2014/53/EU des Europäischen Parlaments und des Rates vom 16. April 2014 über die Harmonisierung der Rechtsvorschriften der Mitgliedstaaten über die Bereitstellung von Funkanlagen auf dem Markt und zur Aufhebung der Richtlinie 1999/5/EG (ABl. L 153 vom 22.5.2014, S. 62).

dukte oder unvollständige Maschinen fallen. Darüber hinaus sollte die Begriffsbestimmung für Sicherheitsbauteile nicht nur physische, sondern auch digitale Komponentenumfassen. Um der zunehmenden Verwendung von Software als Sicherheitsbauteil Rechnung zu tragen, sollte Software, die eine Sicherheitsfunktion erfüllt und separat in Verkehr gebracht wird, als Sicherheitsbauteil betrachtet werden.

(20) In Anbetracht ihrer kritischen Schutzfunktion sollten bestimmte Komponenten, die in der nicht erschöpfenden Liste der Sicherheitsbauteile in Anhang II aufgeführt sind, auch spezifischen Konformitätsbewertungsverfahren unterzogen und in Anhang I aufgenommen werden.

(21) Eine unvollständige Maschine ist ein Produkt, das in den Anwendungsbereich dieser Verordnung fällt und sich noch im Aufbau befindet, um seine bestimmte Anwendung, d. h. die genau definierten Funktionen, für die das Produkt konzipiert ist, ausführen zu können. Es ist nicht erforderlich, dass alle Anforderungen dieser Verordnung für unvollständige Maschinen gelten; um die Sicherheit des Produkts als Ganzes zu gewährleisten, ist es jedoch wichtig, dass der freie Verkehr solcher unvollständigen Maschinen durch ein spezielles Verfahren gewährleistet wird.

(22) Wenn von Produkten, die in den Anwendungsbereich dieser Verordnung fallen, Risiken ausgehen, die von den grundlegenden Sicherheits- und Gesundheitsschutzanforderungen dieser Verordnung erfasst werden, die aber ferner ganz oder teilweise von spezifischeren Harmonisierungsrechtsvorschriften der Union als dieser Verordnung abgedeckt werden, sollte diese Verordnung insoweit nicht gelten, als diese Risiken von diesen anderen Rechtsvorschriften der Union abgedeckt werden. In anderen Fällen könnten von Produkten, die in den Anwendungsbereich dieser Verordnung fallen, Risiken ausgehen, die nicht durch die grundlegenden Sicherheits- und Gesundheitsschutzanforderungen dieser Verordnung abgedeckt sind. Beispielsweise könnten von Produkten, die eine WLAN-Funktion enthalten, Risiken ausgehen, die von den in dieser Verordnung festgelegten grundlegenden Sicherheits- und Gesundheitsschutzanforderungen nicht berücksichtigt werden, da sich diese Verordnung nicht mit den spezifischen Risiken solcher WLAN-Funktionen befasst.

(23) Bei Messen, Ausstellungen und Vorführungen oder ähnlichen Veranstaltungen sollte es möglich sein, in den Anwendungsbereich dieser Verordnung fallende Produkte zu zeigen, die die Anforderungen dieser Verordnung nicht erfüllen, da dies kein Sicherheitsrisiko darstellen würde. Aus Gründen der Transparenz sollten die interessierten Parteien jedoch ordnungsgemäß darüber informiert werden, dass diese in den Anwendungsbereich dieser Verordnung fallenden Produkte nicht konform sind und nicht erworben werden können.

(24) Die Entwicklung des Stands der Technik im Maschinensektor hat Auswirkungen auf die Einordnung der Kategorien der in Anhang I aufgeführten Maschinen oder dazugehörigen Produkten. Um Kategorien von Maschinen oder dazugehörigen Produkten mit höherem Risikopotenzial ordnungsgemäß zu erfassen, sollten Kriterien für die Bewertung von Kategorien von Produkten festgelegt werden, die in die Liste der Kategorien von Maschinen oder dazugehörigen Produkte aufgenommen werden sollten, die einem strengeren Konformitätsbewertungsverfahren unterliegen.

(25) Weitere Risiken im Zusammenhang mit neuen digitalen Technologien sind solche, die durch böswillige Dritte hervorgerufen werden und sich auf die Sicherheit von Produkten auswirken, die in den Anwendungsbereich dieser Verordnung fallen. Diesbezüglich sollten die Hersteller dazu verpflichtet sein, verhältnismäßige Maßnahmen zu ergreifen, die sich auf den Schutz der Sicherheit des in den Anwendungsbereich dieser Verordnung fallenden Produkts beschränken. Dies schließt nicht aus, dass andere Rechtsvorschriften der Union, die sich speziell mit Aspekten der Cybersicherheit befassen, auf in den Anwendungsbereich dieser Verordnung fallende Produkte angewendet werden.

(26) Um zu gewährleisten, dass Maschinen oder dazugehörige Produkte, wenn sie in Verkehr gebracht oder in Betrieb genommen werden, keine Risiken für die Sicherheit und Gesundheit von Personen oder Haustieren mit sich bringen und keine Schäden an Sachen und, soweit anwendbar, der Umwelt verursachen, sollten die grundlegenden Sicherheits- und Gesundheitsschutzanforderungen festgelegt werden, die erfüllt sein müssen, damit die Maschinen oder dazugehörigen Produkte auf dem Markt zugelassen werden. Maschinen oder dazugehörige Produkte sollten die grundlegenden Sicherheits- und Gesundheitsschutzanforderungen erfüllen, wenn sie in Verkehr gebracht oder in Betrieb genommen werden. Werden solche Produkte nachträglich physisch oder digital in einer Weise verändert, die vom Hersteller nicht vorgesehen oder geplant ist und die die Sicherheit dieser Produkte beeinträchtigt, indem eine neue Gefährdung entsteht oder ein bestehendes Risiko sich erhöht, sollte die Veränderung als wesentlich betrachtet werden, wenn neue signifikante Schutzmaßnahmen erforderlich sind. Allerdings sollten Reparatur- und Wartungsarbeiten, die die Übereinstimmung der Maschine oder des dazugehörigen Produkts mit den einschlägigen grundlegenden Sicherheits- und Gesundheitsschutzanforderungen nicht beeinträchtigen, nicht als wesentliche Veränderung betrachtet werden. Um die Übereinstimmung eines solchen Produkts mit den einschlägigen grundlegenden Sicherheits- und Gesundheitsschutzanforderungen zu gewährleisten, sollte die Person, die die wesentliche Veränderung vornimmt, verpflichtet sein, eine neue Konformitätsbewertung durchzuführen, bevor sie das veränderte Produkt in Verkehr bringt oder in Betrieb nimmt. Um eine unnötige und unverhältnismäßige Belastung zu vermeiden, sollte die Person, die die wesentliche Veränderung durchführt, nicht verpflichtet sein, Prüfungen zu wiederholen und neue Dokumentationen in Bezug auf Maschinen oder dazugehörige Produkte zu erstellen, die Teil einer Gesamtheit von Maschinen und von der Veränderung nicht betroffen sind.

(27) Im Maschinensektor handelt es sich bei rund 98 % der Unternehmen um kleine und mittlere Unternehmen (KMU). Um den Regelungsaufwand für KMU zu verringern, ist es wichtig, dass die notifizierten Stellen es in Erwägung ziehen, die Gebühren für Konformitätsbewertungen anzupassen und sie proportional zu den spezifischen Interessen und Bedürfnissen der KMU zu senken.

(28) Die Wirtschaftsakteure sollten dafür verantwortlich sein, dass die Produkte, die in den Anwendungsbereich dieser Verordnung fallen, die Anforderungen dieser Verordnung in Bezug auf ihre jeweilige Rolle in der Lieferkette erfüllen, damit ein hohes Maß an Schutz der öffentlichen Interessen, wie des Schutzes der Sicherheit und Gesundheit von Personen, insbesondere von Verbrauchern und professionel-

len Nutzern, und gegebenenfalls von Haustieren, Sachen und, soweit anwendbar, der Umwelt, sowie der faire Wettbewerb auf dem Unionsmarkt gewährleistet sind.

(29) Alle Wirtschaftsakteure, die Teil der Liefer- und Vertriebskette sind, sollten geeignete Maßnahmen ergreifen, um zu gewährleisten, dass sie nur in den Anwendungsbereich dieser Verordnung fallende Produkte auf dem Markt bereitstellen, die dieser Verordnung entsprechen. In dieser Verordnung sollte eine klare und verhältnismäßige Verteilung der Pflichten vorgesehen werden, die auf die einzelnen Wirtschaftsakteure je nach ihrer Rolle im Liefer- und Vertriebsprozess entfallen.

(30) Um die Kommunikation zwischen den Wirtschaftsakteuren, den Marktüberwachungsbehörden und den Nutzern zu erleichtern, sollten Hersteller zusätzlich zur Postanschrift eine Website, eine E-Mail-Adresse oder eine sonstige digitale Kontaktmöglichkeit angeben.

(31) Da der Hersteller die Einzelheiten des Entwurfs- und Fertigungsprozesses kennt, ist er am besten für die Durchführung des Konformitätsbewertungsverfahrens geeignet. Die Konformitätsbewertung sollte daher weiterhin die ausschließliche Pflicht des Herstellers sein.

(32) Der Hersteller sollte ferner dafür sorgen, dass für das in den Anwendungsbereich dieser Verordnung fallende Produkt, das der Hersteller in Verkehr bringen oder in Betrieb nehmen will, eine Risikobeurteilung vorgenommen wird. In diesem Zusammenhang sollte der Hersteller ermitteln, welche grundlegenden Sicherheits- und Gesundheitsschutzanforderungen auf das in den Anwendungsbereich dieser Verordnung fallende Produkt anwendbar sind und welche Maßnahmen ergriffen werden müssen, um die von dem Produkt möglicherweise ausgehenden Risiken zu beseitigen. Bei der Risikobeurteilung sollten ferner künftige Aktualisierungen oder Entwicklungen einer in der Maschine oder dem dazugehörigen Produkt installierten Software berücksichtigt werden, die zum Zeitpunkt des Inverkehrbringens oder der Inbetriebnahme der Maschine oder des dazugehörigen Produkts vorgesehen sind. Die bei der Risikobeurteilung ermittelten Risiken sollten diejenigen Risiken einschließen, die während des Lebenszyklus des Produkts aufgrund einer geplanten Entwicklung seines Verhaltens im Hinblick auf einen Betrieb mit unterschiedlichen Autonomiegraden auftreten können.

(33) Die Sicherheit der ganzen Maschine oder des ganzen dazugehörigen Produkts hängt von den Abhängigkeiten und Wechselwirkungen zwischen seinen Komponenten, einschließlich unvollständiger Maschinen, und gegebenenfalls anderen Maschinen oder dazugehörigen Produkten ab, die in einem koordinierten System von mehreren Maschinen eingesetzt werden, was auch zu einer Gesamtheit von Maschinen führen kann. Daher sollten die Hersteller verpflichtet sein, alle diese Wechselwirkungen in der Risikobeurteilung zu berücksichtigen.

(34) Es ist von wesentlicher Bedeutung, dass der Hersteller vor der Ausstellung der EU-Konformitätserklärung oder der EU-Einbauerklärung technische Unterlagen erstellt. Der Hersteller sollte verpflichtet sein diese technischen Unterlagen den nationalen Behörden auf Verlangen oder notifizierten Stellen im Zusammenhang mit dem einschlägigen Konformitätsbewertungsverfahren zur Verfügung zu stellen. Detaillierte Pläne von Baugruppen, die für die Fertigung des in den Anwen-

dungsbereich dieser Verordnung fallenden Produkts verwendet werden, sollten nur dann als Teil der technischen Unterlagen erforderlich sein, wenn die Kenntnis dieser Pläne für die Konformitätsbewertung anhand der in dieser Verordnung festgelegten grundlegenden Sicherheits- und Gesundheitsschutzanforderungen wesentlich ist.

(35) Eine Person, die Maschinen oder dazugehörige Produkte für den Eigengebrauch herstellt, gilt als Hersteller und sollte verpflichtet sein, alle damit verbundenen Pflichten zu erfüllen. In diesem Fall wird die Maschine oder das dazugehörige Produkt nicht in Verkehr gebracht, weil sie bzw. es nicht vom Hersteller für eine andere Person bereitgestellt, sondern vom Hersteller selbst verwendet wird. Allerdings muss eine derartige Maschine dieser Verordnung entsprechen, bevor sie in Betrieb genommen wird.

(36) Es muss sichergestellt werden, dass in den Anwendungsbereich dieser Verordnung fallende Produkte aus Drittländern, die auf den Unionsmarkt gelangen, die Anforderungen dieser Verordnung erfüllen und kein Risiko für die Sicherheit und Gesundheit von Personen, insbesondere von Verbrauchern und professionellen Nutzern, und gegebenenfalls auch für Haustiere und Sachen sowie, soweit anwendbar, für die Umwelt darstellen, und dass insbesondere geeignete Konformitätsbewertungsverfahren von den Herstellern in Bezug auf diese Produkte durchgeführt wurden. Es sollten daher Vorkehrungen getroffen werden, damit die Einführer sicherstellen, dass die von ihnen in Verkehr gebrachten, in den Anwendungsbereich dieser Verordnung fallenden Produkte den Anforderungen dieser Verordnung entsprechen und kein Risiko für die Sicherheit und Gesundheit von Personen sowie gegebenenfalls für Haustiere und Sachen und, soweit anwendbar, für die Umwelt darstellen. Aus dem gleichen Grund sollte vorgesehen werden, dass die Einführer sicherstellen, dass Konformitätsbewertungsverfahren durchgeführt wurden und dass im Fall von Maschinen und dazugehörigen Produkten die CE-Kennzeichnung angebracht ist und die von den Herstellern erstellten technischen Unterlagen den zuständigen nationalen Behörden zur Überprüfung zur Verfügung stehen.

(37) Wenn Einführer Produkte, die in den Anwendungsbereich dieser Verordnung fallen, in Verkehr bringen, sollten sie ihre jeweiligen Namen, ihre eingetragenen Handelsnamen oder ihre eingetragenen Handelsmarken, ihre Websites, ihre E-Mail-Adressen oder sonstige digitale Kontaktmöglichkeiten und ihre Postanschriften, unter der sie erreicht werden können, auf diesen Produkten angeben. Ausnahmen sollten in Fällen gelten, in denen die Größe oder die Art des Produkts dies nicht erlauben. Das gilt auch für Fälle, in denen die Einführer die Verpackung öffnen müssten, um ihren Namen und ihre Anschriften auf dem Produkt anzubringen.

(38) Da der Händler Produkte, die in den Anwendungsbereich dieser Verordnung fallen, auf dem Markt bereitstellt, nachdem diese vom Hersteller oder vom Einführer in Verkehr gebracht wurden, sollte der Händler gebührende Sorgfalt walten lassen, dass seine Handhabung des in den Anwendungsbereich dieser Verordnung fallenden Produkts die Einhaltung der Anforderungen dieser Verordnung nicht beeinträchtigt.

(39) Zur Gewährleistung der Sicherheit und Gesundheit der Nutzer der in den Anwendungsbereich dieser Verordnung fallenden Produkte sollten die Wirtschaftsakteure sicherstellen, dass alle einschlägigen Dokumente, z. B. die Betriebsanleitung, zwar präzise und verständliche Informationen enthalten, aber auch leicht verständlich und in einer von dem jeweiligen Mitgliedstaat festgelegten, für die Nutzer leicht verständlichen Sprache verfügbar sind, technologische Entwicklungen und Änderungen im Verhalten der Nutzer berücksichtigen und so aktuell wie möglich sind. Wenn Produkte, die in den Anwendungsbereich dieser Verordnung fallen, in Verpackungen mit jeweils vielen Einheiten auf dem Markt bereitgestellt werden, sollten Anleitung und Informationen der kleinsten kommerziell verfügbaren Einheit beiliegen.

(40) Betriebsanleitungen und sonstige relevante Unterlagen können in einem digitalen, druckbaren Format bereitgestellt werden. Der Hersteller sollte allerdings dafür sorgen, dass die Händler auf Verlangen des Nutzers zum Zeitpunkt des Kaufs in der Lage sind, die Betriebsanleitung kostenlos in Papierform zur Verfügung zu stellen. Der Hersteller sollte auch in Betracht ziehen, die Kontaktdaten anzugeben, unter denen der Nutzer die Zusendung der Betriebsanleitung per Post anfordern kann.

(41) Da Händler und Einführer dem Markt nahestehen, sollten sie in Marktüberwachungsaufgaben der zuständigen nationalen Behörden eingebunden werden und darauf vorbereitet sein, aktiv mitzuwirken, indem sie diesen Behörden alle nötigen Informationen zu dem betreffenden, in den Anwendungsbereich dieser Verordnung fallenden Produkt geben.

(42) Jeder Wirtschaftsakteur, der ein Produkt, das in den Anwendungsbereich dieser Verordnung fällt, unter seinem eigenen Namen oder seiner eigenen Marke in Verkehr bringt oder ein Produkt, das in den Anwendungsbereich dieser Verordnung fällt, so verändert, dass sich dies auf die Konformität mit dieser Verordnung auswirken kann, sollte als Hersteller gelten und die Pflichten des Herstellers wahrnehmen.

(43) Die Gewährleistung der Rückverfolgbarkeit von Produkten, die in den Anwendungsbereich dieser Verordnung fallen, über die gesamte Lieferkette hinweg ermöglicht eine einfachere und effizientere Marktüberwachung. Die Wirtschaftsakteure sollten daher verpflichtet werden, die Informationen über ihre Transaktionen im Zusammenhang mit Produkten, die in den Anwendungsbereich dieser Verordnung fallen, für einen bestimmten Zeitraum aufzubewahren. Diese Verpflichtung sollte jedoch in einem angemessenen Verhältnis zur Rolle der einzelnen Wirtschaftsakteure in der Lieferkette stehen, und die Wirtschaftsakteure sollten nicht verpflichtet sein, Informationen zu aktualisieren, die sie nicht selbst erstellt haben.

(44) Diese Verordnung sollte sich auf die Festlegung der grundlegenden Sicherheits- und Gesundheitsschutzanforderungen beschränken, die durch eine Reihe spezifischerer Anforderungen für bestimmte Arten von Produkten ergänzt werden, die in den Anwendungsbereich dieser Verordnung fallen. Um die Bewertung der Konformität mit diesen Sicherheits- und Gesundheitsschutzanforderungen zu erleichtern, ist es erforderlich, eine Konformitätsvermutung für in den Anwendungsbereich dieser Verordnung fallende Produkte vorzusehen, die mit harmonisierten Normen übereinstimmen, die gemäß der Verordnung (EU) Nr. 1025/2012

des Europäischen Parlaments und des Rates[13] ausgearbeitet und deren Referenzen im *Amtsblatt der Europäischen Union* veröffentlicht wurden, um ausführliche technische Spezifikationen zu den genannten Anforderungen zu formulieren.

(45) Der bestehende Normungsrahmen der EU, dem die Grundsätze der neuen Konzeption gemäß der Entschließung des Rates vom 7. Mai 1985 über eine neue Konzeption auf dem Gebiet der technischen Harmonisierung und der Normung[14] und die Verordnung (EU) Nr. 1025/2012 zugrunde liegen, bildet den Standardrahmen für die Ausarbeitung von Normen, die eine Konformitätsvermutung mit den einschlägigen grundlegenden Sicherheits- und Gesundheitsschutzanforderungen dieser Verordnung vorsehen. Europäische Normen sollten marktgesteuert sein, dem öffentlichen Interesse sowie den politischen Zielen — die in dem von der Kommission an eine oder mehrere europäische Normungsorganisationen erteilten Auftrag, innerhalb einer bestimmten Frist harmonisierte Normen zu erarbeiten, klar formuliert sind — Rechnung tragen und auf einem Konsens beruhen. In Ermangelung einschlägiger Verweise auf harmonisierte Normen sollte die Kommission jedoch die Möglichkeit haben, Durchführungsrechtsakten zu erlassen, die gemeinsame Spezifikationen für die grundlegenden Sicherheits- und Gesundheitsschutzanforderungen dieser Verordnung, sofern sie dabei die Rolle und die Aufgaben der Normungsorganisationen gebührend berücksichtigt, als außergewöhnliche Ausweichlösung festlegen, um die Verpflichtung des Herstellers zur Einhaltung dieser Sicherheits- und Gesundheitsschutzanforderungen zu erleichtern, wenn das Normungsverfahren blockiert ist oder wenn es bei der Ausarbeitung angemessener harmonisierter Normen zu Verzögerungen kommt. Ist eine solche Verzögerung auf die technische Komplexität der betreffenden Norm zurückzuführen, sollte die Kommission dies prüfen, bevor sie die Schaffung gemeinsamer Spezifikationen in Erwägung zieht.

(46) Um bei der Schaffung gemeinsamer Spezifikationen, die die grundlegenden Sicherheits- und Gesundheitsschutzanforderungen dieser Verordnung abdecken, möglichst effizient vorzugehen, sollte die Kommission die einschlägigen Interessenträger in den Prozess einbeziehen.

(47) Unter einem angemessenen Zeitraum sollte in Bezug auf die Veröffentlichung der Fundstelle harmonisierter Normen im *Amtsblatt der Europäischen Union* gemäß der Verordnung (EU) Nr. 1025/2012 ein Zeitraum verstanden werden, in dem die Fundstelle der Norm, ihre Berichtigung oder ihre Änderung voraussichtlich im *Amtsblatt der Europäischen Union* veröffentlicht wird und der ein Jahr nach Ablauf der Frist für die Erstellung des Entwurfs einer europäischen Norm gemäß der Verordnung (EU) Nr. 1025/2012 nicht überschreiten sollte.

---

13 Verordnung (EU) Nr. 1025/2012 des Europäischen Parlaments und des Rates vom 25. Oktober 2012 zur europäischen Normung, zur Änderung der Richtlinien 89/686/EWG und 93/15/EWG des Rates sowie der Richtlinien 94/9/EG, 94/25/EG, 95/16/EG, 97/23/EG, 98/34/EG, 2004/22/EG, 2007/23/EG, 2009/23/EG und 2009/105/EG des Europäischen Parlaments und des Rates und zur Aufhebung des Beschlusses 87/95/EWG des Rates und des Beschlusses Nr. 1673/2006/EG des Europäischen Parlaments und des Rates (ABl. L 316 vom 14.11.2012, S. 12).

14 ABl. C 136 vom 4.6.1985, S. 1.

(48) Die Einhaltung der harmonisierten Normen und der von der Kommission geschaffenen gemeinsamen Spezifikationen sollte auf freiwilliger Basis erfolgen. Alternative technische Lösungen sollten daher zulässig sein, wenn die Übereinstimmung der in den Anwendungsbereich dieser Verordnung fallenden Produkte mit den einschlägigen grundlegenden Sicherheits- und Gesundheitsschutzanforderungen in den technischen Unterlagen nachgewiesen wird.

(49) Es sollte den grundlegenden Sicherheits- und Gesundheitsschutzanforderungen genügt werden, damit gewährleistet ist, dass das in den Anwendungsbereich dieser Verordnung fallende Produkt sicher ist. Diese Anforderungen sollten verantwortungsbewusst angewandt werden, um dem Stand der Technik zum Zeitpunkt der Herstellung sowie technischen und wirtschaftlichen Erfordernissen Rechnung zu tragen.

(50) Die Verordnung (EU) Nr. 1025/2012 enthält ein Verfahren für Einwände gegen harmonisierte Normen, falls diese Normen den Anforderungen der vorliegenden Verordnung nicht oder nicht in vollem Umfang entsprechen.

(51) Zur Adressierung der Risiken, die von böswilligen Handlungen Dritter ausgehen und sich auf die Sicherheit von Produkten auswirken, die in den Anwendungsbereich dieser Verordnung fallen, sollte diese Verordnung grundlegende Sicherheits- und Gesundheitsschutzanforderungen enthalten, für die als Ergebnis einer im Rahmen eines gemäß der Verordnung (EU) 2019/881 des Europäischen Parlaments und des Rates[15] erlassenen Schemas für die Cybersicherheitszertifizierung ausgestellten Konformitätsbescheinigung oder -erklärung Konformität in angemessenem Ausmaß angenommen werden kann.

(52) Die Hersteller sollten eine EU-Konformitätserklärung ausstellen, um Informationen über die Konformität der Maschinen oder dazugehörigen Produkte mit dieser Verordnung bereitzustellen. Die Hersteller können auch aufgrund anderer Rechtsakte der Union verpflichtet sein, eine EU-Konformitätserklärung auszustellen. Um einen wirksamen Zugang zu Informationen für die Zwecke der Marktüberwachung zu gewährleisten, sollte eine einzige EU-Konformitätserklärung für alle Rechtsakte der Union ausgestellt werden. Um den Verwaltungsaufwand für die Wirtschaftsakteure zu verringern, sollte es zulässig sein, dass diese einzige EU-Konformitätserklärung aus einer Akte besteht, die die einschlägigen einzelnen Konformitätserklärungen enthält.

(53) In den für diese Verordnung relevanten harmonisierten Normen sollten die Anforderungen der Richtlinie (EU) 2019/882 des Europäischen Parlaments und des Rates[16] und des Übereinkommens der Vereinten Nationen über die Rechte von Menschen mit Behinderungen[17] berücksichtigt werden.

---

15 Verordnung (EU) 2019/881 des Europäischen Parlaments und des Rates vom 17. April 2019 über die ENISA (Agentur der Europäischen Union für Cybersicherheit) und über die Zertifizierung der Cybersicherheit von Informations- und Kommunikationstechnik und zur Aufhebung der Verordnung (EU) Nr. 526/2013 (Rechtsakt zur Cybersicherheit) (ABl. L 151 vom 7.6.2019, S. 15).

16 Richtlinie (EU) 2019/882 des Europäischen Parlaments und des Rates vom 17. April 2019 über die Barrierefreiheitsanforderungen für Produkte und Dienstleistungen (ABl. L 151 vom 7.6.2019, S. 70).

17 ABl. L 23 vom 27.1.2010, S. 35.

(54) Die Liste der Produkte in Anhang IV der Richtlinie 2006/42/EG basierte bisher auf dem Risiko, das von der bestimmungsgemäßen Verwendung oder einer vernünftigerweise vorhersehbaren Fehlanwendung dieser Produkte oder von ihrer kritischen Schutzfunktion ausgeht. Es gibt jedoch im Maschinensektor neue Möglichkeiten für die Konstruktion und den Bau von Maschinen oder dazugehörigen Produkten, die unabhängig von der bestimmungsgemäßen Verwendung oder einer vernünftigerweise vorhersehbaren Fehlanwendung höhere Risikofaktoren mit sich bringen könnten. So sollten beispielsweise Systeme mit selbstentwickelndem Verhalten, die Sicherheitsfunktionen gewährleisten, aufgrund ihrer Merkmale wie Datenabhängigkeit, Undurchsichtigkeit, Autonomie und Konnektivität, die die Wahrscheinlichkeit und Schwere von Schäden sehr stark erhöhen und die Sicherheit der Maschine oder des dazugehörigen Produkts ernsthaft beeinträchtigen könnten, in Anhang I aufgenommen werden. Daher sollte die Konformitätsbewertung eines Sicherheitsbauteils oder eines Systems mit selbstentwickelndem Verhalten, das Sicherheitsfunktionen gewährleistet, von unabhängigen Dritten durchgeführt werden, unabhängig davon, ob das Sicherheitsbauteil unabhängig in Verkehr gebracht wurde oder Teil eines in eine Maschine eingebetteten Systems ist, das in Verkehr gebracht wird. Wenn jedoch in eine Maschine ein System eingebettet ist, dessen Sicherheitsbauteile bereits einer Konformitätsbewertung durch unabhängige Dritte unterzogen wurde, als sie unabhängig in Verkehr gebracht wurde, sollte diese Maschine nicht allein aufgrund dessen von unabhängigen Dritten neu zertifiziert werden müssen, dass dieses System eingebettet wurde.

(55) Die Bestimmungen dieser Verordnung über die Konformitätsbewertung von Software, die Sicherheitsfunktionen gewährleistet, durch unabhängige Dritte sollten nur für Systeme mit vollständig oder teilweise selbstentwickelndem Verhalten unter Verwendung von Ansätzen des maschinellen Lernens, die Sicherheitsfunktionen gewährleisten, gelten. Dagegen sollten diese Bestimmungen nicht für Software gelten, die weder lern- noch weiterentwicklungsfähig ist und nur für die Ausführung bestimmter automatisierter Funktionen von Maschinen oder dazugehörigen Produkten programmiert ist.

(56) Die CE-Kennzeichnung bringt die Konformität eines Produkts zum Ausdruck und ist das sichtbare Ergebnis eines ganzen Prozesses, der die Konformitätsbewertung im weiteren Sinne umfasst. Die allgemeinen Grundsätze für die CE-Kennzeichnung sind in der Verordnung (EG) Nr. 765/2008 festgelegt. Die Vorschriften für die Anbringung der CE-Kennzeichnung auf Maschinen oder dazugehörigen Produkten sollten in der vorliegenden Verordnung festgelegt werden.

(57) Die CE-Kennzeichnung sollte die einzige Kennzeichnung sein, die die Übereinstimmung der Maschine oder des dazugehörigen Produkts mit den Anforderungen dieser Verordnung garantiert. Die Mitgliedstaaten sollten daher geeignete Maßnahmen in Bezug auf andere Kennzeichnungen ergreifen, die Dritte hinsichtlich der Bedeutung oder des Schriftbildes der CE-Kennzeichnung in die Irre führen können.

(58) Damit die Wirtschaftsakteure nachweisen und die zuständigen Behörden sicherstellen können, dass die auf dem Markt bereitgestellten Maschinen oder dazugehörigen Produkte die grundlegenden Sicherheits- und Gesundheitsschut-

zanforderungen erfüllen, sind Konformitätsbewertungsverfahren vorzusehen. In dem Beschluss Nr. 768/ 2008/EG ist eine Reihe von Modulen für Konformitätsbewertungsverfahren vorgesehen, die Verfahren unterschiedlicher Strenge, je nach der damit verbundenen Höhe des Risikos und dem geforderten Schutzniveau, umfassen. Im Sinne eines einheitlichen Vorgehens in allen Sektoren und zur Vermeidung von Ad-hoc-Varianten sollten die Konformitätsbewertungsverfahren aus diesen Modulen ausgewählt werden.

(59) Die Hersteller sollten dafür verantwortlich sein, sicherzustellen, dass ihre Maschinen oder dazugehörigen Produkte einer Konformitätsbewertung gemäß dieser Verordnung unterzogen werden. Für einige Kategorien von Maschinen oder dazugehörigen Produkten mit einem höheren Risikofaktor sollte jedoch ein strengeres Konformitätsbewertungsverfahren vorgeschrieben werden, das die Beteiligung einer notifizierten Stelle erfordert.

(60) Es ist von entscheidender Bedeutung, dass alle notifizierten Stellen ihre Tätigkeit auf dem gleichen Niveau und unter fairen Wettbewerbsbedingungen ausüben. Dies erfordert die Festlegung von verbindlichen Anforderungen für die Konformitätsbewertungsstellen, die notifiziert werden wollen, um Konformitätsbewertungsleistungen zu erbringen.

(61) Weist eine Konformitätsbewertungsstelle die Konformität mit den Kriterien harmonisierter Normen nach, so sollte davon ausgegangen werden, dass die entsprechenden Anforderungen dieser Verordnung erfüllt sind.

(62) Um für ein einheitliches Qualitätsniveau bei der Durchführung der Konformitätsbewertungen von Maschinen oder dazugehörigen Produkten zu sorgen, müssen auch die Anforderungen an die notifizierenden Behörden und andere Stellen, die bei der Begutachtung, Notifizierung und Überwachung von notifizierten Stellen tätig sind, festgelegt werden.

(63) Das in dieser Verordnung dargelegte System sollte durch das Akkreditierungssystem der Verordnung (EG) Nr. 765/2008 ergänzt werden. Da die Akkreditierung ein wichtiges Mittel zur Überprüfung der Kompetenz von Konformitätsbewertungsstellen ist, sollte sie auch zu Notifizierungszwecken eingesetzt werden.

(64) Eine transparente Akkreditierung nach Maßgabe der Verordnung (EG) Nr. 765/2008, die das notwendige Maß an Vertrauen in Konformitätsbescheinigungen gewährleistet, sollte von den nationalen Behörden unionsweit als bevorzugtes Mittel zum Nachweis der fachlichen Kompetenz von Konformitätsbewertungsstellen angesehen werden. Allerdings können nationale Behörden die Auffassung vertreten, dass sie über die geeigneten Mittel verfügen, um diese Bewertung selbst vorzunehmen. Um in solchen Fällen die Glaubwürdigkeit der durch andere nationale Behörden vorgenommenen Beurteilungen zu gewährleisten, sollten sie der Kommission und den anderen Mitgliedstaaten alle erforderlichen Unterlagen übermitteln, aus denen hervorgeht, dass die beurteilten Konformitätsbewertungsstellen die entsprechenden rechtlichen Anforderungen erfüllen.

(65) Häufig vergeben Konformitätsbewertungsstellen Teile ihrer Arbeit im Zusammenhang mit der Konformitätsbewertung an Unterauftragnehmer oder übertragen sie an Zweigstellen. Zur Wahrung des für das Inverkehrbringen von Maschinen oder dazugehörigen Produkten in der Union erforderlichen Schutzniveaus müssen die Unterauftragnehmer und Zweigstellen bei der Ausführung der Konformitäts-

bewertungsaufgaben unbedingt denselben Anforderungen genügen wie die notifizierten Stellen. Aus diesem Grund ist es wichtig, dass die Bewertung von Kompetenz und Leistungsfähigkeit der zu notifizierenden Stellen und die Überwachung von bereits notifizierten Stellen sich auch auf die Tätigkeiten erstrecken, die von Unterauftragnehmern und Zweigstellen übernommen werden.

(66) Da die notifizierten Stellen ihre Dienstleistungen in der gesamten Union anbieten können, sollten die anderen Mitgliedstaaten und die Kommission die Möglichkeit erhalten, Einwände gegen eine notifizierte Stelle zu erheben. Daher ist es wichtig, dass eine Frist vorgesehen wird, innerhalb derer etwaige Zweifel oder Bedenken hinsichtlich der Kompetenz von Konformitätsbewertungsstellen geklärt werden können, bevor diese ihre Arbeit als notifizierte Stellen aufnehmen.

(67) Im Interesse der Wettbewerbsfähigkeit ist es entscheidend, dass die notifizierten Stellen die Konformitätsbewertungsverfahren anwenden, ohne unnötigen Aufwand für die Wirtschaftsakteure zu schaffen. Aus demselben Grund, und damit die Gleichbehandlung der Wirtschaftsakteure sichergestellt ist, ist für eine einheitliche technische Anwendung der Konformitätsbewertungsverfahren zu sorgen. Dies lässt sich am besten durch eine zweckmäßige Koordinierung und Zusammenarbeit zwischen den notifizierten Stellen erreichen.

(68) Die Marktüberwachung ist ein wesentliches Instrument zur Sicherstellung der korrekten und einheitlichen Anwendung des Unionsrechts. Daher sollte ein Rechtsrahmen geschaffen werden, innerhalb dessen die Marktüberwachung für die in den Anwendungsbereich dieser Verordnung fallenden Produkte in angemessener Weise erfolgen kann.

(69) Die Mitgliedstaaten sollten alle geeigneten Maßnahmen ergreifen, um sicherzustellen, dass Maschinen und dazugehörige Produkte nur dann in Verkehr gebracht bzw. in Betrieb genommen werden dürfen, wenn sie bei sachgerechter Installation und Wartung und bestimmungsgemäßer Verwendung oder bei einer nach vernünftigem Ermessen vorhersehbaren Verwendung die Sicherheit und Gesundheit von Personen, insbesondere von Verbrauchern und professionellen Nutzern, und gegebenenfalls von Haustieren und Sachen sowie, soweit anwendbar, die Umwelt nicht gefährden. Insbesondere bei Maschinen zum Heben von Lasten ist die sachgerechte Installation von wesentlicher Bedeutung, um die Einhaltung der geltenden grundlegenden Sicherheits- und Gesundheitsschutzanforderungen zu gewährleisten. Die in den Anwendungsbereich dieser Verordnung fallenden Maschinen und dazugehörigen Produkte sollten nur unter Verwendungsbedingungen, die sich aus einem rechtmäßigen und ohne Weiteres vorhersehbaren menschlichen Verhalten ergeben können, als nichtkonform mit den grundlegenden Sicherheits- und Gesundheitsschutzanforderungen nach dieser Verordnung angesehen werden.

(70) Im Zusammenhang mit der Marktüberwachung sollte klar zwischen der Anfechtung einer harmonisierten Norm oder von gemeinsamen Spezifikationen, aufgrund derer die Konformität von Produkten, die in den Anwendungsbereich dieser Verordnung fallen, vermutet wird, und der Schutzklausel in Bezug auf Produkte, die in den Anwendungsbereich dieser Verordnung fallen, unterschieden werden.

(71) In der Richtlinie 2006/42/EG ist bereits ein Schutzklauselverfahren vorgesehen, das erforderlich ist, damit die Konformität von Produkten, die in den Anwen-

dungsbereich dieser Verordnung fallen, angefochten werden kann. Im Interesse größerer Transparenz und kürzerer Bearbeitungszeiten ist es notwendig, das bestehende Schutzklauselverfahren zu verbessern, damit es effizienter wird und der in den Mitgliedstaaten vorhandene Sachverstand genutzt wird.

(72) Das bestehende Verfahren zur Ergreifung von Schutzmaßnahmen sollte durch ein Verfahren ergänzt werden, nach dem die interessierten Parteien über geplante Maßnahmen im Hinblick auf Produkte, die in den Anwendungsbereich dieser Verordnung fallen, informiert werden, die ein Risiko für die Gesundheit oder Sicherheit von Personen und gegebenenfalls von Haustieren und Sachen sowie, soweit anwendbar, für die Umwelt darstellen. Auf diese Weise sollte es den Marktüberwachungsbehörden möglich sein, bei derartigen Produkten in Zusammenarbeit mit den betreffenden Wirtschaftsakteuren zu einem früheren Zeitpunkt einzuschreiten.

(73) In den Fällen, in denen die Mitgliedstaaten und die Kommission die Begründung einer von einem Mitgliedstaat ergriffenen Maßnahme einhellig annehmen, sollte die Kommission nicht weiter tätig werden müssen, es sei denn, dass die Nichtkonformität Mängeln in einer harmonisierten Norm oder in gemeinsamen Spezifikationen zugerechnet werden kann.

(74) Um den technischen Fortschritt und Wissensstand oder neue wissenschaftliche Erkenntnisse zu berücksichtigen und ein ausreichendes Maß an Datenverfügbarkeit sicherzustellen, sollte der Kommission die Befugnis übertragen werden, gemäß Artikel 290 des Vertrags über die Arbeitsweise der Europäischen Union Rechtsakte zur Änderung der Liste der Kategorien von Maschinen oder dazugehörigen Produkte in Anhang I und der nicht erschöpfenden Liste der Sicherheitsbauteile in Anhang II zu erlassen und, falls erforderlich, die Verpflichtungen der Mitgliedstaaten zur Bereitstellung von Daten und Informationen über die Kategorien von Maschinen oder dazugehörigen Produkten, die Gegenstand eines besonderen Konformitätsbewertungsverfahrens sind, durch die Festlegung einer gemeinsamen Methode zu ergänzen. Wird der Liste in Anhang I eine neue Kategorie von Maschinen oder dazugehörigen Produkten hinzugefügt, so sollte die Kommission sicherstellen, dass den Wirtschaftstakteuren genügend Zeit eingeräumt wird, damit sie ihren Verpflichtungen gemäß dieser Verordnung nachkommen können. Es ist von besonderer Bedeutung, dass die Kommission im Zuge ihrer Vorbereitungsarbeit angemessene Konsultationen, auch mit den einschlägigen Interessenträgern, durchführt, und dass diese Konsultationen mit den Grundsätzen in Einklang stehen, die in der Interinstitutionellen Vereinbarung vom 13. April 2016 über bessere Rechtsetzung[18] niedergelegt wurden. Um insbesondere für eine gleichberechtigte Beteiligung an der Vorbereitung delegierter Rechtsakte zu sorgen, erhalten das Europäische Parlament und der Rat alle Dokumente zur gleichen Zeit wie die Sachverständigen der Mitgliedstaaten, und ihre Sachverständigen haben systematisch Zugang zu den Sitzungen der Sachverständigengruppen der Kommission, die mit der Vorbereitung der delegierten Rechtsakte befasst sind.

(75) Zur Gewährleistung einheitlicher Bedingungen für die Durchführung dieser Verordnung sollten der Kommission Durchführungsbefugnisse übertragen werden,

18 ABl. L 123 vom 12.5.2016, S. 1.

mit denen sie eine einheitliche Vorlage für die Erfassung von Daten und Informationen zum Zwecke der Aufnahme einer Kategorie von Maschinen oder dazugehörigen Produkten in Anhang I oder der Streichung einer Kategorie von Maschinen oder dazugehörigen Produkten aus Anhang I und gemeinsame Spezifikationen für die in Anhang III aufgeführten grundlegenden Sicherheits- und Gesundheitsschutzanforderungen festlegt, den notifizierenden Mitgliedstaat auffordert, die erforderlichen Korrekturmaßnahmen in Bezug auf eine notifizierte Stelle zu ergreifen, die die Anforderungen für ihre Notifizierung nicht erfüllt, und feststellt, ob eine nationale Maßnahme in Bezug auf konforme Produkte, im Anwendungsbereich dieser Verordnung, die nach Auffassung eines Mitgliedstaats ein Risiko für die Sicherheit und Gesundheit von Personen, insbesondere von Verbrauchern und professionellen Nutzern oder gegebenenfalls für Haustiere oder Sachen oder, soweit anwendbar, für die Umwelt, darstellen, gerechtfertigt ist. Diese Befugnisse sollten im Einklang mit der Verordnung (EU) Nr. 182/2011 des Europäischen Parlaments und des Rates[19] ausgeübt werden.

(76) Um die ordnungsgemäße Durchführung dieser Verordnung zu erleichtern, sollte die Kommission beim Erlass der Durchführungsrechtsakte zur Festlegung und Aktualisierung einer Vorlage für die Erhebung von Daten und Informationen durch die Mitgliedstaaten über durch Maschinen oder dazugehörige Produkte verursachte Unfälle oder Gesundheitsschäden eine Anleitung für die Erhebung und Übermittlung vergleichbarer, hochwertiger Daten und Informationen herausgeben.

(77) Die Kommission sollte in hinreichend begründeten Fällen äußerster Dringlichkeit im Zusammenhang mit dem Schutz der Gesundheit oder der Sicherheit von Personen sofort geltende Durchführungsrechtsakte erlassen, mit denen ermittelt wird, ob eine nationale Maßnahme, die in Bezug auf konforme, ein Risiko darstellende Produkte, die in den Anwendungsbereich dieser Verordnung fallen, getroffen wurde, gerechtfertigt ist oder nicht.

(78) Nach gängiger Praxis kann der durch diese Verordnung eingesetzte Ausschuss eine nützliche Rolle bei der Prüfung von Angelegenheiten spielen, die die Anwendung dieser Verordnung betreffen und gemäß seiner Geschäftsordnung entweder von seinem Vorsitz oder einem Vertreter eines Mitgliedstaats vorgelegt werden.

(79) Werden andere Angelegenheiten dieser Verordnung als solche ihrer Durchführung oder Verstöße gegen sie in einer Sachverständigengruppe der Kommission untersucht, so sollte das Europäische Parlament gemäß der bestehenden Praxis alle Informationen und Unterlagen erhalten, sowie gegebenenfalls eine Einladung zur Teilnahme an diesen Sitzungen.

(80) Die Kommission sollte im Wege von Durchführungsrechtsakten und — angesichts ihrer Besonderheiten — ohne Anwendung der Verordnung (EU) Nr. 182/2011 feststellen, ob Maßnahmen, die von Mitgliedstaaten bezüglich nichtkonformer

19 Verordnung (EU) Nr. 182/2011 des Europäischen Parlaments und des Rates vom 16. Februar 2011 zur Festlegung der allgemeinen Regeln und Grundsätze, nach denen die Mitgliedstaaten die Wahrnehmung der Durchführungsbefugnisse durch die Kommission kontrollieren (ABl. L 55 vom 28.2.2011, S. 13).

Produkte, die in den Anwendungsbereich dieser Verordnung fallen, getroffen werden, gerechtfertigt sind oder nicht.

(81) Die Rückverfolgbarkeit von Maschinendaten, die für die technischen Unterlagen und für Marktüberwachungszwecke erforderlich sind, sollte den Vertraulichkeitsregeln zum Schutz der Hersteller entsprechen.

(82) Die Mitgliedstaaten sollten für Verstöße gegen diese Verordnung Regeln über Sanktionen aufstellen und gewährleisten, dass diese umgesetzt werden. Die vorgesehenen Sanktionen sollten wirksam, verhältnismäßig und abschreckend sein.

(83) Da das Ziel dieser Verordnung, nämlich zu gewährleisten, dass in Verkehr gebrachte Produkte, die in den Anwendungsbereich dieser Verordnung fallen, die Anforderungen, die ein hohes Maß an Schutz der Sicherheit und Gesundheit von Personen und gegebenenfalls von Haustieren und Sachen sowie, soweit anwendbar, der Umwelt gewährleisten, erfüllen, und gleichzeitig das Funktionieren des Binnenmarkts sicherstellen, auf Ebene der Mitgliedstaaten nicht ausreichend verwirklicht werden kann, sondern vielmehr wegen des Harmonisierungsbedarfs auf Unionsebene besser zu verwirklichen ist, kann die Union im Einklang mit dem in Artikel 5 des Vertrags über die Europäische Union niedergelegten Subsidiaritätsprinzip tätig werden. Entsprechend dem in jenem Artikel genannten Grundsatz der Verhältnismäßigkeit geht diese Verordnung nicht über das zur Verwirklichung dieser Ziele erforderliche Maß hinaus.

(84) Durch die Einbeziehung von Maschinen und Lastaufnahmemitteln sowie Ketten und Seilen in ihren Anwendungs bereich hat die Richtlinie 2006/42/EG die Richtlinie 73/361/EWG des Rates[20] vollständig ersetzt. Die Richtlinie 73/361/EWG sollte daher aufgehoben werden.

(85) Die Richtlinie 2006/42/EG wurde mehrfach geändert. Da weitere erhebliche Änderungen erforderlich sind und um eine einheitliche Umsetzung der Vorschriften für in den Anwendungsbereich dieser Verordnung fallende Produkte in der gesamten Union zu gewährleisten, sollte die Richtlinie 2006/42/EG aufgehoben werden.

(86) Es muss ein ausreichender Zeitraum vorgesehen werden, damit die Wirtschaftsakteure ihren Verpflichtungen aus dieser Verordnung nachkommen und die Mitgliedstaaten die für die Anwendung der Verordnung erforderliche Infrastruktur aufbauen können. Diese Verordnung sollte daher erst nach einer gewissen Zeit in Kraft treten,

HABEN FOLGENDE VERORDNUNG ERLASSEN:

20 Richtlinie 73/361/EWG des Rates vom 19. November 1973 zur Angleichung der Rechts- und Verwaltungsvorschriften der Mitgliedstaaten über Bescheinigungen und Kennzeichnungen für Drahtseile, Ketten und Lasthaken (ABl. L 335 vom 5.12.1973, S. 51).

KAPITEL I

ALLGEMEINE BESTIMMUNGEN

Artikel 1

Gegenstand

In dieser Verordnung werden Sicherheits- und Gesundheitsschutzanforderungen an Konstruktion und Bau von Maschinen, dazugehörigen Produkten und unvollständigen Maschinen festgelegt, um deren Bereitstellung auf dem Markt oder Inbetriebnahme zu ermöglichen und gleichzeitig ein hohes Maß an Schutz der Sicherheit und Gesundheit von Personen, insbesondere von Verbrauchern und professionellen Nutzern, und gegebenenfalls von Haustieren und Sachen sowie, soweit anwendbar, der Umwelt zu gewährleisten. Außerdem werden darin Regeln für den freien Verkehr von in den Anwendungsbereich dieser Verordnung fallenden Produkten in der Union festgelegt.

Artikel 2

Anwendungsbereich

(1) Diese Verordnung gilt für Maschinen und folgende dazugehörige Produkte:

a) auswechselbare Ausrüstungen;
b) Sicherheitsbauteile;
c) Lastaufnahmemittel;
d) Ketten, Seile und Gurte;
e) abnehmbare Gelenkwellen;

Diese Verordnung gilt auch für unvollständige Maschinen.

Für die Zwecke dieser Verordnung werden Maschinen, die in Unterabsatz 1 aufgeführten dazugehörigen Produkte und unvollständige Maschinen zusammen als „in den Anwendungsbereich dieser Verordnung fallende Produkte" bzw. „Produkte, die in den Anwendungsbereich dieser Verordnung fallen" bezeichnet.

(2) Diese Verordnung gilt nicht für

a) Sicherheitsbauteile, die als Ersatzteile zur Ersetzung identischer Bauteile bestimmt sind und die vom Hersteller der ursprünglichen Maschine, des dazugehörigen Produkts oder der unvollständigen Maschine geliefert werden;
b) spezielle Einrichtungen für die Verwendung auf Jahrmärkten oder in Vergnügungsparks;
c) Maschinen und dazugehörige Produkte, die speziell für die Verwendung in einer kerntechnischen Anlage konstruiert sind oder dort verwendet werden und bei denen es zu einer Beeinträchtigung der kerntechnischen Sicherheit dieser Anlage käme, wenn sie den Bestimmungen dieser Verordnung entsprechen würden;
d) Waffen einschließlich Feuerwaffen;

e) Beförderungsmittel für die Beförderung in der Luft, auf dem Wasser und auf Schienennetzen mit Ausnahme der auf diesen Beförderungsmitteln angebrachten Maschinen;
f) luftfahrttechnische Produkte, Teile und Ausrüstungen, die in den Anwendungsbereich der Verordnung (EU) 2018/1139 des Europäischen Parlaments und des Rates[21] und unter die Begriffsbestimmung von Maschinen gemäß dieser Verordnung fallen, sofern die Verordnung (EU) 2018/1139 die einschlägigen grundlegenden Sicherheits- und Gesundheitsschutzanforderungen dieser Verordnung abdeckt;
g) Kraftfahrzeuge und Kraftfahrzeuganhänger sowie Systeme, Bauteile, selbstständige technische Einheiten, Teile und Ausrüstungen, die für solche Fahrzeuge konstruiert und gebaut wurden und in den Anwendungsbereich der Verordnung (EU) 2018/858 fallen, mit Ausnahme der auf diesen Fahrzeugen angebrachten Maschinen;
h) zwei- oder dreirädrige und vierrädrige Fahrzeuge sowie Systeme, Bauteile, selbstständige technische Einheiten, Teile und Ausrüstungen, die für solche Fahrzeuge konstruiert und gebaut wurden und in den Anwendungsbereich der Verordnung (EU) Nr. 168/2013 fallen, mit Ausnahme der auf diesen Fahrzeugen angebrachten Maschinen;
i) land- und forstwirtschaftliche Zugmaschinen sowie Systeme, Bauteile, selbstständige technische Einheiten, Teile und Ausrüstungen, die für solche Zugmaschinen konstruiert und gebaut wurden und in den Anwendungsbereich der Verordnung (EU) Nr. 167/2013 fallen, mit Ausnahme der auf diesen Zugmaschinen angebrachten Maschinen;
j) ausschließlich für sportliche Wettbewerbe bestimmte Kraftfahrzeuge;
k) Seeschiffe und bewegliche Offshore-Anlagen sowie Maschinen, die auf solchen Schiffen oder in solchen Anlagen installiert sind;
l) Maschinen oder zugehörige Produkte, die speziell für militärische Zwecke oder zur Aufrechterhaltung der öffentlichen Ordnung konstruiert und gebaut wurden;
m) Maschinen oder zugehörige Produkte, die speziell für Forschungszwecke konstruiert und gebaut wurden und zur vorübergehenden Verwendung in Laboratorien bestimmt sind;
n) Schachtförderanlagen;
o) Maschinen oder zugehörige Produkte zur Beförderung von Darstellern während künstlerischer Vorführungen;
p) die folgenden elektrischen und elektronischen Produkte, soweit sie in den Anwendungsbereich der Richtlinie 2014/35/EU oder der Richtlinie 2014/53/EU fallen:

21 Verordnung (EU) 2018/1139 des Europäischen Parlaments und des Rates vom 4. Juli 2018 zur Festlegung gemeinsamer Vorschriften für die Zivilluftfahrt und zur Errichtung einer Agentur der Europäischen Union für Flugsicherheit sowie zur Änderung der Verordnungen (EG) Nr. 2111/2005, (EG) Nr. 1008/2008, (EU) Nr. 996/2010, (EU) Nr. 376/2014 und der Richtlinien 2014/30/EU und 2014/53/EU des Europäischen Parlaments und des Rates, und zur Aufhebung der Verordnungen (EG) Nr. 552/2004 und (EG) Nr. 216/2008 des Europäischen Parlaments und des Rates und der Verordnung (EWG) Nr. 3922/91 des Rates (ABl. L 212 vom 22.8.2018, S. 1).

- i) für den häuslichen Gebrauch bestimmte Haushaltsgeräte, bei denen es sich nicht um elektrisch betriebene Möbel handelt;
- ii) Audio- und Videogeräte;
- iii) informationstechnische Geräte;
- iv) gewöhnliche Büromaschinen, ausgenommen Maschinen zur Herstellung dreidimensionaler Produkte mittels additiver Fertigung;
- v) Niederspannungsschaltgeräte und -steuergeräte;
- vi) Elektromotoren;

q) die folgenden elektrischen Hochspannungsausrüstungen:

- i) Schalt- und Steuergeräte;
- ii) Transformatoren.

Artikel 3

Begriffsbestimmungen

Für die Zwecke dieser Verordnung gelten folgende Begriffsbestimmungen:

1. „Maschine" bezeichnet

   a) eine mit einem anderen Antriebssystem als der unmittelbar eingesetzten menschlichen oder tierischen Kraft ausgestattete oder dafür vorgesehene Gesamtheit miteinander verbundener Teile oder Vorrichtungen, von denen mindestens eines bzw. eine beweglich ist und die für eine bestimmte Anwendung zusammengefügt sind;
   b) eine Gesamtheit im Sinne des Buchstabens a, der lediglich die Teile fehlen, die sie mit ihrem Einsatzort oder mit ihren Energie- und Antriebsquellen verbinden;
   c) eine einbaufertige Gesamtheit im Sinne der Buchstaben a und b, die erst nach Anbringung auf einem Beförderungsmittel oder Installation in einem Gebäude oder Bauwerk funktionsfähig ist;
   d) eine Gesamtheit von Maschinen im Sinne der Buchstaben a, b und c oder von unvollständigen Maschinen, die, damit sie zusammenwirken, so angeordnet sind und betätigt werden, dass sie als Gesamtheit funktionieren;
   e) eine Gesamtheit miteinander verbundener Teile oder Vorrichtungen, von denen mindestens eines bzw. eine beweglich ist und die für Hebevorgänge zusammengefügt sind und deren einzige Antriebsquelle die unmittelbar eingesetzte menschliche Kraft ist;
   f) eine Gesamtheit im Sinne der Buchstaben a bis e, bei der lediglich das Aufspielen einer für die vom Hersteller vorgesehene bestimmte Anwendung vorgesehenen Software fehlt;

2. „auswechselbare Ausrüstung" bezeichnet eine Vorrichtung, die der Bediener einer Maschine oder einer land- oder forstwirtschaftlichen Zugmaschine nach deren Inbetriebnahme an ihr anbringt, um ihre Funktion zu ändern oder zu erweitern, sofern diese Vorrichtung kein Werkzeug ist;
3. „Sicherheitsbauteil" bezeichnet ein physisches oder digitales Bauteil, einschließlich Software, eines in den Anwendungsbereich dieser Verordnung fal-

lenden Produkts, die zur Gewährleistung einer Sicherheitsfunktion konstruiert oder bestimmt ist, gesondert in Verkehr gebracht wird und dessen Ausfall oder Fehlfunktion die Sicherheit von Personen gefährdet, die aber für das Funktionieren dieses Produkts nicht erforderlich ist oder durch normale Bauteile ersetzt werden kann, um den Betrieb dieser Produkte zu gewährleisten;

4. „Sicherheitsfunktion" bezeichnet eine Funktion, die als Schutzmaßnahme zur Beseitigung oder, falls dies nicht möglich ist, zur Reduzierung eines Risikos fungiert, wobei ein Ausfall dieser Funktion zu einer Erhöhung dieses Risikos führen könnte;
5. „Lastaufnahmemittel" bezeichnet ein nicht zum Hebezeug gehörendes Bauteil oder Ausrüstungsteil, das das Ergreifen der Last ermöglicht und das zwischen Maschine und Last oder an der Last selbst angebracht wird oder das dazu bestimmt ist, ein integraler Bestandteil der Last zu werden, und das gesondert in Verkehr gebracht wird, einschließlich Anschlagmittel und ihrer Bestandteile;
6. „Ketten" bezeichnet für Hebezwecke als Teil von Hebezeugen oder Lastaufnahmemitteln konstruierte und gebaute Ketten;
7. „Seile" bezeichnet für Hebezwecke als Teil von Hebezeugen oder Lastaufnahmemitteln konstruierte und gebaute Seile;
8. „Gurte" bezeichnet für Hebezwecke als Teil von Hebezeugen oder Lastaufnahmemitteln konstruierte und gebaute Gurte;
9. „abnehmbare Gelenkwelle" bezeichnet ein abnehmbares Bauteil zur Kraftübertragung zwischen einer Antriebs- oder Zugmaschine und anderen Maschine oder dazugehörigen Produkten, das die ersten Festlager beider Maschinen verbindet, wobei für den Fall, dass die Vorrichtung zusammen mit einer Schutzeinrichtung in Verkehr gebracht, die Vorrichtung und die Schutzeinrichtung als ein einziges Erzeugnis anzusehen sind;
10. „unvollständige Maschine" bezeichnet eine Gesamtheit, die noch keine Maschine darstellt, da sie als solche keine bestimmte Anwendung erfüllen kann, und die nur dazu bestimmt ist, in eine Maschine oder in eine andere unvollständige Maschine oder Ausrüstung eingebaut oder mit ihnen zusammengefügt zu werden und so eine Maschine zu bilden;
11. „Bereitstellung auf dem Markt" jede entgeltliche oder unentgeltliche Abgabe eines Produkts, das in den Anwendungsbereich dieser Verordnung fällt, zum Vertrieb oder zur Verwendung auf dem Unionsmarkt im Rahmen einer Geschäftstätigkeit;
12. „Inverkehrbringen" bezeichnet die erstmalige Bereitstellung eines Produkts, das in den Anwendungsbereich dieser Verordnung fällt, auf dem Unionsmarkt;
13. „Inbetriebnahme" bezeichnet die erstmalige bestimmungsgemäße Verwendung einer Maschine oder eines dazugehörigen Produkts in der Union;
14. „grundlegende Sicherheits- und Gesundheitsschutzanforderungen " bezeichnen die in Anhang III festgelegten verbindlichen Vorschriften für die Konstruktion und den Bau von in den Anwendungsbereich dieser Verordnung fallenden Produkten, um ein hohes Maß an Schutz der Sicherheit und Gesundheit von Personen und gegebenenfalls von Haustieren und Sachen sowie, soweit anwendbar, der Umwelt zu gewährleisten;

15. „Harmonisierungsrechtsvorschriften der Union" bezeichnet Rechtsvorschriften der Union zur Harmonisierung der Bedingungen für die Vermarktung von Produkten;
16. „wesentliche Veränderung" bezeichnet eine vom Hersteller nicht vorgesehene oder geplante physische oder digitale Veränderung einer Maschine oder eines dazugehörigen Produkts nach deren bzw. dessen Inverkehrbringen oder Inbetriebnahme, die die Sicherheit der jeweiligen Maschine oder des dazugehörigen Produkts beeinträchtigt, indem eine neue Gefährdung entsteht oder sich ein bestehendes Risiko erhöht, wodurch es erforderlich wird,

    a) die Maschine oder das dazugehörige Produkt um trennende oder nichttrennende Schutzeinrichtungen zu ergänzen, deren Einbindung eine Anpassung des bestehenden Sicherheitssteuerungssystems erforderlich macht, oder
    b) zusätzliche Schutzmaßnahmen zur Gewährleistung der Stabilität oder der Festigkeit der jeweiligen Maschine oder des dazugehörigen Produkts zu ergreifen;

17. „Betriebsanleitung" bezeichnet die vom Hersteller beim Inverkehrbringen oder bei der Inbetriebnahme bereitgestellten Informationen zur Unterrichtung des Nutzers über die bestimmungsgemäße und ordnungsgemäße Verwendung der Maschine oder des dazugehörigen Produkts sowie Informationen über etwaige Vorsichtsmaßnahmen bei der Verwendung oder Installation der Maschine oder des dazugehörigen Produkts, einschließlich Informationen darüber, wie die Sicherheit der Maschine oder des dazugehörigen Produkts gewahrt wird und ihre bzw. seine Zwecktauglichkeit während ihrer bzw. seiner gesamten Lebensdauer sichergestellt wird;
18. „Hersteller" bezeichnet jede natürliche oder juristische Person, die

    a) Produkte, die in den Anwendungsbereich dieser Verordnung fallen, herstellt bzw. konstruieren oder herstellen lässt und diese Produkte unter ihrem Namen oder ihrer eigenen Handelsmarke vertreibt oder
    b) Produkte, die in den Anwendungsbereich dieser Verordnung fallen, herstellt und diese Produkte für den Eigengebrauch in Betrieb nimmt;

19. „Bevollmächtigter" bezeichnet jede in der Union ansässige natürliche oder juristische Person, die von einem Hersteller schriftlich beauftragt wurde, in seinem Namen bestimmte Aufgaben wahrzunehmen;
20. „Einführer" bezeichnet jede in der Union ansässige natürliche oder juristische Person, die ein in den Anwendungsbereich dieser Verordnung fallendes Produkt aus einem Drittstaat auf dem Markt der Union in Verkehr bringt;
21. „Händler" bezeichnet jede natürliche oder juristische Person in der Lieferkette, die ein in den Anwendungsbereich dieser Verordnung fallendes Produkt auf dem Markt bereitstellt, mit Ausnahme des Herstellers oder des Einführers;
22. „Wirtschaftsakteur" bezeichnet den Herstelle, Bevollmächtigten, Einführer oder Händler;

23. „technische Spezifikationen" bezeichnet ein Dokument, in dem die technischen Anforderungen vorgeschrieben sind, denen ein Produkt, das in den Anwendungsbereich dieser Verordnung fällt, genügen muss;
24. „harmonisierte Norm" bezeichnet eine harmonisierte Norm im Sinne des Artikels 2 Nummer 1 Buchstabe c der Verordnung (EU) Nr. 1025/2012;
25. „CE-Kennzeichnung" bezeichnet eine Kennzeichnung, durch die der Hersteller erklärt, dass eine Maschine oder ein dazugehöriges Produkt den anwendbaren Anforderungen genügt, die in den Harmonisierungsrechtsvorschriften der Union über ihre bzw. seine Anbringung festgelegt sind;
26. „Akkreditierung" bezeichnet die Akkreditierung im Sinne des Artikels 2 Nummer 10 der Verordnung (EG) Nr. 765/2008;
27. „nationale Akkreditierungsstelle" eine nationale Akkreditierungsstelle im Sinne von Artikel 2 Nummer 11 der Verordnung (EG) Nr. 765/2008;
28. „Konformitätsbewertung" bezeichnet ein Verfahren mit dem bewertet wird, ob die anwendbaren grundlegenden Sicherheits- und Gesundheitsschutzanforderungen dieser Verordnung an Maschinen oder dazugehörige Produkte erfüllt worden sind;
29. „Konformitätsbewertungsstelle" bezeichnet eine Stelle, die Konformitätsbewertungstätigkeiten einschließlich Kalibrierungen, Prüfungen, Zertifizierungen und Inspektionen durchführt;
30. „notifizierte Stelle" bezeichnet eine Konformitätsbewertungsstelle, die gemäß dieser Verordnung notifiziert wurde;
31. „Marktüberwachungsbehörde" bezeichnet eine Marktüberwachungsbehörde gemäß der Begriffsbestimmung in Artikel 3 Nummer 4 der Verordnung (EU) 2019/1020;
32. „Rückruf" bezeichnet jede Maßnahme, die auf Erwirkung der Rückgabe eines dem Nutzer bereits bereitgestellten Produkts, das in den Anwendungsbereich dieser Verordnung fällt, abzielt;
33. „Rücknahme vom Markt" in Bezug auf ein Produkt jede Maßnahme, mit der verhindert werden soll, dass ein in der Lieferkette befindliches Produkt, das in den Anwendungsbereich dieser Verordnung fällt, auf dem Markt bereitgestellt wird;
34. „Lebensdauer" bezeichnet den Zeitraum von dem Zeitpunkt des Inverkehrbringens oder der Inbetriebnahme der Maschine bzw. des dazugehörigen Produkts bis zu dem Zeitpunkt ihrer bzw. seiner Entsorgung, einschließlich der tatsächlichen Zeit, in der die Maschine bzw. das dazugehörige Produkt verwendet werden kann, und der vom Hersteller vorgesehenen Phasen, in der sie bzw. es transportiert, montiert, demontiert, außer Betrieb gesetzt, ausgesondert oder anderweitig physisch oder digital verändert wird;
35. „Quellcode" bezeichnet die derzeit installierte Version der Software eines in den Anwendungsbereich dieser Verordnung fallenden Produkts, die in einer Programmiersprache so geschrieben ist, dass sie für den Menschen eindeutig und verständlich ist;

36. „professioneller Nutzer" bezeichnet eine natürliche Person, die eine Maschine bzw. ein dazugehöriges Produkt im Rahmen ihrer beruflichen Tätigkeit oder Arbeit verwendet oder bedient.

Artikel 4

Freier Verkehr

(1) Die Mitgliedstaaten dürfen die Bereitstellung auf dem Markt von in den Anwendungsbereich dieser Verordnung fallenden Produkten oder die Inbetriebnahme von Maschinen oder dazugehörigen Produkten, die dieser Verordnung entsprechen, aus Gründen im Zusammenhang mit den von dieser Verordnung erfassten Aspekten nicht behindern.

(2) Die Mitgliedstaaten lassen zu, dass bei Messen, Ausstellungen und Vorführungen oder ähnlichen Veranstaltungen in den Anwendungsbereich dieser Verordnung fallende Produkte gezeigt werden, die der vorliegenden Verordnung nicht entsprechen, sofern ein sichtbares Schild deutlich darauf hinweist, dass sie der Verordnung nicht entsprechen und sie nicht auf dem Markt bereitgestellt werden, bevor ihre Konformität hergestellt wurde.

Bei Vorführungen sind angemessene Sicherheitsmaßnahmen zu treffen, um den Schutz von Personen zu gewährleisten.

Artikel 5

Schutz von Personen während der Installation oder Verwendung von Maschinen oder dazugehörigen Produkten

Die Mitgliedstaaten können Anforderungen festlegen, um den Schutz von Personen, einschließlich Arbeitnehmern, bei der Installation oder Verwendung von Maschinen oder dazugehörigen Produkten zu gewährleisten, sofern diese Vorschriften keine Veränderungen an einer Maschine oder einem dazugehörigen Produkt in einer Weise zulassen, die mit dieser Verordnung nicht vereinbar ist.

Artikel 6

Kategorien von Maschinen und dazugehörigen Produkten, die in Anhang I aufgeführt sind und den einschlägigen Konformitätsbewertungsverfahren unterliegen

(1) Maschinen und dazugehörige Produkte, die unter die in Anhang I Teil A aufgeführten Kategorien fallen, unterliegen den in Artikel 25 Absatz 2 genannten spezifischen Konformitätsbewertungsverfahren, und Maschinen und dazugehörige Produkte, die unter die in Anhang I Teil B aufgeführten Kategorien fallen, unterliegen den in Artikel 25 Absatz 3 genannten spezifischen Konformitätsbewertungsverfahren.

(2) Der Kommission wird die Befugnis übertragen, gemäß Artikel 47 delegierte Rechtsakte zu erlassen, um Anhang I nach Konsultation der betroffenen Interes-

sentträger angesichts des technischen Fortschritts, der Fortschritte beim Kenntnisstand oder neuer wissenschaftlicher Erkenntnisse anzupassen, indem sie gemäß den in den Absätzen 4, 5 und 7 dieses Artikels festgelegten Kriterien und Verfahren eine neue Kategorie von Maschinen oder dazugehörigen Produkten in die Liste der Kategorien von Maschinen und dazugehörigen Produkten in Anhang I aufnimmt, eine bestehende Kategorie von Maschinen oder dazugehörigen Produkten aus dieser Liste streicht oder eine Kategorie von Maschinen oder dazugehörigen Produkten aus einem Teil des Anhangs I in einen anderen Teil dieses Anhangs verschiebt.

(3) Vor dem Erlass eines delegierten Rechtsakts holt die Kommission gemäß Artikel 47 Absatz 4 die Stellungnahmen von Sachverständigen in der einschlägigen Sachverständigengruppe ein.

(4) Die Kommission bewertet den Schweregrad des mit einer Kategorie von Maschinen oder dazugehörigen Produkten verbundenen inhärenten potenziellen Risikos, um zu entscheiden, ob diese Kategorie von Maschinen oder dazugehörigen Produkten in Anhang I aufgenommen oder diese Kategorie von Maschinen oder dazugehörigen Produkten aus Anhang I gestrichen werden soll. Diese Bewertung wird auf der Grundlage einer Kombination aus der Wahrscheinlichkeit des Eintretens eines Schadens und der Schwere dieses Schadens ermittelt.

Bei der Ermittlung der Wahrscheinlichkeit und der Schwere des Schadens sind gegebenenfalls die folgenden Kriterien zu berücksichtigen:

a) die Art der mit der Funktion der Kategorie von Maschinen oder dazugehörigen Produktkategorie verbundenen inhärenten Gefährdung unter Berücksichtigung der bestimmungsgemäßen Verwendung und jeglicher vernünftigerweise vorhersehbarer Fehlanwendung;
b) die Schwere des Schadens, den eine Person erleiden würde, einschließlich des Grads der Umkehrbarkeit dieses Schadens;
c) die Anzahl der möglicherweise von dem Schaden betroffenen Personen;
d) die Häufigkeit und Dauer der Exposition gegenüber der Gefährdung, der eine Person bei der bestimmungsgemäßen Verwendung oder einer vernünftigerweise vorhersehbaren Fehlanwendung der Kategorie von Maschinen oder dazugehörigen Produkten ausgesetzt wäre;
e) die Möglichkeiten zur Verhinderung oder Begrenzung eines Schadens;
f) bei Sicherheitsbauteilen die Wahrscheinlichkeit schwerwiegender Folgen für die Sicherheit der Personen, die bei deren Ausfall zu Schaden kommen könnten.

(5) Bei der Durchführung der in Absatz 4 genannten Bewertung berücksichtigt die Kommission die folgenden Elemente:

a) Hinweise auf Schäden, die in der Vergangenheit durch Maschinen oder dazugehörige Produkte verursacht wurden, die bestimmungsgemäß oder infolge einer vernünftigerweise vorhersehbaren Fehlanwendung verwendet wurden;
b) Informationen über Sicherheitsmängel, die im Zuge der Marktüberwachung festgestellt wurden, und Material, das möglicherweise

in den von der Kommission verwalteten Informationssystemen verfügbar ist;

c) Informationen über bekannte Unfälle und schwerwiegende „Beinaheunfälle“, einschließlich der Besonderheiten dieser Unfälle oder „Beinaheunfälle“;

d) Daten über Unfälle oder Gesundheitsschäden, die durch die Maschine oder das dazugehörige Produkt zumindest in den vorangegangenen vier Jahren verursacht wurden. Insbesondere Informationen, die unter anderem aus dem Informations- und Kommunikationssystem für die Marktüberwachung (ICSMS), Schutzklauseln, dem Safety Gate Schnellwarnsystem (RAPEX), der Europäischen Verletzungsdatenbank (EU-IDB), der Europäischen Statistik über Arbeitsunfälle (ESAW) von Eurostat und der ADCO-Gruppe „Maschinen“ (AdCo) stammen.

Zusätzlich zu den Buchstaben a bis d dieses Absatzes berücksichtigt die Kommission alle sonstigen verfügbaren Informationen, die für die Bewertung nach Absatz 4 relevant sind.

(6) Die in Absatz 5 Buchstaben a bis d genannten Daten und Informationen werden von den Mitgliedstaaten gemäß Absatz 9 bereitgestellt.

(7) Eine Kategorie von Maschinen oder dazugehörigen Produkten wird in Anhang I Teil A aufgenommen, wenn sie gemäß der Bewertung nach Absatz 4 und unter Berücksichtigung der verfügbaren Informationen, einschließlich der in Absatz 5 genannten Daten, ein ernstes inhärentes potenzielles Risiko darstellt und eine oder mehrere der folgenden Bedingungen erfüllt sind:

a) es fehlen harmonisierte Normen oder gemeinsame Spezifikationen, die die einschlägigen grundlegenden Sicherheits- und Gesundheitsschutzanforderungen abdecken;

b) es bestehen Restrisiken, einschließlich solcher, die nach Ansicht des Herstellers durch eine spezielle Ausbildung oder Einarbeitung oder persönliche Schutzausrüstung verringert werden könnten, und die in Absatz 5 genannten Daten und Informationen belegen, dass sich ähnliche schwere oder tödliche Unfälle oder Gesundheitsschäden im Zusammenhang mit diesen Restrisiken wiederholen;

c) es liegen Daten und Informationen vor, die nach Ansicht der Kommission eine wiederholte unrechtmäßige Anwendung der einschlägigen harmonisierten Normen oder gemeinsamen Spezifikationen belegen und bei denen die durchgeführten Marktüberwachungsaktivitäten nicht innerhalb eines angemessenen Zeitraums zu einer wesentlichen Verbesserung der Marktsituation geführt haben;

d) es besteht ein gewisses Maß an Ungewissheit bei den bestehenden Risikobeurteilungsmethoden in Bezug auf neue Kategorien von Maschinen oder Technologien.

Jede sonstige Kategorie von Maschinen oder dazugehörigen Produkten, die nach dieser Bewertung ein ernstes inhärentes potenzielles Risiko darstellt, aber nicht eine oder mehrere der unter den Buchstaben a bis d genannten Bedingungen erfüllt, wird in Anhang I Teil B aufgenommen.

(8) Ein Mitgliedstaat, der Bedenken gegen die Aufnahme oder Streichung einer Kategorie von Maschinen oder dazugehörigen Produkten in Anhang I hat, unterrichtet unverzüglich die Kommission über diese Bedenken und gibt hierfür eine Begründung an.

Die Kommission führt die in Absatz 4 genannte Bewertung unverzüglich nach der Unterrichtung durch einen Mitgliedstaat durch.

Nach der Durchführung dieser Bewertung kann die Kommission das in Absatz 2 vorgesehene Verfahren einleiten.

(9) Bis zum 14. Juli 2025 und danach alle fünf Jahre legen die Mitgliedstaaten die in Absatz 5 genannten Daten und Informationen vor, einschließlich Informationen darüber, dass keines der in Absatz 5 genannten Ereignisse eingetreten ist, und zwar für jede Kategorie von Maschinen oder dazugehörigen Produkten, die in Anhang I aufgeführt ist oder die nicht in Anhang I aufgeführt ist, wenn diese Nichteinbeziehung für den Mitgliedstaat Anlass zur Sorge gibt.

(10) Die Kommission erlässt Durchführungsrechtsakte, in denen eine Vorlage für die Erhebung der in Absatz 5 Buchstaben a bis d genannten Daten und Informationen durch die Mitgliedstaaten festgelegt und erforderlichenfalls angesichts der Technologie- und Marktentwicklung aktualisiert wird.

Beim Erlass dieser Durchführungsrechtsakte gibt die Kommission den Mitgliedstaaten eine Anleitung für die Erhebung und Übermittlung vergleichbarer, hochwertiger Daten und Informationen heraus.

Diese Durchführungsrechtsakte werden gemäß dem in Artikel 48 Absatz 3 genannten Prüfverfahren erlassen.

Der erste entsprechende Durchführungsrechtsakt wird spätestens am 14. Juli 2024 erlassen.

(11) Falls erforderlich, erlässt die Kommission nach dem Bericht der Kommission gemäß Artikel 53 Absatz 3 delegierte Rechtsakte gemäß Artikel 47, um Absatz 5 des vorliegenden Artikels zu ergänzen, indem sie die Verpflichtungen der Mitgliedstaaten zur Bereitstellung der gemäß diesem Artikel erforderlichen Daten und Informationen durch die Festlegung einer gemeinsamen Methodik für die zu erhebenden Daten und Informationen, einschließlich der Methoden für ihre Erhebung und Zusammenstellung und der Verfahren für ihre Übermittlung sowie der einschlägigen Definitionen, festlegt, um sicherzustellen, dass der Kommission ausreichende und vergleichbare Daten für die Bewertung gemäß Absatz 4 zur Verfügung stehen.

Artikel 7

Sicherheitsbauteile

(1) Eine nicht erschöpfende Liste der Sicherheitsbauteile ist in Anhang II enthalten.

(2) Der Kommission wird die Befugnis übertragen, gemäß Artikel 47 delegierte Rechtsakte zu erlassen, um Anhang II unter Berücksichtigung des technischen Fortschritts und Kenntnisstands oder neuer wissenschaftlicher Erkenntnisse anzupassen, indem ein neues Sicherheitsbauteil in die nicht erschöpfende Liste der Sicherheitsbauteile aufgenommen oder ein vorhandenes Sicherheitsbauteil aus dieser Liste gestrichen wird.

(3) Ein Mitgliedstaat, der Bedenken gegen die Aufnahme eines Sicherheitsbauteils in die Liste in Anhang II oder gegen die Streichung eines Sicherheitsbauteils aus dieser Liste hat, unterrichtet unverzüglich die Kommission über seine Bedenken und gibt hierfür eine Begründung an.

Artikel 8

Grundlegende Sicherheits- und Gesundheitsschutzanforderungen an Produkte, die in den Anwendungsbereich dieser Verordnung fallen

Maschinen oder dazugehörige Produkte dürfen nur dann auf dem Markt bereitgestellt oder in Betrieb genommen werden, wenn sie bei ordnungsgemäßer Installation und Wartung und bei bestimmungsgemäßer oder vernünftigerweise vorhersehbarer Verwendung die grundlegenden Sicherheits- und Gesundheitsschutzanforderungen nach Anhang III erfüllen.

Unvollständige Maschinen dürfen nur dann auf dem Markt bereitgestellt werden, wenn sie die einschlägigen grundlegenden Sicherheits- und Gesundheitsschutzanforderungen nach Anhang III erfüllen.

Artikel 9

Spezifische Harmonisierungsrechtsvorschriften der Union

Werden bei einem bestimmten Produkt, das in den Anwendungsbereich dieser Verordnung fällt, die Risiken, die von den grundlegenden Sicherheits- und Gesundheitsschutzanforderungen in Anhang III erfasst werden, ganz oder teilweise durch Harmonisierungsrechtsvorschriften der Union abgedeckt, die spezifischer sind als diese Verordnung, so gilt diese Verordnung nicht für dieses Produkt, soweit diese spezifischen Rechtsvorschriften der Union diese Risiken abdecken.

KAPITEL II

PFLICHTEN DER WIRTSCHAFTSAKTEURE

Artikel 10

Pflichten der Hersteller von Maschinen und dazugehörigen Produkten

(1) Die Hersteller gewährleisten, wenn sie eine Maschine oder ein dazugehöriges Produkt in Verkehr bringen oder in Betrieb nehmen, dass die Maschine oder das dazugehörige Produkt gemäß den grundlegenden Sicherheits- und Gesundheitsschutzanforderungen nach Anhang III konstruiert und gebaut wurde.

(2) Vor dem Inverkehrbringen oder der Inbetriebnahme einer Maschine oder eines dazugehörigen Produkts erstellen die Hersteller die in Anhang IV Teil A aufgeführten technischen Unterlagen und führen das in Artikel 25 genannte einschlägige Konformitätsbewertungsverfahren durch oder lassen es durchführen.

Wurde anhand dieses Konformitätsbewertungsverfahren nachgewiesen, dass die Maschine oder ein dazugehöriges Produkt den grundlegenden Sicherheits- und Gesundheitsschutzanforderungen nach Anhang III entspricht, stellen die Hersteller die EU-Konformitätserklärung gemäß Artikel 21 aus und bringen die CE-Kennzeichnung gemäß Artikel 24 an.

(3) Die Hersteller bewahren die technischen Unterlagen und die EU-Konformitätserklärung nach dem Inverkehrbringen oder der Inbetriebnahme der Maschine oder des dazugehörigen Produkts mindestens zehn Jahre lang für die Marktüberwachungsbehörden auf. Gegebenenfalls wird der in den technischen Unterlagen enthaltene Quellcode oder die darin enthaltene Programmierlogik auf begründeten Antrag den zuständigen nationalen Behörden zur Verfügung gestellt, sofern der Quellcode oder die Programmierlogik erforderlich ist, damit sie die Einhaltung der in Anhang III aufgeführten grundlegenden Sicherheits- und Gesundheitsschutzanforderungen überprüfen können.

Die Hersteller gewährleisten durch geeignete Verfahren, dass bei Maschinen oder dazugehörigen Produkten aus Serienherstellung stets Konformität mit dieser Verordnung sichergestellt ist. Änderungen am Herstellungsverfahren oder an der Konstruktion oder den Merkmalen der Maschine oder des dazugehörigen Produkts sowie Änderungen der harmonisierten Normen, anderer technischer Spezifikationen oder der in Artikel 20 genannten gemeinsamen Spezifikationen, die bei der Erklärung der Konformität der Maschine oder des dazugehörigen Produkts zugrunde gelegt wurden, werden angemessen berücksichtigt.

(4) Die Hersteller nehmen, falls dies angesichts der von Maschinen oder dazugehörigen Produkten ausgehenden Risiken als angemessen betrachtet wird, zum Schutz der Sicherheit und Gesundheit der Nutzer Stichprobenprüfungen von auf dem Markt bereitgestellten Maschinen oder dazugehörigen Produkten vor, und untersuchen deren Ergebnisse. Erforderlichenfalls führen die Hersteller ein Verzeichnis der Beschwerden, der nichtkonformen Maschinen oder dazugehörigen Produkte und der Rückrufe von Maschinen oder dazugehörigen Produkten und halten die Händler über diese Überwachungstätigkeiten auf dem Laufenden.

(5) Die Hersteller stellen sicher, dass die von ihnen in Verkehr gebrachten oder in Betrieb genommenen Maschinen oder dazugehörigen Produkte zumindest die Bezeichnung des Modells der Maschine oder des dazugehörigen Produkts und der Baureihe oder des Typs, das Baujahr, d. h. das Jahr, in dem der Herstellungsprozess abgeschlossen wurde, sowie vorhandene Chargen- oder Seriennummer oder ein anderes vorhandenes Kennzeichen zu ihrer Identifikation tragen oder — falls das aufgrund der Größe oder Art der Maschine oder des dazugehörigen Produkts nicht möglich ist — die erforderlichen Informationen auf der Verpackung oder in den der Maschine oder dem dazugehörigen Produkt beigefügten Unterlagen angegeben werden.

(6) Die Hersteller geben ihren Namen, ihren eingetragenen Handelsnamen oder ihre eingetragene Handelsmarke, ihre Postanschrift, ihre Website und ihre E-Mail-

Adresse oder eine andere digitale Kontaktmöglichkeit, unter der sie zu erreichen sind, entweder auf der Maschine oder dem dazugehörigen Produkt selbst oder, wenn dies nicht möglich ist, auf der Verpackung oder in den der Maschine oder dem dazugehörigen Produkt beigefügten Unterlagen an. Als Anschrift ist eine einzige Anlaufstelle, an der der Hersteller kontaktiert werden kann, anzugeben. Die Kontaktangaben sind in einer Sprache zu machen, die von den Nutzern und den Marktüberwachungsbehörden leicht verstanden werden kann.

(7) Die Hersteller gewährleisten, dass der Maschine oder dem dazugehörigen Produkt die Betriebsanleitung und die Informationen nach Anhang III beigefügt sind. Die Betriebsanleitung kann in digitaler Form bereitgestellt werden. In der Betriebsanleitung und den Informationen ist das Produktmodell, dem sie entsprechen, klar zu beschreiben.

Wenn die Betriebsanleitung in digitaler Form bereitgestellt wird, muss der Hersteller

a) auf der Maschine oder dem dazugehörigen Produkt oder, falls dies nicht möglich ist, auf ihrer Verpackung oder in einem Begleitdokument angeben, wie auf die digitalen Betriebsanleitungen zugegriffen werden kann;
b) diese in einem Format bereitstellen, das es dem Nutzer ermöglicht, die Betriebsanleitung auszudrucken, herunterzuladen und auf einem elektronischen Gerät zu speichern, sodass er jederzeit, insbesondere bei einem Ausfall der Maschine oder des dazugehörigen Produkts, darauf zugreifen kann; diese Anforderung gilt auch, wenn die Betriebsanleitung in die Software der Maschine oder des zugehörigen Produkts eingebettet ist;
c) sie während der voraussichtlichen Lebensdauer der Maschine oder des dazugehörigen Produkts und mindestens zehn Jahre lang nach dem Inverkehrbringen der Maschine oder des dazugehörigen Produkts online zugänglich machen.

Auf Verlangen des Nutzers zum Zeitpunkt des Kaufs stellt der Hersteller die Betriebsanleitung jedoch innerhalb eines Monats kostenlos in Papierform bereit.

Bei Maschinen bzw. dazugehörigen Produkten, die für nichtprofessionelle Nutzer bestimmt sind oder unter vernünftigerweise vorhersehbaren Umständen von nichtprofessionellen Nutzern verwendet werden können, auch wenn sie nicht für sie bestimmt sind, muss der Hersteller die Sicherheitsinformationen, die für die sichere Inbetriebnahme der Maschine bzw. des zugehörigen Produkts und für deren bzw. dessen sichere Verwendung wesentlich sind, in Papierform bereitstellen.

Die Betriebsanleitung, die Sicherheitsinformationen und die Informationen nach Anhang III werden in einer vom betreffenden Mitgliedstaat festgelegten, für die Nutzer leicht verständlichen Sprache abgefasst und müssen klar, verständlich und lesbar sein.

(8) Die Hersteller gewährleisten, dass der Maschine bzw. dem dazugehörigen Produkt die EU-Konformitätserklärung nach Anhang V Teil A beiliegt, oder die Hersteller geben alternativ in der Betriebsanleitung und den Hinweisen nach Anhang III Abschnitt 1.7 die Internetadresse oder den maschinenlesbaren Code an, unter der bzw. dem auf diese EU-Konformitätserklärung zugegriffen werden kann.

Digitale EU-Konformitätserklärungen sind für die erwartete Lebensdauer der Maschine bzw. des dazugehörigen Produkts und in jedem Fall für einen Zeitraum von mindestens zehn Jahren nach dem Inverkehrbringen oder der Inbetriebnahme der Maschine bzw. des dazugehörigen Produkts online zur Verfügung zu stellen.

(9) Hersteller, die der Auffassung sind oder Grund zu der Annahme haben, dass eine von ihnen in Verkehr gebrachte oder in Betrieb genommene Maschine bzw. ein dazugehöriges Produkt nicht dieser Verordnung entspricht, ergreifen unverzüglich die erforderlichen Korrekturmaßnahmen, um die Konformität dieser Maschine bzw. dieses Produkts herzustellen oder sie bzw. es gegebenenfalls vom Markt zu nehmen oder zurückzurufen. Außerdem unterrichten die Hersteller, wenn von der Maschine bzw. dem dazugehörigen Produkt Risiken für die Sicherheit oder Gesundheit von Personen und gegebenenfalls von Haustieren und Sachen sowie, soweit anwendbar, für die Umwelt ausgehen, unverzüglich die zuständigen nationalen Behörden der Mitgliedstaaten, in denen sie die Maschine bzw. das dazugehörige Produkt auf dem Markt bereitgestellt oder in Betrieb genommen haben, darüber und machen dabei ausführliche Angaben, insbesondere über die fehlende Konformität und die ergriffenen Korrekturmaßnahmen.

(10) Die Hersteller stellen der zuständigen nationalen Behörde auf deren begründetes Verlangen alle Informationen und Unterlagen, die für den Nachweis der Konformität der Maschine bzw. der dazugehörigen Produkte mit dieser Verordnung erforderlich sind, in Papierform oder in digitaler Form in einer Sprache zur Verfügung, die von dieser Behörde leicht verstanden werden kann. Sie kooperieren mit dieser Behörde auf deren Verlangen bei allen Maßnahmen zur Abwendung der Risiken zusammen, die von den von ihnen in Verkehr gebrachten oder in Betrieb genommenen Maschinen bzw. dazugehörigen Produkten ausgehen.

Artikel 11

Pflichten der Hersteller von unvollständigen Maschinen

(1) Die Hersteller gewährleisten, wenn sie eine unvollständige Maschine in Verkehr bringen, dass diese gemäß den einschlägigen grundlegenden Sicherheits- und Gesundheitsschutzanforderungen nach Anhang III konstruiert und gebaut wurde.

(2) Vor dem Inverkehrbringen unvollständiger Maschinen erstellen die Hersteller die in Anhang IV Teil B aufgeführten technischen Unterlagen.

Wurde in den technischen Unterlagen gemäß Anhang IV Teil B nachgewiesen, dass eine unvollständige Maschine die einschlägigen grundlegenden Sicherheits- und Gesundheitsschutzanforderungen nach Anhang III erfüllt, so stellen die Hersteller die EU-Einbauerklärung gemäß Artikel 22 aus.

(3) Die Hersteller bewahren die technischen Unterlagen und die EU-Einbauerklärung nach dem Inverkehrbringen der unvollständigen Maschine mindestens zehn Jahre lang für die Marktüberwachungsbehörden auf. Gegebenenfalls wird der in den technischen Unterlagen enthaltene Quellcode oder die darin enthaltene Programmierlogik auf begründeten Antrag den zuständigen nationalen Behörden zur Verfügung gestellt, sofern der Quellcode oder die Programmierlogik erforderlich ist, damit sie die Einhaltung der in Anhang III aufgeführten einschlägigen grundlegenden Sicherheits- und Gesundheitsschutzanforderungen überprüfen können.

(4) Die Hersteller gewährleisten durch geeignete Verfahren, dass bei einer unvollständigen Maschine aus Serienherstellung stets die Konformität mit dieser Verordnung

sichergestellt ist. Änderungen am Herstellungsverfahren oder an der Konstruktion oder den Merkmalen der unvollständigen Maschine sowie Änderungen der harmonisierten Normen oder anderer technischer Spezifikationen oder der in Artikel 20 genannten gemeinsamen Spezifikationen, die bei der Erklärung der Konformität der unvollständigen Maschine zugrunde gelegt oder bei der Überprüfung ihrer Konformität angewandt wurden, sind angemessen zu berücksichtigen.

(5) Die Hersteller gewährleisten, dass die unvollständige Maschine, die sie in Verkehr bringen, mindestens die Bezeichnung der unvollständigen Maschine, das Baujahr, d. h. das Jahr, in dem der Herstellungsprozess abgeschlossen wurde, das Modell und die Serie oder den Typ sowie vorhandene Chargen- oder Seriennummer oder ein anderes vorhandenes Kennzeichen zu ihrer Identifizierung trägt, oder, falls die Größe oder Art der unvollständigen Maschine dies nicht zulässt, dass die erforderlichen Informationen auf der Verpackung oder in den der unvollständigen Maschine beigefügten Unterlagen angegeben werden.

(6) Die Hersteller geben ihren Namen, ihren eingetragenen Handelsnamen oder ihre eingetragene Handelsmarke, ihre Postanschrift und Website sowie ihre E-Mail-Adresse oder eine andere digitale Kontaktmöglichkeit, unter der sie zu erreichen sind, entweder auf der unvollständigen Maschine selbst oder, wenn dies nicht möglich ist, auf der Verpackung oder in den der unvollständigen Maschine beigefügten Unterlagen an. Als Anschrift ist eine einzige Anlaufstelle, an der der Hersteller kontaktiert werden kann, anzugeben. Die Kontaktangaben sind in einer Sprache zu machen, die von der Person, die die unvollständige Maschine in eine Maschine einbaut, und den Marktüberwachungsbehörden leicht verstanden werden kann.

(7) Die Hersteller gewährleisten, dass der unvollständigen Maschine die Montageanleitung nach Anhang XI beigefügt ist.

Die Montageanleitung kann vom Hersteller in digitaler Form zur Verfügung gestellt werden.

Wenn die Montageanleitung in digitaler Form bereitgestellt wird, muss der Hersteller

a) auf der unvollständigen Maschine oder, falls dies nicht möglich ist, auf ihrer Verpackung oder in einem Begleitdokument angeben, wie auf die digitale Montageanleitung zugegriffen werden kann;
b) diese in einem Format bereitstellen, das es der Person, die die unvollständige Maschine einbaut, ermöglicht, die Montageanleitung auszudrucken, herunterzuladen und auf einem elektronischen Gerät zu speichern, sodass sie jederzeit, insbesondere bei einem Ausfall der unvollständigen Maschine, darauf zugreifen kann; diese Anforderung gilt auch dann, wenn die Montageanleitung in die Software der unvollständigen Maschine eingebettet ist;
c) sie für einen Zeitraum von mindestens zehn Jahren nach dem Inverkehrbringen der unvollständigen Maschine online zur Verfügung stellen.

Auf Verlangen der Person, die die unvollständige Maschine einbaut, zum Zeitpunkt des Kaufs stellt der Hersteller die Montageanleitung jedoch innerhalb eines Monats kostenlos in Papierform zur Verfügung.

Die Montageanleitung ist in einer vom betreffenden Mitgliedstaat festgelegten, für die Person, die die unvollständige Maschine einbaut, leicht verständlichen Sprache abzufassen und muss klar, verständlich und lesbar sein.

(8) Die Hersteller gewährleisten, dass der unvollständigen Maschine die in Anhang V Teil B aufgeführte EU-Einbauerklärung beiliegt, oder alternativ dazu geben die Hersteller in der Montageanleitung nach Anhang XI die Internetadresse oder den maschinenlesbaren Code an, unter der bzw. unter dem auf diese EU-Einbauerklärung zugegriffen werden kann.

Digitale EU-Einbauerklärungen sind für einen Zeitraum von mindestens zehn Jahren nach dem Inverkehrbringen der unvollständigen Maschine online zur Verfügung zu stellen.

(9) Hersteller, die der Auffassung sind oder Grund zu der Annahme haben, dass eine von ihnen in Verkehr gebrachte unvollständige Maschine nicht dieser Verordnung entspricht, ergreifen unverzüglich die erforderlichen Korrekturmaßnahmen, um die Konformität dieser unvollständigen Maschine herzustellen oder sie gegebenenfalls vom Markt zu nehmen oder zurückzurufen. Außerdem unterrichten die Hersteller, wenn von der unvollständigen Maschine Risiken im Hinblick auf die einschlägigen grundlegenden Sicherheits- und Gesundheitsschutzanforderungen ausgehen, unverzüglich die zuständigen nationalen Behörden der Mitgliedstaaten, in denen sie die unvollständige Maschine auf dem Markt bereitgestellt haben, darüber und machen dabei ausführliche Angaben, insbesondere über die fehlende Konformität und die ergriffenen Korrekturmaßnahmen.

(10) Die Hersteller stellen der zuständigen nationalen Behörde auf deren begründetes Verlangen alle Informationen und Unterlagen, die für den Nachweis der Konformität der unvollständigen Maschine mit dieser Verordnung erforderlich sind, in Papierform oder in digitaler Form in einer Sprache zur Verfügung, die von dieser Behörde leicht verstanden werden kann. Sie kooperieren mit dieser Behörde auf deren Verlangen bei allen Maßnahmen zur Abwendung der Risiken in Bezug auf die einschlägigen grundlegenden Sicherheits- und Gesundheitsschutzanforderungen, die von der unvollständigen Maschine ausgehen, die sie in Verkehr gebracht haben.

Artikel 12

Bevollmächtigte

(1) Ein Hersteller eines in den Anwendungsbereich dieser Verordnung fallenden Produkts kann schriftlich einen Bevollmächtigten benennen.

Die in Artikel 10 Absatz 1 und Artikel 11 Absatz 1 festgelegten Pflichten und die in Anhang IV festgelegte Pflicht zur Erstellung der technischen Unterlagen sind nicht Teil des Mandats des Bevollmächtigten.

(2) Ein Bevollmächtigter nimmt die Aufgaben wahr, die im Auftrag des Herstellers festgelegt sind. Der Auftrag muss dem Bevollmächtigten ermöglichen, mindestens folgende Aufgaben wahrzunehmen:

a) Bereithaltung der technischen Unterlagen und der EU-Konformitätserklärung der Maschine und der dazugehörigen Produkte oder der EU-Einbauerklärung der unvollständigen Maschine für die nationalen Marktüberwachungsbehörden mindestens zehn Jahre lang ab dem Inverkehrbringen des Produkts;
b) auf begründetes Verlangen einer zuständigen nationalen Behörde Aushändigung aller zum Nachweis der Konformität des in den Anwendungsbereich dieser Verordnung fallenden Produkts erforderlichen Informationen und Unterlagen an diese Behörde in Papierform oder in digitaler Form;
c) auf Verlangen der zuständigen nationalen Behörden Kooperation bei allen Maßnahmen zur Abwendung der Risiken, die von in den Anwendungsbereich dieser Verordnung fallenden Produkten ausgehen, die zum Aufgabenbereich des Bevollmächtigten gehören.

Artikel 13

Pflichten der Einführer von Maschinen und dazugehörigen Produkten

(1) Die Einführer bringen nur konforme Maschinen bzw. dazugehörige Produkte in Verkehr.

(2) Bevor sie eine Maschine oder ein dazugehöriges Produkt in Verkehr bringen, gewährleisten die Einführer, dass die geeigneten Konformitätsbewertungsverfahren nach Artikel 25 vom Hersteller durchgeführt wurden. Sie gewährleisten, dass der Hersteller die technischen Unterlagen nach Anhang IV Teil A erstellt hat, dass die Maschine bzw. das dazugehörige Produkt mit der in Artikel 23 genannten CE-Kennzeichnung versehen ist und ihm die erforderlichen Unterlagen beigefügt sind und dass der Hersteller die Anforderungen des Artikels 10 Absätze 5, 6 und 8 erfüllt hat.

Ist ein Einführer der Auffassung oder hat er Grund zu der Annahme, dass eine Maschine bzw. ein dazugehöriges Produkt dieser Verordnung nicht entspricht, so darf er diese Maschine bzw. dieses Produkt nicht in Verkehr bringen, bevor die Konformität der Maschine bzw. des dazugehörigen Produkts hergestellt ist. Stellt die Maschine bzw. das dazugehörige Produkt ein Risiko für die Sicherheit und Gesundheit von Personen und gegebenenfalls von Haustieren und Sachen sowie, soweit anwendbar, für die Umwelt dar, so unterrichtet der Einführer den Hersteller und die Marktüberwachungsbehörden davon.

(3) Die Einführer geben ihren Namen, ihren eingetragenen Handelsnamen oder ihre eingetragene Handelsmarke, ihre Postanschrift und ihre Website, ihre E-Mail-Adresse oder eine anderweitige digitale Kontaktmöglichkeit, unter der sie zu erreichen sind, entweder auf der Maschine bzw. dem dazugehörigen Produkt selbst oder, wenn dies nicht möglich ist, auf der Verpackung oder in einem der Maschine bzw. dem dazugehörigen Produkt beigefügten Dokument an. Die Kontaktangaben sind in einer Sprache zu machen, die von den Nutzern und den Marktüberwachungsbehörden leicht verstanden werden kann.

(4) Die Einführer gewährleisten, dass der Maschine bzw. dem dazugehörigen Produkt die Betriebsanleitung und die Informationen nach Artikel 10 Absatz 7 beigefügt sind.

(5) Solange sich eine Maschine oder ein dazugehöriges Produkt in ihrer Verantwortung befindet, gewährleisten die Einführer, dass die Lagerungs- oder Transportbedingungen die Übereinstimmung mit den grundlegenden Sicherheits- und Gesundheitsschutzanforderungen nach Anhang III nicht beeinträchtigen.

(6) Die Einführer nehmen, falls dies angesichts der von der Maschine bzw. den dazugehörigen Produkten ausgehenden Risiken für die Sicherheit und Gesundheit von Personen und gegebenenfalls von Haustieren und Sachen sowie, soweit anwendbar, für die Umwelt als angemessen betrachtet wird, Stichprobenprüfungen von auf dem Markt bereitgestellten oder in Betrieb genommenen Maschinen bzw. dazugehörigen Produkten vor, untersuchen Beschwerden und führen erforderlichenfalls ein Verzeichnis der Beschwerden, der nichtkonformen Maschinen bzw. dazugehörigen Produkte und der Rückrufe von Maschinen bzw. dazugehörigen Produkten und halten die Händler über diese Überwachungstätigkeiten auf dem Laufenden.

(7) Einführer, die der Auffassung sind oder Grund zu der Annahme haben, dass eine von ihnen in Verkehr gebrachte Maschine oder ein dazugehöriges Produkt nicht dieser Verordnung entspricht, ergreifen unverzüglich die erforderlichen Korrekturmaßnahmen, um die Konformität dieser Maschine bzw. dieses dazugehörigen Produkts herzustellen oder sie bzw. es gegebenenfalls vom Markt zu nehmen oder zurückzurufen. Außerdem unterrichten die Einführer, wenn von der Maschine bzw. dem dazugehörigen Produkt ein Risiko für die Sicherheit und Gesundheit von Personen und gegebenenfalls von Haustieren und Sachen sowie, soweit anwendbar, für die Umwelt ausgeht, unverzüglich die zuständigen nationalen Behörden der Mitgliedstaaten, in denen sie die Maschine bzw. das dazugehörige Produkt auf dem Markt bereitgestellt haben, darüber und machen dabei ausführliche Angaben, insbesondere über die fehlende Konformität und die ergriffenen Korrekturmaßnahmen.

(8) Die Einführer halten nach dem Inverkehrbringen der Maschine bzw. des dazugehörigen Produkts mindestens zehn Jahre lang ein Exemplar der EU-Konformitätserklärung für die Marktüberwachungsbehörden bereit und sorgen dafür, dass sie diesen die technischen Unterlagen gemäß Anhang IV Teil A auf Verlangen vorlegen können.

Gegebenenfalls wird der in den technischen Unterlagen enthaltene Quellcode oder die darin enthaltene Programmierlogik auf begründeten Antrag den zuständigen nationalen Behörden zur Verfügung gestellt, sofern der Quellcode oder die Programmierlogik erforderlich ist, damit sie die Einhaltung der in Anhang III aufgeführten grundlegenden Sicherheits- und Gesundheitsschutzanforderungen überprüfen können.

(9) Die Einführer stellen der zuständigen nationalen Behörde auf deren begründetes Verlangen alle Informationen und Unterlagen, die für den Nachweis der Konformität der Maschine bzw. der dazugehörigen Produkte mit dieser Verordnung erforderlich sind, in Papierform oder in digitaler Form in einer Sprache zur Verfügung, die von dieser Behörde leicht verstanden werden kann. Die Einführer

arbeiten mit dieser Behörde auf deren Verlangen bei allen Maßnahmen zur Abwendung von Risiken für die Sicherheit und Gesundheit von Personen und gegebenenfalls von Haustieren und Sachen sowie, soweit anwendbar, für die Umwelt zusammen, die von einer Maschine bzw. einem dazugehörigen Produkt ausgehen, die bzw. das sie in Verkehr gebracht haben.

Artikel 14

Pflichten der Einführer unvollständiger Maschinen

(1) Die Einführer bringen nur konforme unvollständige Maschinen in Verkehr.

(2) Bevor die Einführer unvollständige Maschinen in Verkehr bringen, gewährleisten sie, dass der Hersteller die technischen Unterlagen gemäß Anhang IV Teil B erstellt hat, dass der unvollständigen Maschine die erforderlichen Unterlagen beiliegen und dass der Hersteller die Anforderungen des Artikels 11 Absätze 5, 6 und 8 erfüllt hat.

Ist ein Einführer der Auffassung oder hat er Grund zu der Annahme, dass eine unvollständige Maschine nicht dieser Verordnung entspricht, so darf der Einführer sie nicht in Verkehr bringen, bevor ihre Konformität hergestellt ist. Stellt die unvollständige Maschine ein Risiko im Hinblick auf die einschlägigen grundlegenden Sicherheits- und Gesundheitsschutzanforderungen dar, so unterrichtet der Einführer den Hersteller und die Marktüberwachungsbehörden davon.

(3) Die Einführer geben ihren Namen, ihren eingetragenen Handelsnamen oder ihre eingetragene Handelsmarke, ihre Postanschrift, ihre Website und ihre E-Mail-Adresse oder eine anderweitige digitale Kontaktmöglichkeit, unter der sie zu erreichen sind, entweder auf der unvollständigen Maschine selbst oder, wenn dies nicht möglich ist, auf der Verpackung oder in den der unvollständigen Maschine beigefügten Unterlagen an. Die Kontaktangaben sind in einer Sprache zu machen, die von der Person, die die unvollständige Maschine einbaut, und von den Marktüberwachungsbehörden leicht verstanden werden kann.

(4) Die Einführer gewährleisten, dass der unvollständigen Maschine die Montageanleitung gemäß Artikel 11 Absatz 7 beiliegt.

(5) Solange sich die unvollständige Maschine in ihrer Verantwortung befindet, gewährleisten die Einführer, dass die Lagerungs- oder Transportbedingungen die Übereinstimmung mit den einschlägigen grundlegenden Sicherheits- und Gesundheitsschutzanforderungen nach Anhang III nicht beeinträchtigen.

(6) Einführer, die der Auffassung sind oder Grund zu der Annahme haben, dass eine von ihnen in Verkehr gebrachte unvollständige Maschine nicht dieser Verordnung entspricht, ergreifen umgehend die erforderlichen Korrekturmaßnahmen, um die Konformität dieser unvollständigen Maschine herzustellen oder sie gegebenenfalls vom Markt zu nehmen oder zurückzurufen. Außerdem unterrichten die Einführer, wenn mit der unvollständigen Maschine Risiken im Hinblick auf die einschlägigen grundlegenden Sicherheits- und Gesundheitsschutzanforderungen verbunden sind, unverzüglich die zuständigen nationalen Behörden der Mitgliedstaaten, in denen sie die unvollständige Maschine auf dem Markt bereitgestellt haben,

darüber und machen dabei ausführliche Angaben, insbesondere über die fehlende Konformität und die ergriffenen Korrekturmaßnahmen.

(7) Die Einführer halten ab dem Inverkehrbringen der unvollständigen Maschine mindestens zehn Jahre lang ein Exemplar der EU-Einbauerklärung für die Marktüberwachungsbehörden bereit und sorgen dafür, dass sie diesen Behörden die technischen Unterlagen gemäß Anhang IV Teil B auf Verlangen vorlegen können.

(8) Die Einführer stellen der zuständigen nationalen Behörde auf deren begründetes Verlangen alle Informationen und Unterlagen, die für den Nachweis der Konformität der unvollständigen Maschine mit dieser Verordnung erforderlich sind, in Papierform oder in digitaler Form in einer Sprache zur Verfügung, die von dieser Behörde leicht verstanden werden kann. Die Einführer arbeiten mit dieser Behörde auf deren Verlangen bei allen Maßnahmen zur Abwendung von Gefahren im Hinblick auf die einschlägigen grundlegenden Sicherheits- und Gesundheitsschutzanforderungen, die mit einer unvollständigen Maschine verbunden sind, die sie in Verkehr gebracht haben, zusammen.

Artikel 15

Pflichten der Händler für Maschinen und dazugehörige Produkte

(1) Die Händler berücksichtigen die Vorschriften dieser Verordnung mit der gebührenden Sorgfalt, wenn sie eine Maschine oder ein dazugehöriges Produkt auf dem Markt bereitstellen.

(2) Bevor sie eine Maschine oder ein dazugehöriges Produkt auf dem Markt bereitstellen, überprüfen die Händler, ob

a) die Maschine bzw. das dazugehörige Produkt mit der CE-Kennzeichnung versehen ist;
b) der Maschine bzw. dem dazugehörigen Produkt die EU-Konformitätserklärung entsprechend Artikel 10 Absatz 8 beiliegt;
c) der Maschine bzw. dem dazugehörigen Produkt die Betriebsanleitung und die in Artikel 10 Absatz 7 genannten Informationen beiliegen, und zwar in einer für die Nutzer leicht verständlichen Sprache, die von dem Mitgliedstaat, in dem die Maschine bzw. das dazugehörige Produkt auf dem Markt bereitgestellt werden soll, festgelegt wird;
d) der Hersteller und der Einführer die in Artikel 10 Absätze 5 und 6 bzw. Artikel 13 Absatz 3 genannten Anforderungen erfüllt haben.

(3) Ist ein Händler der Auffassung oder hat er Grund zu der Annahme, dass eine Maschine oder ein dazugehöriges Produkt nicht dieser Verordnung entspricht, so darf der Händler die Maschine bzw. das dazugehörige Produkt nicht auf dem Markt bereitstellen, bevor die Konformität der Maschine bzw. des Produkts hergestellt ist. Stellt die Maschine bzw. das dazugehörige Produkt ein Risiko für die Sicherheit und Gesundheit von Personen und gegebenenfalls von Haustieren und Sachen sowie, soweit anwendbar, für die Umwelt dar, so unterrichtet der Händler den Hersteller oder den Einführer sowie die Marktüberwachungsbehörden davon.

(4) Solange sich eine Maschine oder ein dazugehöriges Produkt in ihrer Verantwortung befindet, gewährleisten die Händler, dass die Lagerungs- oder Transportbedingungen die Übereinstimmung mit den grundlegenden Sicherheits- und Gesundheitsschutzanforderungen nach Anhang III nicht beeinträchtigen.

(5) Händler, die der Auffassung sind oder Grund zu der Annahme haben, dass eine Maschine oder ein dazugehöriges Produkt, das sie auf dem Markt bereitgestellt haben, nicht dieser Verordnung entspricht, stellen sicher, dass die erforderlichen Korrekturmaßnahmen ergriffen werden, um die Konformität dieser Maschine bzw. dieses dazugehörigen Produkts herzustellen oder sie bzw. es gegebenenfalls vom Markt zu nehmen oder zurückzurufen. Außerdem unterrichten die Händler, wenn die Maschine bzw. das dazugehörige Produkt ein Risiko für die Sicherheit und Gesundheit von Personen und gegebenenfalls von Haustieren und Sachen sowie, soweit anwendbar, für die Umwelt darstellt, unverzüglich die zuständigen nationalen Behörden der Mitgliedstaaten, in denen sie die Maschine bzw. das dazugehörige Produkt auf dem Markt bereitgestellt haben, darüber und machen dabei ausführliche Angaben, insbesondere über die fehlende Konformität und die ergriffenen Korrekturmaßnahmen.

(6) Die Händler stellen der zuständigen nationalen Behörde auf deren begründetes Verlangen alle Informationen und Unterlagen, die für den Nachweis der Konformität der Maschine bzw. des dazugehörigen Produkts mit dieser Verordnung erforderlich sind, in Papierform oder in digitaler Form in einer Sprache zur Verfügung, die von dieser Behörde leicht verstanden werden kann. Sie arbeiten mit dieser Behörde auf deren Verlangen bei allen Maßnahmen zur Abwendung von Risiken für die Sicherheit und Gesundheit von Personen und gegebenenfalls von Haustieren und Sachen sowie, soweit anwendbar, für die Umwelt zusammen, die von einer Maschine oder einem dazugehörigen Produkt ausgehen, die bzw. das sie auf dem Markt bereitgestellt haben.

Artikel 16

Pflichten der Händler für unvollständige Maschinen

(1) Die Händler berücksichtigen die Vorschriften dieser Verordnung mit der gebührenden Sorgfalt, wenn sie eine unvollständige Maschine auf dem Markt bereitstellen.

(2) Bevor sie eine unvollständige Maschine auf dem Markt bereitstellen, überprüfen die Händler, ob

a) der unvollständigen Maschine die EU-Einbauerklärung gemäß Artikel 11 Absatz 8 beiliegt;
b) der unvollständigen Maschine die Montageanleitung gemäß Artikel 11 Absatz 7 beiliegt, und zwar in einer für die Person, die die unvollständige Maschine einbaut, leicht verständlichen Sprache, die von dem Mitgliedstaat, in dem die unvollständige Maschine auf dem Markt bereitgestellt werden soll, festgelegt wird;
c) der Hersteller und der Einführer die Anforderungen nach Artikel 11 Absätze 5 und 6 bzw. Artikel 14 Absatz 3 erfüllt haben.

(3) Ist ein Händler der Auffassung oder hat er Grund zu der Annahme, dass eine unvollständige Maschine nicht dieser Verordnung entspricht, so darf der Händler die unvollständige Maschine nicht auf dem Markt bereitstellen, bevor ihre Konformität hergestellt ist. Stellt die unvollständige Maschine ein Risiko im Hinblick auf die einschlägigen grundlegenden Sicherheits- und Gesundheitsschutzanforderungen dar, so unterrichtet der Händler den Hersteller oder den Einführer sowie die Marktüberwachungsbehörden davon.

(4) Solange sich eine unvollständige Maschine in ihrer Verantwortung befindet, gewährleisten die Händler, dass die Lagerungs- oder Transportbedingungen die Übereinstimmung mit den einschlägigen grundlegenden Sicherheits- und Gesundheitsschutzanforderungen nach Anhang III nicht beeinträchtigen.

(5) Händler, die der Auffassung sind oder Grund zu der Annahme haben, dass eine von ihnen auf dem Markt bereitgestellte unvollständige Maschine nicht dieser Verordnung entspricht, stellen sicher, dass die erforderlichen Korrekturmaßnahmen ergriffen werden, um die Konformität dieser unvollständigen Maschine herzustellen oder sie gegebenenfalls vom Markt zu nehmen oder zurückzurufen. Außerdem unterrichten die Händler, wenn mit der unvollständigen Maschine Risiken im Hinblick auf die einschlägigen grundlegenden Sicherheits- und Gesundheitsschutzanforderungen verbunden sind, unverzüglich die zuständigen nationalen Behörden der Mitgliedstaaten, in denen sie die unvollständige Maschine auf dem Markt bereitgestellt haben, darüber und machen dabei ausführliche Angaben, insbesondere über die fehlende Konformität und die ergriffenen Korrekturmaßnahmen.

(6) Die Händler stellen der zuständigen nationalen Behörde auf deren begründetes Verlangen alle Informationen und Unterlagen, die für den Nachweis der Konformität der unvollständigen Maschine mit dieser Verordnung erforderlich sind, in Papierform oder in digitaler Form zur Verfügung. Sie arbeiten mit dieser Behörde auf deren Verlangen bei allen Maßnahmen zur Abwendung der Gefahren im Hinblick auf die einschlägigen grundlegenden Sicherheits- und Gesundheitsschutzanforderungen zusammen, die von der von ihnen auf dem Markt bereitgestellten unvollständigen Maschine ausgehen.

Artikel 17

Umstände, unter denen die Pflichten des Herstellers auch für Einführer und Händler gelten

Ein Einführer oder Händler gilt für die Zwecke dieser Verordnung als Hersteller und unterliegt den in den Artikeln 10 und 11 genannten Pflichten des Herstellers, wenn dieser Einführer oder Händler ein in den Anwendungsbereich dieser Verordnung fallendes Produkt unter seinem eigenen Namen oder seiner eigenen Marke in Verkehr bringt oder ein bereits in Verkehr gebrachtes Produkt so verändert, dass sich dies auf die Konformität mit den geltenden Anforderungen auswirken kann.

Artikel 18

Sonstige Fälle, in denen die Pflichten des Herstellers gelten

Eine natürliche oder juristische Person, die eine wesentliche Veränderung an einer Maschine oder einem dazugehörigen Produkt vornimmt, gilt für die Zwecke dieser Verordnung als Hersteller und unterliegt den in Artikel 10 genannten Pflichten des Herstellers für diese Maschine bzw. dieses dazugehörige Produkt oder, wenn sich die wesentliche Veränderung wie in der Risikobeurteilung gezeigt nur auf die Sicherheit einer Maschine oder eines dazugehörigen Produkts, das Teil einer Gesamtheit von Maschinen ist, auswirkt, für die betroffene Maschine bzw. das betroffene dazugehörige Produkt.

Die Person, die die wesentliche Veränderung vornimmt, muss insbesondere, jedoch unbeschadet anderer Verpflichtungen nach Artikel 10, sicherstellen und auf ihre alleinige Verantwortung erklären, dass die betroffene Maschine bzw. das betroffene dazugehörige Produkt den geltenden Anforderungen dieser Verordnung entspricht, und muss das einschlägige Konformitätsbewertungsverfahren nach Artikel 25 Absätze 2, 3 und 4 dieser Verordnung anwenden.

Ein nichtprofessioneller Nutzer, der eine wesentliche Veränderung an seiner Maschine oder seinem dazugehörigen Produkt für den Eigengebrauch vornimmt, gilt für die Zwecke dieser Verordnung nicht als Hersteller und unterliegt nicht den Pflichten des Herstellers nach Artikel 10.

Artikel 19

Identifizierung der Wirtschaftsakteure

(1) Die Wirtschaftsakteure benennen den Marktüberwachungsbehörden auf Verlangen Folgendes:

a) Wirtschaftsakteure, von denen sie ein in den Anwendungsbereich dieser Verordnung fallendes Produkt bezogen haben,
b) Wirtschaftsakteure, an die sie ein in den Anwendungsbereich dieser Verordnung fallendes Produkt abgegeben haben.

(2) Um der Verpflichtung nach Absatz 1 nachkommen zu können, bewahren die Wirtschaftsakteure die in Absatz 1 genannten Informationen nach der Lieferung bzw. dem Bezug der in den Anwendungsbereich dieser Verordnung fallenden Produkte mindestens zehn Jahre lang auf.

KAPITEL III

KONFORMITÄT DER IN DEN ANWENDUNGSBEREICH DIESER VERORDNUNG FALLENDEN PRODUKTE

Artikel 20

Vermutung der Konformität von in den Anwendungsbereich dieser Verordnung fallenden Produkten

(1) Bei in den Anwendungsbereich dieser Verordnung fallenden Produkten, die mit harmonisierten Normen oder Teilen davon übereinstimmen, deren Fundstellen im

Amtsblatt der Europäischen Union veröffentlicht worden sind, wird eine Konformität mit den grundlegenden Sicherheits- und Gesundheitsschutzanforderungen in Anhang III vermutet, die von den betreffenden Normen oder Teilen davon abgedeckt sind.

(2) Die Kommission fordert gemäß Artikel 10 Absatz 1 der Verordnung (EU) Nr. 1025/2012 eine oder mehrere europäische Normungsorganisationen auf, harmonisierte Normen für die grundlegenden Sicherheits- und Gesundheitsschutzanforderungen gemäß Anhang III zu erarbeiten.

(3) Die Kommission kann Durchführungsrechtsakte zur Festlegung gemeinsamer Spezifikationen, die die technischen Anforderungen abdecken, erlassen, die ein Mittel zur Erfüllung der grundlegenden Sicherheits- und Gesundheitsschutzanforderungen gemäß Anhang III für in den Anwendungsbereich dieser Verordnung fallende Produkte bieten.

Diese Durchführungsrechtsakte werden nur erlassen, wenn die folgenden Bedingungen erfüllt sind:

a) Die Kommission hat gemäß Artikel 10 Absatz 1 der Verordnung (EU) Nr. 1025/2012 eine oder mehrere europäische Normungsorganisationen aufgefordert, harmonisierte Normen für die grundlegenden Sicherheits- und Gesundheitsschutzanforderungen gemäß Anhang III zu erarbeiten, und

   i) der Antrag wurde nicht angenommen, oder
   ii) die Dokumente der harmonisierten Normen, die Gegenstand dieses Auftrags sind, werden nicht innerhalb der gemäß Artikel 10 Absatz 1 der Verordnung (EU) Nr. 1025/2012 festgelegten Frist erarbeitet oder
   iii) die Dokumente der harmonisierten Normen entsprechen nicht dem Auftrag; und

b) im *Amtsblatt der Europäischen Union* ist im Einklang mit der Verordnung (EU) Nr. 1025/2012 kein Verweis auf harmonisierte Normen veröffentlicht worden, die die einschlägigen grundlegenden Sicherheits- und Gesundheitsschutzanforderungen nach Anhang III abdecken, und es ist nicht zu erwarten, dass ein solcher Verweis innerhalb einer angemessenen Frist veröffentlicht wird.

Diese Durchführungsrechtsakte werden gemäß dem in Artikel 48 Absatz 3 genannten Prüfverfahren erlassen.

(4) Vor der Ausarbeitung eines Entwurfs des in Absatz 3 genannten Durchführungsrechtsakts teilt die Kommission dem in Artikel 22 der Verordnung (EU) Nr. 1025/2012 genannten Ausschuss mit, dass sie die Bedingungen nach Absatz 3 als erfüllt erachtet.

(5) Bei der Ausarbeitung eines Entwurfs des in Absatz 3 genannten Durchführungsrechtsakts berücksichtigt die Kommission die Standpunkte der relevanten Gremien oder der Sachverständigengruppe und konsultiert alle relevanten Interessenträger ordnungsgemäß.

(6) Bei in den Anwendungsbereich dieser Verordnung fallenden Produkten, die mit den durch die in Absatz 3 genannten Durchführungsrechtsakte festgelegten gemeinsamen Spezifikationen oder Teilen davon übereinstimmen, wird eine

Konformität mit den grundlegenden Sicherheits- und Gesundheitsschutzanforderungen in Anhang III vermutet, die von diesen gemeinsamen Spezifikationen oder Teilen davon abgedeckt sind.

(7) Wird eine harmonisierte Norm von einer europäischen Normungsorganisation angenommen und der Kommission vorgeschlagen, deren Referenz im *Amtsblatt der Europäischen Union* zu veröffentlichen, so bewertet die Kommission die harmonisierte Norm gemäß der Verordnung (EU) Nr. 1025/2012. Wenn die Referenz einer harmonisierten Norm im *Amtsblatt der Europäischen Union* veröffentlicht wird, hebt die Kommission die in Absatz 3 genannten Durchführungsrechtsakte oder die Teile davon auf, die dieselben grundlegenden Sicherheits- und Gesundheitsschutzanforderungen abdecken wie jene, die von dieser harmonisierten Norm erfasst werden.

(8) Ist ein Mitgliedstaat der Auffassung, dass eine gemeinsame Spezifikation den grundlegenden Sicherheits- und Gesundheitsschutzanforderungen nach Anhang III nicht vollständig entspricht, so setzt er die Kommission mittels einer ausführlichen Erläuterung davon in Kenntnis. Die Kommission beurteilt diese ausführliche Erläuterung und kann gegebenenfalls den Durchführungsrechtsakt, durch den die betreffende gemeinsame Spezifikation festgelegt wurde, ändern.

(9) Bei Maschinen und dazugehörigen Produkten, die im Rahmen eines gemäß der Verordnung (EU) 2019/881 angenommenen Schemas für die Cybersicherheitszertifizierung, dessen Fundstellen im *Amtsblatt der Europäischen Union* veröffentlicht worden sind, zertifiziert wurden oder für die eine Konformitätserklärung erteilt wurde, wird davon ausgegangen, dass sie den in Anhang III Abschnitte 1.1.9 und 1.2.1 aufgeführten grundlegenden Sicherheits- und Gesundheitsschutzanforderungen in Bezug auf den Schutz vor Korrumpierung und die Sicherheit und Zuverlässigkeit von Steuerungssystemen entsprechen, soweit diese Anforderungen durch das Cybersicherheitszertifikat oder die Konformitätsbescheinigung oder -erklärung oder Teile davon abgedeckt sind.

Artikel 21

EU-Konformitätserklärung für Maschinen und dazugehörige Produkte

(1) Aus der EU-Konformitätserklärung muss hervorgehen, dass die Erfüllung der anwendbaren grundlegenden Sicherheits- und Gesundheitsschutzanforderungen nach Anhang III nachgewiesen wurde.

(2) Die EU-Konformitätserklärung muss in ihrem Aufbau dem Muster in Anhang V Teil A entsprechen und die in den einschlägigen Modulen der Anhänge VI, VIII, IX und X aufgeführten Elemente enthalten. Sie ist stets auf dem neuesten Stand zu halten und in die Sprachen zu übersetzen, die von dem Mitgliedstaat vorgeschrieben werden, in dem die Maschine bzw. das dazugehörige Produkt in Verkehr gebracht, auf dem Markt bereitgestellt oder in Betrieb genommen wird.

(3) Unterliegt eine Maschine oder ein dazugehöriges Produkt mehreren Rechtsakten der Union, in denen jeweils eine EU-Konformitätserklärung vorgeschrieben ist, ist nur eine einzige EU-Konformitätserklärung für sämtliche dieser Rechtsakte auszustellen. In dieser Erklärung sind die betreffenden Rechtsakte der Union samt ihren Fundstellen im Amtsblatt anzugeben.

(4) Mit der Ausstellung der EU-Konformitätserklärung übernimmt der Hersteller die Verantwortung dafür, dass die Maschine bzw. das dazugehörige Produkt den Anforderungen dieser Verordnung genügt.

Artikel 22

EU-Erklärung über den Einbau einer unvollständigen Maschine

(1) Aus der EU-Einbauerklärung muss hervorgehen, dass die Erfüllung der einschlägigen grundlegenden Sicherheits- und Gesundheitsschutzanforderungen nach Anhang III nachgewiesen wurde.
(2) Die EU-Einbauerklärung entspricht in ihrem Aufbau dem Muster in Anhang V Teil B. Sie wird stets auf dem neuesten Stand gehalten und in die Sprachen zu übersetzt, die von demjenigen Mitgliedstaat vorgeschrieben werden, in dem die unvollständige Maschine in Verkehr gebracht oder auf dem Markt bereitgestellt wird.
(3) Unterliegt eine unvollständige Maschine mehreren Rechtsakten der Union, in denen jeweils eine EU-Konformitätserklärung vorgeschrieben ist, muss die EU-Einbauerklärung einen Satz enthalten, in dem die Konformität mit diesen Rechtsakten erklärt wird. In dieser Erklärung sind die betreffenden Rechtsakte der Union samt ihren Fundstellen im Amtsblatt anzugeben.
(4) Mit der Ausstellung der EU-Einbauerklärung übernimmt der Hersteller die Verantwortung dafür, dass die unvollständige Maschine den Anforderungen dieser Verordnung genügt.

Artikel 23

Allgemeine Grundsätze der CE-Kennzeichnung

Für die CE-Kennzeichnung gelten die allgemeinen Grundsätze gemäß Artikel 30 der Verordnung (EG) Nr. 765/2008.

Artikel 24

Vorschriften für die Anbringung der CE-Kennzeichnung an Maschinen und dazugehörigen Produkten

(1) Die CE-Kennzeichnung ist gut sichtbar, leserlich und dauerhaft auf der Maschine bzw. dem dazugehörigen Produkt anzubringen. Falls die Art der Maschine bzw. des dazugehörigen Produkts dies nicht zulässt oder nicht rechtfertigt, wird die CE-Kennzeichnung auf der Verpackung und den der Maschine bzw. dem dazugehörigen Produkt beigefügten Unterlagen angebracht.
(2) Die CE-Kennzeichnung wird angebracht, bevor die Maschine bzw. das dazugehörige Produkt in Verkehr gebracht oder in Betrieb genommen wird.
(3) Wird die Konformität einer Maschine oder eines dazugehörigen Produkts im Einklang mit der Konformitätsbewertungsverfahren gemäß Artikel 25 Absatz 2 Buchstaben a, b und c und Artikel 25 Absatz 3 Buchstaben b, c und d bewertet,

steht hinter der CE-Kennzeichnung die Kennnummer der notifizierten Stelle, die an diesem Verfahren beteiligt war.

Die Kennnummer dieser notifizierten Stelle ist entweder von der Stelle selbst oder nach ihren Anweisungen durch den Hersteller oder den Bevollmächtigten des Herstellers anzubringen.

(4) Hinter der CE-Kennzeichnung und gegebenenfalls der Kennnummer der notifizierten Stelle kann ein Piktogramm oder ein beliebiges sonstiges Zeichen stehen, die auf ein besonderes Risiko oder eine besondere Verwendung hinweist.

(5) Die Mitgliedstaaten bauen auf bestehenden Mechanismen auf, um eine ordnungsgemäße Durchführung des Systems der CE-Kennzeichnung sicherzustellen, und leiten im Fall einer missbräuchlichen Verwendung dieser Kennzeichnung angemessene Schritte ein.

KAPITEL IV

KONFORMITÄTSBEWERTUNG

Artikel 25

Konformitätsbewertungsverfahren für Maschinen und dazugehörige Produkte

(1) Der Hersteller oder die in Artikel 18 genannte natürliche oder juristische Person wendet eines der in den Absätzen 2, 3 und 4 beschriebenen Konformitätsbewertungsverfahren an.

(2) Ist die Kategorie von Maschinen oder dazugehörigen Produkten in Anhang I Teil A aufgeführt, so wendet der Hersteller oder die in Artikel 18 genannte natürliche oder juristische Person eines der folgenden Verfahren an:

a) EU-Baumusterprüfung (Modul B) gemäß Anhang VII, gefolgt von der Konformität mit dem Baumuster auf der Grundlage einer internen Fertigungskontrolle (Modul C) gemäß Anhang VIII;
b) Konformität auf der Grundlage einer umfassenden Qualitätssicherung (Modul H) gemäß Anhang IX;
c) Konformität auf der Grundlage einer Einzelprüfung (Modul G) gemäß Anhang X.

(3) Ist die Maschine oder das dazugehörige Produkt in Anhang I Teil B aufgeführt, so wendet der Hersteller oder die in Artikel 18 genannte natürliche oder juristische Person eines der folgenden Verfahren an:

a) interne Fertigungskontrolle (Modul A) gemäß Anhang VI;
b) EU-Baumusterprüfung (Modul B) gemäß Anhang VII, gefolgt von der Konformität mit dem Baumuster auf der Grundlage einer internen Fertigungskontrolle (Modul C) gemäß Anhang VIII;
c) Konformität auf der Grundlage einer umfassenden Qualitätssicherung (Modul H) gemäß Anhang IX;
d) Konformität auf der Grundlage einer Einzelprüfung (Modul G) gemäß Anhang X.

Wendet ein Hersteller das Verfahren der internen Fertigungskontrolle nach Buchstabe a an, so muss er die Maschine oder das dazugehörige Produkt in Übereinstimmung mit den für diese Kategorie von Maschinen oder dazugehörigen Produkten geltenden harmonisierten Normen oder gemeinsamen Spezifikationen, die alle einschlägigen grundlegenden Sicherheits- und Gesundheitsschutzanforderungen abdecken, konstruieren und bauen.

Ist die Kategorie von Maschinen oder das dazugehörige Produkt in Anhang I Teil B aufgeführt und die Maschine oder das dazugehörige Produkt wurde sie nicht in Übereinstimmung mit den harmonisierten Normen oder gemeinsamen Spezifikationen, die alle einschlägigen grundlegenden Sicherheits- und Gesundheitsschutzanforderungen für diese Kategorie von Maschinen oder dazugehörigen Produkten abdecken, konstruiert und gebaut, so wendet der Hersteller — einschließlich einer natürlichen oder juristischen Person nach Artikel 18 — eines der in Buchstaben b, c oder d genannten Verfahren an.

(4) Ist die Kategorie von Maschinen oder dazugehörigen Produkten nicht in Anhang I aufgeführt, so wendet der Hersteller — einschließlich einer in Artikel 18 genannten natürliche oder juristische Person — das in Anhang VI beschriebene Verfahren der internen Fertigungskontrolle (Modul A) an.

(5) Die notifizierten Stellen berücksichtigen bei der Festsetzung der Gebühren für die Konformitätsbewertung die spezifischen Interessen und Bedürfnisse kleiner und mittlerer Unternehmen.

KAPITEL V

NOTIFIZIERUNG VON KONFORMITÄTSBEWERTUNGSSTELLEN

Artikel 26

Notifizierung

Die Mitgliedstaaten notifizieren der Kommission und den übrigen Mitgliedstaaten die Stellen, die befugt sind, als unabhängige Dritte Konformitätsbewertungsaufgaben gemäß dieser Verordnung wahrzunehmen.

Artikel 27

Notifizierende Behörden

(1) Die Mitgliedstaaten benennen eine notifizierende Behörde, die für die Einrichtung und Durchführung der erforderlichen Verfahren für die Bewertung und Notifizierung von Konformitätsbewertungsstellen und für die Überwachung der notifizierten Stellen, einschließlich der Einhaltung des Artikels 32, zuständig ist.

(2) Die Mitgliedstaaten können entscheiden, dass die Bewertung und Überwachung nach Absatz 1 von einer nationalen Akkreditierungsstelle im Sinne von und im Einklang mit der Verordnung (EG) Nr. 765/2008 erfolgt.

(3) Falls die notifizierende Behörde die in Absatz 1 genannte Bewertung, Notifizierung oder Überwachung an eine nicht hoheitliche Stelle delegiert oder ihr auf andere Weise überträgt, so muss diese Stelle eine juristische Person sein und den Anfor-

derungen des Artikels 28 entsprechend genügen. Außerdem muss diese Stelle Vorkehrungen zur Deckung von aus ihrer Tätigkeit entstehenden Haftungsansprüchen getroffen haben.

(4) Die notifizierende Behörde trägt die volle Verantwortung für die Tätigkeiten, die von der in Absatz 3 genannten Stelle durchgeführt werden.

Artikel 28

Anforderungen an notifizierende Behörden

(1) Die notifizierenden Behörden werden so eingerichtet, dass es zu keinerlei Interessenkonflikt mit den Konformitätsbewertungsstellen kommt.

(2) Die notifizierenden Behörden gewährleisten durch ihre Organisation und Arbeitsweise, dass bei der Ausübung ihrer Tätigkeit Objektivität und Unparteilichkeit gewahrt sind.

(3) Die notifizierenden Behörden werden so strukturiert, dass jede Entscheidung über die Notifizierung einer Konformitätsbewertungsstelle von kompetenten Personen getroffen wird, die nicht mit den Personen identisch sind, welche die Bewertung durchgeführt haben.

(4) Die notifizierenden Behörden dürfen weder Tätigkeiten, die Konformitätsbewertungsstellen durchführen, noch Beratungsleistungen auf einer gewerblichen oder wettbewerblichen Basis anbieten oder erbringen.

(5) Die notifizierenden Behörden stellen die Vertraulichkeit der von ihnen erlangten Informationen sicher.

(6) Einer notifizierenden Behörde stehen kompetente Mitarbeiter in ausreichender Zahl zur Verfügung, sodass sie ihre Aufgaben ordnungsgemäß wahrnehmen kann.

Artikel 29

Informationspflichten der notifizierenden Behörden

Jeder Mitgliedstaat unterrichtet die Kommission über seine Verfahren zur Bewertung und Notifizierung von Konformitätsbewertungsstellen und zur Überwachung notifizierter Stellen sowie über diesbezügliche Änderungen.

Die Kommission macht diese Information der Öffentlichkeit zugänglich.

Artikel 30

Anforderungen an notifizierte Stellen

(1) Die Konformitätsbewertungsstellen erfüllen für die Zwecke der Notifizierung die Anforderungen der Absätze 2 bis 11.

(2) Die Konformitätsbewertungsstellen werden nach dem nationalen Recht eines Mitgliedstaats gegründet und müssen mit Rechtspersönlichkeit ausgestattet sein.

(3) Bei einer Konformitätsbewertungsstelle muss es sich um einen unabhängigen Dritten handeln, der mit der Einrichtung oder der Maschine oder dem dazugehörigen Produkt, die bzw. das er bewertet, in keinerlei Verbindung steht.

Eine Stelle, die einem Wirtschaftsverband oder einem Fachverband angehört und die Maschinen oder dazugehörige Produkte von Unternehmen bewertet, die an deren Konstruktion, Herstellung, Bereitstellung, Montage, Verwendung oder Wartung beteiligt sind und die von diesem Verband vertreten werden, kann als solche Konformitätsbewertungsstelle gelten, unter der Bedingung, dass ihre Unabhängigkeit sowie das Nichtbestehen jedweder Interessenkonflikte nachgewiesen sind.

(4) Die Konformitätsbewertungsstellen, ihre oberste Leitungsebene und die für die Wahrnehmung der Konformitätsbewertungsaufgaben zuständigen Mitarbeiter dürfen nicht Konstrukteur, Hersteller, Lieferant, Einführer, Händler, Installateur, Käufer, Eigentümer, Nutzer oder Instandhalter einer zu bewertenden Maschine oder zu bewertender dazugehöriger Produkte sein, eine dieser Funktionen im Zusammenhang mit einer unvollständigen Maschine, die in das bewertete Produkt eingebaut wurde, ausüben oder Vertreter einer dieser Parteien sein. Dies schließt nicht die Verwendung von bewerteten Maschinen oder dazugehörigen Produkten, die für die Tätigkeit der Konformitätsbewertungsstelle nötig sind, oder die Verwendung von Maschinen oder dazugehörigen Produkten zum persönlichen Gebrauch aus.

Die Konformitätsbewertungsstellen, ihre oberste Leitungsebene und die für die Wahrnehmung der Konformitätsbewertungsaufgaben zuständigen Mitarbeiter dürfen weder direkt an Konstruktion, Einfuhr, Vertrieb, Herstellung, Vermarktung, Installation, Verwendung oder Wartung der Maschinen oder dazugehörigen Produkte beteiligt sein noch die an diesen Tätigkeiten beteiligten Parteien vertreten. Sie dürfen keine Tätigkeiten ausüben, die ihre Unabhängigkeit bei der Beurteilung oder ihre Integrität im Zusammenhang mit den Konformitätsbewertungstätigkeiten, für die sie notifiziert sind, beeinträchtigen können. Dies gilt besonders für Beratungsdienstleistungen.

Die Konformitätsbewertungsstellen gewährleisten, dass die Tätigkeiten ihrer Zweigstellen oder Unterauftragnehmer die Vertraulichkeit, Objektivität und Unparteilichkeit ihrer Konformitätsbewertungstätigkeiten nicht beeinträchtigen.

(5) Die Konformitätsbewertungsstellen und ihre Mitarbeiter führen die Konformitätsbewertungstätigkeiten mit der größtmöglichen Professionalität und der erforderlichen fachlichen Kompetenz in dem betreffenden Bereich durch; sie dürfen keinerlei Einflussnahme, insbesondere finanzieller Art, ausgesetzt sein, die sich auf ihre Beurteilung oder die Ergebnisse ihrer Konformitätsbewertungstätigkeit auswirken könnte und speziell von Personen oder Personengruppen ausgeht, die ein Interesse am Ergebnis dieser Tätigkeiten haben.

(6) Die Konformitätsbewertungsstellen sind in der Lage, alle ihnen in den Anhängen VII, IX und X übertragenen Konformitätsbewertungsaufgaben, für die sie notifiziert wurden, auszuführen, gleichgültig, ob diese Aufgaben von der Stelle selbst oder in ihrem Auftrag und unter ihrer Verantwortung ausgeführt werden.

Die Konformitätsbewertungsstellen verfügen jederzeit, für jedes Konformitätsbewertungsverfahren und für jede Art von Maschine oder dazugehörigen Produkten, für die sie notifiziert wurden, über die erforderlichen

a) Mitarbeiter mit Fachkenntnis und ausreichender einschlägiger Erfahrung, um die Konformitätsbewertungsaufgaben auszuführen;

b) Beschreibungen von Verfahren, nach denen die Konformitätsbewertung durchgeführt wird, um die Transparenz und die Wiederholbarkeit dieser Verfahren sicherzustellen;
c) angemessenen Instrumente und geeigneten Verfahren, um zwischen den Aufgaben, die sie als notifizierte Stellen wahrnehmen, und anderen Tätigkeiten zu unterscheiden;
d) Verfahren zur Durchführung von Konformitätsbewertungstätigkeiten unter gebührender Berücksichtigung der Größe eines Unternehmens, der Branche, in der es tätig ist, seiner Struktur, des Grades an Komplexität der jeweiligen Technologie der Maschine oder des dazugehörigen Produkts und des Massenfertigungs- oder Seriencharakters des Produktionsverfahrens.

Die Konformitätsbewertungsstellen müssen über die erforderlichen Mittel zur angemessenen Erledigung der technischen und administrativen Aufgaben verfügen, die mit der Konformitätsbewertung verbunden sind, und Zugang zu allen benötigten Ausrüstungen oder Einrichtungen haben.

(7) Die Mitarbeiter, die für die Wahrnehmung der Konformitätsbewertungsaufgaben zuständig sind, besitzen:

a) eine solide Fach- und Berufsausbildung, die alle Tätigkeiten für die Konformitätsbewertung umfasst, für die die Konformitätsbewertungsstelle notifiziert wurde;
b) eine ausreichende Kenntnis der Anforderungen, die mit den durchzuführenden Bewertungen verbunden sind, und die entsprechende Befugnis, solche Bewertungen durchzuführen;
c) angemessene Kenntnisse und ein angemessenes Verständnis der grundlegenden Sicherheits- und Gesundheitsschutzanforderungen nach Anhang III, der anwendbaren harmonisierten Normen und gemeinsamen Spezifikationen gemäß Artikel 20 sowie der betreffenden Bestimmungen der Harmonisierungsrechtsvorschriften der Union und der nationalen Rechtsvorschriften;
d) die Fähigkeit zur Erstellung von Bescheinigungen, Protokollen und Berichten als Nachweis für durchgeführte Konformitätsbewertungen.

(8) Die Unparteilichkeit einer Konformitätsbewertungsstelle, ihrer obersten Leitungsebene und des für die Wahrnehmung der Konformitätsbewertungsaufgaben zuständigen Personals wird garantiert.

Die Entlohnung der obersten Leitungsebene und des für die Wahrnehmung der Konformitätsbewertungsaufgaben zuständigen Personals darf sich nicht nach der Anzahl der durchgeführten Konformitätsbewertungen oder deren Ergebnissen richten.

(9) Die Konformitätsbewertungsstelle schließt eine Haftpflichtversicherung ab, sofern die Haftpflicht nicht aufgrund der nationalen Rechtsvorschriften vom Mitgliedstaat übernommen wird oder der Mitgliedstaat selbst unmittelbar für die Konformitätsbewertung verantwortlich ist.

(10) Informationen, welche die Mitarbeiter einer Konformitätsbewertungsstelle bei der Durchführung ihrer Konformitätsbewertungsaufgaben gemäß den Anhängen VII, IX und X erhalten, fallen unter die berufliche Schweigepflicht außer gegenüber den zuständigen Behörden des Mitgliedstaats, in dem die Stelle ihre Aufgaben ausübt. Eigentumsrechte, Rechte des geistigen Eigentums und Geschäftsgeheimnisse sind zu schützen.

(11) Die Konformitätsbewertungsstellen wirken an den einschlägigen Normungsaktivitäten und den Aktivitäten der gemäß Artikel 42 eingesetzten Koordinierungsgruppe notifizierter Stellen mit bzw. sorgen dafür, dass ihre für die Wahrnehmung der Konformitätsbewertungsaufgaben zuständigen Mitarbeiter darüber informiert werden, und wenden die von dieser Gruppe erarbeiteten Verwaltungsentscheidungen und Dokumente als allgemeine Leitlinien an.

Artikel 31

Vermutung der Konformität von notifizierten Stellen

Weist eine Konformitätsbewertungsstelle nach, dass sie die Kriterien der einschlägigen harmonisierten Normen, deren Fundstellen im *Amtsblatt der Europäischen Union* veröffentlicht worden sind, oder von Teilen davon erfüllt, so wird vermutet, dass sie die Anforderungen des Artikels 30 erfüllt, soweit die anwendbaren harmonisierten Normen diese Anforderungen abdecken.

Artikel 32

Einsatz von Unterauftragnehmern und Zweigunternehmen durch die notifizierten Stellen

(1) Vergibt die notifizierte Stelle bestimmte mit der Konformitätsbewertung verbundene Aufgaben an Unterauftragnehmer oder überträgt sie diese einem Zweigunternehmen, so stellt sie sicher, dass der Unterauftragnehmer oder das Zweigunternehmen die Anforderungen von Artikel 30 erfüllt, und unterrichtet die notifizierende Behörde entsprechend.

(2) Die notifizierte Stelle trägt die volle Verantwortung für die Arbeiten, die von Unterauftragnehmern oder einem Zweigunternehmen ausgeführt werden, unabhängig davon, wo diese ansässig sind.

(3) Arbeiten dürfen nur dann an einen Unterauftragnehmer vergeben oder einem Zweigunternehmen übertragen werden, wenn der Kunde dem zustimmt.

(4) Die notifizierte Stelle hält die einschlägigen Unterlagen über die Begutachtung der Qualifikation des Unterauftragnehmers oder des Zweigunternehmens und die von ihnen gemäß den Anhängen VII, IX und X ausgeführten Arbeiten für die notifizierende Behörde bereit.

Artikel 33

Antrag auf Notifizierung

(1) Die Konformitätsbewertungsstellen beantragen ihre Notifizierung bei der notifizierenden Behörde des Mitgliedstaats, in dem sie ansässig sind.

(2) Dem Antrag auf Notifizierung legen sie eine Beschreibung der Konformitätsbewertungstätigkeiten, der in den Anhängen VII, IX und X genannten Konformitätsbewertungsverfahren und der Arten oder Kategorien der Maschinen oder dazugehörigen Produkte, für die die Konformitätsbewertungsstelle Kompetenz beansprucht, sowie gegebenenfalls eine Akkreditierungsurkunde bei, die von einer nationalen Akkreditierungsstelle ausgestellt wurde und in der diese bescheinigt, dass die Konformitätsbewertungsstelle die in Artikel 30 festgelegten Anforderungen erfüllt.

(3) Kann die betreffende Konformitätsbewertungsstelle keine Akkreditierungsurkunde gemäß Absatz 2 vorweisen, so legt sie der notifizierenden Behörde als Nachweis alle Unterlagen vor, die erforderlich sind, um zu überprüfen, festzustellen und regelmäßig zu überwachen, ob sie die Anforderungen des Artikels 30 erfüllt.

Artikel 34

Notifizierungsverfahren

(1) Eine notifizierende Behörde notifiziert nur Konformitätsbewertungsstellen, die den in Artikel 30 festgelegten Anforderungen genügen.

(2) Die notifizierende Behörde übermittelt der Kommission und den anderen Mitgliedstaaten eine Notifizierung mithilfe des von der Kommission entwickelten und verwalteten elektronischen Notifizierungsinstruments.

(3) Die Notifizierung nach Absatz 2 enthält die folgenden Elemente:

a) vollständige Angaben zu den durchzuführenden Konformitätsbewertungstätigkeiten;
b) eine Angabe des Konformitätsbewertungsmoduls bzw. der Konformitätsbewertungsmodule und der Arten oder Kategorien von betroffenen Maschinen oder dazugehörigen Produkte;
c) die entsprechende Bestätigung der Kompetenz.

(4) Beruht eine Notifizierung nicht auf einer Akkreditierungsurkunde gemäß Artikel 33 Absatz 2, so legt die notifizierende Behörde der Kommission und den übrigen Mitgliedstaaten die Unterlagen als Nachweis, durch den die Kompetenz der Konformitätsbewertungsstelle bestätigt wird, sowie die Vereinbarungen vor, die getroffen wurden, um sicherzustellen, dass die Stelle regelmäßig überwacht wird und weiter stets den Anforderungen nach Artikel 30 genügt.

(5) Die betreffende Konformitätsbewertungsstelle darf die Aufgaben einer notifizierten Stelle nur dann wahrnehmen, wenn weder die Kommission noch die anderen Mitgliedstaaten innerhalb von zwei Wochen nach der Validierung der Notifizierung, wenn eine Akkreditierungsurkunde gemäß Artikel 33 Absatz 2 vorgelegt wird, oder innerhalb von zwei Monaten nach der Notifizierung, wenn Belege gemäß Absatz 4 des vorliegenden Artikels vorgelegt werden, Einwände erhoben haben.

Nur eine solche Stelle gilt für die Zwecke dieser Verordnung als notifizierte Stelle.

(6) Die notifizierende Behörde informiert die Kommission und die anderen Mitgliedstaaten über jede später eintretende relevante Änderung der in Absatz 2 genannten Notifizierung.

Artikel 35

Kennnummern und Verzeichnisse notifizierter Stellen

(1) Die Kommission weist einer notifizierten Stelle eine Kennnummer zu.

Selbst wenn eine Stelle gemäß mehrerer Rechtsakte der Union notifiziert ist, erhält sie nur eine einzige solche Nummer.

(2) Die Kommission veröffentlicht das Verzeichnis der gemäß dieser Verordnung notifizierten Stellen samt den ihnen zugewiesenen Kennnummern und den Konformitätsbewertungstätigkeiten, für die sie notifiziert wurden.

Die Kommission trägt dafür Sorge, dass das Verzeichnis stets auf dem neuesten Stand gehalten wird.

Artikel 36

Änderungen der Notifizierungen

(1) Falls eine notifizierende Behörde feststellt oder darüber unterrichtet wird, dass eine notifizierte Stelle die Anforderungen des Artikels 30 nicht mehr erfüllt oder dass sie ihren Verpflichtungen gemäß Artikel 38 nicht nachkommt, schränkt sie die Notifizierung ein, setzt sie aus oder hebt sie auf — je nach Bedarf —, wobei sie das Ausmaß berücksichtigt, in dem diesen Anforderungen nicht genügt oder diesen Verpflichtungen nicht nachgekommen wurde. Sie unterrichtet unverzüglich die Kommission und die übrigen Mitgliedstaaten darüber.

(2) Bei Einschränkung, Aussetzung oder Aufhebung der Notifizierung oder wenn die notifizierte Stelle ihre Tätigkeit einstellt, ergreift die notifizierende Behörde geeignete Maßnahmen, um zu gewährleisten, dass die Akten dieser Stelle entweder von einer anderen notifizierten Stelle weiter bearbeitet oder für die zuständigen notifizierenden Behörden und Marktüberwachungsbehörden auf deren Verlangen bereitgehalten werden.

Artikel 37

Anfechtung der Kompetenz von notifizierten Stellen

(1) Die Kommission untersucht alle Fälle, in denen sie die Kompetenz einer notifizierten Stelle oder die dauerhafte Erfüllung der für die Stelle geltenden Anforderungen und Pflichten durch eine notifizierte Stelle anzweifelt oder ihr Zweifel daran zur Kenntnis gebracht werden.

(2) Der notifizierende Mitgliedstaat erteilt der Kommission auf Verlangen sämtliche Auskünfte über die Grundlage für die Notifizierung oder die Erhaltung der Kompetenz der notifizierten Stelle.

(3) Die Kommission stellt sicher, dass alle im Verlauf ihrer Untersuchungen erlangten sensiblen Informationen vertraulich behandelt werden.

(4) Stellt die Kommission fest, dass eine notifizierte Stelle die Voraussetzungen für ihre Notifizierung nicht oder nicht mehr erfüllt, erlässt sie einen Durchführungsrechtsakt, in dem sie den notifizierenden Mitgliedstaat auffordert, die erforderlichen Korrekturmaßnahmen zu treffen, einschließlich einer Aufhebung der Notifizierung, sofern dies nötig ist.

Dieser Durchführungsrechtsakt wird gemäß dem in Artikel 48 Absatz 2 genannten Beratungsverfahren erlassen.

Artikel 38

Pflichten der notifizierten Stellen in Bezug auf ihre Arbeit

(1) Eine notifizierte Stelle führt Konformitätsbewertungen im Einklang mit den Konformitätsbewertungsverfahren gemäß den Anhängen VII, IX und X durch.

(2) Eine notifizierte Stelle übt ihre Tätigkeiten unter Wahrung der Verhältnismäßigkeit aus, wobei unnötige Belastungen der Wirtschaftsakteure vermieden werden, sowie unter gebührender Berücksichtigung der Größe eines Unternehmens, der Branche, in der es tätig ist, seiner Struktur sowie des Komplexitätsgrads der betreffenden Technologie und des Massenfertigungs- oder Seriencharakters des Fertigungsprozesses.

Hierbei geht die notifizierte Stelle jedoch so streng vor und hält ein solches Schutzniveau ein, wie es für die Konformität der Maschine oder des dazugehörigen Produkts mit den Anforderungen dieser Verordnung erforderlich ist.

(3) Stellt eine notifizierte Stelle fest, dass ein Hersteller die grundlegenden Sicherheits- und Gesundheitsschutzanforderungen nach Anhang III oder die in Artikel 20 genannten entsprechenden harmonisierten Normen oder gemeinsamen Spezifikationen nicht erfüllt hat, so fordert sie den Hersteller auf, angemessene Korrekturmaßnahmen zu ergreifen, und stellt keine EU-Baumusterprüfbescheinigung aus, erteilt keine Zulassung des Qualitätssicherungssystemsund stellt keine Bescheinigung der Einzelprüfung aus.

(4) Stellt eine notifizierte Stelle im Rahmen der Überwachung der Konformität, nachdem eine Zulassung im Einklang mit Anhang IX erteilt wurde, fest, dass eine Maschine oder ein dazugehöriges Produkt die Anforderungen nicht länger erfüllt, so fordert sie den Hersteller auf, angemessene Korrekturmaßnahmen zu ergreifen, und setzt die Zulassung gegebenenfalls aus oder hebt sie auf.

Werden keine Korrekturmaßnahmen ergriffen oder zeigen sie nicht die nötige Wirkung, so beschränkt die notifizierte Stelle gegebenenfalls alle Zulassungen, setzt sie aus oder hebt sie auf.

Artikel 39

Einspruch gegen Entscheidungen notifizierter Stellen

Die notifizierten Stellen stellen sicher, dass ein transparentes und zugängliches Verfahren für Einsprüche gegen ihre Entscheidungen vorgesehen ist.

Artikel 40

Meldepflichten der notifizierten Stellen

(1) Eine notifizierte Stelle meldet der notifizierenden Behörde

a) jede Versagung, Einschränkung, Aussetzung oder Aufhebung einer EU-Baumusterprüfbescheinigung, einer Zulassung des Qualitätssicherungssystems oder einer Bescheinigung der Einzelprüfung,
b) alle Umstände, die Folgen für den Geltungsbereich und die Bedingungen ihrer Notifizierung haben,
c) jedes Auskunftsersuchen über ihre Konformitätsbewertungstätigkeiten, das sie von Marktüberwachungsbehörden erhalten hat,
d) auf Verlangen alle Konformitätsbewertungstätigkeiten, denen sie im Geltungsbereich ihrer Notifizierung nachgegangen ist, und welche anderen Tätigkeiten, einschließlich grenzübergreifender Tätigkeiten und Vergabe von Unteraufträgen, sie ausgeführt hat.

(2) Eine notifizierte Stelle übermittelt den übrigen notifizierten Stellen, die im Rahmen dieser Verordnung notifiziert werden, ähnlichen Konformitätsbewertungstätigkeiten für die gleichen Arten von Maschinen oder dazugehörigen Produkten nachgehen, ihre einschlägigen Informationen über negative und auf Verlangen auch über positive Ergebnisse von Konformitätsbewertungen.

Artikel 41

Erfahrungsaustausch

Die Kommission sorgt für die Organisation des Erfahrungsaustauschs zwischen den nationalen Behörden der Mitgliedstaaten, die für die Notifizierungspolitik zuständig sind.

Artikel 42

Koordinierung der notifizierten Stellen

Die Kommission sorgt für die Schaffung und gute Funktionsweise einer zweckmäßigen Koordinierung und Kooperation zwischen im Rahmen dieser Verordnung notifizierten Stellen in Form einer sektoralen Gruppe notifizierter Stellen.

Die notifizierten Stellen beteiligen sich direkt oder über benannte Vertreter an der Arbeit dieser Gruppe.

KAPITEL VI

ÜBERWACHUNG DES UNIONSMARKTS UND SCHUTZKLAUSELVERFAHREN DER UNION

Artikel 43

Verfahren auf nationaler Ebene für den Umgang mit in den Anwendungsbereich dieser Verordnung fallenden Produkten, die mit einem Risiko verbunden sind

(1) Haben die Marktüberwachungsbehörden eines Mitgliedstaats hinreichenden Grund zu der Annahme, dass ein in den Anwendungsbereich dieser Verordnung fallendes Produkt ein Risiko für die Gesundheit oder Sicherheit von Personen und gegebenenfalls von Haustieren oder Sachen sowie, soweit anwendbar, für die Umwelt darstellt, so beurteilen sie, ob das betreffende Produkt alle in dieser Verordnung festgelegten einschlägigen Anforderungen erfüllt. Die betreffenden Wirtschaftsakteure arbeiten zu diesem Zweck im erforderlichen Umfang mit den Marktüberwachungsbehörden zusammen.

Gelangen die Marktüberwachungsbehörden im Verlauf der Beurteilung nach Unterabsatz 1 zu dem Ergebnis, dass das in den Anwendungsbereich dieser Verordnung fallende Produkt die Anforderungen dieser Verordnung nicht erfüllt, so fordern sie unverzüglich den betreffenden Wirtschaftsakteur dazu auf, innerhalb einer vertretbaren Frist, die der Art des in Unterabsatz 1 genannten Risikos angemessen ist, geeignete und verhältnismäßige, in Artikel 16 Absatz 3 der Verordnung (EU) 2019/1020 vorgesehene Korrekturmaßnahmen zu ergreifen, um die Nichtkonformität zu beenden oder die Gefährdung zu beseitigen oder, falls das nicht möglich ist, das von der Marktüberwachungsbehörde angegebene Risiko zu minimieren.

Die Marktüberwachungsbehörden unterrichten die zuständige notifizierte Stelle entsprechend.

(2) Sind die Marktüberwachungsbehörden der Auffassung, dass sich die Nichtkonformität nicht auf das Hoheitsgebiet des Mitgliedstaats beschränkt, unterrichten sie die Kommission und die übrigen Mitgliedstaaten über die Ergebnisse der Beurteilung und die Maßnahmen, zu denen sie den Wirtschaftsakteur aufgefordert haben.

(3) Der Wirtschaftsakteur gewährleistet, dass für betreffende in den Anwendungsbereich dieser Verordnung fallende Produkte, die er auf dem Markt bereitgestellt hat, unionsweit alle geeigneten Korrekturmaßnahmen ergriffen werden.

(4) Ergreift der betreffende Wirtschaftsakteur innerhalb der festgelegten Frist nicht die in Absatz 1 Unterabsatz 2 genannten Korrekturmaßnahmen oder besteht die in Absatz 1 Unterabsatz 2 genannte Nichtkonformität oder das in Absatz 1 Unterabsatz 1 genannte Risiko fort, so stellen die Marktüberwachungsbehörden sicher, dass das betreffende Produkt zurückgenommen oder zurückgerufen wird oder dass seine Bereitstellung auf dem Markt untersagt oder eingeschränkt wird. In solchen Fällen stellen die Marktüberwachungsbehörden sicher, dass die Öffentlichkeit, die Kommission und die übrigen Mitgliedstaaten unverzüglich entsprechend informiert werden.

(5) Aus den in Absatz 4 genannten Informationen gehen alle verfügbaren Angaben hervor, insbesondere die Daten, die für die Identifizierung des nichtkonformen, in den Anwendungsbereich dieser Verordnung fallenden Produkts erforderlich sind, die Herkunft dieses Produkts, die Art der behaupteten Nichtkonformität und des Risikos sowie die Art und Dauer der ergriffenen nationalen Maßnahmen und die Argumente des relevanten Wirtschaftsakteurs. Die Marktüberwachungsbehörden geben insbesondere an, ob die Nichtkonformität auf eine der folgenden Ursachen zurückzuführen ist:

a) Nichterfüllung der Anforderungen im Zusammenhang mit den grundlegenden Sicherheits- und Gesundheitsschutzanforderungen gemäß Anhang III durch das Produkt;
b) Mängel der in Artikel 20 Absatz 1 genannten harmonisierten Normen;
c) Mängel der in Artikel 20 Absatz 6 genannten gemeinsamen Spezifikationen.

(6) Die Mitgliedstaaten außer jenem, der das Verfahren nach diesem Artikel eingeleitet hat, unterrichten die Kommission und die übrigen Mitgliedstaaten unverzüglich über alle erlassenen Maßnahmen und jede weitere ihnen vorliegende Information über die Nichtkonformität des betreffenden in den Anwendungsbereich dieser Verordnung fallenden Produkts sowie, falls sie der erlassenen nationalen Maßnahme nicht zustimmen, über ihre Einwände.

(7) Erhebt weder ein Mitgliedstaat noch die Kommission innerhalb von drei Monaten nach Erhalt der in Absatz 4 genannten Informationen einen Einwand gegen eine vorläufige Maßnahme eines Mitgliedstaats, so gilt diese Maßnahme als gerechtfertigt.

(8) Die Mitgliedstaaten gewährleisten, dass hinsichtlich des betreffenden in den Anwendungsbereich dieser Verordnung fallenden Produkts unverzüglich geeignete restriktive Maßnahmen, wie etwa die Rücknahme des Produkts vom Markt, getroffen werden.

Artikel 44

Schutzklauselverfahren der Union

(1) Wurden nach Abschluss des Verfahrens des Artikels 43 Absätze 4, 6 und 7 Einwände gegen eine Maßnahme eines Mitgliedstaats erhoben oder ist die Kommission der Auffassung, dass eine nationale Maßnahme nicht mit den Rechtsakten der Union vereinbar ist, so konsultiert die Kommission unverzüglich die Mitgliedstaaten und den betreffenden Wirtschaftsakteur oder die betreffenden Wirtschaftsakteure und nimmt eine Beurteilung der nationalen Maßnahme vor.

Anhand der Ergebnisse dieser Beurteilung erlässt die Kommission einen Durchführungsrechtsakt in Form eines Beschlusses, in dem sie festlegt, ob die nationale Maßnahme gerechtfertigt ist.

Die Kommission richtet ihren Beschluss an alle Mitgliedstaaten und teilt ihn diesen und den betreffenden Wirtschaftsakteuren unverzüglich mit.

(2) Wird die nationale Maßnahme für gerechtfertigt erachtet, stellen alle Mitgliedstaaten sicher, dass hinsichtlich des in den Anwendungsbereich dieser Verordnung fallenden nichtkonformen Produkts geeignete beschränkende Maßnahmen, wie eine Rücknahme vom Markt, ergriffen werden, und unterrichten die Kommission darüber.

Wird die nationale Maßnahme als nicht gerechtfertigt erachtet, so muss der betreffende Mitgliedstaat sie aufheben.

(3) Wird die nationale Maßnahme für gerechtfertigt erachtet und wird die Nichtkonformität des in den Anwendungsbereich dieser Verordnung fallenden Produkts Mängeln der harmonisierten Normen gemäß Artikel 43 Absatz 5 Buchstabe b der vorliegenden Verordnung oder der gemeinsamen Spezifikationen gemäß Artikel 43 Absatz 5 Buchstabe c der vorliegenden Verordnung zugerechnet, so wendet die Kommission das Verfahren nach Artikel 11 der Verordnung (EU) Nr. 1025/2012 bzw. nach Artikel 20 Absatz 8 der vorliegenden Verordnung an.

Artikel 45

Konforme, in den Anwendungsbereich dieser Verordnung fallende Produkte, die mit einem Risiko verbunden sind

(1) Stellt ein Mitgliedstaat nach einer Beurteilung gemäß Artikel 43 Absatz 1 fest, dass ein in den Anwendungsbereich dieser Verordnung fallendes Produkt zwar die grundlegenden Sicherheits- und Gesundheitsschutzanforderungen gemäß Anhang III erfüllt, aber ein Risiko für die Sicherheit und Gesundheit von Personen und gegebenenfalls von Haustieren oder Sachen sowie, soweit anwendbar, für die Umwelt darstellt, so fordert er den betreffenden Wirtschaftsakteur auf, alle geeigneten Maßnahmen zu ergreifen, um sicherzustellen, dass das betreffende Produkt dieses Risiko beim Inverkehrbringen nicht mehr aufweist, das Produkt vom Markt zu nehmen oder es innerhalb einer der Art des Risikos angemessenen Frist zurückzurufen.

(2) Der Wirtschaftsakteur gewährleistet, dass für alle betreffenden in den Anwendungsbereich dieser Verordnung fallenden Produkte, die er auf dem Markt bereitgestellt hat, unionsweit alle geeigneten Korrekturmaßnahmen ergriffen werden.

(3) Der Mitgliedstaat unterrichtet die Kommission und die übrigen Mitgliedstaaten unverzüglich über das Produkt, das ein Risiko gemäß Absatz 1 darstellt. Aus diesen Informationen gehen alle verfügbaren Angaben hervor, insbesondere die für die Identifizierung des betreffenden Produkts erforderlichen Daten, seine Herkunft, seine Lieferkette, die Art des Risikos sowie die Art und Dauer der ergriffenen nationalen Maßnahmen.

(4) Die Kommission konsultiert unverzüglich die Mitgliedstaaten und den betreffenden Wirtschaftsakteur oder die betreffenden Wirtschaftsakteure und nimmt eine Beurteilung der ergriffenen nationalen Maßnahme vor.

Anhand der Ergebnisse dieser Beurteilung erlässt die Kommission einen Durchführungsrechtsakt in Form eines Beschlusses, in dem sie festlegt, ob die nationale Maßnahme gerechtfertigt ist, und schreibt, falls erforderlich, geeignete Maßnahmen vor.

Dieser Durchführungsrechtsakt wird nach dem Prüfverfahren gemäß Artikel 48 Absatz 3 erlassen.

In hinreichend begründeten Fällen äußerster Dringlichkeit im Zusammenhang mit dem Schutz der Sicherheit und Gesundheit von Personen erlässt die Kommission gemäß dem in Artikel 48 Absatz 5 genannten Verfahren einen sofort geltenden Durchführungsrechtsakt.

(5) Die Kommission richtet ihren Beschluss an alle Mitgliedstaaten und teilt ihn diesen und dem betreffenden Wirtschaftsakteur oder den betreffenden Wirtschaftsakteuren unverzüglich mit.

Artikel 46

Formale Nichtkonformität

(1) Unbeschadet des Artikels 43 fordert ein Mitgliedstaat den betreffenden Wirtschaftsakteur auf, die betreffende Nichtkonformität zu beseitigen, falls der Mitgliedstaat einen der folgenden Fälle in Bezug auf eine Maschine oder ein dazugehöriges Produkt feststellt:

a) Die CE-Kennzeichnung wurde unter Verstoß gegen Artikel 30 der Verordnung (EG) Nr. 765/2008 oder gegen Artikel 24 der vorliegenden Verordnung angebracht;
b) die CE-Kennzeichnung wurde nicht angebracht;
c) die Kennnummer der notifizierten Stelle, die in der Phase der Fertigungskontrolle tätig war, wurde unter Verstoß gegen Artikel 24 Absatz 3 angebracht oder wurde nicht angebracht;
d) die EU-Konformitätserklärung wurde nicht oder nicht ordnungsgemäß ausgestellt;
e) die technischen Unterlagen sind entweder nicht verfügbar oder nicht vollständig;
f) die in Artikel 10 Absatz 6 bzw. Artikel 13 Absatz 3 genannten Angaben fehlen, sind falsch oder unvollständig;
g) eine andere Verwaltungsanforderung nach Artikel 10 oder Artikel 13 ist nicht erfüllt.

(2) Unbeschadet des Artikels 43 fordert ein Mitgliedstaat den betreffenden Wirtschaftsakteur auf, die betreffende Nichtkonformität zu beseitigen, falls der Mitgliedstaat einen der folgenden Fälle in Bezug auf eine unvollständige Maschine feststellt:

a) die EU-Einbauerklärung wurde nicht oder nicht ordnungsgemäß erstellt;
b) die technischen Unterlagen sind entweder nicht verfügbar oder nicht vollständig;
c) die in Artikel 11 Absatz 5 bzw. Artikel 14 Absatz 3 genannten Angaben fehlen, sind falsch oder unvollständig;

d) eine andere Verwaltungsanforderung nach Artikel 11 oder Artikel 14 ist nicht erfüllt.

(3) Besteht die Nichtkonformität gemäß Absatz 1 und Absatz 2 weiter, trifft der betroffene Mitgliedstaat alle geeigneten Maßnahmen, um die Bereitstellung des betreffenden in den Anwendungsbereich dieser Verordnung fallenden Produkts auf dem Markt zu beschränken oder zu untersagen oder um dafür zu sorgen, dass es zurückgerufen oder vom Markt genommen wird.

KAPITEL VII

ÜBERTRAGENE BEFUGNISSE UND AUSSCHUSSVERFAHREN

Artikel 47

Ausübung der Befugnisübertragung

(1) Die Befugnis zum Erlass delegierter Rechtsakte wird der Kommission unter den in diesem Artikel festgelegten Bedingungen übertragen.

(2) Die Befugnis zum Erlass delegierter Rechtsakte gemäß Artikel 6 Absatz 2, Artikel 6 Absatz 11 und Artikel 7 Absatz 2 wird der Kommission für einen Zeitraum von fünf Jahren ab dem 13. Juli 2023 übertragen. Die Kommission erstellt spätestens neun Monate vor Ablauf des Zeitraums von fünf Jahren einen Bericht über die Befugnisübertragung. Die Befugnisübertragung verlängert sich stillschweigend um Zeiträume gleicher Länge, es sei denn, das Europäische Parlament oder der Rat widersprechen einer solchen Verlängerung spätestens drei Monate vor Ablauf des jeweiligen Zeitraums.

(3) Die Befugnisübertragung gemäß Artikel 6 Absatz 2, Artikel 6 Absatz 11 und Artikel 7 Absatz 2 kann vom Europäischen Parlament oder vom Rat jederzeit widerrufen werden. Der Beschluss über den Widerruf beendet die Übertragung der in diesem Beschluss angegebenen Befugnis. Er wird am Tag nach seiner Veröffentlichung im *Amtsblatt der Europäischen Union* oder zu einem im Beschluss über den Widerruf angegebenen späteren Zeitpunkt wirksam. Die Gültigkeit von delegierten Rechtsakten, die bereits in Kraft sind, wird von dem Beschluss über den Widerruf nicht berührt.

(4) Vor dem Erlass eines delegierten Rechtsakts konsultiert die Kommission die von den einzelnen Mitgliedstaaten benannten Sachverständigen im Einklang mit den in der Interinstitutionellen Vereinbarung vom 13. April 2016 über bessere Rechtsetzung enthaltenen Grundsätzen.

(5) Sobald die Kommission einen delegierten Rechtsakt erlässt, übermittelt sie ihn gleichzeitig dem Europäischen Parlament und dem Rat.

(6) Ein delegierter Rechtsakt, der gemäß Artikel 6 Absatz 2, Artikel 6 Absatz 11 oder Artikel 7 Absatz 2 erlassen wurde, tritt nur in Kraft, wenn weder das Europäische Parlament noch der Rat innerhalb einer Frist von zwei Monaten nach Übermittlung dieses Rechtsakts an das Europäische Parlament und den Rat Einwände erhoben haben oder wenn vor Ablauf dieser Frist das Europäische Parlament und der Rat beide der Kommission mitgeteilt haben, dass sie keine Einwände erheben werden. Auf Initiative des Europäischen Parlaments oder des Rates wird diese Frist um zwei Monate verlängert.

Artikel 48

Ausschussverfahren

(1) Die Kommission wird von einem Ausschuss unterstützt. Dieser Ausschuss ist ein Ausschuss im Sinne der Verordnung (EU) Nr. 182/2011.

(2) Wird auf diesen Absatz Bezug genommen, so gilt Artikel 4 der Verordnung (EU) Nr. 182/2011.

(3) Wird auf diesen Absatz Bezug genommen, so gilt Artikel 5 der Verordnung (EU) Nr. 182/2011.

Gibt der Ausschuss keine Stellungnahme in Bezug auf den Entwurf eines in Artikel 20 Absatz 3 genannten Durchführungsrechtsakts ab, so findet Artikel 5 Absatz 4 Unterabsatz 3 der Verordnung (EU) Nr. 182/2011 Anwendung.

(4) Wird auf diesen Absatz Bezug genommen, so gilt Artikel 8 der Verordnung (EU) Nr. 182/2011 in Verbindung mit deren Artikel 5.

(5) Der Ausschuss wird von der Kommission zu allen Angelegenheiten konsultiert, für die die Konsultation von Experten des jeweiligen Sektors gemäß der Verordnung (EU) Nr. 1025/2012 oder einem anderen Rechtsakt der Union vorgeschrieben ist.

Der Ausschuss kann darüber hinaus im Einklang mit seiner Geschäftsordnung jede andere Angelegenheit im Zusammenhang mit der Anwendung dieser Verordnung untersuchen, die entweder von seinem Vorsitz oder von einem Vertreter eines Mitgliedstaats vorgelegt wird.

KAPITEL VIII

VERTRAULICHKEIT UND SANKTIONEN

Artikel 49

Vertraulichkeit

(1) Alle Beteiligten wahren die Vertraulichkeit der folgenden Informationen und Daten, die sie bei der Wahrnehmung ihrer Tätigkeiten im Einklang mit dieser Verordnung erhalten:

a) personenbezogene Daten;
b) Betriebs- und Geschäftsgeheimnisse einer natürlichen oder juristischen Person, einschließlich der Rechte des geistigen Eigentums, sofern die Offenlegung nicht im öffentlichen Interesse liegt.

(2) Unbeschadet des Absatzes 1 werden die Informationen, die die zuständigen nationalen Behörden auf vertraulicher Basis untereinander oder mit der Kommission ausgetauscht haben, nicht ohne die vorherige Zustimmung der zuständigen nationalen Behörde, von der die Informationen ursprünglich zur Verfügung gestellt wurden, weitergegeben.

(3) Die Absätze 1 und 2 berühren weder die Rechte und Pflichten der Kommission, der Mitgliedstaaten und der notifizierten Stellen im Zusammenhang mit dem

Austausch von Informationen und der Verbreitung von Warnungen noch die im Strafrecht verankerten Informationspflichten der betreffenden Personen.

(4) Die Kommission und die Mitgliedstaaten können vertrauliche Informationen mit Regulierungsbehörden von Drittländern austauschen, mit denen bilaterale oder multilaterale Vertraulichkeitsübereinkommen und -vereinbarungen bestehen, sofern durch diese Übereinkommen und Vereinbarungen sichergestellt wird, dass der Informationsaustausch im Einklang mit dem geltenden Unionsrecht steht.

Artikel 50

Sanktionen

(1) Die Mitgliedstaaten erlassen Vorschriften über Sanktionen, die bei Verstößen der Wirtschaftsakteure gegen diese Verordnung zu verhängen sind, und treffen alle für die Anwendung der Vorschriften erforderlichen Maßnahmen. Die vorgesehenen Sanktionen müssen wirksam, verhältnismäßig und abschreckend sein und können bei schweren Verstößen strafrechtliche Sanktionen vorsehen.

(2) Die Mitgliedstaaten teilen der Kommission diese Vorschriften und Maßnahmen bis zum 14. Oktober 2026 mit und melden ihr unverzüglich alle späteren diesbezüglichen Änderungen.

KAPITEL IX

ÜBERGANGS- UND SCHLUSSBESTIMMUNGEN

Artikel 51

Aufgehobene Rechtsvorschriften

(1) Die Richtlinie 73/361/EWG wird aufgehoben.
Bezugnahmen auf die aufgehobene Richtlinie 73/361/EWG gelten als Bezugnahmen auf die vorliegende Verordnung.

(2) Die Richtlinie 2006/42/EG wird mit Wirkung vom 14. Januar 2027 aufgehoben.
Bezugnahmen auf die aufgehobene Richtlinie 2006/42/EG gelten als Bezugnahmen auf die vorliegende Verordnung und sind nach Maßgabe der Entsprechungstabelle in Anhang XII zu lesen.

Artikel 52

Übergangsbestimmungen

(1) Die Mitgliedstaaten dürfen die Bereitstellung von Produkten auf dem Markt nicht behindern, die entsprechend der Richtlinie 2006/42/EG vor dem 14. Januar 2027 in Verkehr gebracht wurden. Kapitel VI dieser Verordnung gilt jedoch ab dem 13.

Juli 2023 entsprechend für solche Produkte anstelle von Artikel 11 der genannten Richtlinie, auch für Produkte, für die bereits ein Verfahren nach Artikel 11 der Richtlinie 2006/42/EG eingeleitet wurde.

(2) EG-Baumusterprüfbescheinigungen und Zulassungen, die gemäß Artikel 12 der Richtlinie 2006/42/EG ausgestellt bzw. erteilt wurden, bleiben bis zu ihrem Ablauf gültig.

Artikel 53

Bewertung und Überprüfung

(1) Bis zum 14. Juli 2028 und danach alle vier Jahre legt die Kommission dem Europäischen Parlament und dem Rat einen Bericht über die Bewertung und Überprüfung dieser Verordnung vor. Die Berichte werden veröffentlicht.

(2) Unter Berücksichtigung des technischen Fortschritts und der in den Mitgliedstaaten gewonnenen praktischen Erfahrungen gemäß Artikel 6 nimmt die Kommission in ihren Bericht eine Bewertung folgender Aspekte dieser Verordnung auf:
 a) die grundlegenden Sicherheits- und Gesundheitsschutzanforderungen gemäß Anhang III,
 b) die Konformitätsbewertungsverfahren, die für Maschinen oder dazugehörige Produkte gemäß Anhang I gelten.

Dem Bericht wird gegebenenfalls ein Legislativvorschlag zur Änderung der einschlägigen Bestimmungen dieser Verordnung beigefügt.

(3) Bis zum 14. Juli 2026 und danach alle fünf Jahre legt die Kommission dem Europäischen Parlament und dem Rat einen spezifischen Bericht über die Bewertung von Artikel 6 Absätze 4 und 5 dieser Verordnung vor. Die Berichte werden veröffentlicht.

Die Kommission nimmt in ihre Berichte Folgendes auf:

 a) eine Zusammenfassung der Daten und Informationen, die von den Mitgliedstaaten gemäß Artikel 6 Absatz 5 während des Berichtszeitraums übermittelt wurden;
 b) eine Bewertung der Liste der Kategorien von Maschinen oder dazugehörigen Produkten in Anhang I im Hinblick auf die in Artikel 6 Absatz 4 genannten Kriterien.

In den Berichten bewertet die Kommission die Angemessenheit und Verfügbarkeit der von den Mitgliedstaaten übermittelten Daten und Informationen, die erforderlich sind, um die wirksame Anwendung und Durchsetzung von Artikel 6 sicherzustellen, einschließlich ob sie für die Durchführung von Vergleichen ausreichend und geeignet sind, wobei sie etwaige Unzulänglichkeiten ermittelt.

Artikel 54

Inkrafttreten und Anwendung

Diese Verordnung tritt am zwanzigsten Tag nach ihrer Veröffentlichung im *Amtsblatt der Europäischen Union* in Kraft.

Sie gilt ab dem 14. Januar 2027.

Die folgenden Artikel gelten jedoch ab folgenden Zeitpunkten:

a) Artikel 26 bis 42 ab dem 14. Januar 2024;
b) Artikel 50 Absatz 1 ab dem 14. Oktober 2023;
c) Artikel 6 Absatz 7, Artikel 48 und Artikel 52 ab dem 13. Juli 2023;
d) Artikel 6 Absätze 2 bis 6 und 11 sowie Artikel 47 und Artikel 53 Absatz 3 ab dem 14. Juli 2024.

Diese Verordnung ist in allen ihren Teilen verbindlich und gilt unmittelbar in jedem Mitgliedstaat.

Geschehen zu Straßburg am 14. Juni 2023.

Im Namen des Europäischen Parlaments
Die Präsidentin
R. METSOLA

Im Namen des Rates
Die Präsidentin
J. ROSWALL

ANHANG I

KATEGORIEN VON MASCHINEN ODER DAZUGEHÖRIGEN PRODUKTEN, AUF DIE EINES DER IN ARTIKEL 25 ABSÄTZE 2 UND 3 GENANNTEN VERFAHREN ANZUWENDEN IST

TEIL A

Kategorien von Maschinen oder dazugehörigen Produkten, auf die ein in Artikel 25 Absatz 2 genanntes Verfahren anzuwenden ist:

1. Abnehmbare Gelenkwellen einschließlich ihrer trennenden Schutzeinrichtungen.
2. Trennende Schutzeinrichtungen für abnehmbare Gelenkwellen.
3. Hebebühnen für Fahrzeuge.
4. Tragbare Befestigungsgeräte mit Treibladung und andere Schussgeräte.
5. Sicherheitsbauteile mit vollständig oder teilweise selbstentwickelndem Verhalten unter Verwendung von Ansätzen des maschinellen Lernens, die Sicherheitsfunktionen gewährleisten.
6. Maschinen, die über eingebettete Systeme mit vollständig oder teilweise selbstentwickelndem Verhalten unter Verwendung von Ansätzen des maschinellen Lernens verfügen, die Sicherheitsfunktionen gewährleisten, die nicht gesondert in Verkehr gebracht wurden, nur in Bezug auf diese Systeme.

TEIL B

Kategorien von Maschinen oder dazugehörigen Produkten, für die eines der Verfahren nach Artikel 25 Absatz 3 anzuwenden ist:

1. Folgende Arten von Einblatt- und Mehrblatt-Kreissägen zum Bearbeiten von Holz und von Werkstoffen mit ähnlichen physikalischen Eigenschaften oder zum Bearbeiten von Fleisch und von Stoffen mit ähnlichen physikalischen Eigenschaften:
   - 1.1. Sägemaschinen mit während des Arbeitsvorgangs feststehendem Sägeblatt, mit feststehendem Arbeitstisch oder Werkstückhalter, mit Vorschub des Sägeguts von Hand oder durch einen abnehmbaren Vorschubapparat;
   - 1.2. Sägemaschinen mit während des Arbeitsvorgangs feststehendem Sägeblatt, mit manuell betätigtem Pendelbock oder -schlitten;
   - 1.3. Sägemaschinen mit während des Arbeitsvorgangs feststehendem Sägeblatt, mit eingebauter mechanischer Vorschubeinrichtung für das Sägegut und Handbeschickung und/oder Handentnahme;
   - 1.4. Sägemaschinen mit während des Arbeitsvorgangs beweglichem Sägeblatt, mit eingebauter mechanischer Vorschubeinrichtung für das Sägeblatt und Handbeschickung und/oder Handentnahme.
2. Abrichthobelmaschinen mit Handvorschub für die Holzbearbeitung.
3. Hobelmaschinen für einseitige Bearbeitung von Holz, mit eingebauter maschineller Vorschubeinrichtung und Handbeschickung und/oder Handentnahme.
4. Folgende Arten von Bandsägen mit Handbeschickung und/oder Handentnahme zur Bearbeitung von Holz und von Werkstoffen mit ähnlichen physikalischen Ei-

genschaften oder von Fleisch und von Stoffen mit ähnlichen physikalischen Eigenschaften:

4.1. Sägemaschinen mit während des Arbeitsvorgangs feststehendem Sägeblatt und feststehendem oder hin- und herbeweglichem Arbeitstisch oder Werkstückhalter;
4.2. Sägemaschinen, deren Sägeblatt auf einem hin- und herbeweglichen Schlitten montiert ist.

5. Kombinationen der in den Nummern 1 bis 4 und in Nummer 7 genannten Maschinen für die Bearbeitung von Holz und von Werkstoffen mit ähnlichen physikalischen Eigenschaften.
6. Mehrspindel-Zapfenfräsmaschinen mit Handvorschub für die Holzbearbeitung.
7. Senkrechte Tischfräsmaschinen mit Handvorschub für die Bearbeitung von Holz und von Werkstoffen mit ähnlichen physikalischen Eigenschaften.
8. Handkettensägen für die Holzbearbeitung.
9. Pressen, einschließlich Biegepressen, für die Kaltbearbeitung von Metall mit Handbeschickung und/oder Handentnahme, deren beim Arbeitsvorgang bewegliche Teile einen Hub von mehr als 6 mm und eine Geschwindigkeit von mehr als 30 mm/s haben können.
10. Kunststoffspritzgieß- und -formpressmaschinen mit Handbeschickung oder Handentnahme.
11. Gummispritzgieß- und -formpressmaschinen mit Handbeschickung oder Handentnahme.
12. Folgende Maschinenarten für den Einsatz unter Tage:

12.1. Lokomotiven und Bremswagen;
12.2. hydraulischer Schreitausbau.

13. Hausmüllsammelwagen für manuelle Beschickung mit Pressvorrichtung.
14. Maschinen zum Heben von Personen oder von Personen und Gütern, bei denen die Gefährdung durch einen Absturz aus einer vertikalen Höhe von mehr als 3 m besteht.
15. Schutzeinrichtungen zur Personendetektion.
16. Kraftbetriebene bewegliche trennende Schutzeinrichtungen mit Verriegelung für die in diesem Teil unter Nummern 9, 10 und 11 genannten Maschinen.
17. Logikeinheiten für Sicherheitsfunktionen.
18. Überrollschutzaufbau (ROPS).
19. Schutzaufbau gegen herabfallende Gegenstände (FOPS).

ANHANG II

NICHT ERSCHÖPFENDE LISTE DER SICHERHEITSBAUTEILE

1. Trennende Schutzeinrichtungen für abnehmbare Gelenkwellen.
2. Schutzeinrichtungen zur Personendetektion.
3. Kraftbetriebene bewegliche trennende Schutzeinrichtungen mit Verriegelung für die in Anhang I Teil B Nummern 9, 10 und 11 genannten Maschinen.
4. Logikeinheiten zur Gewährleistung von Sicherheitsfunktionen.
5. Ventile mit zusätzlicher Ausfallerkennung für die Steuerung gefährlicher Maschinenbewegungen.
6. Systeme zur Beseitigung von Emissionen von Maschinen.
7. Trennende und nichttrennende Schutzeinrichtungen zum Schutz von Personen vor beweglichen Teilen, die direkt am Arbeitsprozess der Maschine beteiligt sind.
8. Einrichtungen zur Überlastsicherung und Bewegungsbegrenzung bei Hebezeugen.
9. Personen-Rückhalteeinrichtungen für Sitze.
10. NOT-HALT-Befehlsgeräte.
11. Ableitungssysteme, die eine potenziell gefährliche elektrostatische Aufladung verhindern.
12. Energiebegrenzer und Entlastungseinrichtungen gemäß Anhang III Abschnitte 1.5.7, 3.4.7 und 4.1.2.6.
13. Systeme und Einrichtungen zur Verminderung von Lärm- und Vibrationsemissionen.
14. Überrollschutzaufbau (ROPS).
15. Schutzaufbau gegen herabfallende Gegenstände (FOPS).
16. Zweihandschaltungen.
17. Die folgenden Bauteile von Maschinen für die Auf- und/oder Abwärtsbeförderung von Personen zwischen unterschiedlichen Ebenen:
    a) Verriegelungseinrichtung mit Zuhaltung für Fahrschachttüren;
    b) Fangvorrichtungen, die einen Absturz oder unkontrollierte Aufwärtsbewegungen des Lastträgers verhindern;
    c) Geschwindigkeitsbegrenzer;
    d) energiespeichernde Puffer mit nicht linearer Kennlinie oder mit Rücklaufdämpfung;
    e) energieverzehrende Puffer;
    f) Sicherheitseinrichtungen an Zylindern der Hydraulikhauptkreise, wenn sie als Fangvorrichtungen verwendet werden;
    g) Sicherheitsschaltungen mit elektronischen Bauteilen.
18. Software, die Sicherheitsfunktionen wahrnimmt.
19. Sicherheitsbauteile mit vollständig oder teilweise selbstentwickelndem Verhalten unter Verwendung von Ansätzen des maschinellen Lernens, die Sicherheitsfunktionen gewährleisten.
20. Filterungssysteme, die dazu bestimmt sind, zum Schutz der Bediener oder anderer Personen vor gefährlichen Stoffen und Substanzen einschließlich Pflanzenschutzmitteln in Maschinenkabinen eingebaut zu werden, und Filter für solche Filterungssysteme.

ANHANG III

GRUNDLEGENDE SICHERHEITS- UND GESUNDHEITSSCHUTZANFORDERUNGEN FÜR KONSTRUKTION UND BAU VON MASCHINEN ODER DAZUGEHÖRIGEN PRODUKTEN

TEIL A

Begriffsbestimmungen

Für die Zwecke dieses Anhangs gelten folgende Begriffsbestimmungen:

a) „Gefährdung" bezeichnet eine potenzielle Quelle von Verletzungen oder Gesundheitsschäden;
b) „Gefahrenbereich" bezeichnet den Bereich in Maschinen oder dazugehörigen Produkten und/oder in deren Umkreis, in dem die Sicherheit oder Gesundheit einer Person gefährdet ist;
c) „gefährdete Person" bezeichnet eine Person, die sich ganz oder teilweise in einem Gefahrenbereich befindet;
d) „Bediener" bezeichnet die Person bzw. die Personen, die für Installation, Betrieb, Einrichten, Wartung, Reinigung, Reparatur oder Transport von Maschinen oder dazugehörigen Produkten zuständig sind;
e) „Risiko" bezeichnet die Kombination aus der Wahrscheinlichkeit und der Schwere einer Verletzung oder eines Gesundheitsschadens, die in einer Gefährdungssituation eintreten können;
f) „trennende Schutzeinrichtung" bezeichnet ein Teil einer Maschine oder eines dazugehörigen Produkts, das Schutz mittels einer physischen Barriere bietet;
g) „nichttrennende Schutzeinrichtung" bezeichnet eine Einrichtung ohne trennende Funktion, die allein oder in Verbindung mit einer trennenden Schutzeinrichtung das Risiko vermindert;
h) „bestimmungsgemäße Verwendung" bezeichnet die Verwendung von Maschinen oder dazugehörigen Produkten entsprechend den Angaben in der Betriebsanleitung;
i) „vernünftigerweise vorhersehbare Fehlanwendung" bezeichnet die Verwendung von Maschinen oder zugehörigen Produkten in einer laut Betriebsanleitung nicht beabsichtigten Weise, die sich jedoch aus leicht absehbarem menschlichem Verhalten ergeben kann.

TEIL B

Allgemeine Grundsätze

1. Der Hersteller von Maschinen oder dazugehörigen Produkten hat dafür zu sorgen, dass eine Risikobeurteilung vorgenommen wird, um die für die Maschinen oder dazugehörigen Produkte geltenden grundlegenden Sicherheits- und Gesundheitsschutzanforderungen zu ermitteln. Die Maschine oder das dazugehörige Produkt muss dann unter Berücksichtigung der Ergebnisse der Risikobeurteilung so konstruiert und gebaut werden, dass Gefährdungen ausgeschlossen sind oder, falls dies nicht möglich ist, dass alle relevanten Risiken minimiert werden.

Bei den in Unterabsatz 1 genannten iterativen Verfahren der Risikobeurteilung und Risikominderung hat der Hersteller

a) die Grenzen der Maschine oder des dazugehörigen Produkts zu bestimmen, was die bestimmungsgemäße Verwendung und jede vernünftigerweise vorhersehbare Fehlanwendung einschließt;
b) die Gefährdungen, die von der Maschine oder dem dazugehörigen Produkt ausgehen können, und die damit verbundenen Gefährdungssituationen zu ermitteln;
c) die Risiken unter Berücksichtigung der Schwere möglicher Verletzungen oder Gesundheitsschäden und der Wahrscheinlichkeit ihres Eintretens einzuschätzen;
d) die Risiken zu bewerten, um zu ermitteln, ob eine Risikominderung gemäß dem Ziel dieser Verordnung erforderlich ist;
e) die Gefährdungen auszuschalten oder durch Anwendung von Schutzmaßnahmen die mit diesen Gefährdungen verbundenen Risiken in der unter Abschnitt 1.1.2 Buchstabe b festgelegten Rangfolge zu mindern.

Die Risikobeurteilung und Risikominderung umfassen Gefährdungen, die im Laufe des Lebenszyklus der Maschinen oder dazugehörigen Produkte auftreten können und die zum Zeitpunkt ihres Inverkehrbringens vorhersehbar sind, da sie sich aus der bestimmungsgemäßen Veränderung ihres vollständig oder teilweise selbstentwickelnden Verhaltens oder ihrer vollständig oder teilweise selbstentwickelnden Logik infolge der Auslegung der Maschinen oder dazugehörigen Produkte für einen in wechselndem Maße autonomen Betrieb ergeben. Die Risikobeurteilung und Risikominderung umfassen auch Risiken, die sich aus Wechselwirkungen zwischen Maschinen ergeben, die, damit sie zusammenwirken, so angeordnet sind und betätigt werden, dass sie als Gesamtheit funktionieren und somit eine Maschine im Sinne von Artikel 3 Absatz 1 Buchstabe d bilden.

2. Die mit den grundlegenden Sicherheits- und Gesundheitsschutzanforderungen verbundenen Verpflichtungen gelten nur dann, wenn an der betreffenden Maschine oder dem dazugehörigen Produkt bei Verwendung unter den vom Hersteller vorgesehenen Bedingungen oder unter vorhersehbaren ungewöhnlichen Bedingungen die entsprechende Gefährdung auftritt. Allerdings gelten die unter Abschnitt 1.1.2 festgelegten Grundsätze für die Integration der Sicherheit sowie die Verpflichtungen in Bezug auf die Kennzeichnung von Maschinen bzw. dazugehörigen Produkten gemäß Abschnitt 1.7.3 und die Betriebsanleitung gemäß Abschnitt 1.7.4 auf jeden Fall.
3. Die in diesem Anhang aufgeführten grundlegenden Sicherheits- und Gesundheitsschutzanforderungen sind bindend; es kann jedoch sein, dass die damit gesetzten Ziele aufgrund des Stands der Technik nicht erreicht werden können. In diesem Fall muss die Maschine oder das dazugehörige Produkt so weit wie möglich auf diese Ziele hin konstruiert und gebaut werden.
4. Dieser Anhang ist in sechs Kapitel unterteilt. Das erste Kapitel hat einen allgemeinen Anwendungsbereich und gilt für alle Maschinen bzw. dazugehörigen Produkte. Die weiteren Kapitel beziehen sich auf bestimmte spezifischere Gefährdungen. Dieser Anhang ist jedoch stets in seiner Gesamtheit durchzusehen, um sicher zu gehen, dass alle jeweils einschlägigen grundlegenden Anforderungen

erfüllt werden. Bei der Konstruktion einer Maschine oder eines dazugehörigen Produkts sind in Abhängigkeit von den Ergebnissen der Risikobeurteilung gemäß Nummer 1 dieser Allgemeinen Grundsätze die Anforderungen des ersten Kapitels und die Anforderungen eines oder mehrerer der anderen Kapitel zu berücksichtigen. Die grundlegenden Sicherheits- und Gesundheitsschutzanforderungen hinsichtlich des Schutzes der Umwelt sind nur auf die in Abschnitt 2.4 genannten Maschinen bzw. dazugehörigen Produkte anwendbar.

5. Diese allgemeinen Grundsätze gelten für die vom Hersteller einer unvollständigen Maschine durchgeführte Risikobeurteilung.

1. GRUNDLEGENDE SICHERHEITS- UND GESUNDHEITSSCHUTZANFORDERUNGEN

1.1 Allgemeines

1.1.1 Anwendungsbereich

Die in den grundlegenden Sicherheits- und Gesundheitsschutzanforderungen festgelegten Verpflichtungen gelten für unvollständige Maschinen, soweit diese Anforderungen relevant sind.

Die einschlägigen Anforderungen an unvollständige Maschinen umfassen nicht die Anforderungen, die erst zum Zeitpunkt des Einbaus der unvollständigen Maschine erfüllt werden können. Die in Abschnitt 1.1.2. festgelegten Grundsätze für die Integration der Sicherheit gelten jedoch in jedem Fall.

1.1.2 Grundsätze für die Integration der Sicherheit

a) Maschinen bzw. dazugehörige Produkte sind so zu konstruieren und zu bauen, dass sie ihrer Funktion gerecht werden und unter den vorgesehenen Bedingungen — aber auch unter Berücksichtigung einer vernünftigerweise vorhersehbaren Fehlanwendung — Betrieb, Einrichten und Wartung erfolgen kann, ohne dass Personen einer Gefährdung ausgesetzt sind. Die getroffenen Schutzmaßnahmen müssen darauf abzielen, Risiken während der voraussichtlichen Lebensdauer von Maschinen oder dazugehörigen Produkten zu beseitigen, einschließlich der Zeit, in der sie transportiert, montiert, demontiert, außer Betrieb gesetzt und entsorgt werden.

b) Bei der Wahl der angemessensten Lösungen muss der Hersteller folgende Grundsätze anwenden, und zwar in der angegebenen Reihenfolge:

   i) Gefährdungen beseitigen oder, falls dies nicht möglich ist, Risiken minimieren (Integration der Sicherheit in Konstruktion und Bau von Maschinen bzw. dazugehörigen Produkten);
   ii) Ergreifen der notwendigen Schutzmaßnahmen gegen Risiken, die sich nicht beseitigen lassen;

iii) Unterrichtung der Nutzer über die Restrisiken aufgrund der nicht vollständigen Wirksamkeit der getroffenen Schutzmaßnahmen; Hinweis auf eine eventuell erforderliche spezielle Ausbildung oder Einarbeitung und Angabe des Bedarfs an persönlicher Schutzausrüstung.

c) Bei der Konstruktion und beim Bau von Maschinen oder dazugehörigen Produkten sowie bei der Ausarbeitung der Betriebsanleitung muss der Hersteller nicht nur die bestimmungsgemäße Verwendung der Maschinen oder dazugehörigen Produkte, sondern auch jede vernünftigerweise vorhersehbare Fehlanwendung in Betracht ziehen. Maschinen bzw. dazugehörige Produkte sind so zu konstruieren und zu bauen, dass eine nicht bestimmungsgemäße Verwendung verhindert wird, falls diese ein Risiko mit sich bringt. Gegebenenfalls ist der Nutzer in der Betriebsanleitung auf Fehlanwendungen von Maschinen bzw. dazugehörigen Produkten hinzuweisen, die erfahrungsgemäß vorkommen können.
d) Bei der Konstruktion und beim Bau von Maschinen oder dazugehörigen Produkten muss den Belastungen Rechnung getragen werden, denen die Bediener durch die notwendige oder voraussichtliche Benutzung von persönlichen Schutzausrüstungen ausgesetzt sind.
e) Maschinen bzw. dazugehörige Produkte müssen so konstruiert und gebaut sein, dass die Nutzer gegebenenfalls die Möglichkeit haben, die Sicherheitsfunktionen zu testen. Maschinen bzw. dazugehörige Produkte müssen mit allen speziellen Ausrüstungen und Zubehörteilen sowie gegebenenfalls mit einer Beschreibung spezifischer funktionaler Prüfverfahren geliefert werden, die für die sichere Prüfung, Einstellung, Wartung und Verwendung unerlässlich sind.

1.1.3 Materialien und Produkte

Die für den Bau von Maschinen bzw. dazugehörigen Produkten eingesetzten Materialien oder die bei ihrem Betrieb verwendeten oder entstehenden Produkte dürfen nicht zur Gefährdung der Sicherheit und der Gesundheit von Personen führen. Insbesondere bei der Verwendung von Fluiden müssen Maschinen bzw. dazugehörige Produkte so konstruiert und gebaut sein, dass sie ohne Gefährdung aufgrund von Einfüllung, Verwendung, Rückgewinnung und Beseitigung benutzt werden können.

1.1.4 Beleuchtung

Maschinen bzw. dazugehörige Produkte sind mit einer den Arbeitsgängen entsprechenden Beleuchtung zu liefern, falls das Fehlen einer solchen Beleuchtung trotz normaler Umgebungsbeleuchtung ein Risiko verursachen kann.

Maschinen bzw. dazugehörige Produkte müssen so konstruiert und gebaut sein, dass die Beleuchtung keinen störenden Schattenbereich, keine Blendung und keine gefährlichen Stroboskopeffekte bei beweglichen Teilen verursacht.

Falls bestimmte innen liegende Bereiche häufiges Prüfen, Einrichten oder Warten erfordern, sind sie mit geeigneter Beleuchtung zu versehen.

1.1.5 Konstruktion einer Maschine oder eines dazugehörigen Produkts im Hinblick auf die Handhabung

Maschinen oder dazugehörige Produkte bzw. alle ihre Bestandteile müssen

a) sicher gehandhabt und transportiert werden können;
b) so verpackt oder konstruiert sein, dass sie sicher und ohne Beschädigung gelagert werden können.

Beim Transport von Maschinen bzw. dazugehörigen Produkten bzw. ihren Bestandteilen müssen ungewollte Lageveränderungen und Gefährdungen durch mangelnde Standsicherheit ausgeschlossen sein, solange die Handhabung der Maschinen bzw. dazugehörigen Produkte bzw. ihrer Bestandteile entsprechend der Betriebsanleitung erfolgt.

Wenn sich Maschinen oder dazugehörige Produkte oder ihre verschiedenen Bestandteile aufgrund ihres Gewichtes, ihrer Abmessungen oder ihrer Form nicht von Hand bewegen lassen, müssen die Maschinen bzw. dazugehörigen Produkte oder jedes ihrer Bestandteile

a) entweder mit Befestigungseinrichtungen ausgestattet sein, sodass sie von einer Lastaufnahmeeinrichtung aufgenommen werden können,
b) oder mit einer solchen Befestigungseinrichtung ausgestattet werden können oder
c) so geformt sein, dass die üblichen Lastaufnahmemittel leicht angelegt werden können.

Eine Maschine oder ein dazugehöriges Produkt oder eines seiner bzw. ihrer Bestandteile, die bzw. das von Hand transportiert wird, muss

a) leicht transportierbar sein, oder
b) mit Greifvorrichtungen ausgestattet sein, die einen sicheren Transport ermöglichen.

Für die Handhabung von Werkzeugen und/oder Teilen von Maschinen bzw. dazugehörigen Produkten, die auch bei geringem Gewicht eine Gefährdung darstellen können, sind besondere Vorkehrungen zu treffen.

1.1.6 Ergonomie

Bei bestimmungsgemäßer Verwendung müssen Belästigung, Ermüdung sowie körperliche und psychische Fehlbeanspruchung der Bediener verhindert oder auf das mögliche Mindestmaß reduziert werden, wobei zumindest die folgenden ergonomischen Grundsätze zu berücksichtigen sind:

a) Möglichkeit der Anpassung an die Unterschiede in den Körpermaßen, der Körperkraft und der Ausdauer der Bediener;
b) Vermeidung der Notwendigkeit anstrengender Arbeitshaltungen oder -bewegungen und manuelle Kraftanstrengungen, die die Fähigkeiten des Bedieners übersteigen;

c) ausreichender Bewegungsfreiraum für die Körperteile der Bediener;
d) Vermeidung eines von der Maschine vorgegebenen Arbeitsrhythmus;
e) Vermeidung von Überwachungstätigkeiten, die dauernde Aufmerksamkeit erfordern;
f) Anpassung der Schnittstelle zwischen Mensch und Maschine an die vorhersehbaren Eigenschaften der Bediener, auch in Bezug auf Maschinen bzw. dazugehörige Produkte, deren Verhalten oder Logik sich bestimmungsgemäß vollständig oder teilweise entwickelt und die für einen in wechselndem Maße autonomen Betrieb ausgelegt sind;
g) gegebenenfalls Anpassung von Maschinen oder dazugehörigen Produkten, deren Verhalten oder Logik sich bestimmungsgemäß vollständig oder teilweise entwickelt und die für einen in wechselndem Maße autonomen Betrieb ausgelegt sind, damit diese auf Personen in angemessener und geeigneter Weise reagieren (etwa verbal durch Worte und nichtverbal durch Gesten, Gesichtsausdrücke oder Körperbewegungen) und ihre geplanten Handlungen (etwa, was sie tun werden und warum) den Bedienern auf verständliche Weise mitteilen.

1.1.7 Bedienungsplätze

Der Bedienungsplatz muss so konstruiert und gebaut sein, dass Risiken aufgrund von Abgasen oder Sauerstoffmangel vermieden werden.

Ist die Maschine bzw. das dazugehörige Produkt zum Einsatz in einer gefährlichen Umgebung vorgesehen, von der Risiken für Sicherheit und Gesundheit des Bedieners ausgehen, oder verursacht die Maschine bzw. das dazugehörige Produkt selbst eine gefährliche Umgebung, so sind geeignete Einrichtungen vorzusehen, damit gute Arbeitsbedingungen für die Bediener gewährleistet sind und sie gegen vorhersehbare Gefährdungen geschützt sind.

Gegebenenfalls muss der Bedienungsplatz mit einer geeigneten Kabine ausgestattet sein, die so konstruiert, gebaut oder ausgerüstet ist, dass die vorstehenden Anforderungen erfüllt sind. Der Ausstieg muss ein schnelles Verlassen der Kabine gestatten. Außerdem ist gegebenenfalls ein Notausstieg vorzusehen, der in eine andere Richtung weist als der Hauptausstieg.

1.1.8 Sitze

Soweit es angezeigt ist und es die Arbeitsbedingungen gestatten, müssen Arbeitsplätze, die einen festen Bestandteil der Maschine oder des dazugehörigen Produkts bilden, für die Anbringung von Sitzen ausgelegt sein.

Sollen die Bediener ihre Tätigkeit sitzend ausführen und ist der Bedienungsplatz fester Bestandteil der Maschine oder des dazugehörigen Produkts, muss die Maschine bzw. das dazugehörige Produkt mit einem Sitz ausgestattet sein.

Der Sitz für die Bediener muss diesen sicheren Halt bieten. Ferner müssen der Sitz und sein Abstand zu den Stellteilen auf den Bediener abgestimmt werden können.

Ist die Maschine oder das dazugehörige Produkt Schwingungen ausgesetzt, muss der Sitz so konstruiert und gebaut sein, dass die auf den Bediener übertragenen Schwingungen auf das mit vertretbarem Aufwand erreichbare niedrigste Niveau reduziert werden. Die Sitzverankerung muss allen Belastungen standhalten, denen sie ausgesetzt sein kann. Befindet sich unter den Füßen des Bedieners kein Boden, sind rutschhemmende Fußstützen vorzusehen.

1.1.9 Schutz gegen Korrumpierung

Die Maschine bzw. das dazugehörige Produkt muss so konstruiert und gebaut sein, dass der Anschluss von einer anderen Einrichtung an die Maschine oder das dazugehörige Produkt durch jede Funktion der angeschlossenen Einrichtung selbst oder über eine mit der Maschine bzw. dem dazugehörigen Produkt kommunizierende entfernte Fernzugriffseinrichtung nicht zu einer gefährlichen Situation führt.

Ein Hardware-Bauteil, das Signale oder Daten überträgt, die für den Anschluss oder den Zugriff auf die Software relevant sind, die für die Übereinstimmung einer Maschine oder eines dazugehörigen Produkts mit den einschlägigen Sicherheits- und Gesundheitsschutzanforderungen von entscheidender Bedeutung ist, muss so konstruiert sein, dass es angemessen gegen unbeabsichtigte oder vorsätzliche Korrumpierung geschützt ist. Maschinen bzw. dazugehörige Produkte müssen Beweise für ein rechtmäßiges oder unrechtmäßiges Eingreifen in das genannte Hardware-Bauteil sammeln, soweit es für den Anschluss oder den Zugriff auf die Software relevant ist, die für die Konformität der Maschinen bzw. dazugehörigen Produkte von entscheidender Bedeutung ist.

Software und Daten, die für die Übereinstimmung der Maschine oder des dazugehörigen Produkts mit den einschlägigen Sicherheits- und Gesundheitsschutzanforderungen von entscheidender Bedeutung sind, sind als solche zu benennen und angemessen gegen unbeabsichtigte oder vorsätzliche Korrumpierung zu schützen.

Die Maschine bzw. das dazugehörige Produkt muss die installierte Software, die für den sicheren Betrieb erforderlich ist, kenntlich machen und diese Informationen jederzeit in leicht zugänglicher Form bereitstellen können.

Maschinen bzw. dazugehörige Produkte müssen Nachweise für ein rechtmäßiges oder unrechtmäßiges Eingreifen in die Software oder eine Veränderung der in Maschinen bzw. dazugehörigen Produkte installierten Software oder ihrer Konfiguration sammeln.

1.2 Steuerungen und Befehlseinrichtungen

1.2.1 Sicherheit und Zuverlässigkeit von Steuerungen

Steuerungen sind so zu konzipieren und zu bauen, dass es nicht zu Gefährdungssituationen kommt.

Steuerungen müssen so ausgelegt und beschaffen sein, dass

a) sie, wenn den Umständen und Risiken angemessen, den zu erwartenden Betriebsbeanspruchungen sowie beabsichtigten und unbeabsichtigten Fremdeinflüssen, einschließlich vernünftigerweise vorhersehbare böswillige Versuche Dritter, die zu einer Gefährdungssituation führen, standhalten können;
b) ein Defekt der Hardware oder der Software der Steuerung nicht zu Gefährdungssituationen führt;
c) Fehler in der Logik des Steuerkreises nicht zu Gefährdungssituationen führen;
d) die Grenzen der Sicherheitsfunktionen im Rahmen der vom Hersteller durchgeführten Risikobeurteilung festgelegt werden, und keine Änderungen der durch die Maschine oder das dazugehörige Produkt oder den Bediener generierten Einstellungen oder Regeln, auch während der Lernphase der Maschine oder des dazugehörigen Produkts, vorgenommen werden dürfen, wenn solche Änderungen zu Gefährdungssituationen führen könnten;
e) vernünftigerweise vorhersehbare Bedienungsfehler nicht zu Gefährdungssituationen führen;
f) das Rückverfolgungsprotokoll der Daten, das im Zusammenhang mit einem Eingreifen generiert wurden, und der Versionen der Sicherheitssoftware, die nach dem Inverkehrbringen oder der Inbetriebnahme der Maschine oder des dazugehörigen Produkts hochgeladen wurden, bis zu fünf Jahre nach dem Hochladen ausschließlich für den Nachweis der Konformität der Maschine oder des dazugehörigen Produkts mit diesem Anhang auf begründete Anforderung einer zuständigen nationalen Behörde zugänglich ist.

Steuerungssysteme für Maschinen oder dazugehörige Produkte, deren Verhalten oder Logik sich vollständig oder teilweise selbst entwickelt und die für einen in wechselndem Maße autonomen Betrieb ausgelegt sind, müssen so konzipiert und gebaut sein, dass

a) sie nicht dazu führen, dass Maschinen oder dazugehörige Produkte Handlungen ausführen, die über ihre festgelegte Aufgabe und ihren festgelegten Bewegungsbereich hinausgehen;
b) die Aufzeichnung von Daten über den sicherheitsrelevanten Entscheidungsprozess für softwaregestützte Sicherheitssysteme zur Gewährleistung der Sicherheitsfunktion, einschließlich der Sicherheitsbauteile, nach dem Inverkehrbringen oder der Inbetriebnahme der Maschine oder des dazugehörigen Produkts aktiviert ist und diese Daten für ein Jahr nach ihrer Aufzeichnung ausschließlich für den Nachweis der Konformität der Maschine oder des dazugehörigen Produkts mit diesem Anhang auf begründetes Verlangen einer zuständigen nationalen Behörde gespeichert werden;
c) es jederzeit möglich ist, die Maschine oder das dazugehörige Produkt zu korrigieren, um seine inhärente Sicherheit zu wahren.

Insbesondere ist Folgendes zu beachten:

a) Die Maschine oder das dazugehörige Produkt darf nicht unbeabsichtigt in Gang gesetzt werden können;
b) die Parameter der Maschine oder des dazugehörigen Produkts dürfen sich nicht unkontrolliert ändern können, wenn eine derartige unkontrollierte Änderung zu Gefährdungssituationen führen könnte;

c) Änderungen der Einstellungen oder Regeln durch die Maschine oder das dazugehörige Produkt oder durch die Bediener, auch während der Lernphase der Maschine oder des dazugehörigen Produkts, müssen verhindert werden, wenn solche Änderungen zu Gefährdungssituationen führen könnten;
d) das Stillsetzen der Maschine oder des dazugehörigen Produkts darf nicht verhindert werden, wenn der Befehl zum Stillsetzen bereits erteilt wurde;
e) ein bewegliches Teil der Maschine oder des dazugehörigen Produkts oder ein von der Maschine oder dem dazugehörigen Produkt gehaltenes Werkstück darf nicht herabfallen oder herausgeschleudert werden können;
f) automatisches oder manuelles Stillsetzen von beweglichen Teilen jeglicher Art darf nicht verhindert werden;
g) nichttrennende Schutzeinrichtungen müssen uneingeschränkt funktionsfähig bleiben oder aber einen Befehl zum Stillsetzen auslösen;
h) die sicherheitsrelevanten Teile der Steuerung müssen kohärent auf eine Gesamtheit von Maschinen oder von dazugehörigen Produkten oder auf unvollständige Maschinen oder eine Kombination aus diesen einwirken.

Bei kabelloser Steuerung darf ein Ausfall der Kommunikation oder Verbindung oder eine fehlerhafte Verbindung nicht zu einer Gefährdungssituation führen.

1.2.2 Stellteile

Stellteile müssen

a) deutlich sichtbar und erkennbar sein; wenn geeignet, sind Piktogramme zu verwenden;
b) so angebracht sein, dass sie sicher, unbedenklich, schnell und eindeutig betätigt werden können;
c) so konstruiert sein, dass das Betätigen des Stellteils mit der jeweiligen Steuerwirkung kohärent ist;
d) außerhalb der Gefahrenbereiche angeordnet sein, erforderlichenfalls mit Ausnahme bestimmter Stellteile wie NOT-HALT-Befehlsgeräte und Handprogrammiergeräte;
e) so angeordnet sein, dass ihr Betätigen keine zusätzlichen Risiken hervorruft;
f) so konstruiert oder geschützt sein, dass die beabsichtigte Wirkung, falls sie mit einer Gefährdung verbunden sein kann, nur durch eine absichtliche Betätigung erzielt werden kann;
g) so gefertigt sein, dass sie vorhersehbaren Beanspruchungen standhalten; dies gilt insbesondere für Stellteile von NOT-HALT-Befehlsgeräten, die hoch beansprucht werden können.

Ist ein Stellteil für mehrere verschiedene Wirkungen konstruiert und gebaut, d. h., ist seine Wirkung nicht eindeutig, so muss die jeweilige Steuerwirkung unmissverständlich angezeigt und erforderlichenfalls bestätigt werden.

Stellteile müssen so gestaltet sein, dass unter Berücksichtigung ergonomischer Prinzipien ihre Anordnung, ihre Bewegungsrichtung und ihr Betätigungswiderstand mit der Steuerwirkung kompatibel sind.

Maschinen oder dazugehörige Produkte müssen mit den für sicheren Betrieb notwendigen Anzeigeeinrichtungen und Hinweisen ausgestattet sein. Der Bediener muss diese vom Bedienungsstand aus einsehen können.

Von jedem Bedienungsplatz aus muss sich der Bediener vergewissern können, dass niemand sich in den Gefahrenbereichen aufhält, oder die Steuerung muss so ausgelegt und gebaut sein, dass das Ingangsetzen verhindert wird, solange sich jemand im Gefahrenbereich aufhält.

Ist das nicht möglich, muss die Steuerung so ausgelegt und gebaut sein, dass dem Ingangsetzen der Maschine oder des dazugehörigen Produkts ein akustisches und/oder optisches Warnsignal vorgeschaltet ist. Einer gefährdeten Person muss genügend Zeit bleiben, um den Gefahrenbereich zu verlassen oder das Ingangsetzen der Maschine zu verhindern.

Falls erforderlich, ist dafür zu sorgen, dass die Maschine oder das dazugehörige Produkt nur von Bedienungsständen aus bedient werden kann, die sich in einer oder mehreren vorher festgelegten Zonen oder an einem oder mehreren vorher festgelegten Standorten befinden.

Sind mehrere Bedienungsplätze vorhanden, so muss die Steuerung so ausgelegt sein, dass die Steuerung jeweils nur von einem Bedienungsplatz aus möglich ist; hiervon ausgenommen sind Befehlseinrichtungen zum Stillsetzen und Nothalt.

Verfügt eine Maschine oder ein dazugehöriges Produkt über mehrere Bedienungsstände, so muss jeder Bedienungsstand mit allen erforderlichen Befehlseinrichtung ausgestattet sein, wobei auszuschließen ist, dass sich die Bediener gegenseitig behindern oder in eine Gefährdungssituation bringen.

1.2.3 Ingangsetzen

Das Ingangsetzen der Maschine oder des dazugehörigen Produkts darf nur durch absichtliches Betätigen einer hierfür vorgesehenen Befehlseinrichtung möglich sein.

Dies gilt auch

a) für das Wiederingangsetzen der Maschine oder des dazugehörigen Produkts nach einem Stillstand, ungeachtet der Ursache für diesen Stillstand;
b) für eine wesentliche Änderung des Betriebszustands.

Gleichwohl kann das Wiederingangsetzen oder die Änderung des Betriebszustands durch absichtliches Betätigen einer anderen Einrichtung als der hierfür vorgesehenen Befehlseinrichtung möglich sein, sofern dadurch keine Gefährdungssituation entsteht.

Bei Maschinen oder dazugehörigen Produkten, die im Automatikbetrieb arbeiten, darf das Ingangsetzen oder Wiederingangsetzen nach einer Abschaltung und die Änderung ihres Betriebszustands ohne Bedienereingriff möglich sein, sofern dies nicht zu einer Gefährdungssituation führt.

Verfügt eine Maschine oder ein dazugehöriges Produkt über mehrere Befehlseinrichtungen für das Ingangsetzen und führt dies dazu, dass sich die Bediener gegenseitig gefährden können, so sind zusätzliche Einrichtungen einzubauen, um derartige Risiken auszuschließen. Wenn es aus Sicherheitsgründen erforderlich ist, dass das Ingangsetzen und/oder das Stillsetzen in einer bestimmten Reihenfolge erfolgt, müssen Einrichtungen vorhanden sein, die die Einhaltung der richtigen Abfolge bei diesen Bedienungsvorgängen sicherstellen.

1.2.4 Stillsetzen

1.2.4.1 Normales Stillsetzen

Maschinen oder dazugehörige Produkte müssen mit einer Befehlseinrichtung zum sicheren Stillsetzen der gesamten Maschine ausgestattet sein.

Jeder Arbeitsplatz muss mit einer Befehlseinrichtung ausgestattet sein, mit dem sich entsprechend der Gefährdungslage bestimmte oder alle Funktionen der Maschine oder des dazugehörigen Produkts stillsetzen lassen, um die Maschine oder das dazugehörige Produkt in einen sicheren Zustand zu versetzen.

Der Befehl zum Stillsetzen der Maschine oder des dazugehörigen Produkts muss Vorrang vor den Befehlen zum Ingangsetzen haben.

Sobald die Maschine oder das dazugehörige Produkt stillgesetzt ist oder ihre bzw. seine gefährlichen Funktionen stillgesetzt sind, muss die Energieversorgung des betreffenden Antriebs unterbrochen werden.

1.2.4.2 Betriebsbedingtes Stillsetzen

Ist ein Stillsetzen, bei dem die Energieversorgung des Antriebs unterbrochen wird, betriebsbedingt nicht möglich, so muss der Betriebszustand der Stillsetzung überwacht und aufrechterhalten werden.

1.2.4.3 Stillsetzen im Notfall

Die Maschine bzw. das dazugehörige Produkt muss mit einem oder mehreren NOT-HALT-Befehlsgeräten ausgerüstet sein, durch die eine unmittelbar drohende oder eintretende Gefahr vermieden werden kann.

Hiervon ausgenommen sind

a) Maschinen oder dazugehörige Produkte, bei denen durch das NOT-HALT-Befehlsgerät das Risiko nicht gemindert werden kann, da das NOT-HALT-Befehlsgerät entweder die Zeit des Stillsetzens nicht verkürzt oder es nicht ermöglicht, besondere, wegen des Risikos erforderliche Maßnahmen zu ergreifen;
b) handgehaltene oder handgeführte Maschinen oder dazugehörige Produkte.

Das NOT-HALT-Befehlsgerät muss

a) deutlich erkennbare, gut sichtbare und schnell zugängliche Stellteile haben;
b) den gefährlichen Vorgang möglichst schnell zum Stillstand bringen, ohne dass dadurch zusätzliche Risiken entstehen;

c) erforderlichenfalls bestimmte Sicherungsbewegungen auslösen oder ihre Auslösung zulassen.

Wenn das NOT-HALT-Befehlsgerät nach Auslösung eines Haltbefehls nicht mehr betätigt wird, muss dieser Befehl durch die Blockierung des NOT-HALT-Befehlsgeräts bis zu ihrer Freigabe aufrechterhalten bleiben; es darf nicht möglich sein, das Gerät zu blockieren, ohne dass dieses einen Haltbefehl auslöst; das Gerät darf nur durch eine geeignete Betätigung freigegeben werden können; durch die Freigabe darf die Maschine oder das dazugehörige Produkt nicht wieder in Gang gesetzt, sondern nur das Wiederingangsetzen ermöglicht werden.

Die NOT-HALT-Funktion muss unabhängig von der Betriebsart jederzeit verfügbar und betriebsbereit sein.

NOT-HALT-Befehlsgeräte müssen andere Schutzmaßnahmen ergänzen, aber dürfen nicht an deren Stelle treten.

1.2.4.4 Gesamtheit von Maschinen oder dazugehörigen Produkten

Sind Maschinen oder dazugehörige Produkte oder Teile einer Maschine oder eines dazugehörigen Produkts dazu bestimmt zusammenzuwirken, so müssen sie so konstruiert und gebaut sein, dass die Einrichtungen zum Stillsetzen, einschließlich der NOT-HALT-Befehlsgeräte, nicht nur die Maschine oder das dazugehörige Produkt selbst stillsetzen können, sondern auch alle damit verbundenen Einrichtungen, wenn von deren weiterem Betrieb eine Gefahr ausgehen kann.

1.2.5 Wahl der Steuerungs- oder Betriebsarten

Die gewählte Steuerungs- oder Betriebsart muss allen anderen Steuerungs- und Betriebsfunktionen außer dem NOT-HALT übergeordnet sein.

Ist die Maschine oder das dazugehörige Produkt so konstruiert und gebaut, dass mehrere Steuerungs- oder Betriebsarten mit unterschiedlichen Schutzmaßnahmen und/oder Arbeitsverfahren möglich sind, so muss es mit einem in jeder Stellung abschließbaren Steuerungs- und Betriebsartenwahlschalter ausgestattet sein. Jede Stellung des Wahlschalters muss deutlich erkennbar sein und darf nur einer Steuerungs- oder Betriebsart entsprechen.

Der Wahlschalter kann durch andere Wahleinrichtungen ersetzt werden, durch die die Nutzung bestimmter Funktionen der Maschine oder des dazugehörigen Produkts auf bestimmte Kreise von Bedienern beschränkt werden kann.

Ist für bestimmte Arbeiten ein Betrieb der Maschine oder des dazugehörigen Produkts bei geöffneter oder abgenommener trennender Schutzeinrichtung und/oder ausgeschalteter nichttrennender Schutzeinrichtung erforderlich, so sind der entsprechenden Stellung des Steuerungs- und Betriebsartenwahlschalters gleichzeitig folgende Steuerungsvorgaben zuzuordnen:

a) Alle anderen Steuerungs- oder Betriebsarten sind nicht möglich;
b) der Betrieb gefährlicher Funktionen ist nur möglich, solange die entsprechenden Befehlseinrichtungen betätigt werden;

c) der Betrieb gefährlicher Funktionen ist nur unter geringeren Risikobedingungen möglich, und Gefährdungen, die sich aus Befehlsverkettungen ergeben, werden ausgeschaltet;
d) der Betrieb gefährlicher Funktionen durch absichtliche oder unabsichtliche Einwirkung auf die Sensoren der Maschine oder des dazugehörigen Produkts ist nicht möglich.

Können diese vier Voraussetzungen nicht gleichzeitig erfüllt werden, so muss der Steuerungs- oder Betriebsartenwahlschalter andere Schutzmaßnahmen auslösen, die so angelegt und beschaffen sind, dass ein sicherer Arbeitsbereich gewährleistet ist.

Vom Betätigungsplatz des Wahlschalters aus müssen sich die jeweils betriebenen Maschinenteile steuern lassen.

1.2.6 Störung der Energieversorgung oder der Kommunikationsnetzverbindung

Ein Ausfall, eine Wiederherstellung nach einem Ausfall oder eine Änderung der Energieversorgung der Maschine oder des dazugehörigen Produkts oder ihrer bzw. seiner Kommunikationsnetzverbindung darf nicht zu gefährlichen Situationen führen.

Insbesondere ist Folgendes zu beachten:

a) Die Maschine oder das dazugehörige Produkt darf nicht unbeabsichtigt in Gang gesetzt werden können;
b) die Parameter der Maschine dürfen sich nicht unkontrolliert ändern können, wenn eine derartige unkontrollierte Änderung zu Gefährdungssituationen führen kann;
c) das Stillsetzen der Maschine oder des dazugehörigen Produkts darf nicht verhindert werden können, wenn der Befehl zum Stillsetzen bereits erteilt wurde;
d) ein bewegliches Teil der Maschine oder des dazugehörigen Produkts oder ein von der Maschine oder dem dazugehörigen Produkt gehaltenes Werkstück darf nicht herabfallen oder herausgeschleudert werden können;
e) automatisches oder manuelles Stillsetzen von beweglichen Teilen jeglicher Art darf nicht verhindert werden;
f) nichttrennende Schutzeinrichtungen müssen uneingeschränkt funktionsfähig bleiben oder aber einen Befehl zum Stillsetzen auslösen.

1.3 Schutzmaßnahmen gegen mechanische Gefährdungen

1.3.1 Risiko des Verlusts der Standsicherheit

Die Maschine oder das dazugehörige Produkt, ihre bzw. seine Bestandteile und Ausrüstungsteile müssen ausreichend standsicher sein, um ein Umstürzen oder Herabfallen oder eine unkontrollierte Lageveränderung beim Transport, der Montage und der Demontage sowie jeder anderen Betätigung an der Maschine oder dem dazugehörigen Produkt zu vermeiden.

Kann aufgrund der Form oder der vorgesehenen Installation der Maschine oder des dazugehörigen Produkts keine ausreichende Standsicherheit gewährleistet werden, müssen geeignete Befestigungsmittel vorgesehen und in der Betriebsanleitung angegeben werden.

1.3.2 Bruchrisiko beim Betrieb

Die verschiedenen Teile von Maschinen oder dazugehörigen Produkten und ihre Verbindungen untereinander müssen den bei der Verwendung der Maschine oder des dazugehörigen Produkts auftretenden Belastungen standhalten.

Die verwendeten Materialien müssen — entsprechend der vom Hersteller vorgesehenen Arbeitsumgebung — eine geeignete Festigkeit und Beständigkeit insbesondere in Bezug auf Ermüdung, Alterung, Korrosion und Verschleiß aufweisen.

In der Betriebsanleitung ist anzugeben, welche Inspektionen und Wartungsarbeiten in welchen Abständen aus Sicherheitsgründen durchzuführen sind. Erforderlichenfalls ist anzugeben, welche Teile dem Verschleiß unterliegen und nach welchen Kriterien sie auszutauschen sind.

Wenn trotz der ergriffenen Maßnahmen das Risiko des Berstens oder des Bruchs von Teilen weiter besteht, müssen die betreffenden Teile so montiert, angeordnet oder gesichert sein, dass Bruchstücke zurückgehalten werden und keine Gefährdungssituationen entstehen.

Starre oder elastische Leitungen, die Fluide — insbesondere unter hohem Druck — führen, müssen den vorgesehenen inneren und äußeren Belastungen standhalten; sie müssen sicher befestigt oder geschützt sein, sodass ein Bruch kein Risiko darstellt.

Bei automatischer Zuführung des Werkstücks zum Werkzeug müssen folgende Bedingungen erfüllt sein, um Risiken für Personen zu vermeiden:

a) Bei Berührung zwischen Werkzeug und Werkstück muss das Werkzeug seine normalen Arbeitsbedingungen erreicht haben.
b) Wird das Werkzeug (absichtlich oder unabsichtlich) in Bewegung gesetzt und/oder angehalten, so müssen Zuführbewegung und Werkzeugbewegung aufeinander abgestimmt sein.

1.3.3 Risiken durch herabfallende oder herausgeschleuderte Gegenstände

Es sind Vorkehrungen zu treffen, um das Herabfallen oder das Herausschleudern von Gegenständen zu vermeiden, von denen ein Risiko ausgehen kann.

1.3.4 Risiken durch Oberflächen, Kanten und Ecken

Zugängliche Teile der Maschine oder eines dazugehörigen Produkts dürfen, soweit ihre Funktion es zulässt, keine scharfen Ecken und Kanten und keine rauen Oberflächen aufweisen, die zu Verletzungen führen können.

1.3.5 Risiken durch mehrfach kombinierte Maschinen oder dazugehörige Produkte

Kann die Maschine oder das dazugehörige Produkt mehrere unterschiedliche Arbeitsgänge ausführen, wobei zwischen den einzelnen Arbeitsgängen das Werkstück von Hand entnommen wird (mehrfach kombinierte Maschinen oder dazugehörige Produkte), so muss die Maschine oder das dazugehörige Produkt so konstruiert und gebaut sein, dass jedes Teilsystem auch einzeln betrieben werden kann, ohne dass die übrigen Teilsysteme für gefährdete Personen ein Risiko darstellen.

Dazu muss jedes Teilsystem, sofern es nicht gesichert ist, einzeln in Gang gesetzt und stillgesetzt werden können.

1.3.6 Risiken durch Änderung der Verwendungsbedingungen

Können mit Maschinen oder dazugehörigen Produkten Arbeiten in verschiedenen Verwendungsbedingungen ausgeführt werden, so müssen sie so konstruiert und gebaut sein, dass diese Verwendungsbedingungen gefahrlos und zuverlässig gewählt und eingestellt werden können.

1.3.7 Risiken durch bewegliche Teile

Die beweglichen Teile der Maschine oder des dazugehörigen Produkts müssen so konstruiert und gebaut sein, dass Unfallrisiken durch Berührung dieser Teile verhindert sind; falls Risiken dennoch bestehen, müssen die beweglichen Teile mit trennenden oder nichttrennenden Schutzeinrichtungen ausgestattet sein.

Es müssen alle erforderlichen Vorkehrungen getroffen werden, um ein ungewolltes Blockieren der beweglichen Teile zu verhindern. Kann es trotz dieser Vorkehrungen zu einer Blockierung kommen, so müssen gegebenenfalls die erforderlichen speziellen Schutzeinrichtungen und das erforderliche Spezialwerkzeug mitgeliefert werden, damit sich die Blockierung gefahrlos lösen lässt.

Auf die speziellen Schutzeinrichtungen und deren Verwendung ist in der Betriebsanleitung und nach Möglichkeit auf der Maschine oder dem dazugehörigen Produkt selbst hinzuweisen.

Bei der Vermeidung von Kontaktrisiken, die zu Gefährdungssituationen führen und der möglichen psychologischen Belastung, die durch die Interaktion mit der Maschine verursacht werden kann, ist folgenden Aspekten Rechnung zu tragen:

a) Koexistenz zwischen Mensch und Maschine in einem gemeinsamen Raum ohne direkte Zusammenarbeit;
b) Mensch-Maschine-Interaktion

1.3.8 Wahl der Schutzeinrichtungen gegen Risiken durch bewegliche Teile

Die für den Schutz gegen Risiken durch bewegliche Teile verwendeten Schutzeinrichtungen sind entsprechend der jeweiligen Risikoart zu wählen. Die Wahl ist unter Beachtung der nachstehenden Leitlinien zu treffen.

1.3.8.1 Bewegliche Teile der Kraftübertragung

Zum Schutz von Personen gegen Gefährdungen durch bewegliche Teile der Kraftübertragung sind zu verwenden:

a) feststehende trennende Schutzeinrichtungen gemäß Abschnitt 1.4.2.1 oder
b) bewegliche trennende Schutzeinrichtungen mit Verriegelung gemäß Abschnitt 1.4.2.2.

Bewegliche trennende Schutzeinrichtungen mit Verriegelung sind zu wählen, wenn häufige Eingriffe vorgesehen sind.

1.3.8.2 Bewegliche Teile, die am Arbeitsprozess beteiligt sind

Zum Schutz von Personen gegen Gefährdungen durch bewegliche Teile, die am Arbeitsprozess beteiligt sind, sind zu verwenden:

a) feststehende trennende Schutzeinrichtungen gemäß Abschnitt 1.4.2.1 oder
b) bewegliche trennende Schutzeinrichtungen mit Verriegelung gemäß Abschnitt 1.4.2.2 oder
c) nichttrennende Schutzeinrichtungen gemäß Abschnitt 1.4.3 oder
d) eine Kombination dieser Lösungen.

Können jedoch bestimmte direkt am Arbeitsprozess beteiligte bewegliche Teile während ihres Betriebes aufgrund von Arbeiten, die das Eingreifen des Bedieners erfordern, nicht vollständig unzugänglich gemacht werden, so müssen diese Teile versehen sein mit

a) feststehenden trennenden Schutzeinrichtungen oder beweglichen trennenden Schutzeinrichtungen mit Verriegelung, die die für den Arbeitsgang nicht benutzten Teile unzugänglich machen, und
b) verstellbaren trennenden Schutzeinrichtungen gemäß Abschnitt 1.4.2.3, die den Zugang zu den beweglichen Teilen auf die Abschnitte beschränken, zu denen ein Zugang erforderlich ist.

1.3.9 Risiko unkontrollierter Bewegungen

Es muss verhindert werden, dass sich aus gleich welcher Ursache ein stillgesetztes Teil der Maschine oder des dazugehörigen Produkts ohne Betätigung der Stellteile aus seiner Ruhestellung bewegt, oder diese Bewegung darf kein Risiko darstellen.

1.3 Anforderungen an Schutzeinrichtungen

1.4.1 Allgemeine Anforderungen

Trennende und nichttrennende Schutzeinrichtungen

a) müssen stabil gebaut sein,
b) müssen sicher in Position gehalten werden,
c) dürfen keine zusätzlichen Gefährdungen verursachen,
d) dürfen nicht auf einfache Weise umgangen oder unwirksam gemacht werden können,
e) müssen ausreichend Abstand zum Gefahrenbereich haben,
f) dürfen die Beobachtung des Arbeitsvorgangs nicht mehr als unvermeidbar einschränken und
g) müssen die für das Einsetzen und/oder den Wechsel der Werkzeuge und zu Wartungszwecken erforderlichen Eingriffe möglichst ohne Abnahme oder Außerbetriebnahme der Schutzeinrichtungen zulassen, wobei der Zugang ausschließlich auf den für die Arbeit notwendigen Bereich beschränkt sein muss.

Ferner müssen trennende Schutzeinrichtungen nach Möglichkeit vor einem Herausschleudern oder Herabfallen von Werkstoffen und Gegenständen sowie vor den von der Maschine oder dem dazugehörigen Produkt verursachten Emissionen schützen.

1.4.2 Besondere Anforderungen an trennende Schutzeinrichtungen

1.4.2.1 Feststehende trennende Schutzeinrichtungen

Die Befestigungen feststehender trennender Schutzeinrichtungen dürfen sich nur mit Werkzeugen lösen oder abnehmen lassen.

Die Befestigungsmittel müssen nach dem Abnehmen der Schutzeinrichtungen mit den Schutzeinrichtungen oder mit der Maschine oder dem dazugehörigen Produkt verbunden bleiben.

Soweit möglich dürfen trennende Schutzeinrichtungen nach Lösen der Befestigungsmittel nicht in der Schutzstellung verbleiben.

1.4.2.2 Bewegliche trennende Schutzeinrichtungen mit Verriegelung

Bewegliche trennendeSchutzeinrichtungen mit Verriegelung müssen

a) soweit möglich, mit der Maschine oder dem dazugehörigen Produkt verbunden bleiben, wenn sie geöffnet sind,
b) so konstruiert und gebaut sein, dass sie nur durch eine absichtliche Handlung eingestellt werden können.

Bewegliche trennende Schutzeinrichtungen mit Verriegelung müssen mit einer Verriegelungseinrichtung verbunden sein,

a) die das Ingangsetzen der gefährlichen Funktionen der Maschine oder des dazugehörigen Produkts verhindert, bis diese Schutzeinrichtungen geschlossen sind, und
b) die einen Befehl zum Stillsetzen auslöst, wenn diese Schutzeinrichtungen nicht mehr geschlossen sind.

Besteht die Möglichkeit, dass ein Bediener den Gefahrenbereich erreicht, bevor die durch die gefährlichen Funktionen der Maschine oder des dazugehörigen Produkts verursachten Risiken nicht mehr bestehen, so müssen bewegliche trennende Schutzeinrichtungen zusätzlich zu der Verriegelungseinrichtung mit einer Zuhaltung ausgerüstet sein,

a) die das Ingangsetzen der gefährlichen Funktionen der Maschine oder des dazugehörigen Produkts verhindert, bis die Schutzeinrichtung geschlossen und zugehalten ist, und
b) die die Schutzeinrichtung in geschlossener und zugehaltener Stellung hält, bis das Risiko von Verletzungen aufgrund gefährlicher Funktionen der Maschine oder des dazugehörigen Produkts nicht mehr besteht.

Bewegliche trennende Schutzeinrichtungen mit Verriegelung müssen so konstruiert sein, dass bei Fehlen oder Störung einer ihrer Bestandteile das Ingangsetzen gefährlicher Funktionen der Maschine oder des dazugehörigen Produkts verhindert wird oder diese stillgesetzt werden.

1.4.2.3 Zugangsbeschränkende verstellbare trennende Schutzeinrichtungen

Verstellbare trennende Schutzeinrichtungen, die den Zugang auf die für die Arbeit unbedingt notwendigen beweglichen Teile beschränken, müssen

a) je nach Art der Arbeit manuell oder automatisch verstellbar sein und
b) leicht und ohne Werkzeug verstellt werden können.

1.4.3 Besondere Anforderungen an nichttrennende Schutzeinrichtungen

Nichttrennende Schutzeinrichtungen müssen so konstruiert und in die Steuerung integriert sein, dass

a) die beweglichen Teile nicht in Gang gesetzt werden können, solange sie vom Bediener erreicht werden können,
b) Personen die beweglichen Teile nicht erreichen können, solange diese Teile in Bewegung sind, und
c) bei Fehlen oder Störung eines ihrer Bestandteile das Ingangsetzen der beweglichen Teile verhindert wird oder die beweglichen Teile stillgesetzt werden.

Ihre Einstellung darf nur durch eine absichtliche Handlung möglich sein.

1.5 Risiken durch sonstige Gefährdungen

1.5.1 Elektrische Energieversorgung

Mit elektrischer Energie versorgte Maschinen oder dazugehörige Produkte müssen so konstruiert, gebaut und ausgerüstet sein, dass alle von Elektrizität ausgehenden Gefährdungen vermieden werden oder vermieden werden können.

Die Schutzziele der Richtlinie 2014/35/EU gelten für Maschinen oder dazugehörige Produkte. In Bezug auf die Gefährdungen, die von elektrischem Strom ausgehen, werden die Verpflichtungen betreffend die Konformitätsbewertung und das Inverkehrbringen oder die Inbetriebnahme von Maschinen oder dazugehörigen Produkten jedoch ausschließlich durch die vorliegende Verordnung geregelt.

1.5.2 Statische Elektrizität

Maschinen oder dazugehörige Produkte müssen so konstruiert und gebaut sein, dass eine möglicherweise gefährliche elektrostatische Aufladung vermieden oder begrenzt wird, und/oder mit Einrichtungen zum Ableiten solcher Ladungen ausgestattet sein.

1.5.3 Nichtelektrische Energieversorgung

Mit einer nichtelektrischen Energiequelle betriebene Maschinen oder dazugehörige Produkte müssen so konstruiert, gebaut und ausgerüstet sein, dass alle von dieser Energiequelle ausgehenden potenziellen Risiken vermieden werden.

1.5.4 Montagefehler

Fehler bei der Montage oder erneuten Montage bestimmter Teile, die ein Risiko verursachen könnten, müssen durch die Konstruktion und Bauart dieser Teile unmöglich gemacht oder andernfalls durch Hinweise auf den Teilen selbst oder auf ihrem Gehäuse verhindert werden. Die gleichen Hinweise müssen auf beweglichen Teilen oder auf ihrem Gehäuse angebracht sein, wenn die Kenntnis von der Bewegungsrichtung für die Vermeidung eines Risikos notwendig ist.

Erforderlichenfalls sind in der Betriebsanleitung zusätzliche Angaben zu diesen Risiken zu machen.

Kann ein fehlerhafter Anschluss ein Risiko verursachen, so muss dies durch die Bauart der Anschlussteile unmöglich gemacht oder andernfalls durch Hinweise auf zu verbindenden Teilen und gegebenenfalls auf den Verbindungsmitteln unmöglich gemacht werden.

1.5.5 Extreme Temperaturen

Jedes Risiko einer Verletzung durch Berührung von heißen oder sehr kalten Teilen von Maschinen oder dazugehörigen Produkten oder Materialien oder durch Aufenthalt in ihrer Nähe muss durch geeignete Vorkehrungen ausgeschlossen werden.

Es sind die notwendigen Vorkehrungen zur Vermeidung von Spritzern von heißen oder sehr kalten Materialien oder zum Schutz vor derartigen Spritzern zu treffen.

1.5.6 Brand

Maschinen bzw. dazugehörige Produkte müssen so konstruiert und gebaut sein, dass jedes Brand- und Überhitzungsrisiko vermieden wird, das von der Maschine oder dem dazugehörigen Produkt selbst oder von Gasen, Flüssigkeiten, Stäuben, Dämpfen und anderen von der Maschine oder dem dazugehörigen Produkt freigesetzten oder verwendeten Stoffen ausgeht.

1.5.7 Explosion

Maschinen bzw. dazugehörige Produkte müssen so konstruiert und gebaut sein, dass jedes Explosionsrisiko vermieden wird, das von der Maschine oder dem dazugehörigen Produkt selbst oder von Gasen, Flüssigkeiten, Stäuben, Dämpfen und anderen von der Maschine oder dem dazugehörigen Produkt freigesetzten oder verwendeten Stoffen ausgeht.

Hinsichtlich des Explosionsrisikos, das sich aus dem Einsatz der Maschine oder des dazugehörigen Produkts in einer explosionsgefährdeten Umgebung ergibt, muss die Maschine oder das dazugehörige Produkt den hierfür geltenden spezifischen Harmonisierungsrechtsvorschriften der Union entsprechen.

1.5.8 Lärm

Maschinen bzw. dazugehörige Produkte müssen so konstruiert und gebaut sein, dass Risiken durch Luftschallemission insbesondere an der Quelle so weit gemindert werden, wie es nach dem Stand des technischen Fortschritts und mit den zur Lärmminderung verfügbaren Mitteln möglich ist.

Der Schallemissionspegel kann durch Bezugnahme auf Vergleichsemissionsdaten für ähnliche Maschinen oder dazugehörige Produkte bewertet werden.

1.5.9 Vibrationen

Maschinen bzw. dazugehörige Produkte müssen so konstruiert und gebaut sein, dass Risiken durch Vibrationen der Maschine oder des dazugehörigen Produkts insbesondere an der Quelle so weit gemindert werden, wie es nach dem Stand des technischen Fortschritts und mit den zur Verringerung von Vibrationen verfügbaren Mitteln möglich ist.

Der Vibrationspegel kann durch Bezugnahme auf Vergleichsemissionsdaten für ähnliche Maschinen oder dazugehörige Produkte bewertet werden.

1.5.10 Strahlung

Unerwünschte Strahlungsemissionen einer Maschine oder eines dazugehörigen Produktes müssen ausgeschlossen oder so weit verringert werden, dass sie keine schädlichen Auswirkungen für den Menschen haben.

Alle funktionsbedingten Emissionen von ionisierender Strahlung sind auf das niedrigste Niveau zu begrenzen, das für das ordnungsgemäße Funktionieren der Maschine oder des dazugehörigen Produkts während des Einrichtens, des Betriebs und der Reinigung erforderlich ist. Besteht ein Risiko, so sind die notwendigen Schutzmaßnahmen zu ergreifen.

Alle funktionsbedingten Emissionen von nicht ionisierender Strahlung während der Einstellung, des Betriebs oder der Reinigung müssen so weit begrenzt werden, dass sie keine schädlichen Auswirkungen für den Menschen haben.

1.5.11 Strahlung von außen

Maschinen bzw. dazugehörige Produkte müssen so konstruiert und gebaut sein, dass ihre Funktion durch Strahlung von außen nicht beeinträchtigt wird.

1.5.12. Laserstrahlung

Bei Verwendung von Lasereinrichtungen ist Folgendes zu beachten:

a) Lasereinrichtungen an Maschinen oder dazugehörigen Produkten müssen so konstruiert und gebaut sein, dass sie keine unbeabsichtigte Strahlung abgeben können.
b) Lasereinrichtungen an Maschinen oder dazugehörigen Produkten müssen so abgeschirmt sein, dass weder durch die Nutzstrahlung noch durch reflektierte oder gestreute Strahlung noch durch Sekundärstrahlung Gesundheitsschäden verursacht werden.
c) Optische Einrichtungen zur Beobachtung oder Einstellung von Lasereinrichtungen an Maschinen oder dazugehörigen Produkten müssen so beschaffen sein, dass durch die Laserstrahlung kein Gesundheitsrisiko verursacht wird.

1.5.13 Emission gefährlicher Werkstoffe und Substanzen

Maschinen bzw. dazugehörige Produkte müssen so konstruiert und gebaut sein, dass das Risiko des Einatmens oder Verschluckens, des Kontaktes mit Haut, Augen und Schleimhäuten sowie des Eindringens von gefährlichen Werkstoffen und von der Maschine oder dazugehörigen Produkten erzeugten Substanzen durch die Haut vermieden werden kann.

Kann eine Gefährdung nicht beseitigt werden, so muss die Maschine oder das dazugehörige Produkt so ausgerüstet sein, dass gefährliche Werkstoffe und Substanzen zurückgehalten, aufgefangen, abgeführt, durch Sprühwasser ausgefällt, gefiltert oder durch ein anderes ebenso wirksames Verfahren behandelt werden können.

Ist die Maschine oder das dazugehörige Produkt im Normalbetrieb nicht vollkommen geschlossen, so sind die Einrichtungen zum Zurückhalten, Auffangen, Filtern oder Abtrennen und Abführen so anzuordnen, dass sie die größtmögliche Wirkung entfalten.

1.5.14 Risiko, in einer Maschine eingeschlossen zu werden

Maschinen bzw. dazugehörige Produkte müssen so konstruiert, gebaut oder ausgerüstet sein, dass eine Person nicht in ihr eingeschlossen wird oder, falls das nicht möglich ist, dass eine eingeschlossene Person Hilfe herbeirufen kann.

1.5.15 Ausrutsch-, Stolper- und Sturzrisiko

Die Teile der Maschine oder des dazugehörigen Produkts, auf denen Personen sich eventuell bewegen oder aufhalten müssen, müssen so konstruiert und gebaut sein, dass ein Ausrutschen, Stolpern oder ein Sturz auf oder von diesen Teilen vermieden wird.

Diese Teile müssen erforderlichenfalls mit Haltevorrichtungen ausgestattet sein, die nutzerbezogen angebracht sind und dem Verwender einen sicheren Halt ermöglichen.

1.5.16 Blitzschlag

Maschinen bzw. dazugehörige Produkte, die während ihrer Verwendung vor der Auswirkung von Blitzschlag geschützt werden müssen, sind mit einem Erdungssystem zur Ableitung der betreffenden elektrischen Ladung auszustatten.

1.6 Wartung

1.6.1 Wartung einer Maschine oder eines dazugehörigen Produkts

Die Einrichtungs- und Wartungsstellen müssen außerhalb der Gefahrenbereiche liegen. Die Einrichtungs-, Wartungs-, Reparatur-, Reinigungs- und Instandhaltungsarbeiten müssen bei stillgesetzter Maschine oder stillgesetztem dazugehörigem Produkt durchgeführt werden können.

Kann mindestens eine der vorgenannten Bedingungen aus technischen Gründen nicht erfüllt werden, so sind die erforderlichen Maßnahmen zu ergreifen, damit diese Arbeiten sicher ausgeführt werden können (siehe Abschnitt 1.2.5).

Bei automatischen Maschinen und gegebenenfalls bei anderen Maschinen und dazugehörigen Produkten ist eine Schnittstelle zum Anschluss einer Fehlerdiagnoseeinrichtung vorzusehen.

Teile von automatischen Maschinen oder dazugehörigen Produkten, die häufig ausgewechselt werden müssen, sind für einfache und gefahrlose Montage und Demontage auszulegen. Der Zugang zu diesen Teilen ist so zu gestalten, dass diese Arbeiten mit den notwendigen technischen Hilfsmitteln nach einem festgelegten Verfahren durchgeführt werden können.

1.6.2 Zugang zu den Bedienungsständen und den Eingriffspunkten für die Instandhaltung

Maschinen oder dazugehörige Produkte müssen so konstruiert und gebaut sein, dass alle Stellen, die für den Betrieb, das Einrichten, die Wartung und die Reinigung der Maschine oder des dazugehörigen Produkts zugänglich sein müssen, gefahrlos erreicht werden können.

Bei Maschinen oder dazugehörigen Produkten, in die Personen zum Betrieb, zum Einrichten, zur Wartung oder zur Reinigung einsteigen müssen, sind die Zugänge für den Einsatz von Rettungsausrüstung so zu dimensionieren und anzupassen, dass eine Notfallrettung der Personen möglich ist.

1.6.3 Trennung von den Energiequellen

Maschinen und dazugehörige Produkte müssen mit Einrichtungen ausgestattet sein, mit denen sie von jeder einzelnen Energiequelle getrennt werden können. Diese Einrichtungen sind klar zu kennzeichnen. Sie müssen abschließbar sein, falls eine Wiedereinschaltung eine Gefahr für Personen verursachen kann. Die Trenneinrichtung muss auch abschließbar sein, wenn ein Bediener die permanente Unterbrechung der Energiezufuhr nicht von jeder Zugangsstelle aus überwachen kann.

Bei elektrisch betriebenen Maschinen oder dazugehörigen Produkten, die über eine Steckverbindung angeschlossen sind, genügt die Trennung der Steckverbindung, falls der Bediener die permanente Trennung der Steckverbindung von jeder Zugangsstelle aus überwachen kann.

Die Restenergie oder die gespeicherte Energie, die nach der Unterbrechung der Energiezufuhr noch vorhanden sein kann, muss ohne Risiko für Personen abgeleitet werden können.

Abweichend von den vorstehenden Anforderungen ist es zulässig, dass bestimmte Kreise nicht von ihrer Energiequelle getrennt werden, z. B. um Teile in ihrer Position zu halten, um Daten zu sichern oder um die Beleuchtung innen liegender Teile zu ermöglichen. In diesem Fall müssen besondere Vorkehrungen getroffen werden, um die Sicherheit des Bedieners zu gewährleisten.

1.6.4 Eingriffe der Bediener

Die Maschine und das dazugehörige Produkt müssen so konstruiert, gebaut und ausgerüstet sein, dass sich möglichst wenig Anlässe für ein Eingreifen der Bediener ergeben. Kann ein Eingreifen der Bediener nicht vermieden werden, so muss es leicht und sicher auszuführen sein.

1.6.5 Reinigung innen liegender Teile

Die Maschine oder das dazugehörige Produkt muss so konstruiert und gebaut sein, dass die Reinigung innen liegender Teile, die gefährliche Stoffe oder Gemischen enthalten haben, möglich ist, ohne dass ein Einsteigen in die Maschine oder das dazugehörige Produkt erforderlich ist; ebenso müssen diese Stoffe und Zubereitungen, falls erforderlich, von außen abgelassen werden können. Lässt sich das Einsteigen in die Maschine oder das dazugehörige Produkt nicht vermeiden, so muss diese bzw. dieses so konstruiert und gebaut sein, dass eine gefahrlose Reinigung möglich ist.

1.7 Informationen

1.7.1 Informationen und Warnhinweise an der Maschine und dem dazugehörigen Produkt

Informationen und Warnhinweise an der Maschine und dem dazugehörigen Produkt werden vorzugsweise in Form leicht verständlicher Symbole oder Piktogramme gegeben.

Alle schriftlichen oder mündlichen Informationen und Warnhinweise werden in einer Sprache abgefasst, die von den Nutzern leicht verstanden werden kann, wie vom jeweiligen Mitgliedstaat festgelegt.

1.7.1.1 Informationen und Informationseinrichtungen

Die für die Bedienung einer Maschine oder eines dazugehörigen Produkts erforderlichen Informationen müssen eindeutig und leicht verständlich sein. Dabei ist darauf zu achten, dass die Bediener nicht mit Informationen überlastet werden.

Optische Anzeigeeinrichtungen oder andere interaktive Mittel für die Kommunikation zwischen dem Bediener und der Maschine oder dem dazugehörigen Produkt müssen leicht zu verstehen sein und leicht zu benutzen sein.

1.7.1.2 Warneinrichtungen

Wenn Sicherheit und Gesundheit von Personen durch Funktionsstörungen einer Maschine oder eines dazugehörigen Produkts, deren oder dessen Betrieb nicht überwacht wird, gefährdet werden können, muss die Maschine oder das dazugehörige Produkt mit einer entsprechenden akustischen oder optischen Warnvorrichtung versehen sein.

Ist die Maschine oder das dazugehörige Produkt mit Warneinrichtungen ausgestattet, so müssen deren Signale eindeutig zu verstehen und leicht wahrnehmbar sein. Der Bediener muss über Möglichkeiten verfügen, die ständige Funktionsbereitschaft dieser Warneinrichtungen zu überprüfen.

Die Vorschriften der spezifischen Rechtsakte der Union über Sicherheitsfarben und -zeichen sind anzuwenden.

1.7.2 Warnung vor Restrisiken

Bestehen trotz der Maßnahmen zur Integration der Sicherheit bei der Konstruktion, trotz der Sicherheitsvorkehrungen und trotz der ergänzenden Schutzmaßnahmen weiterhin Risiken, so sind die erforderlichen Warnhinweise, einschließlich Warneinrichtungen, vorzusehen.

1.7.3 Kennzeichnung von Maschinen und dazugehörigen Produkten

Zusätzlich zu den Kennzeichnungspflichten gemäß den Artikeln 10 und 24 müssen Maschinen und dazugehörige Produkte erkennbar, deutlich lesbar und dauerhaft gekennzeichnet sein.

Maschinen oder dazugehörige Produkte, die in den Anwendungsbereich der Kapitel 2 bis 6 dieses Anhangs fallen, müssen außerdem nach Maßgabe der in diesen Kapiteln festgelegten zusätzlichen Anforderungen gekennzeichnet sein.

Ist die Maschine oder das dazugehörige Produkt für den Einsatz in explosionsgefährdeter Umgebung konstruiert und gebaut, muss sie bzw. es einen entsprechenden Hinweis tragen.

Je nach Beschaffenheit müssen auf der Maschine und dem dazugehörigen Produkt ebenfalls alle für die Sicherheit bei ihrer Verwendung wesentlichen Hinweise angebracht sein. Diese Hinweise unterliegen den Anforderungen des Abschnitts 1.7.1.

Muss ein Teil der Maschine oder des dazugehörigen Produkts während der Benutzung mit Hebezeugen gehandhabt werden, so ist sein Gewicht leserlich, dauerhaft und eindeutig anzugeben.

1.7.4 Betriebsanleitung

Zusätzlich zu den in Artikel 10 Absatz 7 aufgeführten Verpflichtungen wird die Betriebsanleitung wie untenstehend dargelegt erstellt.

Abweichend von Artikel 10 Absatz 7 kann die Wartungsanleitung, die zur Verwendung durch vom Hersteller oder von seinem Bevollmächtigten beauftragtes Fachpersonal bestimmt ist, in nur einer Amtssprache der Union abgefasst werden, die von diesem Fachpersonal verstanden wird.

1.7.4.1 Allgemeine Grundsätze für die Abfassung der Betriebsanleitung

a) Der Inhalt der Betriebsanleitung muss nicht nur die bestimmungsgemäße Verwendung der betreffenden Maschine oder des betreffenden dazugehörigen Produkts berücksichtigen, sondern auch jede vernünftigerweise vorhersehbare Fehlanwendung der Maschine oder des dazugehörigen Produkts.

b) Bei der Abfassung und Gestaltung der Betriebsanleitung für Maschinen oder dazugehörige Produkte, die zur Verwendung durch Verbraucher bestimmt sind, muss dem allgemeinen Wissensstand und der Verständnisfähigkeit Rechnung getragen werden, die vernünftigerweise von solchen Bedienern erwartet werden können.

1.7.4.2 Inhalt der Betriebsanleitung

1. Betriebsanleitungen müssen erforderlichenfalls folgende Mindestangaben enthalten:
   a) Firmenname und vollständige Anschrift des Herstellers und gegebenenfalls seines Bevollmächtigten;
   b) Bezeichnung der Maschine oder des dazugehörigen Produkts entsprechend der Angabe auf der Maschine oder dem dazugehörigen Produkt selbst, ausgenommen die Seriennummer (siehe Abschnitt 1.7.3);
   c) die EU-Konformitätserklärung oder die Internetadresse oder einen maschinenlesbaren Code, unter der oder dem die EU-Konformitätserklärung nach Maßgabe von Artikel 10 Absatz 8 zugänglich ist;
   d) eine allgemeine Beschreibung der Maschine oder des dazugehörigen Produkts;
   e) die für Verwendung, Wartung und Instandsetzung der Maschine oder des dazugehörigen Produkts und zur Überprüfung ihres oder seines ordnungsgemäßen Funktionierens erforderlichen Zeichnungen, Schaltpläne, Beschreibungen und Erläuterungen;
   f) eine Beschreibung des Arbeitsplatzes bzw. der Arbeitsplätze, die voraussichtlich von den Bedienern eingenommen werden;
   g) eine Beschreibung der bestimmungsgemäßen Verwendung der Maschine oder des dazugehörigen Produkts;
   h) Warnhinweise in Bezug auf Fehlanwendungen der Maschine oder des dazugehörigen Produkts, zu denen es erfahrungsgemäß kommen kann;
   i) Anleitungen zur Montage, zum Aufbau und zum Anschluss der Maschine oder des dazugehörigen Produkts, einschließlich der Zeichnungen, Schaltpläne und der Befestigungen, sowie Angabe des Maschinengestells oder der Anlage, auf das bzw. in die die Maschine oder das dazugehörige Produkt montiert werden soll;
   j) Installations- und Montagevorschriften zur Verminderung von Lärm und Vibrationen;
   k) Hinweise zur Inbetriebnahme und zum Betrieb der Maschine oder des dazugehörigen Produkts sowie erforderlichenfalls Hinweise zur Ausbildung bzw. Einarbeitung der Bediener;
   l) (l) Angaben zu Restrisiken, die trotz der Maßnahmen zur Integration der Sicherheit bei der Konstruktion, trotz der Sicherheitsvorkehrungen und trotz der ergänzenden Schutzmaßnahmen noch verbleiben;
   m) Anleitung für die vom Nutzer zu treffenden Schutzmaßnahmen, gegebenenfalls einschließlich der bereitzustellenden persönlichen Schutzausrüstung;
   n) die wesentlichen Merkmale der Werkzeuge, die an der Maschine oder dem dazugehörigen Produkt angebracht werden können;
   o) Bedingungen, unter denen die Maschine oder das dazugehörige Produkt die Anforderungen an die Standsicherheit beim Betrieb, beim Transport, bei der Montage, bei der Demontage, wenn sie oder es außer Betrieb ist, bei Prüfungen sowie bei vorhersehbaren Störungen erfüllt;
   p) Sicherheitshinweise zum Transport, zur Handhabung und zur Lagerung, mit Angabe der Masse der Maschine oder des dazugehörigen Produkts

und ihrer oder seiner verschiedenen Bauteile, falls sie regelmäßig getrennt transportiert werden müssen;

q) bei Unfällen oder Störungen erforderliches Vorgehen; falls es zu einer Blockierung kommen kann, ist in der Betriebsanleitung anzugeben, wie zum gefahrlosen Lösen der Blockierung vorzugehen ist;

r) Beschreibung der vom Nutzer durchzuführenden Einrichtungs- und Wartungsarbeiten sowie der vorbeugenden Wartungsmaßnahmen, die unter Berücksichtigung von Konstruktion und Verwendung der Maschine oder des dazugehörigen Produkts zu treffen sind;

s) Anleitung zum sicheren Einrichten und Warten einschließlich der dabei zu treffenden Schutzmaßnahmen;

t) Spezifikationen der zu verwendenden Ersatzteile, wenn diese sich auf die Sicherheit und Gesundheit der Bediener auswirken;

u) folgende Angaben zur Luftschallemission:

   i) der A-bewertete Emissionsschalldruckpegel an den Arbeitsplätzen, sofern er 70 dB(A) übersteigt; ist dieser Pegel kleiner oder gleich 70 dB(A), so ist dies anzugeben;

   ii) der Höchstwert des momentanen C-bewerteten Emissionsschalldruckpegels an den Arbeitsplätzen, sofern er 63 Pa (130 dB bezogen auf 20 μPa) übersteigt;

   iii) der A-bewertete Schallleistungspegel der Maschine oder des dazugehörigen Produkts, wenn der A- bewertete Emissionsschalldruckpegel an den Arbeitsplätzen 80 dB(A) übersteigt.

Diese Werte müssen entweder an der betreffenden Maschine oder dem betreffenden dazugehörigen Produkt tatsächlich gemessen oder durch Messung an einer technisch vergleichbaren, für die geplante Fertigung repräsentativen Maschine oder an einem technisch vergleichbaren, für die geplante Fertigung repräsentativen dazugehörigen Produkt ermittelt worden sein.

Bei Maschinen oder dazugehörigen Produkten mit sehr großen Abmessungen können statt des A- bewerteten Schallleistungspegels die A-bewerteten Emissionsschalldruckpegel an bestimmten Stellen im Umfeld der Maschine oder des dazugehörigen Produkts angegeben werden.

Wenn harmonisierte Normen oder von der Kommission gemäß Artikel 20 Absatz 3 erlassene gemeinsame Spezifikationen nicht angewendet werden können, sind die Geräuschemissionen nach der für die Maschine oder für das dazugehörige Produkt geeignetsten Methode zu messen.

Bei jeder Angabe von Schallemissionswerten ist die für diese Werte bestehende Unsicherheit anzugeben. Die Betriebsbedingungen der Maschine oder des dazugehörigen Produkts während der Messung und die Messmethode sind zu beschreiben.

Wenn der Arbeitsplatz bzw. die Arbeitsplätze nicht festgelegt sind oder sich nicht festlegen lassen, müssen die Messungen des A-bewerteten Schalldruckpegels in einem Abstand von 1 m von der Oberfläche der Maschine oder des dazugehörigen Produkts und 1,60 m über dem Boden oder der Zugangsplattform vorgenommen werden. Der höchste Emissionsschalldruckpegel und der zugehörige Messpunkt sind anzugeben.

Bei geräuschmindernden Maschinen oder dazugehörigen Produkten muss in der Betriebsanleitung gegebenenfalls angegeben werden, wie diese Geräte, Maschinen und dazugehörigen Produkte ordnungsgemäß zusammenzubauen und einzubauen sind (siehe auch Abschnitt 1.7.4.2 Nummer 1 Buchstabe j).

Enthalten spezifische Rechtsakte der Union andere Bestimmungen zur Messung des Schalldruck- oder Schallleistungspegels, so gelten die Bestimmungen dieser Rechtsakte und nicht die entsprechenden Bestimmungen dieses Abschnitts;

v) Informationen über die erforderlichen Vorkehrungen, Geräte und Mittel für die sofortige und schonende Rettung von Personen;

w) kann die Maschine oder das dazugehörige Produkt nichtionisierende Strahlung abgeben, die Personen, insbesondere Träger aktiver oder nicht aktiver implantierbarer medizinischer Geräte, schädigen kann, so sind Angaben über die Strahlung zu machen, der die Bediener und gefährdete Personen ausgesetzt sind;

x) sind aufgrund der Bauart der Maschine oder des dazugehörigen Produkts Emissionen gefährlicher Stoffe aus der Maschine oder dem dazugehörigen Produkt möglich, die Eigenschaften der Auffang-, Filterungs- oder Ableitungseinrichtung, wenn diese nicht mit der Maschine oder dem dazugehörigen Produkt geliefert wird, und eine der folgenden Angaben:

   i) den Durchsatz der Emission gefährlicher Werkstoffe und Substanzen aus der Maschine oder dem dazugehörigen Produkt;

   ii) die Konzentration der gefährlichen Werkstoffe oder Substanzen, die aus der Maschine oder dem dazugehörigen Produkt oder aus Stoffen und Substanzen stammen, die zusammen mit der Maschine oder dem dazugehörigen Produkt verwendet werden, in der Umgebung der Maschine oder des dazugehörigen Produkts,

   iii) die Wirksamkeit der Auffang- oder Filtervorrichtung und die Bedingungen, die zu beachten sind, damit ihre Wirksamkeit im Zeitverlauf erhalten bleibt.

Die in Unterabsatz 1 genannten Werte werden entweder für die betreffende Maschine oder das betreffende dazugehörige Produkt tatsächlich gemessen oder auf der Grundlage von Messungen an einer technisch vergleichbaren Maschine oder an einem technisch vergleichbaren dazugehörigen Produkt ermittelt, die oder das für den Stand der Technik repräsentativ ist.

1.7.5 Verkaufsprospekte

Verkaufsprospekte, in denen die Maschine oder das dazugehörige Produkt beschrieben wird, dürfen in Bezug auf die Sicherheits- und Gesundheitsschutzaspekte nicht der Betriebsanleitung widersprechen. Verkaufsprospekte, in denen die Leistungsmerkmale der Maschine oder des dazugehörigen Produkts beschrieben werden, müssen die gleichen Angaben zu Emissionen enthalten wie die Betriebsanleitung.

2 ZUSÄTZLICHE GRUNDLEGENDE SICHERHEITS- UND GESUNDHEITSSCHUTZANFORDERUNGEN AN BESTIMMTE KATEGORIEN VON MASCHINEN UND DAZUGEHÖRIGEN PRODUKTEN

Maschinen und dazugehörige Produkte für Nahrungsmittel, Maschinen und dazugehörige Produkte für kosmetische oder pharmazeutische Erzeugnisse, handgehaltene oder handgeführte Maschinen oder dazugehörige Produkte, tragbare Befestigungsgeräte und andere Schussgeräte sowie Maschinen und dazugehörige Produkte zur Bearbeitung von Holz und von Werkstoffen mit ähnlichen physikalischen Eigenschaften sowie Maschinen und dazugehörige Produkte zur Ausbringung von Pflanzenschutzmitteln müssen alle in diesem Kapitel genannten grundlegenden Sicherheits- und Gesundheitsschutzanforderungen erfüllen (siehe Allgemeine Grundsätze, Nummer 4).

2.1 Nahrungsmittelmaschinen und dazugehörige Produkte und Maschinen für kosmetische oder pharmazeutische Erzeugnisse und dazugehörige Produkte

2.1.1 Allgemeines

Maschinen und dazugehörige Produkte, die für die Verwendung mit Lebensmitteln oder mit kosmetischen oder pharmazeutischen Erzeugnissen bestimmt sind, müssen so konstruiert und gebaut sein, dass das Risiko einer Infektion, Krankheit oder Ansteckung ausgeschlossen ist.

Folgende Anforderungen sind zu beachten:

a) Die Materialien, die mit Lebensmitteln oder für den menschlichen Gebrauch bestimmtem Wasser oder kosmetischen oder pharmazeutischen Erzeugnissen in Berührung kommen oder kommen können, müssen den einschlägigen Rechtsvorschriften der Union entsprechen. Die Maschine und das dazugehörige Produkt müssen so konstruiert und gebaut sein, dass diese Materialien vor jeder Benutzung gereinigt werden können; ist dies nicht möglich, sind Einwegteile zu verwenden.

b) Alle mit Lebensmitteln oder für den menschlichen Gebrauch bestimmtem Wasser oder kosmetischen oder pharmazeutischen Erzeugnissen in Berührung kommenden Flächen mit Ausnahme der Flächen von Einwegteilen müssen
   i) glatt sein und dürfen keine Erhöhungen und Vertiefungen aufweisen, an denen organische Stoffe zurückbleiben können; das Gleiche gilt für Verbindungsstellen zwischen Flächen;
   ii) so konstruiert und gebaut sein, dass Vorsprünge, Kanten und Aussparungen an Bauteilen auf ein Minimum reduziert werden;
   iii) leicht zu reinigen und zu desinfizieren sein, erforderlichenfalls nach Abnehmen leicht demontierbarer Teile; die Innenflächen müssen

Ausrundungen mit ausreichendem Radius aufweisen, damit sie vollständig gereinigt werden können.

c) Von Lebensmitteln, kosmetischen und pharmazeutischen Erzeugnissen sowie von Reinigungs-, Desinfektions- und Spülmitteln stammende Flüssigkeiten, Gase und Aerosole müssen vollständig aus der Maschine oder dem dazugehörigen Produkt abgeleitet werden können (möglichst in Reinigungsstellung).
d) Die Maschine und dazugehörige Produkte müssen so konstruiert und gebaut sein, dass in Bereiche, die nicht zur Reinigung zugänglich sind, keine Substanzen oder Lebewesen, insbesondere Insekten, eindringen können und dass sich darin keine organischen Bestandteile festsetzen können.
e) Die Maschine und dazugehörige Produkte müssen so konstruiert und gebaut sein, dass gesundheitsgefährliche Betriebsstoffe, einschließlich Schmiermittel, nicht mit den Lebensmitteln oder für den menschlichen Gebrauch bestimmtem Wasser, kosmetischen oder pharmazeutischen Erzeugnissen in Berührung kommen können; sie müssen gegebenenfalls so konstruiert und gebaut sein, dass die fortdauernde Erfüllung dieser Anforderung überprüft werden kann.

2.1.2 Betriebsanleitung

In der Betriebsanleitung für Nahrungsmittelmaschinen oder dazugehörige Produkte und für Maschinen zur Verwendung mit kosmetischen oder pharmazeutischen Erzeugnissen oder dazugehörige Produkte müssen die empfohlenen Reinigungs-, Desinfektions- und Spülmittel und -verfahren angegeben werden, und zwar nicht nur für die leicht zugänglichen Bereiche, sondern auch für Bereiche, zu denen ein Zugang unmöglich oder nicht ratsam ist.

2.2 Handgehaltene oder handgeführte tragbare Maschinen und dazugehörige Produkte

2.2.1 Allgemeines

Handgehaltene oder handgeführte tragbare Maschinen und dazugehörige Produkte müssen

a) je nach Art der Maschine oder des dazugehörigen Produkts eine ausreichend große Auflagefläche und eine ausreichende Zahl von angemessen dimensionierten Griffen und Halterungen besitzen, die so konstruiert sein müssen, dass die Stabilität der Maschine und des dazugehörigen Produkts bei bestimmungsgemäßer Verwendung gewährleistet ist;
b) falls die Griffe nicht ohne Gefahr losgelassen werden können, mit Stellteilen zum Ingangsetzen und Stillsetzen ausgestattet sein, die so angeordnet sind, dass sie ohne Loslassen der Griffe betätigt werden können; dies gilt jedoch nicht, wenn

diese Anforderung technisch nicht erfüllbar ist oder wenn ein unabhängiges Stellteil vorhanden ist;

c) so beschaffen sein, dass keine Risiken durch ungewolltes Anlaufen oder ungewolltes Weiterlaufen nach Loslassen der Griffe bestehen; ist es technisch nicht möglich, diese Anforderung zu erfüllen, so müssen gleichwertige Vorkehrungen getroffen werden;

d) es ermöglichen, dass erforderlichenfalls der Gefahrenbereich und das Bearbeiten des Materials durch das Werkzeug optisch kontrolliert werden können;

e) über eine Vorrichtung oder eine angeschlossene Absauganlage mit einem Auslass der Absauganlage oder über ein gleichwertiges System verfügen, um Emissionen gefährlicher Stoffe aufzufangen oder zu verringern; diese Anforderung gilt nicht, wenn sie eine neue Gefährdung nach sich zieht oder wenn die Hauptfunktion der Maschine oder des dazugehörigen Produkts das Ausbringen gefährlicher Stoffe ist, und für die Emissionen von Verbrennungsmotoren;

f) so konstruiert und gebaut sein, dass die Griffe der tragbaren Maschine oder des dazugehörigen Produkts ein müheloses Ingangsetzen und Stillsetzen ermöglichen.

2.2.1.1 Betriebsanleitung

Die Betriebsanleitung von handgehaltenen oder handgeführten tragbaren Maschinen und dazugehörigen Produkten muss folgende Angaben über die von ihnen ausgehenden Vibrationen, ausgedrückt als Beschleunigung (m/s2), enthalten:

a) den Schwingungsgesamtwert aus kontinuierlichen Vibrationen, denen das Hand-Arm-System ausgesetzt ist;

b) den Mittelwert der Spitzenamplitude der Beschleunigung aus wiederholten Stoßvibrationen, denen das Hand-Arm-System ausgesetzt ist;

c) die Messunsicherheiten beider Messungen.

Die in Unterabsatz 1 genannten Werte werden entweder für die betreffende Maschine oder das betreffende dazugehörige Produkt tatsächlich gemessen oder auf der Grundlage von Messungen an einer technisch vergleichbaren Maschine oder einem technisch vergleichbaren dazugehörigen Produkt ermittelt, die oder das für den Stand der Technik repräsentativ ist.

Wenn harmonisierte Normen oder von der Kommission gemäß Artikel 20 Absatz 3 erlassene gemeinsame Spezifikationen nicht angewendet werden können, sind die Vibrationsdaten nach dem für die Maschine oder für das dazugehörige Produkt geeignetsten Messverfahren zu messen.

Die Betriebsbedingungen der Maschine während der Messung und die Messmethode sind zu beschreiben oder es ist die Referenz der zugrunde liegenden harmonisierten Norm anzugeben.

2.2.2 Tragbare Befestigungsgeräte und andere Schussgeräte und dazugehörige Produkte

2.2.2.1 Allgemeines

Tragbare Befestigungsgeräte und andere Schussgeräte und dazugehörige Produkte müssen so konstruiert und gebaut sein, dass

a) die Energie über ein Zwischenglied, das im Gerät verbleibt, an das einzuschlagende Teil abgegeben wird,
b) eine Sicherungsvorrichtung eine Schlagauslösung nur zulässt, wenn die Maschine oder das dazugehörige Produkt korrekt auf dem Werkstück positioniert ist und mit ausreichender Kraft angedrückt wird,
c) eine unbeabsichtigte Schlagauslösung verhindert wird; wenn notwendig muss zur Schlagauslösung die Einhaltung einer vorgegebenen Abfolge von Handgriffen an der Sicherungsvorrichtung und am Stellteil erforderlich sein;
d) eine unbeabsichtigte Schlagauslösung bei der Handhabung oder bei Stoßeinwirkung verhindert wird,
e) ein leichtes und sicheres Laden und Entladen möglich ist.

Erforderlichenfalls muss es möglich sein, das Gerät mit einem Splitterschutz auszustatten, und die geeigneten Schutzeinrichtungen müssen vom Hersteller der Maschine oder des dazugehörigen Produkts bereitgestellt werden.

2.2.2.2 Betriebsanleitung

In der Betriebsanleitung sind Angaben zu folgenden Punkten zu machen:

a) Zubehörteile und auswechselbare Ausrüstungen, die für die Maschine oder das dazugehörige Produkt geeignet sind;
b) passende Befestigungsteile oder andere Einschlagteile, die mit der Maschine oder dem dazugehörigen Produkt verwendet werden können;
c) gegebenenfalls passende Magazine.

2.3 Maschinen und dazugehörige Produkte zur Bearbeitung von Holz und von Werkstoffen mit ähnlichen physikalischen Eigenschaften

Maschinen und dazugehörige Produkte zur Bearbeitung von Holz und von Werkstoffen mit ähnlichen physikalischen Eigenschaften müssen folgende Anforderungen erfüllen:

a) Sie müssen so konstruiert, gebaut oder ausgerüstet sein, dass das Werkstück sicher aufgelegt und geführt werden kann. Wird das Werkstück auf einem Arbeitstisch mit der Hand gehalten, muss dieser Tisch während der Arbeit ausreichend standsicher sein und darf die Bewegung des Werkstücks nicht behindern.
b) Wird die Maschine oder das dazugehörige Produkt voraussichtlich unter Bedingungen verwendet, die das Risiko eines Rückschlags von Werkstücken oder von Teilen davon mit sich bringen, so muss sie oder es so konstruiert, gebaut oder ausgerüstet sein, dass ein Rückschlag vermieden wird oder, wenn das nicht

möglich ist, der Rückschlag für den Bediener und/oder gefährdete Personen kein Risiko bewirkt.

c) Die Maschine und das dazugehörige Produkt müssen mit selbsttätigen Bremsen ausgerüstet sein, die das Werkzeug in ausreichend kurzer Zeit zum Stillstand bringen, wenn beim Auslaufen das Risiko eines Kontakts mit dem Werkzeug besteht.

d) Ist das Werkzeug in eine nicht vollautomatisch arbeitende Maschine oder ein dazugehöriges Produkt eingebaut, so ist diese Maschine oder das dazugehörige Produkt so zu konstruieren und zu bauen, dass das Risiko von Verletzungen ausgeschaltet oder verringert wird.

2.4 Maschinen und dazugehörige Produkte zur Ausbringung von Pflanzenschutzmitteln

2.4.1 Für die Zwecke von Abschnitt 2.4 gilt folgende Begriffsbestimmung:

„Maschinen oder dazugehörige Produkte zur Ausbringung von Pflanzenschutzmitteln" bezeichnet Maschinen oder dazugehörige Produkte, die speziell zur Ausbringung von Pflanzenschutzmitteln im Sinne des Artikels 2 Absatz 1 der Verordnung (EG) Nr. 1107/2009 des Europäischen Parlaments und des Rates[22] bestimmt sind.

2.4.2 Allgemeines

Der Hersteller einer Maschine oder eines dazugehörigen Produkts für die Ausbringung von Pflanzenschutzmitteln hat sicherzustellen, dass im Einklang mit dem Verfahren der Risikobeurteilung und Risikominderung gemäß den Allgemeinen Grundsätzen, Nummer 1, eine Beurteilung der Risiken einer unbeabsichtigten Exposition der Umwelt gegenüber Pflanzenschutzmitteln vorgenommen wird.

Maschinen und dazugehörige Produkte zur Ausbringung von Pestiziden sind unter Berücksichtigung der Ergebnisse der in Unterabsatz 1 genannten Risikobeurteilung so zu konstruieren und zu bauen, dass sie ohne unbeabsichtigte Exposition der Umwelt gegenüber Pflanzenschutzmitteln betrieben, eingerichtet und gewartet werden können.

Undichtigkeiten sind stets zu verhüten.

22 Verordnung (EG) Nr. 1107/2009 des Europäischen Parlaments und des Rates vom 21. Oktober 2009 über das Inverkehrbringen von Pflanzenschutzmitteln und zur Aufhebung der Richtlinien 79/117/EWG und 91/414/EWG des Rates (ABl. L 309 vom 24.11.2009, S. 1).

2.4.3 Bedienung und Überwachung

Es muss möglich sein, die Ausbringung der Pflanzenschutzmittel von den Bedienungsplätzen aus einfach und präzise zu steuern, zu überwachen und sofort abzubrechen.

2.4.4 Füllung und Entleerung

Die Maschine und das dazugehörige Produkt sind so zu konstruieren und zu bauen, dass das präzise Füllen mit der erforderlichen Menge an Pflanzenschutzmittel erleichtert und das einfache und vollständige Entleeren gewährleistet wird und dabei das Verschütten von Pflanzenschutzmitteln vermieden und die Kontamination der Entnahmestellen für Wasser verhindert wird.

2.4.5 Ausbringung von Pflanzenschutzmitteln

2.4.5.1 Ausbringungsrate

Die Maschine bzw. das dazugehörige Produkt muss mit Vorrichtungen zur einfachen, präzisen und zuverlässigen Einstellung der Ausbringungsrate ausgestattet sein.

2.4.5.2 Verteilung, Anlagerung und Abdrift von Pflanzenschutzmitteln

Die Maschine und das dazugehörige Produkt sind so zu konstruieren und zu bauen, dass sichergestellt ist, dass das Pflanzenschutzmittel auf den Zielflächen angelagert wird, unbeabsichtigte Freisetzungen auf anderen Flächen möglichst gering gehalten werden und die Abdrift von Pestiziden in die Umgebung vermieden wird. Wo dies angemessen ist, muss eine gleichmäßige Verteilung und homogene Anlagerung des Pestizids sichergestellt sein.

2.4.5.3 Prüfungen

Um festzustellen, ob die entsprechenden Teile der Maschine und des dazugehörigen Produkts die unter den Abschnitten 2.4.5.1 und 2.4.5.2 genannten Anforderungen erfüllen, hat der Hersteller für jeden Maschinentyp und für jedes dazugehörige Produkt die entsprechenden Prüfungen durchzuführen oder durchführen zu lassen.

2.4.5.4 Unbeabsichtigte Freisetzungen während und nach der Abschaltung

Die Maschine und das dazugehörige Produkt sind so zu konstruieren und zu bauen, dass unbeabsichtigte Freisetzungen von Pflanzenschutzmitteln während und nach der Abschaltung der Ausbringungsfunktion vermieden werden.

2.4.6 Wartung

2.4.6.1 Reinigung

Die Maschine und das dazugehörige Produkt sind so zu konstruieren und zu bauen, dass sie einfach und gründlich gereinigt werden können, ohne dass dabei die Umwelt kontaminiert wird.

2.4.6.2 Instandhaltung

Die Maschine und das dazugehörige Produkt sind so zu konstruieren und zu bauen, dass der Austausch verschlissener Teile ungehindert möglich ist, ohne dass dabei die Umwelt kontaminiert wird.

2.4.7 Kontrollen

Es muss möglich sein, die erforderlichen Messinstrumente einfach an die Maschine oder das dazugehörige Produkt anzuschließen, um das ordnungsgemäße Funktionieren der Maschine oder des dazugehörigen Produkts zu überprüfen.

2.4.8 Kennzeichnung von Düsen, Sieben und Filtern

Düsen, Siebe und Filter sind so zu kennzeichnen, dass ihr Typ und ihre Größe klar erkennbar sind.

2.4.9 Angabe des verwendeten Pflanzenschutzmittels

Wo dies angemessen ist, muss die Maschine oder das dazugehörige Produkt mit einer besonderen Vorrichtung versehen sein, an der der Bediener die Bezeichnung des verwendeten Pflanzenschutzmittels anbringen kann.

2.4.10 Betriebsanleitung

Die Betriebsanleitung muss folgende Angaben enthalten:

a) die Vorkehrungen, die beim Mischen, Einfüllen, Anwenden, Entleeren, Reinigen, Instandhalten und Transport zu treffen sind, um die Kontamination der Umwelt zu vermeiden;
b) ausführliche Bedingungen für die Verwendung in den verschiedenen vorgesehenen Betriebsumgebungen, einschließlich der dazugehörigen notwendigen Vorbereitung und Einstellung, durch die die Anlagerung des Pflanzenschutzmittels auf den Zielflächen bei gleichzeitiger Minimierung der unbeabsichtigten Freisetzungen auf anderen Flächen, die Verhinderung der Abdrift in die Umgebung und, wo dies angemessen ist, die gleichmäßige Verteilung und homogene Anlagerung des Pflanzenschutzmittels sichergestellt werden;
c) die Bandbreite der Typen und Größen der Düsen, Siebe und Filter, mit denen die Maschine oder das dazugehörige Produkt betrieben werden kann;
d) in Bezug auf Verschleißteile, die Auswirkungen auf den ordnungsgemäßen Betrieb der Maschine oder des dazugehörigen Produkts haben, wie Düsen, Siebe und Filter, Angaben dazu, in welchen Abständen sie zu überprüfen sind, und die Kriterien und das Verfahren für ihren Austausch;

e) Spezifikation der Kalibrierung, täglichen Wartung, Vorbereitung für das Überwintern und anderer Überprüfungen, die zur Gewährleistung des ordnungsgemäßen Funktionierens der Maschine oder des dazugehörigen Produkts erforderlich sind;
f) Arten von Pflanzenschutzmitteln, die Fehlfunktionen der Maschine oder des dazugehörigen Produkts hervorrufen können;
g) einen Hinweis darauf, dass der Bediener stets die Bezeichnung des gerade verwendeten Pflanzenschutzmittels in der unter Abschnitt 2.4.9 genannten besonderen Vorrichtung aktualisieren sollte;
h) Anschluss und Verwendung von Spezialausrüstungen und Zubehörteilen und die Vorkehrungen, die zu treffen sind;
i) einen Hinweis darauf, dass die Maschine oder das dazugehörige Produkt nationalen Vorschriften für eine regelmäßige Überprüfung durch benannte Stellen, wie in der Richtlinie 2009/128/EG des Europäischen Parlaments und des Rates[23] vorgesehen, unterliegen kann;
j) die Merkmale der Maschine oder des dazugehörigen Produkts, die zur Gewährleistung ihres ordnungsgemäßen Betriebs überprüft werden müssen;
k) eine Anleitung für den Anschluss der erforderlichen Messinstrumente.

3. ZUSÄTZLICHE GRUNDLEGENDE SICHERHEITS- UND GESUNDHEITSSCHUTZANFORDERUNGEN ZUR AUSSCHALTUNG DER RISIKEN, DIE VON DER BEWEGLICHKEIT VON MASCHINEN ODER DAZUGEHÖRIGEN PRODUKTEN AUSGEHEN

Maschinen und dazugehörige Produkte, von denen aufgrund ihrer Beweglichkeit Risiken ausgehen, müssen alle in diesem Kapitel genannten grundlegenden Sicherheits- und Gesundheitsschutzanforderungen erfüllen (siehe Allgemeine Grundsätze, Nummer 4).

3.1 Allgemeines

3.1.1 Für die Zwecke dieses Abschnitts gelten folgende Begriffsbestimmungen:

a) „Maschinen oder dazugehörige Produkte, von denen ihrer Beweglichkeit Risiken ausgehen", bezeichnet
   i) Maschinen oder dazugehörige Produkte, die bei der Arbeit entweder beweglich sein müssen oder kontinuierlich oder halbkontinuierlich zu

23 Richtlinie 2009/128/EG des Europäischen Parlaments und des Rates vom 21. Oktober 2009 über einen Aktionsrahmen der Gemeinschaft für die nachhaltige Verwendung von Pestiziden (ABl. L 309 vom 24.11.2009, S. 71).

aufeinanderfolgenden festen Arbeitsstellen verfahren werden müssen, oder

ii) Maschinen oder dazugehörige Produkte, die während der Arbeit nicht verfahren werden, die aber mit Einrichtungen ausgestattet werden können, mit denen sie sich leichter an eine andere Stelle bewegen lassen.

b) „Fahrer" bezeichnet einen Bediener, der mit dem Verfahren einer Maschine oder eines dazugehörigen Produkts betraut ist und der auf der Maschine aufsitzen, sie zu Fuß begleiten oder fernsteuern kann.

c) „Autonome mobile Maschinen" bezeichnet mobile Maschinen mit einer autonomen Betriebsart, in dem alle wesentlichen Sicherheitsfunktionen der mobilen Maschine in deren Bewegungs- und Arbeitsbereich ohne ständige Interaktion mit Bedienern sichergestellt sind.

d) „Aufsichtsperson" bezeichnet eine Person, die mit der Überwachung der autonomen mobilen Maschine betraut ist.

e) „Überwachungsfunktion" bezeichnet die nichtständige Fernüberwachung einer autonomen mobilen Maschine durch ein Gerät, das Informationen oder Warnungen empfangen kann und mit dem der Maschine in begrenztem Umfang Anweisungen erteilt werden können.

3.2 Bedienerplätze

3.2.1 Fahrerplatz

Die Sicht vom Fahrerplatz aus muss so gut sein, dass der Fahrer die Maschine bzw. das dazugehörige Produkt und ihre Werkzeuge unter den vernünftigerweise vorhersehbaren Einsatzbedingungen ohne jede Gefahr für sich und andere gefährdete Personen handhaben kann. Den Gefährdungen durch unzureichende Direktsicht muss erforderlichenfalls durch geeignete Einrichtungen begegnet werden.

Eine Maschine bzw. ein dazugehöriges Produkt mit aufsitzendem Fahrer muss so konstruiert und gebaut sein, dass am Fahrerplatz für den Fahrer kein Risiko durch unbeabsichtigten Kontakt mit Rädern und Ketten besteht.

Sofern dies das Risiko nicht erhöht und es die Abmessungen zulassen, ist der Fahrerplatz für den aufsitzenden Fahrer so zu konstruieren und zu bauen, dass er mit einer Kabine ausgestattet werden kann. In der Kabine muss eine Stelle zur Aufbewahrung der notwendigen Betriebsanleitung für den Fahrer vorgesehen sein.

3.2.2 Sitze

Besteht das Risiko, dass Bediener oder andere auf der Maschine beförderte Personen beim Überrollen oder Umkippen der Maschine — insbesondere bei Maschinen, die mit dem unter den Abschnitten 3.4.3 oder 3.4.4 genannten Schutzaufbau ausgerüstet sind — zwischen Teilen der Maschine und der Umgebung eingequetscht werden können,

a) so muss die Maschine so konstruiert oder mit einem Rückhaltesystem ausgestattet sein, dass die Personen auf ihrem Sitz oder innerhalb der Schutzstruktur gehalten werden, ohne dass die notwendigen Bedienungsbewegungen behindert oder von der Sitzaufhängung hervorgerufene Bewegungen relativ zum Aufbau eingeschränkt werden;

besteht ein erhebliches Überroll- oder Umkipprisiko und wird das Rückhaltesystem nicht verwendet, so darf sich die Maschine nicht bewegen können;

Rückhaltesysteme und Vorkehrungen zur Rückhaltung müssen ergonomischen Grundsätzen Rechnung tragen, und dürfen nicht eingebaut bzw. getroffen werden, wenn sich dadurch das Risiko erhöht.

b) so muss am Fahrerplatz ein optisches und akustisches Signal vorhanden sein, das den Fahrer warnt, wenn sich dieser auf dem Fahrerplatz befindet und das Rückhaltesystem nicht verwendet.

3.2.3 Plätze für andere Personen

Können im Rahmen der bestimmungsgemäßen Verwendung gelegentlich oder regelmäßig außer dem Fahrer andere Personen zum Mitfahren oder zur Arbeit auf der Maschine transportiert werden, so sind geeignete Plätze vorzusehen, die eine Beförderung oder ein Arbeiten ohne Risiko gestatten.

Die Bestimmungen von Absatz 3.2.1 Sätze 2 und 3 gelten auch für die Plätze für andere Personen als den Fahrer.

3.2.4 Überwachungsfunktion

Autonome mobile Maschinen und dazugehörige Produkte müssen gegebenenfalls mit einer speziellen Überwachungsfunktion für die autonome Betriebsart ausgestattet sein. Diese Funktion muss es der Aufsichtsperson ermöglichen, aus der Ferne Informationen von der Maschine zu erhalten. Die Überwachungsfunktion darf es nur ermöglichen, die Maschine oder das dazugehörige Produkt aus der Ferne stillzusetzen und in Gang zu setzen oder sie in eine sichere Position und einen sicheren Zustand zu bringen, damit keine weiteren Risiken entstehen. Sie muss so konstruiert und gebaut sein, dass diese Funktionen nur möglich sind, wenn die Aufsichtsperson den Bewegungs- und Arbeitsbereich der Maschine direkt oder indirekt einsehen kann und die Schutzeinrichtungen betriebsbereit sind.

Die Informationen, die die Aufsichtsperson von der Maschine erhält, wenn die Überwachungsfunktion aktiv ist, müssen dieser einen vollständigen und genauen Überblick über den Betrieb, die Bewegungen und die sichere Positionierung der Maschine in ihrem Bewegungs- und Arbeitsbereich verschaffen.

Diese Informationen müssen die Aufsichtsperson auf gegenwärtige oder bevorstehende unvorhergesehene oder gefährliche Situationen aufmerksam machen, die ihr Eingreifen erfordern.

Die Maschine darf nicht betriebsfähig sein, wenn die Überwachungsfunktion nicht aktiv ist.

3.3 Steuerung

Erforderlichenfalls sind Maßnahmen zu treffen, die eine unerlaubte Benutzung der Steuerung verhindern.

Bei Fernsteuerung muss an jedem Bedienungsgerät klar ersichtlich sein, welche Maschine bzw. welches dazugehörige Produkt von diesem Gerät aus bedient werden soll.

Die Fernsteuerung muss so konstruiert und gebaut sein, dass sie

a) ausschließlich die betreffende Maschine bzw. das dazugehörige Produkt und
b) ausschließlich die betreffenden Funktionen steuert.

Ferngesteuerte Maschinen bzw. dazugehörige Produkte müssen so konstruiert und gebaut sein, dass sie nur auf Steuerbefehle von dem für sie vorgesehenen Bedienungsgerät reagieren.

Bei autonomen mobilen Maschinen und dazugehörigen Produkten muss die Steuerung so konzipiert sein, dass sie die Sicherheitsfunktionen gemäß diesem Abschnitt eigenständig erfüllt, auch wenn Funktionen mittels einer Fernüberwachungsfunktion befohlen werden.

3.3.1 Stellteile

Der Fahrer muss vom Fahrerplatz aus alle für den Betrieb der Maschine oder des dazugehörigen Produkts erforderlichen Stellteile betätigen können; ausgenommen sind Funktionen, die nur über an anderer Stelle befindliche Stellteile sicher ausgeführt werden können. Zu diesen Funktionen gehören insbesondere diejenigen, für die andere Bediener als der Fahrer zuständig sind oder für die der Fahrer seinen Fahrerplatz verlassen muss, um sie sicher steuern zu können.

Gegebenenfalls vorhandene Pedale müssen so konstruiert, gebaut und angeordnet sein, dass sie vom Fahrer mit möglichst geringem Fehlbedienungsrisiko sicher betätigt werden können; sie müssen eine rutschhemmende Oberfläche haben und leicht zu reinigen sein.

Kann die Betätigung von Stellteilen Gefährdungen, insbesondere gefährliche Bewegungen verursachen, so müssen diese Stellteile — ausgenommen solche mit mehreren vorgegebenen Stellungen — in die Neutralstellung zurückkehren, sobald der Bediener sie loslässt.

Bei Maschinen auf Rädern muss die Lenkung so konstruiert und gebaut sein, dass plötzliche Ausschläge des Lenkrades oder des Lenkhebels infolge von Stößen auf die gelenkten Räder gedämpft werden.

Stellteile zum Sperren des Differenzials müssen so ausgelegt und angeordnet sein, dass sie die Entsperrung des Differenzials gestatten, während die Maschine in Bewegung ist.

Abschnitt 1.2.2 Absatz 6 betreffend akustische und/oder optische Warnsignale gilt nur für Rückwärtsfahrt.

3.3.2 Ingangsetzen/Verfahren

Eine selbstfahrende Maschine mit aufsitzendem Fahrer darf Fahrbewegungen nur ausführen können, wenn sich der Fahrer am Bedienungsstand befindet.

Ist eine Maschine zum Arbeiten mit Vorrichtungen ausgerüstet, die über ihr normales Lichtraumprofil hinausragen (z. B. Stabilisatoren, Ausleger usw.), so muss der Fahrer vor dem Verfahren der Maschine leicht überprüfen können, ob die Stellung dieser Vorrichtungen ein sicheres Verfahren erlaubt.

Dasselbe gilt für alle anderen Teile, die sich in einer bestimmten Stellung, erforderlichenfalls verriegelt, befinden müssen, damit die Maschine sicher verfahren werden kann.

Das Verfahren der Maschine ist von der sicheren Positionierung der oben genannten Teile abhängig zu machen, wenn das nicht zu anderen Risiken führt.

Eine unbeabsichtigte Fahrbewegung der Maschine darf nicht möglich sein, während der Motor in Gang gesetzt wird.

Beim Verfahren autonomer mobiler Maschinen sind die Risiken im Zusammenhang mit dem Bereich, in dem sie sich bewegen und arbeiten soll, zu berücksichtigen.

3.3.3 Stillsetzen/Bremsen

Unbeschadet der Straßenverkehrsvorschriften müssen selbstfahrende Maschinen und zugehörige Anhänger die Anforderungen für das Abbremsen, Anhalten und Feststellen erfüllen, damit bei jeder vorgesehenen Betriebsart, Belastung, Fahrgeschwindigkeit, Bodenbeschaffenheit und Geländeneigung die erforderliche Sicherheit gewährleistet ist.

Eine selbstfahrende Maschine muss vom Fahrer mittels einer entsprechenden Haupteinrichtung abgebremst und angehalten werden können. Außerdem muss das Abbremsen und Anhalten über eine Noteinrichtung mit einem völlig unabhängigen und leicht zugänglichen Stellteil möglich sein, wenn dies erforderlich ist, um bei einem Versagen der Haupteinrichtung oder bei einem Ausfall der zur Betätigung der Haupteinrichtung benötigten Energie die Sicherheit zu gewährleisten.

Sofern es die Sicherheit erfordert, muss die Maschine mithilfe einer Feststelleinrichtung arretierbar sein. Die Einrichtung kann mit einer der Einrichtungen nach Absatz 2 kombiniert sein, sofern sie rein mechanisch wirkt.

Eine ferngesteuerte Maschine muss mit Einrichtungen ausgestattet sein, die unter folgenden Umständen den Anhaltevorgang automatisch und unverzüglich einleiten und einem potenziell gefährlichen Betrieb vorbeugen,

a) wenn der Fahrer die Kontrolle über sie verloren hat,
b) wenn sie ein Haltesignal empfängt,
c) wenn ein Fehler an einem sicherheitsrelevanten Teil des Systems festgestellt wird,
d) wenn innerhalb einer vorgegebenen Zeitspanne kein Überwachungssignal registriert wurde.

Abschnitt 1.2.4 findet hier keine Anwendung.

Autonome mobile Maschinen und dazugehörige Produkte müssen je nach Risikobeurteilung gegebenenfalls eine oder beide der folgenden Bedingungen erfüllen:

i) Sie bewegen sich und arbeiten in einem geschlossenen Bereich mit einem umlaufenden Schutzsystem, das aus trennenden oder nichttrennende Schutzeinrichtungen besteht.
ii) Sie sind mit Vorrichtungen ausgestattet, die jeden Menschen, jedes Haustier oder jedes sonstige Hindernis in ihrer Nähe detektieren, wenn von diesen Hindernissen ein Risiko für die Sicherheit und Gesundheit von Personen oder Haustieren oder für den sicheren Betrieb der Maschine bzw. des dazugehörigen Produkts ausgeht.

Die Bewegungen mobiler Maschinen und dazugehöriger Produkte, die mit einem oder mehreren Anhängern oder gezogenen Geräten verbunden sind, einschließlich autonomer mobiler Maschinen und dazugehöriger Produkte, die mit einem oder mehreren Anhängern oder gezogenen Geräten verbunden sind, dürfen keine Risiken für Personen, Haustiere oder andere Hindernisse im Gefahrenbereich solcher Maschinen bzw. dazugehöriger Produkte und Anhänger oder gezogener Geräte mit sich bringen.

3.3.4 Verfahren mitgängergeführter Maschinen

Eine mitgängergeführte selbstfahrende Maschine darf eine Verfahrbewegung nur bei ununterbrochener Betätigung des entsprechenden Stellteils durch den Fahrer ausführen können. Insbesondere darf eine Verfahrbewegung nicht möglich sein, während der Motor in Gang gesetzt wird. Die Stellteile von mitgängergeführten Maschinen müssen so ausgelegt sein, dass die Risiken durch eine unbeabsichtigte Bewegung der Maschinen für den Fahrer so gering wie möglich sind; dies gilt insbesondere für die Gefahr,

a) eingequetscht oder überfahren zu werden,
b) durch umlaufende Werkzeuge verletzt zu werden.

Die Verfahrgeschwindigkeit der Maschine darf nicht größer sein als die Schrittgeschwindigkeit des Fahrers.

Bei Maschinen, an denen ein umlaufendes Werkzeug angebracht werden kann, muss sichergestellt sein, dass bei eingelegtem Rückwärtsgang das Werkzeug nicht angetrieben werden kann, es sei denn, die Fahrbewegung der Maschine wird durch die Bewegung des Werkzeugs bewirkt. Im letzteren Fall muss die Geschwindigkeit im Rückwärtsgang so gering sein, dass der Fahrer nicht gefährdet wird.

3.3.5 Störung des Steuerkreises

Bei Ausfall einer eventuell vorhandenen Lenkhilfe muss sich die Maschine während des Anhaltens weiterlenken lassen.

Bei autonomen mobilen Maschinen darf ein Ausfall der Lenkanlage keinen Einfluss auf die Sicherheit der Maschine haben.

3.4 Schutzmaßnahmen gegen mechanische Gefährdungen

3.4.1 Unkontrollierte Bewegungen

Maschinen bzw. dazugehörige Produkte müssen so konstruiert, gebaut und gegebenenfalls auf einem beweglichen Gestell montiert sein, dass unkontrollierte Verlagerungen ihres Schwerpunkts beim Verfahren ihre Standsicherheit nicht beeinträchtigen und zu keiner übermäßigen Beanspruchung ihrer Struktur führen.

3.4.2 Bewegliche Übertragungselemente

Abweichend von Abschnitt 1.3.8.1 brauchen bei Motoren die beweglichen Schutzeinrichtungen, die den Zugang zu den beweglichen Teilen im Motorraum verhindern, nicht verriegelbar zu sein, wenn sie sich nur mit einem Werkzeug oder Schlüssel oder durch Betätigen eines Stellteils am Fahrerplatz öffnen lassen, sofern sich dieser in einer völlig geschlossenen, gegen unbefugten Zugang verschließbaren Kabine befindet.

3.4.3 Überrollen und Umkippen

Besteht bei einer selbstfahrenden Maschine mit aufsitzendem Fahrer und mitfahrenden anderen Bedienern oder anderen mitfahrenden Personen ein Überroll- oder Kipprisiko, so muss die Maschine mit einem entsprechenden Schutzaufbau versehen sein, es sei denn, dies erhöht das Risiko.

Dieser Aufbau muss so beschaffen sein, dass aufsitzende bzw. mitfahrende Personen bei Überrollen oder Umkippen durch einen angemessenen Verformungsgrenzbereich gesichert sind.

Um festzustellen, ob der Aufbau die in Absatz 2 genannte Anforderung erfüllt, muss der Hersteller für jeden Aufbautyp die entsprechenden Prüfungen durchführen oder durchführen lassen.

3.4.4 Herabfallende Gegenstände

Besteht bei einer selbstfahrenden Maschine mit aufsitzendem Fahrer und mitfahrenden anderen Bedienern oder anderen mitfahrenden Personen ein Risiko durch herabfallende Gegenstände oder herabfallendes Material, so muss die Maschine entsprechend konstruiert und, sofern es ihre Abmessungen gestatten, mit einem entsprechenden Schutzaufbau versehen sein.

Dieser Aufbau muss so beschaffen sein, dass aufsitzende bzw. mitfahrende Personen beim Herabfallen von Gegenständen oder Material durch einen angemessenen Verformungsgrenzbereich gesichert sind.

Um festzustellen, ob der Aufbau die in Absatz 2 genannte Anforderung erfüllt, muss der Hersteller für jeden Aufbautyp die entsprechenden Prüfungen durchführen oder durchführen lassen.

3.4.5 Zugänge

Halte- und Aufstiegsmöglichkeiten müssen so konstruiert, gebaut und angeordnet sein, dass die Bediener sie instinktiv benutzen und sich zum leichteren Aufstieg nicht der Stellteile bedient.

3.4.6 Anhängevorrichtungen

Maschinen, die zum Ziehen eingesetzt oder gezogen werden sollen, müssen mit Anhängevorrichtungen oder Kupplungen ausgerüstet sein, die so konstruiert, gebaut und angeordnet sind, dass ein leichtes und sicheres An- und Abkuppeln sichergestellt ist und ein ungewolltes Abkuppeln während des Einsatzes verhindert wird.

Soweit die Deichsellast es erfordert, müssen diese Maschinen mit einer Stützvorrichtung ausgerüstet sein, deren Auflagefläche der Stützlast und dem Boden angepasst sein muss.

3.4.7 Kraftübertragung zwischen einer selbstfahrenden Maschine (oder einer Zugmaschine) und einer angetriebenen Maschine

Abnehmbare Gelenkwellen zwischen einer selbstfahrenden Maschine (oder einer Zugmaschine) und dem ersten festen Lager einer angetriebenen Maschine müssen so konstruiert und gebaut sein, dass während des Betriebs alle beweglichen Teile über ihre gesamte Länge geschützt sind.

Die Abtriebswelle der selbstfahrenden Maschine (oder der Zugmaschine), an die die abnehmbare Gelenkwelle angekuppelt ist, muss entweder durch einen an der selbstfahrenden Maschine (oder der Zugmaschine) befestigten und mit ihr verbundenen Schutzschild oder eine andere Vorrichtung mit gleicher Schutzwirkung geschützt sein.

Dieser Schutzschild muss für den Zugang zu der abnehmbaren Gelenkwelle geöffnet werden können. Nach der Anbringung des Schutzschilds muss genügend Platz bleiben, damit die Antriebswelle bei Fahrbewegungen der Maschine (oder der Zugmaschine) den Schutzschild nicht beschädigen kann.

Die angetriebene Welle der angetriebenen Maschine muss von einem an der Maschine befestigten Schutzgehäuse umschlossen sein.

Ein Drehmomentbegrenzer oder ein Freilauf für die abnehmbare Gelenkwelle ist nur auf der Seite zulässig, auf der sie mit der angetriebenen Maschine gekuppelt ist. In diesem Fall ist die Einbaulage auf der abnehmbaren Gelenkwelle anzugeben.

Eine angetriebene Maschine, für deren Betrieb eine abnehmbare Gelenkwelle erforderlich ist, die sie mit einer selbstfahrenden Maschine (oder einer Zugmaschine) verbindet, muss mit einer Halterung für die abnehmbare Gelenkwelle versehen sein, die verhindert, dass die abnehmbare Gelenkwelle und ihre Schutzeinrichtung beim Abkuppeln der angetriebenen Maschine durch Berührung mit dem Boden oder einem Maschinenteil beschädigt werden.

Die außen liegenden Teile der Schutzeinrichtung müssen so konstruiert, gebaut und angeordnet sein, dass sie sich nicht mit der abnehmbaren Gelenkwelle mitdrehen können. Bei einfachen Kreuzgelenken muss die Schutzeinrichtung die Welle bis zu den Enden der inneren Gelenkgabeln abdecken, bei Weitwinkelgelenken mindestens bis zur Mitte des äußeren Gelenks oder der äußeren Gelenke.

Befinden sich in der Nähe der abnehmbaren Gelenkwelle Zugänge zu den Arbeitsplätzen, so müssen sie so konstruiert und gebaut sein, dass die Wellenschutzeinrichtungen nicht als Trittstufen benutzt werden können, es sei denn, sie sind für diesen Zweck konstruiert und gebaut.

3.5 Schutzmaßnahmen gegen sonstige Gefährdungen

3.5.1 Batterien

Das Batteriefach muss so konstruiert und gebaut sein, dass ein Verspritzen von Elektrolyt auf Bediener — selbst bei Überrollen oder Umkippen — verhindert und eine Ansammlung von Dämpfen an den Bedienungsplätzen vermieden wird.

Maschinen und dazugehörige Produkte müssen so konstruiert und gebaut sein, dass die Batterie mithilfe einer dafür vorgesehenen und leicht zugänglichen Vorrichtung abgeklemmt werden kann.

Batterien mit automatischer Aufladung für mobile Maschinen oder dazugehörige Produkte einschließlich autonomer mobiler Maschinen und dazugehöriger Produkte müssen so konstruiert sein, dass Gefährdungen gemäß den Abschnitten 1.3.8.2 und 1.5.1 vermieden werden, einschließlich der Risiken eines Kontakts oder einer Kollision der Maschine oder eines dazugehörigen Produkts mit einer Person oder anderen Maschinen oder dazugehörigen Produkten, wenn sich die Maschine oder ein dazugehöriges Produkt autonom zur Ladestation bewegt.

3.5.2 Brand

Je nachdem, mit welchen Gefährdungen der Hersteller rechnet, muss die Maschine, soweit es ihre Abmessungen zulassen,

a) die Anbringung leicht zugänglicher Feuerlöscher ermöglichen oder
b) mit einem integrierten Feuerlöschsystem ausgerüstet sein.

3.5.3 Emission von gefährlichen Stoffen

Abschnitt 1.5.13 Absätze 2 und 3 gilt nicht, wenn die Hauptfunktion der Maschine das Ausbringen gefährlicher Stoffe ist. Der Bediener muss jedoch vor dem Risiko einer Exposition gegenüber Emissionen dieser Stoffe geschützt sein.

Mobile Maschinen, auf denen Personen mitfahren und deren Hauptfunktion das Ausbringen gefährlicher Stoffe ist, müssen mit Filtersystemen für Fahrerkabinen oder gleichwertigen Sicherheitsmaßnahmen ausgestattet sein.

3.5.4 Risiko des Kontakts mit stromführenden Freileitungen

Je nach ihrer bzw. seiner Höhe muss die mobile Maschine bzw. das dazugehörige Produkt gegebenenfalls so konstruiert, gebaut und ausgerüstet sein, dass das Risiko eines Kontakts mit einer stromführenden Freileitung oder das Risiko eines elektrischen Lichtbogens zwischen einem Maschinenteil oder dem die Maschine führenden Bediener und einer stromführenden Freileitung vermieden wird.

Wenn das Risiko eines Kontakts mit einer stromführenden Freileitung für die Personen, die Maschinen bedienen, nicht vollständig vermieden werden kann, müssen mobile Maschinen und dazugehörige Produkte so konstruiert, gebaut und ausgerüstet sein, dass alle von Elektrizität ausgehenden Gefährdungen vermieden werden.

3.6 Informationen und Angaben

3.6.1 Zeichen, Signaleinrichtungen und Warnhinweise

Wenn es für die Sicherheit und zum Gesundheitsschutz von Personen erforderlich ist, müssen alle Maschinen und dazugehörigen Produkte mit Zeichen und/oder Hinweisschildern für ihre Benutzung, Einstellung und Wartung versehen sein. Diese sind so zu wählen, zu gestalten und auszuführen, dass sie deutlich zu erkennen und dauerhaft sind.

Unbeschadet der Straßenverkehrsvorschriften müssen Maschinen oder dazugehörige Produkte mit aufsitzendem Fahrer mit folgenden Einrichtungen ausgestattet sein:

a) mit einer akustischen Warneinrichtung, mit der Personen gewarnt werden können,
b) mit einer auf die vorgesehenen Einsatzbedingungen abgestimmten Lichtsignaleinrichtung; diese Anforderung gilt nicht für Maschinen oder dazugehörige Produkte, die ausschließlich für den Einsatz unter Tage bestimmt sind und nicht mit elektrischer Energie arbeiten,
c) erforderlichenfalls mit einem für den Betrieb der Signaleinrichtungen geeigneten Anschluss zwischen Anhänger und Maschine bzw. dazugehörigem Produkt.

Ferngesteuerte Maschinen oder dazugehörige Produkte, bei denen unter normalen Einsatzbedingungen ein Stoß- oder Quetschrisiko besteht, müssen mit geeigneten Einrichtungen ausgerüstet sein, die ihre Bewegungen anzeigen, oder mit Einrichtungen zum Schutz von Personen vor derartigen Risiken. Das gilt auch für Maschinen und dazugehörige Produkte, die bei ihrem Einsatz wiederholt auf ein und derselben Linie vor- und zurückbewegt werden und bei denen der Fahrer den Bereich hinter der Maschine nicht direkt einsehen kann.

Ein ungewolltes Abschalten der Warn- und Signaleinrichtungen muss von der Konstruktion her ausgeschlossen sein. Wenn es für die Sicherheit erforderlich ist, sind diese Einrichtungen mit Funktionskontrollvorrichtungen zu versehen, die dem Bediener etwaige Störungen anzeigen.

Maschinen, bei denen die eigenen Bewegungen und die ihrer Werkzeuge eine besondere Gefährdung darstellen, müssen eine Aufschrift tragen, die es untersagt, sich der

Maschine während des Betriebs zu nähern. Sie muss aus einem ausreichenden Abstand lesbar sein, bei dem die Sicherheit der Personen gewährleistet ist, die sich in Maschinennähe aufhalten müssen.

3.6.2 Kennzeichnung

(1) Auf jeder Maschine und jedem dazugehörigen Produkt müssen folgende Angaben deutlich lesbar und dauerhaft angebracht sein:

a) die Nennleistung, ausgedrückt in Kilowatt (kW);
b) die Masse in Kilogramm (kg) beim gängigsten Betriebszustand;

(2) Zusätzlich müssen gegebenenfalls auf jeder Maschine und jedem dazugehörigen Produkt folgende Angaben deutlich lesbar und dauerhaft angebracht sein:

a) die größte zulässige Zugkraft an der Anhängevorrichtung in Newton (N);
b) die größte zulässige vertikale Stützlast auf der Anhängevorrichtung in Newton (N).

3.6.3 Betriebsanleitung

3.6.3.1 Vibrationen

Die Betriebsanleitung muss folgende Angaben zu den von der Maschine bzw. dem dazugehörigen Produkt auf das Hand-Arm-System oder den gesamten Körper übertragenen Vibrationen, ausgedrückt als Beschleunigung (m/s^2), enthalten:

a) den Schwingungsgesamtwert aus kontinuierlichen Vibrationen, denen das Hand-Arm-System ausgesetzt ist;
b) den Mittelwert der Spitzenamplitude der Beschleunigung aus wiederholten Stoßvibrationen, denen das Hand-Arm-System ausgesetzt ist;
c) den höchsten Effektivwert der gewichteten Beschleunigung, dem der gesamte Körper ausgesetzt ist, falls der Wert 0,5 m/s^2 übersteigt. Beträgt dieser Wert nicht mehr als 0,5 m/s^2, ist dies anzugeben,
d) die Messunsicherheiten.

Diese Werte müssen entweder an der betreffenden Maschine oder dem betreffenden dazugehörigen Produkt tatsächlich gemessen oder durch Messung an einer oder einem technisch vergleichbaren, für die geplante Fertigung repräsentativen Maschine oder repräsentativen dazugehörigen Produkt ermittelt worden sein.

Wenn harmonisierte Normen oder von der Kommission gemäß Artikel 20 Absatz 3 erlassene gemeinsame Spezifikationen nicht angewendet werden können, sind die Vibrationsdaten nach dem für die Maschine oder für das dazugehörige Produkt geeignetsten Messverfahren zu messen.

Die Betriebsbedingungen der Maschine während der Messung und das Messverfahren sind zu beschreiben.

3.6.3.2 Mehrere Verwendungsmöglichkeiten

Gestattet eine Maschine bzw. ein dazugehöriges Produkt je nach Ausrüstung verschiedene Verwendungen, so müssen ihre bzw. seine Betriebsanleitung und die Betriebsanleitungen der auswechselbaren Ausrüstungen die Angaben enthalten, die für eine sichere Montage und Benutzung der Grundmaschine bzw. des dazugehörigen Produkts und der für sie vorgesehenen auswechselbaren Ausrüstungen notwendig sind.

3.6.3.3 Autonome mobile Maschinen oder dazugehörige Produkte

In der Betriebsanleitung für autonome mobile Maschinen oder dazugehörige Produkte sind die Merkmale der vorgesehenen Bewegungs- und Arbeitsbereiche und der Gefahrenbereiche anzugeben.

4. ZUSÄTZLICHE GRUNDLEGENDE SICHERHEITS- UND GESUNDHEITSSCHUTZANFORDERUNGEN ZUR AUSSCHALTUNG DER DURCH HEBEVORGÄNGE BEDINGTEN RISIKEN

Maschinen oder dazugehörige Produkte, von denen durch Hebevorgänge bedingte Risiken ausgehen, müssen alle in diesem Kapitel genannten einschlägigen grundlegenden Sicherheits- und Gesundheitsschutzanforderungen erfüllen (siehe Allgemeine Grundsätze, Nummer 4).

4.1 Allgemeines

4.1.1 Für die Zwecke von Abschnitt 4.1 gelten folgende Begriffsbestimmungen:

a) „Hebevorgang" bezeichnet einen Vorgang der Beförderung von Einzellasten in Form von Gütern und/oder Personen unter Höhenverlagerung.

b) „Geführte Last" bezeichnet eine Last, die während ihrer gesamten Bewegung an starren Führungselementen oder an beweglichen Führungselementen, deren Lage im Raum durch Festpunkte bestimmt wird, geführt wird.

c) „Betriebskoeffizient": arithmetisches Verhältnis zwischen der vom Hersteller garantierten Last, die das Bauteil höchstens halten kann, und der auf dem Bauteil angegebenen maximalen Tragfähigkeit.

d) „Prüfungskoeffizient" bezeichnet das arithmetische Verhältnis zwischen der für die statische oder dynamische Prüfung der Maschine oder des dazugehörigen Produkts oder des Lastaufnahmemittels verwendeten Last und der auf der Maschine oder dem dazugehörigen Produkt oder dem Lastaufnahmemittel angegebenen maximalen Tragfähigkeit.

e) „Statische Prüfung" bezeichnet die Prüfung, bei der die Maschine oder das dazugehörige Produkt oder das Lastaufnahmemittel zunächst überprüft und dann mit einer Kraft gleich dem Produkt aus der maximalen Tragfähigkeit und dem vorgesehenen statischen Prüfungskoeffizienten belastet wird und nach Entfernen der Last erneut überprüft wird, um sicherzustellen, dass keine Schäden aufgetreten sind.

f) „Dynamische Prüfung“ bezeichnet die Prüfung, bei der die Maschine oder das dazugehörige Produkt in allen möglichen Betriebszuständen mit einer Last gleich dem Produkt aus der maximalen Tragfähigkeit und dem vorgesehenen dynamischen Prüfungskoeffizienten und unter Berücksichtigung ihres dynamischen Verhaltens betrieben wird, um ihr ordnungsgemäßes Funktionieren zu überprüfen.

g) „Lastträger“ bezeichnet ein Teil der Maschine bzw. des dazugehörigen Produkts, auf oder in dem Personen und/oder Güter zur Aufwärts- oder Abwärtsbeförderung untergebracht sind.

4.1.2 Schutzmaßnahmen gegen mechanische Gefährdungen

4.1.2.1 Risiken durch mangelnde Standsicherheit

Die Maschine bzw. das dazugehörige Produkt muss so konstruiert und gebaut sein, dass die in Abschnitt 1.3.1 vorgeschriebene Standsicherheit sowohl im Betrieb als auch außer Betrieb und in allen Phasen des Transports, der Montage und der Demontage sowie bei absehbarem Ausfall von Bauteilen und auch bei den gemäß der Betriebsanleitung durchgeführten Prüfungen gewahrt bleibt. Zu diesem Zweck muss der Hersteller die entsprechenden Überprüfungsmethoden anwenden.

4.1.2.2 An Führungen oder auf Laufbahnen fahrende Maschinen oder dazugehörige Produkte

Maschinen oder dazugehörige Produkte müssen mit Einrichtungen ausgestattet sein, die auf Führungen und Laufbahnen so einwirken, dass ein Entgleisen verhindert wird.

Besteht trotz dieser Einrichtungen das Risiko eines Entgleisens oder des Versagens von Führungseinrichtungen oder Laufwerksteilen, so muss durch geeignete Vorkehrungen verhindert werden, dass Ausrüstungen, Bauteile oder die Last herabfallen oder dass die Maschine umkippt.

4.1.2.3 Festigkeit

Maschinen oder dazugehörige Produkte, einschließlich Lastaufnahmemittel und ihre Bauteile, müssen den Belastungen, denen sie während ihrer Lebensdauer im Betrieb und gegebenenfalls auch außer Betrieb ausgesetzt sind, unter den vorgesehenen Montage- und Betriebsbedingungen und in allen entsprechenden Betriebszuständen, gegebenenfalls unter bestimmten Witterungseinflüssen und menschlicher Krafteinwirkung, standhalten können. Diese Anforderung muss auch bei Transport, Montage und Demontage erfüllt sein.

Maschinen oder dazugehörige Produkte, einschließlich Lastaufnahmemittel, sind so zu konstruieren und zu bauen, dass bei bestimmungsgemäßer Verwendung und unter Berücksichtigung jeder vernünftigerweise vorhersehbaren Fehlanwendung ein Versagen infolge Ermüdung und Verschleiß verhindert wird.

Die verwendeten Werkstoffe sind unter Berücksichtigung der vorgesehenen Einsatzumgebung zu wählen, insbesondere im Hinblick auf Korrosion, Abrieb, Stoßbeanspruchung, Extremtemperaturen, Ermüdung, Kaltbrüchigkeit, Strahlung und Alterung.

Maschinen oder dazugehörige Produkte, einschließlich Lastaufnahmemittel, müssen so konstruiert und gebaut sein, dass sie den Überlastungen bei statischen Prüfungen ohne bleibende Verformung und ohne offenkundige Schäden standhalten. Der Festigkeitsberechnung sind die Koeffizienten für die statische Prüfung zugrunde zu legen; diese werden so gewählt, dass sie ein angemessenes Sicherheitsniveau gewährleisten. Diese haben in der Regel folgende Werte:

a) durch menschliche Kraft angetriebene Maschinen bzw. dazugehörige Produkte, einschließlich Lastaufnahmemittel: 1,5;
b) andere Maschinen oder dazugehörige Produkte: 1,25.

Maschinen oder dazugehörige Produkte müssen so konstruiert und gebaut sein, dass sie den dynamischen Prüfungen mit der maximalen Tragfähigkeit, multipliziert mit dem Koeffizienten für die dynamische Prüfung, einwandfrei standhalten. Der Koeffizient für die dynamische Prüfung wird so gewählt, dass er ein angemessenes Sicherheitsniveau gewährleistet; er hat in der Regel den Wert 1,1. Die Prüfungen werden in der Regel bei den vorgesehenen Nenngeschwindigkeiten durchgeführt. Lässt die Steuerung der Maschine oder des dazugehörigen Produkts mehrere Bewegungen gleichzeitig zu, so ist die Prüfung unter den ungünstigsten Bedingungen durchzuführen, und zwar indem in der Regel die Bewegungen miteinander kombiniert werden.

4.1.2.4 Rollen, Trommeln, Scheiben, Seile und Ketten

Der Durchmesser von Rollen, Trommeln und Scheiben muss auf die Abmessungen der Seile oder Ketten abgestimmt sein, für die sie vorgesehen sind.

Rollen und Trommeln müssen so konstruiert, gebaut und angebracht sein, dass die Seile oder Ketten, für die sie bestimmt sind, ohne seitliche Abweichungen vom vorgesehenen Verlauf aufgerollt werden können.

Seile, die unmittelbar zum Heben oder Tragen von Lasten verwendet werden, dürfen lediglich an ihren Enden verspleißt sein. An Einrichtungen, die für laufendes Einrichten entsprechend den jeweiligen Betriebserfordernissen konzipiert sind, sind Verspleißungen jedoch auch an anderen Stellen zulässig.

Der Betriebskoeffizient von Seilen und Seilenden insgesamt muss so gewählt werden, dass er ein angemessenes Sicherheitsniveau gewährleistet. Er hat in der Regel den Wert 5.

Der Betriebskoeffizient von Hebeketten muss so gewählt werden, dass er ein angemessenes Sicherheitsniveau gewährleistet. Er hat in der Regel den Wert 4.

Um festzustellen, ob der erforderliche Betriebskoeffizient erreicht ist, muss der Hersteller für jeden Ketten- und Seiltyp, der unmittelbar zum Heben von Lasten verwendet wird, und für jede Seilendverbindung die entsprechenden Prüfungen durchführen oder durchführen lassen.

4.1.2.5 Lastaufnahmemittel und ihre Bauteile

Lastaufnahmemittel und ihre Bauteile sind unter Berücksichtigung der Ermüdungs- und Alterungserscheinungen zu dimensionieren, die bei einer der vorgesehenen Lebensdauer entsprechenden Anzahl von Betriebszyklen und unter den für den vorgesehenen Einsatz festgelegten Betriebsbedingungen zu erwarten sind.

Ferner gilt Folgendes:

a) Der Betriebskoeffizient von Drahtseilen und ihren Endverbindungen insgesamt muss so gewählt werden, dass er ein angemessenes Sicherheitsniveau gewährleistet; er hat in der Regel den Wert 5. Die Seile dürfen außer an ihren Enden keine Spleiße oder Schlingen aufweisen.
b) Werden Ketten aus verschweißten Gliedern verwendet, so müssen die Kettenglieder kurz sein. Der Betriebskoeffizient von Ketten muss so gewählt werden, dass er ein angemessenes Sicherheitsniveau gewährleistet; er hat in der Regel den Wert 4.
c) Der Betriebskoeffizient von Textilfaserseilen, Anschlagmitteln oder -gurten ist abhängig von Werkstoff, Fertigungsverfahren, Abmessungen und Verwendungszweck. Er muss so gewählt werden, dass er ein angemessenes Sicherheitsniveau gewährleistet; er hat in der Regel den Wert 7, sofern die verwendeten Werkstoffe von nachweislich sehr guter Qualität sind und das Fertigungsverfahren den vorgesehenen Einsatzbedingungen entspricht. Andernfalls ist der Betriebskoeffizient in der Regel höher zu wählen, wenn ein vergleichbares Sicherheitsniveau gewährleistet sein soll. Textilfaserseile, Anschlagmittel oder -gurte dürfen außer an den Enden bzw. bei Endlosschlingen an den Ringschlussteilen keine Knoten, Spleiße oder Verbindungsstellen aufweisen;
d) der Betriebskoeffizient sämtlicher Metallteile eines Anschlagmittels oder der mit einem Anschlagmittel verwendeten Metallteile wird so gewählt, dass er ein angemessenes Sicherheitsniveau gewährleistet; er hat in der Regel den Wert 4.
e) Die maximale Tragfähigkeit eines mehrsträngigen Anschlagmittels wird aus der maximalen Tragfähigkeit des schwächsten Strangs, der Anzahl der Stränge und einem von der Anschlagart abhängigen Minderungsfaktor errechnet.
f) Um festzustellen, ob ein ausreichender Betriebskoeffizient erreicht ist, muss der Hersteller für jeden Typ der unter den Buchstaben a bis d genannten Bauteiltypen die entsprechenden Prüfungen durchführen oder durchführen lassen.

4.1.2.6 Bewegungssteuerung

Bewegungsbegrenzungseinrichtungen müssen so wirken, dass sie die Maschine oder das dazugehörige Produkt, an der bzw. dem sie angebracht sind, in sicherer Lage halten.

a) Die Maschine oder dazugehörige Produkte muss bzw. müssen so konstruiert und gebaut oder mit solchen Einrichtungen ausgestattet sein, dass die Bewegungen ihrer Bauteile innerhalb der vorgesehenen Grenzen gehalten werden. Gegebenenfalls muss durch ein Warnsignal angekündigt werden, wenn diese Einrichtungen zur Wirkung kommen.
b) Wenn mehrere fest installierte oder schienengeführte Maschinen oder dazugehörige Produkte gleichzeitig Bewegungen ausführen können und das Risiko besteht, dass es dabei zu Zusammenstößen kommt, müssen sie so konstruiert

und gebaut sein, dass sie mit Einrichtungen zur Ausschaltung dieses Risikos ausgerüstet werden können.

c) Die Maschine oder dazugehörige Produkte muss bzw. müssen so konstruiert und gebaut sein, dass sich die Lasten nicht in gefährlicher Weise verschieben oder unkontrolliert herabfallen können, und zwar selbst dann, wenn die Energieversorgung ganz oder teilweise ausfällt oder der Bediener die Maschine nicht mehr bedient.
d) Außer bei Maschinen oder dazugehörigen Produkten, für deren Einsatz dies erforderlich ist, darf es unter normalen Betriebsbedingungen nicht möglich sein, eine Last allein unter Benutzung einer Reibungsbremse abzusenken.
e) Halteeinrichtungen müssen so konstruiert und gebaut sein, dass ein unkontrolliertes Herabfallen der Lasten ausgeschlossen ist.

4.1.2.7 Bewegungen von Lasten während der Benutzung

Der Bedienungsstand von Maschinen muss so angeordnet sein, dass der Bewegungsverlauf der in Bewegung befindlichen Teile optimal überwacht werden kann, um mögliche Zusammenstöße mit Personen, Vorrichtungen oder anderen Maschinen zu verhindern, die gleichzeitig Bewegungen vollziehen und eine Gefährdung darstellen können.

Maschinen mit geführter Last müssen so konstruiert und gebaut sein, dass die Verletzung von Personen durch Bewegungen der Last, des Lastträgers oder etwaiger Gegengewichte verhindert wird

4.1.2.8 Maschinen, die feste Ladestellen anfahren

4.1.2.8.1 Bewegungen des Lastträgers

Die Bewegung des Lastträgers von Maschinen, die feste Ladestellen anfahren, muss hin zu den Ladestellen und an den Ladestellen starr geführt sein. Auch Scherensysteme gelten als starre Führung.

4.1.2.8.2 Zugang zum Lastträger

Können Personen den Lastträger betreten, so muss die Maschine so konstruiert und gebaut sein, dass sich der Lastträger während des Zugangs, insbesondere beim Be- und Entladen, nicht bewegt.

Die Maschine muss so konstruiert und gebaut sein, dass ein Höhenunterschied zwischen dem Lastträger und der angefahrenen Ladestelle kein Sturzrisiko verursacht.

4.1.2.8.3 Risiken durch Kontakt mit dem bewegten Lastträger

Wenn es zur Erfüllung der in Abschnitt 4.1.2.7 Absatz 2 ausgeführten Anforderung erforderlich ist, muss der durchfahrene Bereich während des Normalbetriebs unzugänglich sein.

Besteht bei Inspektion oder Wartung ein Risiko, dass Personen, die sich unter oder über dem Lastträger befinden, zwischen dem Lastträger und fest angebrachten Teilen eingequetscht werden, so muss für ausreichend Freiraum gesorgt werden, indem entweder Schutznischen vorgesehen werden oder indem mechanische Vorrichtungen die Bewegung des Lastträgers blockieren.

4.1.2.8.4 Risiken durch vom Lastträger herabstürzende Lasten
Besteht ein Risiko, dass Lasten vom Lastträger herabstürzen, so muss die Maschine so konstruiert und gebaut sein, dass diesem Risiko vorgebeugt wird.

4.1.2.8.5 Ladestellen
Dem Risiko, dass Personen an den Ladestellen mit dem bewegten Lastträger oder anderen in Bewegung befindlichen Teilen in Kontakt kommen, muss vorgebeugt werden.

Besteht ein Risiko, dass Personen in den durchfahrenen Bereich stürzen können, wenn der Lastträger sich nicht an der Ladestelle befindet, so müssen trennende Schutzeinrichtungen angebracht werden, um diesem Risiko vorzubeugen. Solche Schutzeinrichtungen dürfen sich nicht in Richtung des Bewegungsbereichs öffnen. Sie müssen mit einer Verriegelungseinrichtung mit Zuhaltung verbunden sein, die durch die Position des Lastträgers gesteuert wird und Folgendes verhindert:

a) gefährliche Bewegungen des Lastträgers, bis die trennenden Schutzeinrichtungen geschlossen und zugehalten sind,
b) ein mit Gefahren verbundenes Öffnen einer trennenden Schutzeinrichtung, bis der Lastträger an der betreffenden Ladestelle zum Stillstand gekommen ist.

4.1.3 Zwecktauglichkeit

Wenn Maschinen zum Heben von Lasten oder dazugehörige Produkte oder Lastaufnahmemittel in Verkehr gebracht oder erstmals in Betrieb genommen werden, muss der Hersteller durch das Ergreifen geeigneter Maßnahmen oder durch bereits getroffene Maßnahmen dafür sorgen, dass die betriebsbereiten Maschinen oder dazugehörigen Produkte oder Lastaufnahmemittel ihre vorgesehenen Funktionen sicher erfüllen können, und zwar unabhängig davon, ob sie hand- oder kraftbetrieben sind.

Die in Abschnitt 4.1.2.3 genannten statischen und dynamischen Prüfungen müssen an allen Maschinen zum Heben von Lasten und dazugehörigen Produkten durchgeführt werden, die für die Inbetriebnahme bereit sind.

Kann die Montage der Maschine oder des dazugehörigen Produkts nicht beim Hersteller erfolgen, so sind am Ort der Verwendung vom Hersteller geeignete Maßnahmen zu treffen. Ansonsten können die Maßnahmen entweder beim Hersteller oder am Ort der Verwendung getroffen werden.

4.2 Anforderungen an Maschinen oder dazugehörige Produkte, die nicht durch menschliche Kraft angetrieben werden

4.2.1 Bewegungssteuerung

Zur Steuerung der Bewegungen der Maschine oder dazugehöriger Produkte oder ihrer Ausrüstungen müssen Stellteile mit selbsttätiger Rückstellung verwendet werden. Für Teilbewegungen oder vollständige Bewegungen, bei denen keine Gefahr eines An- oder Aufprallens der Last oder der Maschine oder des dazugehörigen Produkts besteht, können statt der Stellteile jedoch Steuereinrichtungen verwendet werden, die ein automatisches Stillsetzen an verschiedenen vorwählbaren Positionen zulassen, ohne dass der Bediener das entsprechende Stellteil ununterbrochen betätigen muss.

4.2.2 Belastungsbegrenzung

Maschinen oder dazugehörige Produkte mit einer maximalen Tragfähigkeit größer oder gleich 1 000 kg oder einem Kippmoment größer oder gleich 40 000 Nm müssen mit Einrichtungen ausgestattet sein, die den Fahrer warnen und eine Gefahr bringende Bewegung verhindern, und zwar bei

a) Überlastung, entweder durch Überschreiten der maximalen Tragfähigkeiten oder durch Überschreiten der maximalen Lastmomente, oder
b) Überschreiten der Kippmomente.

4.2.3 Seilgeführte Einrichtungen

Tragseile, Zugseile, sowie kombinierte Trag- und Zugseile müssen durch Gegengewichte oder eine die ständige Regelung der Seilspannung ermöglichende Vorrichtung gespannt werden.

4.3 Informationen und Kennzeichnung

4.3.1 Ketten, Seile und Gurte

Jeder Strang einer Kette, eines Seils oder eines Gurtes, der nicht Teil einer Baugruppe ist, muss eine Kennzeichnung oder, falls dies nicht möglich ist, ein Schild oder einen nicht entfernbaren Ring mit dem Namen und der Anschrift des Herstellers und der Kennung der entsprechenden Erklärung tragen.

Diese Erklärung muss mindestens folgende Angaben enthalten:

a) den Namen und die Anschrift des Herstellers;
b) die Beschreibung der Kette, des Seils oder des Gurtes mit folgenden Angaben:
   i) Nennabmessungen,
   ii) Aufbau,
   iii) Werkstoff und
   iv) eventuelle metallurgische Sonderbehandlung;
c) Angabe der verwendeten Prüfmethode;
d) maximale Tragfähigkeit der Kette, des Seils oder des Gurtes. Es kann auch eine Spanne von Werten in Abhängigkeit vom vorgesehenen Einsatz angegeben werden.

4.3.2 Lastaufnahmemittel

Auf Lastaufnahmemitteln muss Folgendes angegeben sein:

a) die Angabe des Werkstoffs, sofern dies für eine sichere Verwendung erforderlich ist,
b) die maximale Tragfähigkeit.

Lassen sich die Angaben nach Absatz 1 nicht auf dem Lastaufnahmemittel selbst anbringen, so sind sie auf einem Schild oder auf einem anderen gleichwertigen, fest mit dem Lastaufnahmemittel verbundenen Gegenstand anzubringen.

Die Angaben müssen gut leserlich sein und an einer Stelle angebracht sein, an der sie nicht durch Verschleiß unkenntlich werden können und auch nicht die Festigkeit des Lastaufnahmemittels beeinträchtigen können.

4.3.3 Maschinen zum Heben von Lasten oder dazugehörige Produkte

Auf der Maschine zum Heben von Lasten oder dem dazugehörigen Produkt muss durch eine Kennzeichnung an gut sichtbarer Stelle die maximale Tragfähigkeit angegeben werden. Diese Angabe muss gut leserlich und dauerhaft in nicht verschlüsselter Form angebracht sein.

Wenn die maximale Tragfähigkeit vom jeweiligen Betriebszustand der Maschine zum Heben von Lasten oder des dazugehörigen Produkts abhängig ist, muss jeder Bedienungsplatz mit einem Tragfähigkeitsschild versehen sein, auf dem die zulässigen Tragfähigkeiten für die einzelnen Betriebszustände — vorzugsweise in Form von Diagrammen oder von Tragfähigkeitstabellen — angegeben sind.

Maschinen oder dazugehörige Produkte, die nur zum Heben von Lasten bestimmt sind und mit einem Lastträger ausgerüstet sind, der auch von Personen betreten werden kann, müssen einen deutlichen und dauerhaft angebrachten Hinweis auf das Verbot der Personenbeförderung tragen. Dieser Hinweis muss an allen Stellen sichtbar sein, an denen ein Zugang möglich ist.

4.4 Betriebsanleitung

4.4.1 Lastaufnahmemittel

Jedem Lastaufnahmemittel und jeder nur als Ganzes erhältlichen Gesamtheit von Lastaufnahmemitteln muss eine Betriebsanleitung beiliegen, die mindestens folgende Angaben enthält:

a) bestimmungsgemäße Verwendung;
b) Einsatzbeschränkungen (insbesondere bei Lastaufnahmemitteln wie Magnet- und Sauggreifern, die die Anforderungen des Abschnitts 4.1.2.6 Buchstabe e nicht vollständig erfüllen);
c) Montage-, Verwendungs- und Wartungshinweise;
d) für die statische Prüfung verwendeter Koeffizient.

4.4.2 Maschinen zum Heben von Lasten oder dazugehörige Produkte

Maschinen zum Heben von Lasten oder dazugehörige Produkte muss eine Betriebsanleitung beiliegen, die folgende Angaben enthält:

a) technische Kenndaten der Maschinen zum Heben von Lasten oder des dazugehörigen Produkts, insbesondere Folgendes:
   i) maximale Tragfähigkeit und gegebenenfalls eine Wiedergabe des in Abschnitt 4.3.3 Absatz 2 genannten Tragfähigkeitsschilds oder der dort genannten Tragfähigkeitstabelle,
   ii) Belastung an den Auflagern oder Verankerungen und gegebenenfalls Kenndaten der Laufbahnen,
   iii) gegebenenfalls Angaben über Ballastmassen und die Mittel zu ihrer Anbringung;
b) Inhalt des Wartungsheftes, falls ein solches nicht mitgeliefert wird;
c) Benutzungshinweise, insbesondere Ratschläge, wie der Bediener mangelnde Direktsicht auf die Last ausgleichen kann;
d) gegebenenfalls einen Prüfbericht, in dem die vom Hersteller durchgeführten statischen und dynamischen Prüfungen im Einzelnen beschrieben sind,
e) notwendige Angaben für die Durchführung der unter Abschnitt 4.1.3 genannten Maßnahmen vor der erstmaligen Inbetriebnahme von Maschinen zum Heben von Lasten oder dazugehörigen Produkten, die nicht beim Hersteller einsatzfertig montiert werden.

5. ZUSÄTZLICHE GRUNDLEGENDE SICHERHEITS- UND GESUNDHEITSSCHUTZANFORDERUNGEN AN MASCHINEN ODER DAZUGEHÖRIGE PRODUKTE, DIE ZUM EINSATZ UNTER TAGE BESTIMMT SIND

Maschinen oder dazugehörige Produkte, die zum Einsatz unter Tage bestimmt sind, müssen alle in diesem Kapitel genannten grundlegenden Sicherheits- und Gesundheitsschutzanforderungen erfüllen (siehe Allgemeine Grundsätze, Nummer 4).

5.1 Risiken durch mangelnde Standsicherheit

Ein Schreitausbau muss so konstruiert und gebaut sein, dass beim Schreitvorgang eine entsprechende Ausrichtung möglich ist und ein Umkippen vor und während der Druckbeaufschlagung sowie nach der Druckminderung unmöglich ist. Der Ausbau muss Verankerungen für die Kopfplatten der hydraulischen Einzelstempel besitzen.

5.2 Bewegungsfreiheit

Ein Schreitausbau muss so konstruiert sein, dass sich Personen ungehindert bewegen können.

5.3 Stellteile

Stellteile zum Beschleunigen und Bremsen schienengeführter Maschinen müssen mit der Hand betätigt werden. Zustimmungsschalter können dagegen mit dem Fuß betätigt werden.

Die Stellteile eines Schreitausbaus müssen so konstruiert und angeordnet sein, dass die Bediener beim Schreitvorgang durch ein feststehendes Ausbauelement geschützt sind. Die Stellteile müssen gegen unbeabsichtigtes Betätigen gesichert sein.

5.4 Anhalten der Fahrbewegung

Für den Einsatz unter Tage bestimmte selbstfahrende schienengeführte Maschinen müssen mit einem Zustimmungsschalter ausgestattet sein, der so auf den Steuerkreis für die Fahrbewegung der Maschine einwirkt, dass die Fahrbewegung angehalten wird, wenn der Fahrer die Fahrbewegung nicht mehr steuern kann.

5.5 Brand

Die Anforderung des Abschnitts 3.5.2 Buchstabe b gilt zwingend für Maschinen oder dazugehörige Produkte mit leicht entflammbaren Teilen.

Das Bremssystem der für den Einsatz unter Tage bestimmten Maschinen oder dazugehörigen Produkte muss so konstruiert und gebaut sein, dass es keine Funken erzeugen oder Brände verursachen kann.

Für Maschinen oder dazugehörige Produkte mit Verbrennungsmotoren, die für den Einsatz unter Tage bestimmt sind, sind nur Motoren zulässig, die mit einem Kraftstoff mit niedrigem Dampfdruck arbeiten und bei denen sich keine elektrischen Funken bilden können.

5.6 Emission von Abgasen

Emissionen von Abgasen aus Verbrennungsmotoren dürfen nicht nach oben abgeleitet werden.

6. ZUSÄTZLICHE GRUNDLEGENDE SICHERHEITS- UND GESUNDHEITSSCHUTZANFORDERUNGEN AN MASCHINEN ODER DAZUGEHÖRIGE PRODUKTE, VON DENEN DURCH DAS HEBEN VON PERSONEN BESONDERE RISIKEN AUSGEHEN

Maschinen oder dazugehörige Produkte, von denen durch das Heben von Personen besondere Risiken ausgehen, müssen alle in diesem Kapitel genannten einschlägigen grundlegenden Sicherheits- und Gesundheitsschutzanforderungen erfüllen (siehe Allgemeine Grundsätze, Nummer 4).

6.1 Allgemeines

6.1.1 Festigkeit

Der Lastträger, einschließlich aller Klappen und Luken, muss so konstruiert und gebaut sein, dass er entsprechend der zulässigen Höchstzahl beförderter Personen und entsprechend der maximalen Tragfähigkeit den erforderlichen Platz und die erforderliche Festigkeit aufweist.

Die unter den Abschnitten 4.1.2.4 und 4.1.2.5 festgelegten Betriebskoeffizienten reichen für Maschinen oder dazugehörige Produkte zum Heben von Personen nicht aus; sie müssen in der Regel verdoppelt werden. Für das Heben von Personen oder von Personen und Gütern bestimmte Maschinen oder dazugehörige Produkte müssen über ein Aufhängungs- oder Tragsystem für den Lastträger verfügen, das so konstruiert und gebaut ist, dass ein ausreichendes allgemeines Sicherheitsniveau gewährleistet ist und dem Risiko des Abstürzens des Lastträgers vorgebeugt wird.

Werden Seile oder Ketten zur Aufhängung des Lastträgers verwendet, so sind in der Regel mindestens zwei voneinander unabhängige Seile oder Ketten mit jeweils eigenen Befestigungspunkten erforderlich.

6.1.2 Belastungsbegrenzung bei nicht durch menschliche Kraft angetriebenen Maschinen oder dazugehörigen Produkten

Es gelten die Anforderungen des Abschnitts 4.2.2 unabhängig von der maximalen Tragfähigkeit und dem Kippmoment, es sei denn, der Hersteller kann den Nachweis erbringen, dass kein Überlastungs- oder Kipprisiko besteht.

6.2 Stellteile

Sofern in den Sicherheitsanforderungen keine anderen Lösungen vorgeschrieben werden, muss der Lastträger in der Regel so konstruiert und gebaut sein, dass die Personen im

Lastträger über Stellteile zur Steuerung der Aufwärts- und Abwärtsbewegung sowie gegebenenfalls anderer Bewegungen des Lastträgers verfügen.

Im Betrieb müssen diese Stellteile Vorrang vor anderen Stellteilen für dieselbe Bewegung haben, NOT-HALT-Geräte ausgenommen.

Die Stellteile für die in Absatz 1 genannten Bewegungen müssen eine kontinuierliche Betätigung erfordern (selbsttätige Rückstellung), es sei denn, dass der Lastträger vollständig umschlossen ist. Bestehen kein Risiko von Kollisionen oder Abstürzen von Personen oder Gegenständen auf dem Lastträger und keine sonstigen Risiken aufgrund der Aufwärts- oder Abwärtsbewegung des Lastträgers, können anstelle von Stellteilen, die eine kontinuierliche Betätigung erfordern, solche verwendet werden, die einen automatischen Halt an vorgewählten Positionen ermöglichen.

6.3 Risiken für in oder auf dem Lastträger befindliche Personen

6.3.1 Risiken durch Bewegungen des Lastträgers

Maschinen oder dazugehörige Produkte zum Heben von Personen müssen so konstruiert, gebaut oder ausgestattet sein, dass Personen durch die Beschleunigung oder Verzögerung des Lastträgers keinem Risiko ausgesetzt werden.

6.3.2 Risiko des Sturzes aus dem Lastträger

Der Lastträger darf sich auch bei Bewegung der Maschine bzw. des dazugehörigen Produkts oder des Lastträgers nicht so weit neigen, dass für die beförderten Personen Absturzgefahr besteht.

Ist der Lastträger als Arbeitsplatz ausgelegt, so muss für seine Stabilität gesorgt werden, und gefährliche Bewegungen müssen verhindert werden.

Falls die unter Abschnitt 1.5.15 vorgesehenen Maßnahmen nicht ausreichen, muss der Lastträger mit einer ausreichenden Zahl von geeigneten Befestigungspunkten für die zulässige Zahl beförderter Personen ausgestattet sein. Die Befestigungspunkte müssen stark genug sein, um die Verwendung von persönlichen Absturzsicherungen zu ermöglichen.

Ist eine Bodenklappe, eine Dachluke oder eine seitliche Tür vorhanden, so muss diese so konstruiert und gebaut sein, dass sie gegen unbeabsichtigtes Öffnen gesichert ist und sich nur in eine Richtung öffnet, die jedes Risiko eines Absturzes verhindert, wenn sie sich unerwartet öffnet.

6.3.3 Risiken durch auf den Lastträger herabfallende Gegenstände

Besteht ein Risiko, dass Gegenstände auf den Lastträger herabfallen und Personen gefährden können, so muss der Lastträger mit einem Schutzdach ausgerüstet sein.

6.4 Maschinen und dazugehörige Produkte, die feste Haltestellen anfahren

6.4.1 Risiken für in oder auf dem Lastträger befindliche Personen

Der Lastträger muss so konstruiert und gebaut sein, dass Risiken durch ein Anstoßen von Personen und/oder Gegenständen in oder auf dem Lastträger an feste oder bewegliche Teile verhindert werden. Wenn es zur Erfüllung dieser Anforderung erforderlich ist, muss der Lastträger selbst vollständig umschlossen sein und über Türen mit einer Verriegelungseinrichtung verfügen, die gefährliche Bewegungen des Lastträgers nur dann zulässt, wenn die Türen geschlossen sind. Wenn das Risiko eines Absturzes aus dem oder vom Lastträger besteht, müssen die Türen geschlossen bleiben, wenn der Lastträger zwischen den Haltestellen anhält.

Maschinen und dazugehörige Produkte müssen so konstruiert, gebaut und erforderlichenfalls mit entsprechenden Vorrichtungen ausgestattet sein, dass unkontrollierte Aufwärts- oder Abwärtsbewegungen des Lastträgers ausgeschlossen sind. Diese Vorrichtungen müssen in der Lage sein, den Lastträger zum Stillstand zu bringen, wenn er sich mit seiner maximalen Traglast und mit der absehbaren Höchstgeschwindigkeit bewegt.

Der Anhaltevorgang darf ungeachtet der Belastungsbedingungen keine für die beförderten Personen gesundheitsschädliche Verzögerung verursachen.

6.4.2 Befehlseinrichtungen an den Haltestellen

Die Befehlseinrichtungen an den Haltestellen — ausgenommen die für die Verwendung in Notfällen bestimmten Befehlseinrichtungen — dürfen keine Bewegung des Lastträgers einleiten, wenn

a) die Stellteile im Lastträger zu diesem Zeitpunkt gerade betätigt werden;
b) sich der Lastträger nicht an einer Haltestelle befindet.

6.4.3 Zugang zum Lastträger

Die trennenden Schutzeinrichtungen an den Haltestellen und auf dem Lastträger müssen so konstruiert und gebaut sein, dass unter Berücksichtigung der absehbaren Bandbreite der zu befördernden Güter und Personen ein sicherer Übergang vom und zum Lastträger gewährleistet ist.

6.5 Kennzeichnung

Auf dem Lastträger müssen die für die Gewährleistung der Sicherheit erforderlichen Angaben angebracht sein; hierzu gehört unter anderem

a) die zulässige Zahl beförderter Personen;
b) die maximale Tragfähigkeit.

ANHANG IV

Technische Dokumentation

TEIL A

Technische Unterlagen für Maschinen und dazugehörige Produkte

In den technischen Unterlagen sind die Mittel anzugeben, mit denen der Hersteller die Übereinstimmung der Maschine bzw. des dazugehörigen Produkts mit den in Anhang III aufgeführten geltenden grundlegenden Sicherheits- und Gesundheitsschutzanforderungen sicherstellt.

Die technischen Unterlagen enthalten zumindest folgende Elemente:

a) eine vollständige Beschreibung der Maschine bzw. des dazugehörigen Produkts und ihrer bzw. seiner bestimmungsgemäßen Verwendung;
b) die Unterlagen über die Risikobeurteilung, aus denen hervorgeht, welches Verfahren angewandt wurde; dies schließt ein:
   i) eine Liste der grundlegenden Sicherheits- und Gesundheitsschutzanforderungen, die auf die Maschine und das dazugehörige Produkt anwendbar sind;
   ii) eine Beschreibung der Schutzmaßnahmen, die ergriffen wurden, um alle anwendbaren Sicherheits- und Gesundheitsschutzanforderungen zu erfüllen, und gegebenenfalls Angabe der Restrisiken, die mit der Maschine oder dem dazugehörigen Produkt verbunden sind;
c) Entwurfs- und Fertigungszeichnungen sowie entsprechende Pläne der Maschine oder des dazugehörigen Produkts, seiner Bauteile, Baugruppen und Schaltkreise;
d) Beschreibungen und Erläuterungen, die zum Verständnis der Zeichnungen und Pläne gemäß Buchstabe c sowie der Funktionsweise der Maschinen oder des dazugehörigen Produkts erforderlich sind;
e) die Referenzen der harmonisierten Normen gemäß Artikel 20 Absatz 1 oder der gemeinsamen technischen Spezifikationen, die von der Kommission gemäß Artikel 20 Absatz 3 angenommen wurden und bei Entwurf und Herstellung der Maschine oder des dazugehörigen Produkts angewandt wurden. Im Fall von teilweise angewandten harmonisierten Normen oder gemeinsamen Spezifikationen werden die Teile, die angewandt wurden, in den Unterlagen angegeben;
f) wurden harmonisierte Normen oder gemeinsame Spezifikationen nicht oder nur teilweise angewandt, Beschreibungen der sonstigen technischen Spezifikationen, die angewandt wurden, um alle geltenden grundlegenden Gesundheitsschutz- und Sicherheitsanforderungen zu erfüllen;
g) die Berichte und/oder Ergebnisse der Entwurfsberechnungen, Prüfungen, Inspektionen und Untersuchungen zur Überprüfung der Konformität der Maschine oder des dazugehörigen Produkts mit den anwendbaren grundlegenden Sicherheits- und Gesundheitsschutzanforderungen;

h) eine Beschreibung der Mittel, mit denen der Hersteller während der Fertigung der Maschine oder des dazugehörigen Produkts deren bzw. dessen Konformität mit den Entwurfsspezifikationen sicherstellt;
i) ein Exemplar der Betriebsanleitung und der Informationen gemäß Anhang III Abschnitt 1.7.4;
j) gegebenenfalls die EU-Einbauerklärung für unvollständige Maschinen gemäß Anhang V Teil B und die Montageanleitung gemäß Anhang IX;
k) gegebenenfalls Kopien der EU-Konformitätserklärung für Maschinen und dazugehörige Produkte sowie für Produkte, die unter andere Harmonisierungsrechtsvorschriften der Union fallen, die in die Maschine oder das dazugehörige Produkt eingebaut sind;
l) bei in Serienfertigung hergestellten Maschinen oder dazugehörigen Produkten eine Aufstellung der intern getroffenen Maßnahmen zur Gewährleistung der Übereinstimmung der Maschine oder des dazugehörigen Produkts mit den Bestimmungen dieser Verordnung;
m) den Quellcode oder die Programmierlogik der Schaltung der sicherheitsrelevanten Software zum Nachweis der Konformität der Maschine oder des dazugehörigen Produkts mit dieser Verordnung auf begründeten Antrag einer zuständigen nationalen Behörde, falls dies für die Überprüfung der Einhaltung der grundlegenden Sicherheits- und Gesundheitsschutzanforderungen nach Anhang III durch diese Behörden erforderlich ist;
n) bei sensorgestützten, ferngesteuerten oder autonomen Maschinen oder dazugehörigen Produkten, wenn der sicherheitsrelevante Betrieb durch Sensordaten gesteuert wird, gegebenenfalls eine Beschreibung der allgemeinen Merkmale, Fähigkeiten und Einschränkungen des verwendeten Systems, der Daten, der Entwicklungs-, Test- und Validierungsverfahren;
o) die Ergebnisse der an den Bau- und Zubehörteilen der Maschine oder des dazugehörigen Produkts vom Hersteller durchgeführten Prüfungen und Versuche, die notwendig sind, um festzustellen, ob die Maschine aufgrund ihrer Konzeption oder Bauart sicher zusammengebaut und in Betrieb genommen werden kann.

TEIL B

Einschlägige technische Unterlagen für unvollständige Maschinen

In den technischen Unterlagen sind die Mittel anzugeben, mit denen der Hersteller die Übereinstimmung der unvollständigen Maschinen mit den in Anhang III aufgeführten einschlägigen grundlegenden Gesundheitsschutz- und Sicherheitsanforderungen sicherstellt.

Die technischen Unterlagen enthalten zumindest folgende Elemente:

a) eine vollständige Beschreibung der unvollständigen Maschine und ihrer vorgesehenen Funktion, wenn sie in eine Maschine oder eine andere unvollständige Maschine oder Anlage eingebaut oder mit ihr zusammengesetzt ist;
b) die Unterlagen über die Risikobeurteilung, aus denen hervorgeht, welches Verfahren durchgeführt wurde; dies schließt ein:

i) eine Liste der grundlegenden Sicherheits- und Gesundheitsschutzanforderungen, die für die unvollständige Maschine gelten,
ii) eine Beschreibung der zur Abwendung ermittelter Gefährdungen oder zur Risikominderung ergriffenen Schutzmaßnahmen und gegebenenfalls eine Angabe der Restrisiken;

c) Entwurfs- und Fertigungszeichnungen sowie entsprechende Pläne der unvollständigen Maschine, ihrer Bauteile, Baugruppen und Schaltkreise;
d) Beschreibungen und Erläuterungen, die zum Verständnis der Zeichnungen und Pläne gemäß Buchstabe c sowie der Funktionsweise der unvollständigen Maschine erforderlich sind;
e) die Referenzen der harmonisierten Normen gemäß Artikel 20 Absatz 1 oder gemeinsamen Spezifikationen, die von der Kommission gemäß Artikel 20 Absatz 3 angenommen und bei Entwurf und Herstellung der unvollständigen Maschine angewandt wurden. Im Fall von teilweise angewandten harmonisierten Normen oder gemeinsamen Spezifikationen werden die Teile, die angewandt wurden, in den Unterlagen angegeben;
f) wurden harmonisierte Normen oder gemeinsame Spezifikationen nicht oder nur teilweise angewandt, Beschreibungen der sonstigen technischen Spezifikationen, die angewandt wurden, um die anwendbaren grundlegenden Sicherheits- und Gesundheitsschutzanforderungen zu erfüllen;
g) die Berichte und/oder die Ergebnisse der Entwurfsberechnungen, Prüfungen, Inspektionen und Untersuchungen zur Überprüfung der Konformität der unvollständigen Maschine mit den anwendbaren grundlegenden Sicherheits- und Gesundheitsschutzanforderungen;
h) eine Beschreibung der Mittel, mit denen der Hersteller während der Fertigung der unvollständigen Maschine deren Konformität mit den Entwurfsspezifikationen sicherstellt;
i) ein Exemplar der Montageanleitung für die unvollständige Maschine gemäß Anhang XI;
j) bei Serienfertigung der unvollständigen Maschinen eine Aufstellung der intern getroffenen Maßnahmen zur Gewährleistung der Übereinstimmung aller gefertigten unvollständigen Maschinen mit den angewandten grundlegenden Sicherheits- und Gesundheitsschutzanforderungen;
k) den Quellcode oder die Programmierlogik der Schaltung der sicherheitsrelevanten Software auf begründeten Antrag einer zuständigen nationalen Behörde, falls dies für die Überprüfung der Einhaltung der grundlegenden Sicherheits- und Gesundheitsschutzanforderungen nach Anhang III durch diese Behörden erforderlich ist;
l) bei sensorgestützten, ferngesteuerten oder autonomen unvollständigen Maschinen, wenn der sicherheitsrelevante Betrieb durch Sensordaten gesteuert wird, gegebenenfalls eine Beschreibung der allgemeinen Merkmale, Fähigkeiten und Einschränkungen des verwendeten Systems, der Daten, der Entwicklungs-, Test- und Validierungsverfahren;

m) die Ergebnisse der an den Bau- und Zubehörteilen der Maschine oder an der unvollständigen Maschine vom Hersteller durchgeführten Prüfungen und Versuche, die notwendig sind, um festzustellen, ob die Maschine aufgrund ihrer Konzeption oder Bauart sicher zusammengebaut und eingebaut werden kann.

ANHANG V

EU-KONFORMITÄTSERKLÄRUNG UND EU-EINBAUERKLÄRUNG

TEIL A

EU-Konformitätserklärung für Maschinen und dazugehörige Produkte Nr. ... [24]

Die EU-Konformitätserklärung muss folgende Angaben enthalten:

1. Die Maschine oder das dazugehörige Produkt (Produkt, Typ, Modell, Charge oder Seriennummer) oder wesentlich veränderte Maschinen oder dazugehörige Produkte.
2. Name und Anschrift des Herstellers und gegebenenfalls seines Bevollmächtigten.
3. Für Maschinen zum Heben von Lasten, die fest in ein Gebäude oder ein Bauwerk eingebaut werden sollen und die nicht in den Räumlichkeiten des Herstellers, sondern nur am Verwendungsort zusammengebaut werden können, die Anschrift dieses Ortes.
4. Die alleinige Verantwortung für die Ausstellung dieser Konformitätserklärung trägt der Hersteller.
5. Gegenstand der Erklärung (Bezeichnung der Maschine oder des dazugehörigen Produkts zwecks Rückverfolgbarkeit; falls dies für die Identifizierung der Maschine oder des dazugehörigen Produkts erforderlich ist, kann eine hinreichend eindeutige Farbabbildung beigefügt werden).
6. Der unter Nummer 5 genannte Gegenstand der Erklärung erfüllt die folgenden Harmonisierungsrechtsvorschriften der Union.
7. Referenzen der harmonisierten Normen gemäß Artikel 20 Absatz 1 oder der angewandten gemeinsamen Spezifikationen, die von der Kommission gemäß Artikel 20 Absatz 3 angenommen wurden, einschließlich des Datums der Veröffentlichung des Verweises auf harmonisierte Normen im *Amtsblatt der Europäischen Union* oder der gemeinsamen Spezifikation, oder Verweise auf die anderen technischen Spezifikationen, einschließlich ihres Datums, für die die Konformität erklärt wird. Im Fall von teilweise angewandten harmonisierten Normen oder gemeinsamen Spezifikationen werden die Teile, die angewandt wurden, in der EU-Konformitätserklärung angegeben:
8. Gegebenenfalls: „Die notifizierte Stelle … (Name, Nummer) … hat die EU-Baumusterprüfung (Modul B) durchgeführt und die EU-Baumusterprüfbescheinigung … (Verweis auf diese Bescheinigung) ausgestellt, gefolgt von der Konformitätserklärung mit der Bauart auf der Grundlage einer internen Fertigungskontrolle (Modul C) oder von der Konformitätserklärung auf der Grundlage einer Einzelprüfung (Modul G) oder von einer umfassenden Qualitätssicherung (Modul H):

24 Der Hersteller kann auf freiwilliger Basis der Konformitätserklärung eine Nummer zuteilen.

9. Gegebenenfalls: „Die Maschine oder das dazugehörige Produkt unterliegt dem Konformitätsbewertungsverfahren auf der Grundlage einer internen Fertigungskontrolle (Modul A):“
10. Weitere Angaben:

Unterzeichnet für und im Namen von: …
(Ort und Datum der Ausstellung):
(Name, Funktion) (Unterschrift)

TEIL B

EU-Erklärung Nr. … über den Einbau einer unvollständigen Maschine [25]

Die Erklärung über den Einbau muss folgende Angaben enthalten:

1. die unvollständige Maschine (Produkt, Typ, Modell, Charge oder Seriennummer):
2. Name und Anschrift des Herstellers und gegebenenfalls seines Bevollmächtigten:
3. Die alleinige Verantwortung für die Ausstellung dieser Erklärung über den Einbau trägt der Hersteller:
4. Gegenstand der Erklärung (Bezeichnung der unvollständigen Maschine zwecks Rückverfolgbarkeit; falls dies für die Identifizierung der unvollständigen Maschine erforderlich ist, kann eine hinreichend eindeutige Farbabbildung beigefügt werden):
5. eine Erklärung, welche grundlegenden Sicherheits- und Gesundheitsschutzanforderungen gemäß Anhang III der Verordnung (EU) 2023/1230 des Europäischen Parlaments und des Rates [26] zur Anwendung kommen und eingehalten werden, ferner eine Erklärung, dass die speziellen technischen Unterlagen gemäß Anhang IV Teil B erstellt wurden, sowie gegebenenfalls eine Erklärung, dass die unvollständige Maschine anderen einschlägigen Harmonisierungsrechtsvorschriften der Union entspricht.
6. Referenzen der harmonisierten Normen gemäß Artikel 20 Absatz 1 oder der angewandten gemeinsamen Spezifikationen, die von der Kommission gemäß Artikel 20 Absatz 3 angenommen wurden, einschließlich des Datums der Norm oder der gemeinsamen Spezifikation, oder Verweise auf die anderen technischen Spezifikationen, einschließlich ihres Datums, für die die Konformität erklärt wird. Im Fall von teilweise angewandten harmonisierten Normen oder gemeinsamen Spezifikationen werden die Teile, die angewandt wurden, in der Einbauerklärung angegeben:
7. die Verpflichtung, einzelstaatlichen Stellen auf begründetes Verlangen einschlägige Angaben zu der unvollständigen Maschine zu übermitteln. In dieser Verpflichtung ist auch anzugeben, wie die Angaben übermittelt werden; die Rechte

25 Der Konformitätserklärung kann auf freiwilliger Basis eine Nummer zugeordnet werden.

26 Verordnung (EU) 2023/1230 des Europäischen Parlaments und des Rates vom 14. Juni 2023 über Maschinen und zur Aufhebung der Richtlinie 2006/42/EG des Europäischen Parlaments und des Rates und der Richtlinie 73/361/EWG des Rates (ABl. L 165 vom 29.6.2023, S. 1).

des geistigen Eigentums des Herstellers der unvollständigen Maschine bleiben hiervon unberührt;

8. einen Hinweis, dass die unvollständige Maschine erst dann in Betrieb genommen werden darf, wenn festgestellt wurde, dass die vollständige Maschine, in die sie eingebaut werden soll, den Bestimmungen dieser Verordnung entspricht:
9. Weitere Angaben:

Unterzeichnet für und im Namen von: …
(Ort und Datum der Ausstellung):
(Name, Funktion) (Unterschrift)

ANHANG VI

INTERNE FERTIGUNGSKONTROLLE

(Modul A)

1. Bei der internen Fertigungskontrolle handelt es sich um das Konformitätsbewertungsverfahren, mit dem der Hersteller die unter den Nummern 2, 3 und 4 genannten Pflichten erfüllt sowie gewährleistet und auf seine alleinige Verantwortung erklärt, dass die betreffende Maschine oder das dazugehörige Produkt den geltenden Anforderungen dieser Verordnung genügt.
2. Technische Dokumentation
   Der Hersteller erstellt die technischen Unterlagen gemäß Anhang IV, Teil A.
3. Herstellung
   Der Hersteller ergreift alle erforderlichen Maßnahmen, damit der Herstellungsprozess und seine Überwachung die Übereinstimmung der hergestellten Maschine oder der dazugehörigen Produkte mit den unter Nummer 2 genannten technischen Unterlagen und mit den geltenden Anforderungen dieser Verordnung gewährleisten.
4. CE-Kennzeichnung und EU-Konformitätserklärung

   4.1. Der Hersteller bringt die CE-Kennzeichnung einzeln an Maschinen oder dazugehörigen Produkten an, die den geltenden Anforderungen dieser Verordnung entsprechen.

   4.2. Der Hersteller stellt für jedes Modell der Maschine oder des dazugehörigen Produkts eine EU-Konformitätserklärung gemäß Artikel 21 aus und hält sie zusammen mit den technischen Unterlagen für einen Zeitraum von zehn Jahren ab dem Inverkehrbringen oder der Inbetriebnahme der Maschine oder des dazugehörigen Produkts für die nationalen Behörden bereit. Aus der EU-Konformitätserklärung muss hervorgehen, für welches Modell der Maschine oder welches Modell des dazugehörigen Produkts sie ausgestellt wurde.

   Ein Exemplar der EU-Konformitätserklärung wird den zuständigen Behörden auf Verlangen zur Verfügung gestellt.
5. Bevollmächtigter
   Die unter Nummer 4 genannten Verpflichtungen des Herstellers können von seinem Bevollmächtigten in seinem Auftrag und unter seiner Verantwortung erfüllt werden, falls sie im Auftrag festgelegt sind.

ANHANG VII

EU-BAUMUSTERPRÜFUNG

(Modul B)

1. Bei der EU-Baumusterprüfung handelt es sich um den Teil eines Konformitätsbewertungsverfahrens, bei dem eine notifizierte Stelle den technischen Entwurf einer Maschine oder eines dazugehörigen Produkts untersucht und prüft und bescheinigt, dass dieser Entwurf der Maschine oder des dazugehörigen Produkts die anwendbaren Anforderungen dieser Verordnung erfüllt.
2. Die EU-Baumusterprüfung erfolgt durch Bewertung der Eignung des technischen Entwurfs einer Maschine oder eines dazugehörigen Produkts anhand einer Prüfung der technischen Unterlagen sowie einer Prüfung eines für die geplante Produktion repräsentativen Musters der Maschine oder des dazugehörigen Produkts (Baumuster).
3. Antrag auf EU-Baumusterprüfung
   Der Antrag auf eine EU-Baumusterprüfung ist vom Hersteller bei einer einzigen notifizierten Stelle seiner Wahl einzureichen.
   Der Antrag muss Folgendes enthalten:

   a) Name und Anschrift des Herstellers und, wenn der Antrag von einem Bevollmächtigten eingereicht wird, Name und Anschrift dieses Bevollmächtigten;
   b) eine schriftliche Erklärung, dass derselbe Antrag bei keiner anderen notifizierten Stelle eingereicht worden ist;
   c) die technischen Unterlagen gemäß Anhang IV Teil A;
   d) der Zugang zu dem Muster der Maschine oder des dazugehörigen Produkts, die für die vorgesehene Produktion repräsentativ sind. Die notifizierte Stelle kann zusätzliche Muster anfordern, wenn dies zur Durchführung des Prüfprogramms erforderlich ist. Bei serienmäßig hergestellten Maschinen oder dazugehörigen Produkten, bei denen jedes Einzelstück an einen individuellen Nutzer angepasst wird, sind Muster zu liefern, die für die Bandbreite der verschiedenen Nutzer repräsentativ sind, und bei Maschinen oder dazugehörigen Produkten, die als Einzelfertigung für einen individuellen Nutzer maßgefertigt werden, ist ein Grundmodell zu liefern.

4. EU-Baumusterprüfung
   Die notifizierte Stelle hat folgende Aufgaben:

   a) Überprüfung der technischen Unterlagen, um die Angemessenheit des technischen Entwurfs der Maschine oder des dazugehörigen Produkts zu bewerten. Bei der Durchführung einer solchen Prüfung braucht Anhang IV Teil A Unterabsatz 2 Buchstaben h und I nicht berücksichtigt zu werden;
   b) bei serienmäßig hergestellten Maschinen oder dazugehörigen Produkten, bei denen jedes Einzelstück an einen individuellen Nutzer angepasst wird,

Überprüfung der Beschreibung der Maße zur Bewertung ihrer Angemessenheit;

c) Prüfung, ob die Muster in Übereinstimmung mit den technischen Unterlagen hergestellt wurden, und Feststellung, welche Teile nach den geltenden Bestimmungen der einschlägigen harmonisierten Normen oder der von der Kommission gemäß Artikel 20 Absatz 3 angenommenen gemeinsamen Spezifikationen und welche Teile gemäß anderen einschlägigen technischen Spezifikationen entworfen wurden;

d) Durchführung bzw. Veranlassung der geeigneten Untersuchungen und Prüfungen, um festzustellen, ob die Lösungen aus den einschlägigen harmonisierten Normen oder der von der Kommission gemäß Artikel 20 Absatz 3 angenommenen gemeinsamen Spezifikationen korrekt angewandt worden sind, sofern der Hersteller sich für ihre Anwendung entschieden hat;

e) Durchführung bzw. Veranlassung geeigneter Untersuchungen und Prüfungen, um festzustellen, ob die vom Hersteller gewählten Lösungen, einschließlich derjenigen in anderen angewandten gemeinsamen Spezifikationen, die entsprechenden grundlegenden Sicherheits- und Gesundheitsschutzanforderungen erfüllen und ordnungsgemäß angewandt wurden, wenn die Lösungen aus den einschlägigen harmonisierten Normen oder den von der Kommission gemäß Artikel 20 Absatz 3 angenommenen technischen Spezifikationen nicht angewandt wurden.

5. Evaluierungsbericht

Die notifizierte Stelle erstellt einen Bericht über die Beurteilung der nach Nummer 4 ausgeführten Tätigkeiten und die dabei erzielten Ergebnisse. Unbeschadet ihrer Pflichten gegenüber den notifizierenden Behörden veröffentlicht die notifizierte Stelle den Inhalt dieses Berichts oder Teile davon nur mit Zustimmung des Herstellers.

6. EU-Baumusterprüfbescheinigung

6.1. Entspricht das Baumuster den geltenden grundlegenden Gesundheitsschutz- und Sicherheitsvorschriften, stellt die notifizierte Stelle dem Hersteller eine EU-Baumusterprüfbescheinigung aus.

Die Gültigkeitsdauer einer neu ausgestellten Bescheinigung und — gegebenenfalls — einer erneuerten Bescheinigung darf fünf Jahre nicht überschreiten.

6.2. Die EU-Baumusterprüfbescheinigung enthält mindestens folgende Angaben:

a) Name und Kennnummer der notifizierten Stelle;

b) Name und Anschrift des Herstellers und, wenn der Antrag von einem Bevollmächtigten eingereicht wird, Name und Anschrift dieses Bevollmächtigten;

c) eine Identifizierung der von der Bescheinigung erfassten Maschine oder des dazugehörigen Produkts (Typennummer);

d) eine Erklärung, der zufolge der Typ der Maschine oder des dazugehörigen Produkts mit den anwendbaren grundlegenden Gesundheitsschutz- und Sicherheitsanforderungen übereinstimmt;
e) die Referenzen der harmonisierten Normen oder der von der Kommission gemäß Artikel 20 Absatz 3 angenommenen gemeinsamen Spezifikationen, sofern diese in vollem Umfang oder teilweise angewandt wurden;
f) wenn andere technische Spezifikationen angewandt wurden, die Referenzen dieser technischen Spezifikationen;
g) das Datum der Ausstellung, das Ablaufdatum und gegebenenfalls den oder die Zeitpunkte der Erneuerung;
h) Bedingungen für die Ausstellung der Bescheinigung.

6.3. Der EU-Baumusterprüfbescheinigung können ein oder mehrere Anhänge beigefügt werden.
6.4. Entspricht das Baumuster nicht den anwendbaren grundlegenden Gesundheitsschutz- und Sicherheitsanforderungen, verweigert die notifizierte Stelle die Ausstellung einer EU-Baumusterprüfbescheinigung und unterrichtet den Antragsteller darüber, wobei sie ihre Weigerung ausführlich begründet.

7. Überprüfung der EU-Baumusterprüfbescheinigung
7.1. Die notifizierte Stelle hält sich über alle Änderungen des allgemein anerkannten Stands der Technik auf dem Laufenden; deuten diese darauf hin, dass das zugelassene Baumuster nicht mehr den anwendbaren grundlegenden Sicherheits- und Gesundheitsschutzanforderungen entspricht, entscheidet sie, ob derartige Änderungen weitere Untersuchungen nötig machen. Ist dies der Fall, setzt die notifizierte Stelle den Hersteller davon in Kenntnis.
7.2. Der Hersteller unterrichtet die notifizierte Stelle, der die technischen Unterlagen zur EU-Baumusterprüfbescheinigung vorliegen, über alle Änderungen an dem zugelassenen Baumuster und über alle Änderungen der technischen Unterlagen, die die Übereinstimmung der Maschine oder des dazugehörigen Produkts mit den anwendbaren grundlegenden Sicherheits- und Gesundheitsschutzanforderungen oder den Bedingungen für die Gültigkeit der Bescheinigung beeinträchtigen könnten. Derartige Änderungen erfordern eine Zusatzgenehmigung in Form einer Ergänzung der ursprünglichen EU-Baumusterprüfbescheinigung.
7.3. Der Hersteller gewährleistet, dass die Maschine oder das dazugehörige Produkt weiterhin die anwendbaren grundlegenden Sicherheits- und Gesundheitsschutzanforderungen nach dem Stand der Technik erfüllt.
7.4. In den folgenden Fällen muss der Hersteller bei der notifizierten Stelle die Überprüfung der EU-Baumusterprüfbescheinigung beantragen:

a) bei einer Änderung des zugelassenen Baumusters gemäß Nummer 7.2 oder
b) bei einer Änderung des Stands der Technik gemäß Nummer 7.3 oder
c) spätestens vor Ablauf der Gültigkeit der Bescheinigung.

In dem unter Buchstabe c genannten Fall kann die Überprüfung nur dann zu einer Erneuerung der EU-Baumusterprüfbescheinigung führen, wenn der Antrag vom Hersteller frühestens zwölf Monate und spätestens sechs Monate vor Ablauf der Gültigkeit der EU-Baumusterprüfbescheinigung eingereicht wird. Hält der Hersteller die oben genannten Fristen nicht ein, so kann die Überprüfung nur zu einer Genehmigung in Form einer Ergänzung der ursprünglichen EU-Baumusterprüfbescheinigung führen, und der Ablauf der Gültigkeit der Bescheinigung entspricht dem der ursprünglichen Bescheinigung.

7.5. Die notifizierte Stelle untersucht das Baumuster der Maschine oder des dazugehörigen Produkts und führt — falls dies angesichts der erfolgten Änderungen erforderlich ist — die einschlägigen Prüfungen durch, um sicherzustellen, dass das zugelassene Baumuster weiterhin die anwendbaren grundlegenden Sicherheits- und Gesundheitsschutzanforderungen erfüllt. Hat die notifizierte Stelle sich vergewissert, dass das zugelassene Baumuster die anwendbaren grundlegenden Sicherheits- und Gesundheitsschutzanforderungen weiterhin erfüllt, erneuert sie die EU-Baumusterprüfbescheinigung oder erlässt einen Zusatz zur ursprünglichen EU-Baumusterprüfbescheinigung. Die notifizierte Stelle stellt sicher, dass das Überprüfungsverfahren vor dem Ablauf der Gültigkeit der EU-Baumusterprüfbescheinigung abgeschlossen ist.

7.6. Sind die in Nummer 7.4 Buchstaben a und b genannten Bedingungen nicht erfüllt, so wird ein vereinfachtes Überprüfungsverfahren angewandt. Der Hersteller legt der notifizierten Stelle Folgendes vor:

a) seinen Namen und seine Adresse sowie Angaben zur Identifizierung der betreffenden EU-Baumusterprüfbescheinigung;
b) Bestätigung, dass an dem zugelassenen Baumuster gemäß Nummer 7.2, einschließlich Werkstoffen, Bauteilen oder Unterbaugruppen, sowie an den einschlägigen harmonisierten Normen oder den von der Kommission nach Artikel 20 Absatz 3 angenommenen gemeinsamen Spezifikationen oder an anderen angewandten technischen Spezifikationen keine Änderungen vorgenommen wurden;
c) eine Bestätigung, dass keine Änderung des Stands der Technik gemäß Nummer 7.3 stattgefunden hat, und,
d) sofern noch nicht vorgelegt, Kopien der aktuellen Produktzeichnungen und Fotografien, Produktkennzeichnung und -informationen;

hat die notifizierte Stelle bestätigt, dass keine Änderung an dem zugelassenen Baumuster gemäß Nummer 7.2 und keine Änderung des Stands der Technik gemäß Nummer 7.3 stattgefunden hat, so wird das vereinfachte Überprüfungsverfahren angewandt und die Untersuchungen und Prüfungen gemäß Nummer 7.5 werden nicht durchgeführt. In solchen Fällen erneuert die notifizierte Stelle die EU-Baumusterprüfbescheinigung.

Die mit dieser Erneuerung verbundenen Kosten müssen im Verhältnis zum Verwaltungsaufwand des vereinfachten Verfahrens stehen.

Stellt die notifizierte Stelle fest, dass eine Änderung des Stands der Technik gemäß Nummer 7.3 stattgefunden hat, so wird das Verfahren der Nummer 7.5 angewandt.

7.7. Kommt die notifizierte Stelle im Anschluss an die Überprüfung zu dem Schluss, dass die EU-Baumusterprüfbescheinigung nicht mehr gültig ist, so hebt sie die Bescheinigung auf und der Hersteller darf die betreffende Maschine oder das dazugehörige Produkt nicht mehr in Verkehr bringen.

8. Jede notifizierte Stelle unterrichtet ihre notifizierende Behörde über die EU-Baumusterprüfbescheinigungen und/oder etwaige Ergänzungen dazu, die sie ausgestellt oder aufgehoben hat, und übermittelt ihrer notifizierenden Behörde in regelmäßigen Abständen oder auf Verlangen eine Aufstellung solcher Bescheinigungen und/oder Ergänzungen dazu, die sie versagt, ausgesetzt oder auf andere Art eingeschränkt hat.

Jede notifizierte Stelle unterrichtet die übrigen notifizierten Stellen über die EU-Baumusterprüfbescheinigungen und/oder etwaige Ergänzungen dazu, die sie versagt, aufgehoben, ausgesetzt oder auf andere Weise eingeschränkt hat, und teilt ihnen, wenn sie dazu aufgefordert wird, alle von ihr ausgestellten Bescheinigungen über die EU- Baumusterprüfung und/oder Ergänzungen dazu mit.

Die Kommission, die Mitgliedstaaten und die anderen notifizierten Stellen können auf Verlangen ein Exemplar der EU-Baumusterprüfbescheinigungen und/oder ihrer Ergänzungen erhalten. In begründeten Fällen können die Kommission und die Mitgliedstaaten auf Verlangen ein Exemplar der technischen Unterlagen und der Ergebnisse der von der notifizierten Stelle vorgenommenen Prüfungen erhalten.

Die notifizierte Stelle bewahrt ein Exemplar der EU-Baumusterprüfbescheinigung samt Anhängen und Ergänzungen sowie des technischen Dossiers einschließlich der vom Hersteller eingereichten Unterlagen für einen Zeitraum von fünf Jahren ab dem Ende der Gültigkeitsdauer dieser Bescheinigung auf.

9. Der Hersteller hält ein Exemplar der EU-Baumusterprüfbescheinigung samt Anhängen und Ergänzungen zusammen mit den technischen Unterlagen mindestens zehn Jahre lang nach dem Inverkehrbringen oder der Inbetriebnahme der Maschine oder des dazugehörigen Produkts für die nationalen Behörden bereit.

10. Der Bevollmächtigte des Herstellers kann den unter Nummer 3 genannten Antrag einreichen und die unter den Nummern 7.2, 7.4 und 9 genannten Pflichten erfüllen, falls sie im Auftrag festgelegt sind.

ANHANG VIII

KONFORMITÄT MIT DEM BAUMUSTER AUF DER GRUNDLAGE EINER INTERNEN FERTIGUNGSKONTROLLE

(Modul C)

1. Die Konformität mit dem Baumuster auf der Grundlage einer internen Fertigungskontrolle ist Teil eines Konformitätsbewertungsverfahrens, bei dem der Hersteller die unter den Nummern 2 und 3 genannten Pflichten erfüllt sowie gewährleistet und auf seine alleinige Verantwortung erklärt, dass das betreffende Modell der Maschine oder des dazugehörigen Produkts dem in der EU-Baumusterprüfbescheinigung beschriebenen Baumuster entspricht und den geltenden Anforderungen dieser Verordnung genügt.
2. Herstellung
   Der Hersteller trifft alle erforderlichen Maßnahmen, damit der Herstellungsprozess und seine Überwachung die Konformität der hergestellten Maschine oder des dazugehörigen Produkts mit dem in der EU-Baumusterprüfbescheinigung beschriebenen Baumuster und mit den geltenden Anforderungen dieser Verordnung gewährleisten.
3. CE-Kennzeichnung und EU-Konformitätserklärung

   3.1. Der Hersteller bringt die CE-Kennzeichnung an jeder Maschine oder jedem dazugehörigen Produkt an, das mit dem in der EU-Baumusterprüfbescheinigung beschriebenen Baumuster übereinstimmt und den geltenden Anforderungen dieser Verordnung genügt.

   3.2. Der Hersteller stellt für ein Modell einer Maschine oder des dazugehörigen Produkts eine EU-Konformitätserklärung aus und hält sie mindestens zehn Jahre lang nach dem Inverkehrbringen oder der Inbetriebnahme der Maschine oder des dazugehörigen Produkts für die nationalen Behörden bereit. Aus der EU-Konformitätserklärung muss hervorgehen, für welche Maschine oder welches dazugehörige Produkt sie ausgestellt wurde.

   Ein Exemplar der EU-Konformitätserklärung wird den zuständigen Behörden auf Verlangen zur Verfügung gestellt.
4. Bevollmächtigter
   Die unter Nummer 3 genannten Verpflichtungen des Herstellers können von seinem Bevollmächtigten in seinem Auftrag und unter seiner Verantwortung erfüllt werden, falls sie im Auftrag festgelegt sind.

ANHANG IX

KONFORMITÄT AUF DER GRUNDLAGE EINER UMFASSENDEN QUALITÄTSSICHERUNG

(Modul H)

1. Bei der Konformität auf der Grundlage einer umfassenden Qualitätssicherung handelt es sich um das Konformitätsbewertungsverfahren, mit dem der Hersteller die in den Nummern 2 und 5 genannten Pflichten erfüllt sowie gewährleistet und auf seine alleinige Verantwortung erklärt, dass die betreffende Maschine oder das dazugehörige Produkt die für sie bzw. es geltenden Anforderungen dieser Verordnung erfüllt.
2. Herstellung
Der Hersteller betreibt ein zugelassenes Qualitätssicherungssystem für Entwicklung, Herstellung, Endabnahme und Prüfung der betreffenden Maschine oder des dazugehörigen Produkts nach Nummer 3; er unterliegt der Überwachung nach Nummer 4.
3. Qualitätssicherungssystem

3.1. Der Hersteller beantragt bei einer notifizierten Stelle seiner Wahl die Bewertung seines Qualitätssicherungssystems für die betreffende Maschine oder das dazugehörige Produkt.

Der Antrag muss Folgendes enthalten:

a) Name und Anschrift des Herstellers und, wenn der Antrag von einem Bevollmächtigten eingereicht wird, Name und Anschrift dieses Bevollmächtigten;
b) die in Anhang IV Teil A Buchstaben a bis g, i bis k und m bis o beschriebenen technischen Unterlagen jeweils für ein Modell jeder herzustellenden Kategorie von Maschinen oder dazugehörigen Produkten;
c) die Dokumentation zum Qualitätssicherungssystem und
d) eine schriftliche Erklärung, dass derselbe Antrag bei keiner anderen notifizierten Stelle eingereicht worden ist.

3.2. Das Qualitätssicherungssystem muss die Übereinstimmung der Maschinen oder dazugehörigen Produkten mit den für sie geltenden Anforderungen dieser Verordnung gewährleisten.

Alle vom Hersteller berücksichtigten Elemente, Anforderungen und Vorschriften sind in einer Dokumentation systematisch in Form von Maßnahmen, Verfahren und Anweisungen schriftlich niederzulegen. Mit diesen Unterlagen über das Qualitätssicherungssystem muss sichergestellt werden, dass die Qualitätssicherungsprogramme, -pläne, -handbücher und qualitätsbezogene Aufzeichnungen einheitlich ausgelegt werden.

Sie müssen insbesondere eine angemessene Beschreibung folgender Punkte enthalten:

a) Qualitätsziele sowie organisatorischer Aufbau, Zuständigkeiten und Befugnisse des Managements in Bezug auf Entwurf und Produktqualität;
b) technische Konstruktionsspezifikationen einschließlich der angewandten Normen sowie bei nicht vollständiger Anwendung der harmonisierten Normen oder von der Kommission gemäß Artikel 20 Absatz 3 angenommener gemeinsamer Spezifikationen die Mittel, einschließlich anderer technischer Spezifikationen, mit denen gewährleistet werden soll, dass die für die Maschine oder das dazugehörige Produkt geltenden grundlegenden Sicherheits- und Gesundheitsschutzanforderungen dieser Verordnung erfüllt werden;
c) Techniken zur Steuerung des Entwurfs und der Prüfung des Entwicklungsergebnisses, Verfahren und systematische Maßnahmen, die bei der Entwicklung der Maschine oder des dazugehörigen Produkts angewandt werden;
d) die entsprechenden angewandten Verfahren und systematischen Maßnahmen bei Fertigung, Qualitätskontrolle und Qualitätssicherung;
e) Prüfungen und Erprobungen, die vor, während und nach der Fertigung durchgeführt werden, sowie deren Häufigkeit;
f) Qualitätsbezogene Aufzeichnungen wie Kontrollberichte, Prüf- und Kalibrierungsdaten, Berichte über die Qualifikation der in diesem Bereich beschäftigten Mitarbeiter usw.;
g) Mittel, mit denen die Verwirklichung der angestrebten Konstruktions- und Produktqualität und die wirksame Arbeitsweise des Qualitätssicherungssystems überwacht werden können.

3.3. Die notifizierte Stelle bewertet das Qualitätssicherungssystem, um festzustellen, ob es den Anforderungen nach Nummer 3.2 genügt.

Bei den Bestandteilen des Qualitätssicherungssystems, die die entsprechenden Spezifikationen der einschlägigen harmonisierten Normen erfüllen, geht sie von einer Konformität mit diesen Anforderungen aus.

Zusätzlich zur Erfahrung mit Qualitätsmanagementsystemen verfügt mindestens ein Mitglied des Auditteams über Erfahrungen mit der Bewertung in dem einschlägigen Bereich der Maschinen oder dazugehörigen Produkte und der betreffenden Technologie sowie über Kenntnisse der geltenden grundlegenden Sicherheits- und Gesundheitsschutzanforderungen in Anhang III. Das Audit umfasst auch einen Kontrollbesuch in den Räumlichkeiten des Herstellers. Das Auditteam überprüft die in Nummer 3.1 Buchstabe b genannten technischen Unterlagen, um sich zu vergewissern, dass der Hersteller in der Lage ist, die anwendbaren grundlegenden Sicherheits- und Gesundheitsschutzanforderungen nach Anhang III zu erkennen und die erforderlichen Prüfungen durchzuführen, damit die Übereinstimmung der Maschine oder des dazugehörigen Produkts mit diesen Anforderungen sichergestellt ist.

Die Entscheidung wird dem Hersteller oder seinem Bevollmächtigten mitgeteilt.

Die Mitteilung enthält die Ergebnisse der Prüfung und eine Begründung der Entscheidung.

3.4. Der Hersteller verpflichtet sich, die mit dem zugelassenen Qualitätssicherungssystem verbundenen Pflichten zu erfüllen und dafür zu sorgen, dass das System stets sachgemäß und effizient betrieben wird.

3.5. Der Hersteller unterrichtet die notifizierte Stelle, die das Qualitätssicherungssystem zugelassen hat, über alle geplanten Änderungen des Qualitätssicherungssystems.

Die notifizierte Stelle prüft die geplanten Änderungen und entscheidet, ob das geänderte Qualitätssicherungssystem noch den in Nummer 3.2 genannten Anforderungen entspricht oder ob eine erneute Bewertung erforderlich ist.

Sie teilt ihre Entscheidung dem Hersteller mit. Die Mitteilung enthält die Ergebnisse der Prüfung und eine Begründung der Entscheidung.

4. Überwachung unter der Verantwortung der benannten Stelle

4.1. Die Überwachung soll gewährleisten, dass der Hersteller die Verpflichtungen aus dem zugelassenen Qualitätssicherungssystem ordnungsgemäß erfüllt.

4.2. Der Hersteller gewährt der notifizierten Stelle zu Bewertungszwecken Zugang zu den Konstruktions-, Herstellungs-, Abnahme-, Prüf- und Lagereinrichtungen und stellt dieser Stelle alle erforderlichen Unterlagen zur Verfügung, insbesondere

a) die Unterlagen über das Qualitätssicherungssystem,
b) die vom Qualitätssicherungssystem für den Konstruktionsbereich vorgesehenen qualitätsbezogene Aufzeichnungen wie Ergebnisse von Analysen, Berechnungen, Prüfungen usw.,
c) die im Qualitätssicherungssystem für den Fertigungsbereich vorgesehenen qualitätsbezogenen Aufzeichnungen wie Prüfberichte, Prüfdaten, Kalibrierungsdaten, Berichte über die Qualifikation der in diesem Bereich beschäftigten Mitarbeiter usw.

4.3. Die notifizierte Stelle führt regelmäßig Audits durch, um sicherzustellen, dass der Hersteller das Qualitätssicherungssystem aufrechterhält und anwendet, und übermittelt ihm einen Bericht über das Audit.

4.4. Darüber hinaus kann die notifizierte Stelle beim Hersteller unangemeldete Besichtigungen durchführen. Während dieser Besichtigungen kann die notifizierte Stelle erforderlichenfalls Produktprüfungen durchführen oder durchführen lassen, um sich über das ordnungsgemäße Funktionieren des Qualitätssicherungssystems zu vergewissern. Die notifizierte Stelle übergibt dem Hersteller einen Bericht über die Besichtigung und gegebenenfalls über die Prüfungen.

5. CE-Kennzeichnung und EU-Konformitätserklärung

5.1. Der Hersteller bringt an jedem einzelnen Produkt, das die geltenden Anforderungen dieser Verordnung erfüllt, die nach der Verordnung vorgeschriebene CE-Kennzeichnung und unter der Verantwortung der in Nummer 3.1 genannten notifizierten Stelle deren Kennnummer an.

5.2. Hersteller stellt für jedes Modell einer Maschine oder eines dazugehörigen Produkts eine schriftliche EU-Konformitätserklärung aus und hält sie nach dem Inverkehrbringen oder der Inbetriebnahme der Maschine oder des dazugehörigen Produkts mindestens zehn Jahre lang für die nationalen Behörden bereit. Aus der EU-Konformitätserklärung muss hervorgehen, für welches Modell einer Maschine oder eines dazugehörigen Produkts sie ausgestellt wurde.

Ein Exemplar der EU-Konformitätserklärung wird den zuständigen Behörden auf Verlangen zur Verfügung gestellt.

6. Der Hersteller hält folgende Unterlagen für einen Zeitraum von mindestens zehn Jahren nach Inverkehrbringen oder Inbetriebnahme der Maschine oder des dazugehörigen Produkts für die nationalen Behörden bereit:

a) die technischen Unterlagen gemäß Nummer 3.1. Buchstabe b,
b) die Unterlagen über das Qualitätssicherungssystem nach Nummer 3.1 Buchstabe c,
c) die Informationen zur Änderung gemäß Nummer 3.5 in ihrer genehmigten Form,
d) die Entscheidungen und Berichte der notifizierten Stelle gemäß den Nummern 3.5, 4.3 und 4.4.

7. Jede notifizierte Stelle unterrichtet ihre notifizierende Behörde über Zulassungen von Qualitätssicherungssystemen, die sie erteilt oder aufgehoben hat, und übermittelt ihr in regelmäßigen Abständen oder auf Verlangen eine Aufstellung aller Zulassungen von Qualitätssicherungssystemen, die sie versagt, ausgesetzt oder auf andere Art eingeschränkt hat.

Jede notifizierte Stelle unterrichtet die anderen notifizierten Stellen über Zulassungen von Qualitätssicherungssystemen, die sie versagt, ausgesetzt oder aufgehoben hat, und auf Verlangen über Zulassungen, die sie erteilt hat.

8. Bevollmächtigter

Die unter den Nummern 3.1, 3.5, 5 und 6 genannten Verpflichtungen des Herstellers können von seinem Bevollmächtigten in seinem Auftrag und unter seiner Verantwortung erfüllt werden, falls sie im Auftrag festgelegt sind.

ANHANG X

KONFORMITÄT AUF DER GRUNDLAGE EINER EINZELPRÜFUNG

(Modul G)

1. Bei der Konformität auf der Grundlage einer Einzelprüfung handelt es sich um das Konformitätsbewertungsverfahren, mit dem der Hersteller die in den Nummern 2, 3 und 5 genannten Verpflichtungen erfüllt sowie gewährleistet und seine alleinige Verantwortung erklärt, dass die/das Nummer 4 unterliegende Maschine oder dazugehörige Produkt den für sie/es geltenden grundlegenden Sicherheits- und Gesundheitsschutzanforderungen in Anhang III genügt.
2. Technische Dokumentation
   Der Hersteller erstellt die technischen Unterlagen und stellt sie der in Nummer 4 genannten notifizierten Stelle zur Verfügung. Anhand dieser Unterlagen muss es möglich sein, die Übereinstimmung der Maschine oder des zugehörigen Produkts mit den einschlägigen grundlegenden Sicherheits- und Gesundheitsschutzanforderungen nach Anhang III zu bewerten, und sie müssen eine angemessene Risikoanalyse und -bewertung enthalten. In den technischen Unterlagen sind die geltenden grundlegenden Sicherheits- und Gesundheitsschutzanforderungen aufzuführen und der Entwurf, die Herstellung und der Betrieb der Maschine oder des dazugehörigen Produkts zu erfassen, soweit sie für die Bewertung von Belang sind.
   Die technischen Unterlagen enthalten gegebenenfalls zumindest folgende Elemente:

   a) Name und Anschrift des Herstellers und, wenn der Antrag von einem Bevollmächtigten eingereicht wird, Name und Anschrift dieses Bevollmächtigten;
   b) die technischen Unterlagen für die Einheit der herzustellenden Maschine oder dazugehörigen Produkte.

      Darüber hinaus enthalten die technischen Unterlagen gegebenenfalls zumindest

      i) die in Anhang IV Teil A Buchstaben a bis g genannten Elemente;
      ii) die Dokumentation zum Qualitätssicherungssystem; und
      iii) eine schriftliche Erklärung, dass derselbe Antrag bei keiner anderen notifizierten Stelle eingereicht worden ist.

   2.1 Der Hersteller muss die technischen Unterlagen mindestens zehn Jahre lang nach dem Inverkehrbringen der Maschine oder des dazugehörigen Produkts für die zuständigen nationalen Behörden bereithalten.
3. Herstellung
   Der Hersteller trifft alle erforderlichen Maßnahmen, damit der Fertigungsprozess und seine Überwachung die Konformität der hergestellten Maschine oder des dazugehörigen Produkts mit den geltenden grundlegenden Sicherheits- und Gesundheitsschutzanforderungen nach Anhang III gewährleisten.

4. Überprüfung

Eine vom Hersteller gewählte notifizierte Stelle führt die in den einschlägigen harmonisierten Normen und/oder gemeinsamen Spezifikationen festgelegten Untersuchungen und Prüfungen oder gleichwertige Prüfungen durch oder lässt sie durchführen, um die Konformität der Maschine oder des dazugehörigen Produkts mit den anwendbaren grundlegenden Sicherheits- und Gesundheitsschutzanforderungen nach Anhang III zu prüfen. In Ermangelung einer solchen harmonisierten Norm und/oder gemeinsamen Spezifikation entscheidet die notifizierte Stelle darüber, welche Prüfungen durchgeführt werden.

Die notifizierte Stelle stellt auf der Grundlage dieser Prüfungen und Erprobungen eine Bescheinigung aus und bringt an jeder zugelassenen Maschine und jedem dazugehörigen Produkt ihre Kennnummer an oder lässt diese unter ihrer Verantwortung anbringen.

Der Hersteller hält die Bescheinigungen mindestens zehn Jahre lang nach dem Inverkehrbringen der Maschine oder des dazugehörigen Produkts für die nationalen Behorden bereit.

5. CE-Kennzeichnung und EU-Konformitätserklärung

5.1. Der Hersteller bringt die erforderliche CE-Kennzeichnung gemäß Artikel 10 Absatz 2 und, unter der Verantwortung der in Nummer 4 genannten notifizierten Stelle, die Kennnummer dieser Stelle an der Maschine oder dem dazugehörigen Produkt an, die bzw. das die anwendbaren grundlegenden Gesundheitsschutz- und Sicherheitsanforderungen nach Anhang III erfüllt.

5.2. Hersteller stellt eine schriftliche EU-Konformitätserklärung aus und hält sie nach dem Inverkehrbringen oder der Inbetriebnahme der Maschine oder des dazugehörigen Produkts mindestens zehn Jahre lang für die nationalen Behörden bereit. Aus der EU-Konformitätserklärung muss hervorgehen, für welche Maschine oder welches dazugehörige Produkt sie ausgestellt wurde.

Ein Exemplar der EU-Konformitätserklärung wird den zuständigen Behörden auf Verlangen zur Verfügung gestellt.

6. Bevollmächtigter

Die in den Nummern 2.1 und 5 genannten Verpflichtungen des Herstellers können im Auftrag des Herstellers und unter der Verantwortung des Herstellers von einem Bevollmächtigten erfüllt werden, falls diese Verpflichtungen im Auftrag festgelegt sind.

ANHANG XI

MONTAGEANLEITUNG FÜR EINE UNVOLLSTÄNDIGE MASCHINE

1. Die Montageanleitung für unvollständige Maschinen muss eine Beschreibung der Bedingungen enthalten, die erfüllt sein müssen, um sicherzustellen, dass die unvollständige Maschine ordnungsgemäß in die Maschine oder in eine andere unvollständige Maschine oder Ausrüstung eingebaut wird, und dass die Maschine oder eine andere unvollständige Maschine oder Ausrüstung mit der eingebauten unvollständigen Maschine die Sicherheit und Gesundheit von Personen und gegebenenfalls von Haustieren und Sachen sowie, soweit anwendbar, der Umwelt nicht gefährdet.
2. Die Montageanleitung muss einschlägige Informationen enthalten, die in der Anleitung der Maschine oder sonstigen unvollständigen Maschine oder Anlage, in denen die unvollständige Maschine montiert werden soll, zu verwenden sind. Jede Montageanleitung muss erforderlichenfalls folgende Mindestangaben enthalten:

   a) eine allgemeine Beschreibung der unvollständigen Maschine,
   b) die für den Einbau in die vollständige Maschine, die Wartung und Instandsetzung der unvollständigen Maschine und zur Überprüfung ihres ordnungsgemäßen Funktionierens erforderlichen Zeichnungen, Schaltpläne, Beschreibungen und Erläuterungen;
   c) Warnhinweise in Bezug auf Fehlanwendungen der Maschine oder der unvollständigen Maschine, zu denen es erfahrungsgemäß kommen kann;
   d) Anleitungen zur Montage, zum Aufbau und zum Anschluss der unvollständigen Maschine, einschließlich der Zeichnungen, Schaltpläne und der Befestigungen, sowie Angabe des Maschinengestells oder der Anlage, auf das bzw. in die die unvollständige Maschine montiert werden soll;
   e) Informationen über Lärm oder Vibrationen, die durch die Einarbeitung wahrscheinlich verringert werden;
   f) Informationen über die grundlegenden Gesundheitsschutz- und Sicherheitsanforderungen nach Anhang III, die für die unvollständige Maschine gelten;
   g) die wesentlichen Merkmale der Werkzeuge, die an der unvollständigen Maschine angebracht werden können;
   h) Bedingungen, unter denen die unvollständige Maschine die Anforderungen an die Standsicherheit beim Transport, bei der Montage, bei der Demontage, wenn sie außer Betrieb ist, bei Prüfungen sowie bei vorhersehbaren Störungen erfüllt;
   i) Sicherheitshinweise zum Transport, zur Handhabung und zur Lagerung, mit Angabe des Gewichts der unvollständigen Maschine und ihrer verschiedenen Bauteile, falls sie regelmäßig getrennt transportiert werden müssen;
   j) bei Unfällen oder Störungen erforderliches Vorgehen; falls es zu einer Blockierung kommen kann, ist in der Betriebsanleitung anzugeben, wie zum gefahrlosen Lösen der Blockierung vorzugehen ist;

k) Beschreibung der vom Nutzer durchzuführenden Einrichtungs- und Wartungsarbeiten sowie der zu treffenden vorbeugenden Wartungsmaßnahmen, die unter Berücksichtigung der Konstruktion zu beachten sind;
l) Anweisungen zum sicheren Einrichten und Warten einschließlich der dabei zu treffenden Schutzmaßnahmen;
m) Spezifikationen der zu verwendenden Ersatzteile, wenn diese sich auf die Sicherheit und Gesundheit der Bediener auswirken;
n) eine klare Beschreibung der Version der Montageanleitung, die dem Modell der unvollständigen Maschine entspricht.

Ist die unvollständige Maschine für die Verwendung in Maschinen bestimmt, die unter Anhang III Kapitel 2 bis 6 fallen, so muss die Montageanleitung auch die einschlägigen Angaben enthalten, die in der Anleitung für diese Maschinen zu verwenden sind.

3. Die Montageanleitung für unvollständige Maschinen enthält die EU-Einbauerklärung oder die Internetadresse oder den maschinenlesbaren Code, für die die EU-Einbauerklärung zugänglich ist.

ANHANG XII

ENTSPRECHUNGSTABELLE

Richtlinie 2006/42/EG	Vorliegende Verordnung
Artikel 1	Artikel 2
Artikel 2	Artikel 3
Artikel 3	Artikel 9
Artikel 4 Absatz 1 und 2	Artikel 8
Artikel 4 Absatz 3 und 4	—
Artikel 5	Artikel 10 und 11
Artikel 6	Artikel 4
Artikel 7	Artikel 20 Absatz 1
Artikel 8 Absatz 1	Artikel 6 Absatz 1 und 7 Absatz 1
Artikel 8 Absatz 2	—
Artikel 9	—
Artikel 10	Artikel 44 Absatz 3
Artikel 11	Artikel 43, 44 und 45
Artikel 12	Artikel 25
Artikel 13	Artikel 11
Artikel 14 (und Anhang XI)	Artikel 26 bis Artikel 42
Artikel 15	Artikel 5
Artikel 16	Artikel 23 und 24
Artikel 17	Artikel 46
Artikel 18	Artikel 49
Artikel 19	—
Artikel 20	—
Artikel 21	Artikel 53
Artikel 21 a	Artikel 47
Artikel 22	Artikel 48
Artikel 23	Artikel 50
Artikel 24	—
Artikel 25	Artikel 51
Artikel 26	—
Artikel 27	—
Artikel 28	Artikel 54 Absatz 1
Artikel 29	Artikel 54 Absätze 2 und 3
Anhang I — Allgemeine Grundsätze und Abschnitt 1.1.1 (Begriffsbestimmungen)	Anhang III — Teil A (Begriffsbestimmungen) und Teil B (Allgemeine Grundsätze)
Anhang I Abschnitte 1.1.2-1.1.8	Anhang III Abschnitt 1
Anhang I Abschnitt 2	Anhang III Abschnitt 2

Richtlinie 2006/42/EG	Vorliegende Verordnung
Anhang I Abschnitt 3	Anhang III Abschnitt 3
Anhang I Abschnitt 4	Anhang III Abschnitt 4
Anhang I Abschnitt 5	Anhang III Abschnitt 5
Anhang I Abschnitt 6	Anhang III Abschnitt 6
Anhang II Teile A und B	Anhang V Teile A und B
Anhang III	—
Anhang IV	Anhang I
Anhang V	Anhang II
Anhang VI	Anhang XI
Anhang VII Teile A und B	Anhang IV Teile A und B
Anhang VIII in Verbindung mit Artikel 12 Absatz 3 Buchstabe a	Anhang VI
Anhang VII (Nummer 3) in Verbindung mit Artikel 12 Absatz 3 Buchstabe b	Anhang VIII
Anhang IX	Anhang VII
Anhang X	Anhang IX
Anhang XI	Artikel 30

7.2 Berichtigung der Verordnung (EU) 2023/1230 des Europäischen Parlaments und des Rates vom 14. Juni 2023 über Maschinen und zur Aufhebung der Richtlinie 2006/42/EG des Europäischen Parlaments und des Rates und der Richtlinie 73/361/EWG des Rates

(Amtsblatt der Europäischen Union L 165 vom 29. Juni 2023)

1. Seite 17, Artikel 6 Absatz 9:
Anstatt: „14. Juli 2025"
muss es heißen: „20. Juli 2025".

2. Seite 17, Artikel 6 Absatz 10 Unterabsatz 4:
Anstatt: „14. Juli 2024"
muss es heißen: „20. Juli 2024".

3. Seite 36, Artikel 47 Absatz 2:
Anstatt: „13. Juli 2023"
muss es heißen: „19. Juli 2023".

4. Seite 38, Artikel 50 Absatz 2:
Anstatt: „14. Oktober 2026"
muss es heißen: „20. Oktober 2026".

5. Seite 38, Artikel 51 Absatz 2 Unterabsatz 1:
Anstatt: „14. Januar 2027"
muss es heißen: „20. Januar 2027".

6. Seite 38, Artikel 52 Absatz 1 Satz 1:
Anstatt: „14. Januar 2027"
muss es heißen: „20. Januar 2027".

7. Seite 38, Artikel 52 Absatz 1 Satz 2:
Anstatt: „13. Juli 2023"
muss es heißen: „19. Juli 2023".

8. Seite 38, Artikel 53 Absatz 1:
Anstatt: „14. Juli 2028"
muss es heißen: „20. Juli 2028".

9. Seite 38, Artikel 53 Absatz 3 Unterabsatz 1:
Anstatt: „14. Juli 2026"
muss es heißen: „20. Juli 2026".

10. Seite 39, Artikel 54 Absatz 2:
Anstatt: „14. Januar 2027"
muss es heißen: „20. Januar 2027".

11. Seite 39, Artikel 54 Absatz 3 Buchstabe a:
Anstatt: „14. Januar 2024"
muss es heißen: „20. Januar 2024".

12. Seite 39, Artikel 54 Absatz 3 Buchstabe b:
Anstatt: „14. Oktober 2023"
muss es heißen: „20. Oktober 2026".

13. Seite 39, Artikel 54 Absatz 3 Buchstabe c:
Anstatt: „13. Juli 2023"
muss es heißen: „19. Juli 2023".

14. Seite 39, Artikel 54 Absatz 3 Buchstabe d:
Anstatt: „14. Juli 2024"
muss es heißen: „20. Juli 2024".

Verzeichnis europäischer Rechtsvorschriften (Verordnungen, Richtlinien und Beschlüsse)

8

Im Folgenden sind diejenigen europäischen Vorschriften aufgeführt, auf die im Rahmen dieser Broschüre Bezug genommen wird. Diese Liste erhebt nicht den Anspruch, umfassend die europäischen Rechtsvorschriften aufzuführen, die bei der Anwendung der EU-Maschinenverordnung beachtet werden müssen.

Nummer	*Inhalt*	*Titel*
2007/46/EG	**Kraftfahrzeuge**	Richtlinie 2007/46/EG des Europäischen Parlaments und des Rates vom 5. September 2007 zur Schaffung eines Rahmens für die Genehmigung von Kraftfahrzeugen und Kraftfahrzeuganhängern sowie von Systemen, Bauteilen und selbstständigen technischen Einheiten für diese Fahrzeuge (Rahmenrichtlinie).
2014/35/EU	**elektrische Betriebsmittel Niederspannung**	Die Richtlinie 2014/35/EU des Europäischen Parlaments und des Rates vom 26. Februar 2014 zur Harmonisierung der Rechtsvorschriften der Mitgliedstaaten über die Bereitstellung elektrischer Betriebsmittel zur Verwendung innerhalb bestimmter Spannungsgrenzen auf dem Markt (Neufassung) (kurz Niederspannungsrichtlinie) ist neben der EMV-Richtlinie das wichtigste Regelungsinstrument für die Sicherheit elektrisch betriebener Geräte.

Fortsetzung

Nummer	Inhalt	Titel
2005/31/EG	**Lebensmittelberührung Keramikgegenstände**	Richtlinie 2005/31/EG der Kommission vom 29. April 2005 zur Änderung der Richtlinie 84/500/EWG des Rates hinsichtlich einer Erklärung über die Einhaltung der Vorschriften und hinsichtlich der Leistungskriterien für die Methode zur Analyse von Keramikgegenständen, die dazu bestimmt sind, mit Lebensmitteln in Berührung zu kommen.
2014/30/EU	**Elektromagnetische Verträglichkeit**	Richtlinie 2014/30/EU des Europäischen Parlaments und des Rates vom 26. Februar 2014 zur Harmonisierung der Rechtsvorschriften der Mitgliedstaaten über die elektromagnetische Verträglichkeit (EMV-Richtlinie) für Betriebsmitteln.
89/392/EWG	**Maschinen**	Richtlinie 89/392/EWG des Rates vom 14. Juni 1989 zur Angleichung der Rechts- und Verwaltungsvorschriften der Mitgliedstaaten für Maschinen. *(nicht mehr rechtskräftig)*
2016/425	**Persönliche Schutzausrüstung PSA**	Verordnung 2016/425 des Europäischen Parlaments und des Rates vom 9. März 2016 über persönliche Schutzausrüstungen (PSA).
91/368/EWG	**Maschinen**	Richtlinie 91/368/EWG des Rates vom 20. Juni 1991 zur Änderung der Richtlinie 89/392/EWG zur Angleichung der Rechtsvorschriften der Mitgliedstaaten für Maschinen. *(nicht mehr rechtskräftig)*
2021/555	**Waffen**	Richtlinie 2021/555 ist ein Rechtsakt der Europäischen Union, der Mindeststandards für den zivilen Erwerb und Besitz von Schusswaffen festlegt, die die EU-Mitgliedstaaten in ihre nationalen Rechtssysteme umsetzen müssen.
2017/745	**Medizinprodukte**	Verordnung 2017/745 des Europäischen Parlaments und des Rates vom 5. April 2017 über Medizinprodukte.
93/44/EWG	**Maschinen**	Richtlinie 93/44/EWG des Rates vom 14. Juni 1993 zur Änderung der Richtlinie 89/392/EWG zur Angleichung der Rechtsvorschriften der Mitgliedstaaten für Maschinen. *(nicht mehr rechtskräftig)*
2014/34/EU	**Explosionsschutz ATEX**	Richtlinie 2014/34/EU des Europäischen Parlaments und des Rates vom 23. März 1994 beinhaltet die Angleichung der Rechtsvorschriften der Mitgliedstaaten für Geräte und Schutzsysteme zur bestimmungsgemäßen Verwendung in explosionsgefährdeten Bereichen. Die Richtlinie löst die Richtlinie 94/9/EG ab.
2014/33/EU	**Aufzüge**	Richtlinie 2014/33/EU des Europäischen Parlaments und des Rates vom 26. Februar 2014 zur Angleichung der Rechtsvorschriften der Mitgliedstaaten über Aufzüge und Sicherheitsbauteile für Aufzüge.
2014/68/EU	**Druckgeräte**	Richtlinie 2014/68/EU des Europäischen Parlaments und des Rates vom 15. Mai 2014 zur Harmonisierung der Rechtsvorschriften der Mitgliedstaaten über die Bereitstellung von Druckgeräten auf dem Markt.

Fortsetzung

Nummer	Inhalt	Titel
98/37/EG	**Maschinen**	Richtlinie 98/37/EG des Europäischen Parlaments und des Rates vom 22. Juni 1998 zur Angleichung der Rechts- und Verwaltungsvorschriften der Mitgliedstaaten für Maschinen. *nicht mehr rechtskräftig*
2016/424	**Seilbahnen**	Verordnung 2016/424 des Europäischen Parlaments und des Rates vom 9. März 2016 über Seilbahnen und zur Aufhebung der Richtlinie 2000/9/EG.
2000/14/EG	**Schallemissionen („Outdoor")**	Richtlinie 2000/14/EG des Europäischen Parlaments und des Rates vom 8. Mai 2000 zur Angleichung der Rechtsvorschriften der Mitgliedstaaten über umweltbelastende Geräuschemissionen von zur Verwendung im Freien vorgesehenen Geräten und Maschinen.
2023/98/EU	**Allgemeine Produktsicherheit**	Richtlinie 2001/95/EG des Europäischen Parlaments und des Rates vom 3. Dezember 2001 über die allgemeine Produktsicherheit. Die darin enthaltenen Vorschriften sollen sicherstellen, dass im Europäischen Binnenmarkt in den Verkehr gebrachte Produkte für Verbraucher sicher sind (Artikel 1). Die neue Verordnung über die allgemeine Produktsicherheit 2023/988 (General Product Safety Regulation, GPSR) tritt am 12. Juni 2023 in Kraft. Diese Verordnung gilt für alle Produkte, die ab 13. Dezember 2024 in Verkehr gebracht werden, es gibt eine Übergangsfrist.
2002/24/EG	**Zwei- und Dreiradfahrzeuge**	Richtlinie 2002/24/EG des Europäischen Parlaments und des Rates vom 18. März 2002 über die Typgenehmigung für zweirädrige oder dreirädrige Kraftfahrzeuge.
2002/44/EG	**Vibration**	Richtlinie 2002/44/EG des Europäischen Parlaments und des Rates vom 25. Juni 2002 über Mindestvorschriften zum Schutz von Sicherheit und Gesundheit der Arbeitnehmer vor der Gefährdung durch physikalische Einwirkungen (Vibrationen).
(EU) 167/2013	**Traktoren**	Verordnung (EU) Nr. 167/2013 des Europäischen Parlaments und des Rates vom 5. Februar 2013 über die Genehmigung und Marktüberwachung von land- und forstwirtschaftlichen Fahrzeugen.
2006/42/EG	**Maschinen**	Richtlinie 2006/42/EG des Europäischen Parlaments und des Rates vom 17. Mai 2006 über Maschinen und zur Änderung der Richtlinie 95/16/EG.
2018/858/EU	**Kraftfahrzeuge**	Verordnung (EU) 2018/858 des Europäischen Parlaments und des Rates vom 30. Mai 2018 über die Genehmigung und die Marktüberwachung von Kraftfahrzeugen und Kraftfahrzeuganhängern sowie von Systemen, Bauteilen und selbstständigen technischen Einheiten für diese Fahrzeuge, zur Änderung der Verordnungen (EG) Nr. 715/2007 und (EG) Nr. 595/2009 und zur Aufhebung der Richtlinie 2007/46/EG.

Fortsetzung

Nummer	Inhalt	Titel
VO (EG) Nr. 765/2008	**Akkreditierung und Marktüberwachung**	Verordnung (EG) Nr. 765/2008 des Europäischen Parlaments und des Rates vom 9. Juli 2008 über die Vorschriften für die Akkreditierung und Marktüberwachung im Zusammenhang mit der Vermarktung von Produkten und zur Aufhebung der Verordnung (EWG) Nr. 339/93 des Rates.
2009/48/EG	**Spielzeug**	Richtlinie 2009/48/EG des Europäischen Parlaments und des Rates vom 18. Juni 2009 über die Sicherheit von Spielzeug.
2009/125/EG	**Öko-Design**	Richtlinie 2009/125/EG des Europäischen Parlaments und des Rates vom 21. Oktober 2009 zur Schaffung eines Rahmens für die Festlegung von Anforderungen an die umweltgerechte Gestaltung energieverbrauchsrelevanter Produkte
2009/127/EG	**Maschinen zur Ausbringung von Pestiziden**	Richtlinie 2009/127/EG des Europäischen Parlaments und des Rates vom 21. Oktober 2009 zur Änderung der Richtlinie 2006/42/EG betreffend Maschinen zur Ausbringung von Maschinen.
2009/128/EG	**Pestizidverwendung**	Richtlinie 2009/128/EG des Europäischen Parlaments und des Rates vom 21. Oktober 2009 über einen Aktionsrahmen der Gemeinschaft für die nachhaltige Verwendung von Pestiziden.
2009/142/EG	**Gasgeräte**	Richtlinie 2009/142/EG des Europäischen Parlaments und des Rates vom 30. November 2009 über Gasverbrauchseinrichtungen. *(kodifizierte Fassung)*
2010/52/EU	**Traktoren Einzelrichtlinie**	Richtlinie 2010/52/EU der Kommission vom 11. August 2010 zur Änderung der Richtlinie 76/763/EWG des Rates über die Beifahrersitze von land- oder forstwirtschaftlichen Zugmaschinen auf Rädern und der Richtlinie 2009/144/EG des Europäischen Parlaments und des Rates über bestimmte Bauteile und Merkmale von land- oder forstwirtschaftlichen Zugmaschinen auf Rädern zwecks Anpassung der technischen Vorschriften dieser Richtlinien Text von Bedeutung für den EWR.
2014/53/EU	**Funkgeräte**	Richtlinie 2014/53/EU des Europäischen Parlaments und des Rates vom 16. April 2014 über die Harmonisierung der Rechtsvorschriften der Mitgliedstaaten über die Bereitstellung von Funkanlagen auf dem Markt und zur Aufhebung der Richtlinie 1999/5/EG.
2.0	**Leitfaden zur EU-Maschinenrichtlinie**	Der Leitfaden legt anschaulich und verständlich die Konzepte und Anforderungen der MRL dar. Ziel ist die einheitliche Auslegung und Anwendung in der gesamten EU. Die einzelnen Paragraphen der Richtlinie werden Abschnitt für Abschnitt erläutert und mit Praxisbeispielen verdeutlich. https://www.bmas.de/SharedDocs/Downloads/DE/Arbeitsschutz/leitfaden-fuer-anwendung-maschinenrichtlinie-2006-42-eg.html (Link überprüft am 9.10.2023)

Fortsetzung

Nummer	Inhalt	Titel
06/2015	**Betriebssicher-heitsverordnung**	Verordnung über Sicherheit und Gesundheitsschutz bei der Verwendung von Arbeitsmitteln. Die Betriebssicherheitsverordnung (BetrSichV) ist die deutsche Umsetzung der Richtlinie 2009/104/EG und regelt in Deutschland die Bereitstellung von Arbeitsmitteln durch den Arbeitgeber, die Benutzung von Arbeitsmitteln durch die Beschäftigten bei der Arbeit sowie die Errichtung und den Betrieb von überwachungsbedürftigen Anlagen im Sinne des Arbeitsschutzes.
1107/2009	**Inverkehrbringen von Pflanzenschutzmitteln**	Verordnung (EG) Nr. 1107/2009 des Europäischen Parlaments und des Rates vom 21. Oktober 2009 über das Inverkehrbringen von Pflanzenschutzmitteln und zur Aufhebung der Richtlinien 79/117/EWG und 91/414/EWG des Rates.

Literaturverzeichnis

9

[1] VERORDNUNG (EU) 2023/1230 DES EUROPÄISCHEN PARLAMENTS UND DES RATES vom 14. Juni 2023 über Maschinen und zur Aufhebung der Richtlinie 2006/42/EG des Europäischen Parlaments und des Rates und der Richtlinie 73/361/EWG des Rates

[2] Berichtigung der Verordnung (EU) 2023/1230 des Europäischen Parlaments und des Rates vom 14. Juni 2023 über Maschinen und zur Aufhebung der Richtlinie 2006/42/EG des Europäischen Parlaments und des Rates und der Richtlinie 73/361/EWG des Rates.

[3] Proposal for a REGULATION OF THE EUROPEAN PARLIAMENT AND OF THE COUNCIL on machinery products Brussels, 21.4.2021 COM(2021)

[4] Anhänge I bis XI zum Vorschlag für eine Verordnung des Europäischen Parlaments und des Rates über Maschinenprodukte Brüssel, 21.4.2021

[5] Richtlinie 2006/42/EG des Europäischen Parlaments und des Rates vom 17. Mai 2006 über Maschinen und zur Änderung der Richtlinie 95/16/EG

[6] VERORDNUNG (EG) Nr. 765/2008 DES EUROPÄISCHEN PARLAMENTS UND DES RATES vom 9. Juli 2008 über die Vorschriften für die Akkreditierung und Marktüberwachung im Zusammenhang mit der Vermarktung von Produkten

[7] VERORDNUNG (EU) Nr. 1025/2012 DES EUROPÄISCHEN PARLAMENTS UND DES RATES vom 25. Oktober 2012 zur europäischen Normung, zur Änderung der Richtlinien 89/686/EWG und 93/15/EWG des Rates sowie der Richtlinien 94/9/EG, 94/25/EG, 95/16/EG, 97/23/EG, 98/34/EG, 2004/22/EG, 2007/23/EG, 2009/23/EG und 2009/105/EG

[8] Alois Hüning, Siegfried Kirchberg, Marc Schulze: Die neue EU-Maschinenrichtlinie. bundesanzeiger-verlag, Köln, 2011.

[9] Europäische Kommission: blue guide 2.2. Leitfaden für die Umsetzung der nach dem neuen Konzept und dem Gesamtkonzept verfassten Richtlinien.

[10] Alois Hüning, Marc Schulze: Sichere Maschinen in Europa, Teil 5: Die neue EG-Maschinenrichtlinie. 4. Auflage, Verlag Technik & Information, Bochum, 2020

[11] Alois Hüning, Ann-Cathrin Hüning, Rolf Reudenbach: Sichere Maschinen in Europa, Teil 1: Rechtsgrundlagen. 12. Auflage, Verlag Technik & Information, Bochum, 2017

Das robuste Schutzzaunsystem auf höchstem Niveau

ZUR PERSON

Dr. Christopher Dümpelmann ist Leiter der Konstruktion und Entwicklung bei der Brühl Safety GmbH und ein wichtiger Entscheidungsträger bei der Entstehung von neuen Schutzeinrichtungen.

Schutz ist ein Grundbedürfnis des Menschen. Dieses sicherzustellen, ist schon immer die wichtigste Aufgabe der Brühl Safety GmbH. Mit der Vision, dass sich kein Mensch mehr an einer Maschine verletzen soll, hat sich Brühl über die vergangenen Jahrzehnte zu einem global führenden Unternehmen im Bereich Maschinen- und Anlagenschutz entwickelt. In dieser Position bringt es als Sicherheitsexperte regelmäßig Produktinnovationen auf den Markt: Normen- und kundenspezifische Schutzzaunsysteme, verschiedene Arten von innovativen Schutztüren und seit einigen Jahren ergänzend kraftbetätigte Maschinenschutztore. Durch das vollumfängliche Produktportfolio und die Innovationskraft ist Brühl einer der bedeutendsten Anbieter in der gesamten Branche.

Im Rahmen des Automatisierungstrends setzt sich die hohe Nachfrage nach Robotern, insbesondere in Industriebetrieben, weiter fort. In zahlreichen Prozessen übernehmen Roboter in der Fertigung verschiedenste Aufgaben, immer mit dem Ziel, Zeit, Personal und somit Kosten zu sparen. Damit steigen die Anforderungen an trennende Schutzeinrichtungen, die einer mechanischen Kollision mit dem Roboterarm und umherfliegenden Teilen Stand halten müssen. Das neueste Schutzzaunsystem „High Resistant" von Brühl bietet eine solche Robustheit.

Auf wesentliche Fragen zum Umgang mit den Normen- und Marktanforderungen an die Produkte geht Herr Dr. Dümpelmann, der Leiter Konstruktion und Entwicklung bei Brühl, im Folgenden ein.

Nahezu jedes Industrieunternehmen benötigt Schutzeinrichtungen, um seine Maschinen und Anlagen abzusichern und Menschen vor Gefahren zu schützen. Welche Anforderungen sind in dieser Hinsicht in den einzelnen Branchen zu erfüllen?

Die Anforderungen sind in den einzelnen Branchen unterschiedlich. Gemeinsam haben sie allerdings eins: Jede Maschine oder Anlage, die automatisch betrieben wird, benötigt eine trennende Schutzeinrichtung. Die Art und der Umfang hängen von den individuellen Bedürfnissen ab.

Zusätzlich muss berücksichtigt werden, dass in jeder Branche unterschiedliche Normen zu erfüllen sind. Dazu zählen A-Normen, also Sicherheitsgrundnormen wie allgemeine Gestaltungsleitsätze und die Aspekte Risikobeurteilung und -minderung, außerdem B-Normen, die allgemeine Sicherheitsaspekte und Anforderungen für spezielle Schutzeinrichtungen umfassen und maschinenspezifische Normen, die C-Normen. Letztere haben im Gesamtkontext die höchste Priorität.

Zum Beispiel gehören zu den C-Normen neben Sicherheitsanforderungen für Verpackungsmaschinen (EN 415-6), Regalbediengeräte (EN 528) und Fördereinrichtungen (EN 619) auch spezifische Anforderungen für Industrieroboter (EN ISO 10218).

Welche Norm liegt dem Schutzzaunsystem „High Resistant" zu Grunde?

In der Entwicklung unseres Schutzzaunsystemes „High Resistant" haben wir uns vor allem auf die Norm EN ISO 10218 konzentriert. Gemäß EN ISO 10218 müssen bei trennenden Schutzeinrichtungen unter anderem folgende Gefährdungen berücksichtigt werden: andere Maschinen, Ausrüstung und Prozesse, herabfallende oder herausgeschleuderte Teile, unregelmäßige oder übermäßige Anhaltezeiten von Maschinen, Emissionen sowie das Unvermögen der Maschine, während eines Zyklus zu stoppen. Des Weiteren muss die Schutzeinrichtung fest eingebaut und in einem solchen Abstand platziert sein, dass Gefährdungen wie das Darüber-, Herum- oder Hindurchgreifen einer Person unterbunden werden. Bezüglich der Mindestabstände sind die entsprechenden Anforderungen von ISO 13857 zu erfüllen.

Die Automobilbranche stellt oft nicht nur die höchsten Normanforderungen, sondern geht sogar über diese hinaus. Dieser Trend setzt sich zunehmend auch in anderen Branchen fort. Anforderungen dieser Art können wir mit unserem „High Resistant"-Schutzzaunsystem oder mit einer unserer anderen Schutzeinrichtungen erfüllen.

Ihr Unternehmen bietet vielseitige Schutzeinrichtungen „Made in Germany" an. Warum ist besonders das Schutzzaunsystem „High Resistant" für die Automobilbranche geeignet?

Die Automobilindustrie stellt in vielen Ländern einen der bedeutendsten Industriezweige dar. Kraftfahrzeuge sind die am meisten genutzten Fortbewegungs- und Transportmittel der Welt. So ist allgemein bekannt, dass die Nachfrage stetig steigt und immer wieder neue Fahrzeuge und Modelle auf den Markt kommen. In den letzten Jahren ist vor allem ein Trend hin zu Elektroautos bzw. Battery Electric Vehicles (BEV) und Sport Utility Vehicles (SUV) zu verzeichnen. Es lässt sich feststellen, dass Autos im Allgemeinen immer größer werden. Außerdem wird beim Fertigungsprozess mehr Platz benötigt – und da kommt unser Schutzzaunsystem „High Resistant" ins Spiel.

Wir beschränken den maximalen Wirkraum des Roboters inkl. seines Werkzeugs mit unserem Schutzzaunsystem „High Resistant" als mechanische Barriere. Der Schutzzaun muss lediglich so weit entfernt vom Roboter aufgestellt werden, dass dieser uneingeschränkt seine Tätigkeit verrichten kann. Somit reduzieren wir den eingeschränkten Bereich, in dem der Roboter im Normalfall zum Stillstand kommen soll, auf ein Minimum. Als Ergebnis wird mehr Nutzfläche für weitere Maschinen und Anlagen gewonnen. Der gesamte Fertigungsbereich lässt sich effektiver gestalten und unter dem Strich sind so Kosteneinsparungen zu realisieren. Ein weiterer Vorteil von „High Resistant" ist, dass der Roboter im eingeschränkten Bereich mit maximaler Geschwindigkeit fahren und arbeiten kann, das führt zur Verkürzung der Taktzeit.

„High Resistant" ist das stärkste Schutzzaunsystem in unserer Firmengeschichte und aus unserer Sicht derzeit das stärkste auf dem Markt. Zum einen werden bei uns Pendelprüfungen nach DIN EN ISO 14120 und bis 11 000 Joule durchgeführt, zum anderen wird die Belastbarkeit der trennenden Schutzeinrichtungen gegenüber Einschlägen auch nach einem Lastenheft eines großen Automobilkonzerns geprüft – außerhalb und innerhalb des geschützten Gefährdungsbereichs. Damit reagieren wir auf neue Markterfordernisse und stellen uns bei Brühl Anforderungen, die deutlich über die hinausgehen, die die Norm vorgibt.

Wie läuft so ein Pendelschlagtest ab, mit dem die Belastbarkeit der trennenden Schutzeinrichtung gegen Einschläge geprüft wird?

Beim Pendelschlagverfahren prallt ein Versuchskörper mit definierter Größe und Masse kontrolliert gegen unterschiedlichste Stellen der Schutzeinrichtung. Mithilfe von Kameras werden die einzelnen Versuchsreihen zuverlässig dokumentiert und im Anschluss ausgewertet. So erlaubt das Pendelschlagverfahren von Brühl reproduzierbare Messungen und Bewertungen zur dynamischen Belastbarkeit von Schutzeinrichtungen. Mithilfe dieses Verfahrens werden wir den definierten Schutzzielen zu Schutzzäunen gemäß ISO 14120 gerecht.

Was sind Ihre Erfahrungen: Wie kommt das Produkt bei Kunden und auf dem Markt an?

Wir freuen uns über eine zunehmende Beliebtheit von „High Resistant", was wir darauf zurückführen, dass die Entwicklung sich eng an den wahrgenommenen Marktanforderungen orientiert hat.

Allerdings befindet sich der Markt im ständigen Wandel und Anforderungen ändern sich, weshalb es notwendig ist, Produkte weiterzuentwickeln und zu optimieren. Dies betrifft regelmäßig bestehende Produkte aus unserem Schutzzaunbereich, sodass wir kontinuierlich an einigen Details zur Optimierung der Produkte arbeiten. Ich würde sogar sagen, dass dies eine der wesentlichen Stärken von Brühl ist und wir so unseren Kunden die beste Lösung präsentieren.

Fakt ist: Wächst der Roboter, muss sich die Schutzeinrichtung den Anforderungen anpassen, um weiterhin für maximale Sicherheit zu sorgen. Wenn hohe Verfahrgeschwindigkeiten des Roboters gefordert sind, ist es von zentraler Bedeutung, ein hoch-widerstandsfähiges Zaunsystem einzusetzen, um die Platzeinsparung bei der Nutzfläche zu verwirklichen. Jedes Fertigungsunternehmen möchte heutzutage Zeit und Kosten sparen. Dies macht „High Resistant" zu einem beliebten Produkt und sorgt mit unseren kraftbetätigten Maschinenschutztoren für ein maximales Rund-um-Paket an Sicherheit.

ZUM UNTERNEHMEN

Über Brühl: *Die Brühl Safety GmbH produziert trennende Schutzeinrichtungen für den Maschinen- und Anlagenbau. Hierzu entwickelt das Unternehmen Produkte, die präzise auf die geltenden Normen und spezifischen Erfordernisse der jeweiligen Maschinen abgestimmt sind. Zusammen mit der Brühl Safety Doors GmbH als Vertriebsgesellschaft für kraftbetätigte Maschinenschutztore und der Brühl Project GmbH für Sonderprodukte bietet die Unternehmensgruppe Schutzeinrichtungen aus einer Hand „Made in Germany" an.*
www.bruehl-safety.com

Brühl
First in safety